Ile de Pâques

CHILI

BAIE DE LA PEROUSE

Ko-te-Umu-o-te-Hanau-Eepe

POIKE

RANO RARAKU

BAIE DE HOTU-ITI

HOTU-ITI
AHU TONGARIKI

Amérique du Nord — Europe — Asie
Océan Pacifique — Océan Atlantique — Afrique
Amérique du Sud — Australie
ILE DE PÂQUES

« Le vent céleste est partout ; partout, l'immensité de la mer et du ciel, l'infinité de l'espace et du silence. A jamais à l'écoute de l'inconnu, l'habitant de ces lieux se devine confusément au seuil d'une autre dimension, plus vaste encore, qui se dérobe à ses sens. »

Katherine Routledge, *The Mystery of Easter Island*, 1919.

Thor Heyerdahl

Ile de Pâques

L'énigme dévoilée

Albin Michel

Introduction

6 Les frissons de l'inconnu
7 Les voyages à travers le temps
8 Note sur l'auteur
14 Les îles perdues des Incas

Les Européens face au mystère

18 Ce que vit Roggeveen
28 Le vice-roi du Pérou annexe l'île
35 L'île misérable du capitaine Cook
49 Les Pascuans sortent de leurs cachettes à l'arrivée des Français
58 Les débuts de la civilisation chrétienne
63 La grande razzia des Péruviens

Édition originale suédoise :
PÅSKÖN, EN GÅTA, SOM FÅTT SVAR
Texte : © 1989 Thor Heyerdahl
Illustrations : voir crédits p. 256.
Maquette : Werner Schmidt.
L'édition française est publiée avec l'accord des éditions Bra Böcker, Höganäs, Suède.

Traduction française :
© Éditions Albin Michel S.A., 1989
22, rue Huyghens 75014 Paris.

Tous droits réservés. La loi du 11 mars 1957 interdit les copies ou reproductions destinées à une utilisation collective. Toute représentation ou reproduction intégrale ou partielle faite par quelque procédé que ce soit — photographie, photocopie, microfilm, bande magnétique, disque ou autre — sans le consentement de l'auteur et de l'éditeur, est illicite et constitue une contrefaçon sanctionnée par les articles 425 et suivants du code pénal.

Typographie Charente-Photogravure à Angoulême.
Imprimé en Italie.
Achevé d'imprimer en décembre 1988.
Numéro d'édition : 10469
Dépôt légal : avril 1989.
ISBN 2-226-03529-X

Le témoignage des insulaires

- 66 L'incroyable aventure du frère Eyraud
- 73 La chute de Make-Make
- 78 Les bergers des Mammon chassent les bergers du Christ
- 80 L'énigme des tablettes écrites
- 86 Les observations d'un médecin britannique
- 92 Réapparition des idoles et des bergers
- 97 Le commandant Geiseler et les pierres magiques
- 104 Le commissaire de bord Thomson accède à l'histoire sacrée
- 116 L'annexion chilienne de 1888
- 120 Une assemblée d'insulaires interrogés par Knoche se montre unanime quant au passé
- 123 Ce que nous apprend le culte des ancêtres
- 124 L'histoire traditionnelle de l'île de Pâques
- 127 Un peu de lumière sur les Longues-Oreilles

L'Ile de Pâques sous le regard de la science

- 134 Les désaccords de la communauté scientifique
- 136 L'impressionnante hardiesse de Mrs. Routledge
- 153 Les données de la botanique
- 156 Sur les traces des géants de pierre
- 159 L'expédition franco-belge : pétroglyphes et racines polynésiennes
- 174 La première expédition norvégienne : ce que le sol avait caché
- 216 Retour à l'île de Pâques : le puzzle se met en place

Annexes

- 244 Navires de roseaux
- 246 Le toromiro
- 248 Le retour de la statue
- 249 Le dernier descendant
- 251 Remerciements
- 253 L'île de Pâques aujourd'hui
- 254 Bibliographie

Les frissons de l'inconnu

L'île de Pâques existe bel et bien. Perdue dans l'immensité bleue. Et, chacun le sait désormais, c'est là que résident les plus grands mystères de notre planète. Mais citez seulement son nom, peu de gens seront en mesure de la situer sur les cartes géographiques. Cette terre, au nom pourtant largement connu et même célèbre, paraît une sorte de rêve flottant parmi les nuages, bien plus que la masse rocheuse qu'elle est en fait, fermement ancrée dans les eaux du Pacifique. Robinson Crusoë, le continent englouti de Mû, les constructeurs de pyramides venus de l'espace, Sherlock Holmes : autant d'histoires qui baignent dans une atmosphère similaire, mais ne sont à la vérité que de pures constructions de l'esprit. L'île de Pâques, elle, est une réalité, tout comme les mystères qu'elle recèle.

Les humains sont attirés par tout ce qui leur paraît mystérieux, les intrigue, les fascine. Sans doute est-ce pourquoi ils aiment à se poser des devinettes, faire des mots croisés, observer des tours de passe-passe, etc. Mais ils n'en désirent pas moins, avant tout, trouver des solutions : l'inconnu nous appâte comme la proie attire le fauve, mais c'est bien dans l'explication que réside finalement notre satisfaction.

Plus nos connaissances progressent, plus il apparaît que nous ne resterons jamais à court d'énigmes. Dès que nous en résolvons une, le rideau s'ouvre sur une autre. A la vérité, nous vivons entièrement dans un univers de mystères, dont la plupart nous accompagnent du berceau jusqu'à la tombe, à tel point familiers que nous ne les voyons même plus. Ils paraissent insolubles, aussi nous contentons-nous de leur attribuer des noms. L'instinct. La gravitation. L'évolution. Pourquoi les castors construisent-ils des digues, comment les oiseaux migrateurs parviennent-ils à destination ? L'instinct... Pourquoi les eaux des océans ne s'échappent-elles pas d'une planète ronde ? La gravitation... Pourquoi telle cellule donnera-t-elle naissance à un éléphant et telle autre à une marguerite ? L'évolution (ou la Création, selon les préférences)...

Il y a une génération encore, subsistaient sur les cartes géographiques des espaces inconnus, susceptibles d'exciter la curiosité des explorateurs et de leurs lecteurs. Tel n'est plus le cas aujourd'hui : la civilisation occidentale est en passe d'avoir envahi toute la planète, ce qui fait paraître l'existence bien morne aux âmes aventureuses, en quête d'autre chose. D'un côté, le tourisme international ne cesse de progresser, de l'autre, on ne sait plus offrir aux enfants, en guise de récits d'aventures, que des visions interplanétaires : les contes de fées de l'ère de l'espace.

Voici peu encore, nous pouvions imaginer que d'étranges créatures et d'étonnants mystères nous attendaient sur les planètes les plus proches de la nôtre, à savoir Mars et Vénus. Aujourd'hui, nous connaissons mieux la question et ne pouvons plus croire à cette hypothèse. Nous avons par ailleurs presque tous vu à la télévision des images de la Lune, où seuls évoluaient des hommes venus de la Terre, dans un lugubre paysage de poussière et de rocaille. Et d'autres fusées, celles-là sans passagers, ont révélé qu'aucune planète autre que la nôtre n'était habitable dans ce système solaire. A quoi bon, dès lors, passer toute une année enfermé dans une cabine en vue de gagner les déserts rocheux de Mars, où l'on trouverait à peu près le même plaisir que si l'on traversait le Sahara muni d'un masque à oxygène et d'une tenue de plongée ? Quant à aborder la surface ardente de Vénus, autant vaudrait sauter dans le cratère du Vésuve.

Certes, les planètes des autres systèmes solaires gardent tout leur pouvoir d'attraction. Il n'est aucunement exclu que certaines soient habitées par des êtres vivants et pleines d'incroyables mystères. Mais elles garderont longtemps leurs secrets et, surtout, restent à jamais à des milliers d'années de distance de nous, même si nous parvenons un jour à voyager à la vitesse de la lumière. Nous savons désormais que, lorsque nous regardons les étoiles, nous ne contemplons en fait qu'un lointain passé, celui de foyers allumés il y a des millénaires. Avec des télescopes beaucoup plus puissants, nous pourrions peut-être obtenir la preuve que certaines formes de vie existent dans d'autres systèmes solaires. Mais elles ne seraient pas moins anciennes, il s'en faut, que celle des Pharaons qui construisirent les Pyramides, ou des Longues-Oreilles qui surent faire marcher des géants de pierre à partir des parois volcaniques de l'île de Pâques.

Les voyages à travers le temps

Pour remonter le fil du temps sur notre propre planète, en revanche, nul besoin d'un super-télescope. Notre passé, avec tous les prodiges et mystères qu'il comporte, est toujours proche de nous, à notre portée. La planète Terre est la seule dont nous sachions avec certitude qu'elle a porté des peuples oubliés et d'extraordinaires civilisations.

Elle a connu aussi, il y a bien longtemps, des monstres plus étranges que les réalisateurs de cinéma n'en concevront jamais. Si l'on y regarde bien, le passé apparaît imbriqué dans le présent, autour de nous, dans une sorte d'immense puzzle dont nous n'avons encore trouvé que quelques pièces, conservées dans des roches et des ruines : les fossiles comme les monuments préhistoriques sont des réalités, qui dépassent la fiction. Le passé de notre planète, tel que nous commençons à le connaître, est plus incroyable que toutes les fables jamais écrites.

C'est un véritable conte de fées qui commence, dès que les scientifiques mettent en route la machine à remonter le temps. On voit des dragons sortir de l'océan, nageant, rampant ou volant. Quel choc, quand on renverse le sens de la machine, de voir ces dragons donner naissance à des brutes velues lesquelles, après quelque temps, aboutiront à notre propre espèce ! Si l'on repart ensuite vers le passé, mais beaucoup plus loin encore, les dragons prennent soudain la forme minuscule d'un microplancton marin. Quand on tente d'aller plus loin, on ne voit plus rien. Au début, il y avait le néant. Le surgissement de la vie reste un mystère absolu. Car du néant jaillit la matière, une matière foisonnante. La Terre, boule de roche et d'océan, attendant telle une vierge d'être fécondée par les rayons du Soleil. Il fut le père de tout ce qui vit, et l'océan la matrice qui l'accueillit.

Telle est la conception de l'évolution aujourd'hui très largement admise, indépendamment de toutes les doctrines concernant la force motrice qui pourrait être à l'origine de ce processus. La science moderne confirme ainsi, à sa manière, les croyances les plus antiques ; car le Soleil a été honoré comme le premier ancêtre de l'homme dans les généalogies de toutes les grandes civilisations antiques. Et c'est bien pourquoi il joue un rôle si considérable dans l'énigme que nous allons aborder ici. C'est en effet cet ancêtre divin qui aiguillonnait les hommes et guidait leurs déplacements vers l'ouest, sur tous les océans. En acceptant l'idée que l'astre solaire soit le père de toute vie, nous retrouvons la sagesse, ou l'intuition, des peuples que nous allons maintenant suivre sur des mers longtemps inexplorées. Les Incas affirmaient que le prêtre du Soleil, Kon-Tiki Viracocha, avait abandonné son royaume péruvien pour partir vers le couchant dans le Pacifique, sur les traces de son père ancestral. Et, si le dernier empereur des Incas fut décapité par les conquistadors espagnols, c'est parce qu'il persistait à penser que le Soleil était, pour lui et son peuple, l'équivalent d'Adam et Eve pour ces intrus venus de loin.

S'il est bien une leçon que l'humanité moderne se doit de retenir, c'est de ne pas nourrir de préjugés à l'égard de ses prédécesseurs ni de sous-estimer leurs capacités. Les croyances et les cultures ont certes amplement changé — pas toujours en mieux, d'ailleurs —, mais l'être humain est resté semblable à lui-même depuis des milliers d'années. L'individu moyen était à l'époque du Christ, ou même 5 000 ans plus tôt, tout aussi intelligent que l'individu moyen de l'époque contemporaine. Et il existait alors aussi d'exceptionnels génies — tout comme d'exceptionnels imbéciles.

Nous avons certes changé de costumes et transformé notre environnement, mais notre esprit, nos besoins et nos rêves sont toujours les mêmes. Pendant des siècles, certains ont regardé de haut, les considérant comme inférieures, d'autres branches de notre espèce. Il faut qu'enfin nous comprenions que les qualités humaines ne sauraient se mesurer à la forme du nez, au dessin des yeux, à la couleur de la peau ou des cheveux. Pourquoi est-ce que j'insiste ? Parce que si, en théorie, à peu près tout le monde accepte maintenant l'égalité des hommes et considère l'humanité comme une seule et même famille, la plupart d'entre nous nourrissent malheureusement encore des préjugés à l'égard de ceux qui nous ont précédés. Sans doute cela les rassure-t-il, si bien qu'ils ne parviennent pas à se défaire de cette forme chronologique de discrimination.

Le livre que voici se veut une modeste tentative pour démontrer que l'égalité humaine doit également s'entendre à travers les époques.

Note sur l'auteur

Thor Heyerdahl, né en Norvège en 1914, sentit passer les alizés soufflant de l'est, pour avoir choisi, en 1937, de retourner à l'état de nature sur une île des mers du Sud. Dès sa prime jeunesse, il s'était intéressé d'une part aux animaux, d'autre part aux cultures aborigènes, au point d'ouvrir un véritable petit musée dans une pièce de la maison de ses parents. A l'issue de ses études de biologie à l'université d'Oslo, et après s'être préparé à son expérience à la Kroepelien Polynesian Library, il partit avec sa jeune épouse vivre à la manière des Polynésiens sur l'île solitaire de Fatu Hiva.

Selon les théories alors en vigueur, les tout premiers Polynésiens seraient arrivés directement d'Asie par voie de mer. Cependant, Heyerdahl avait observé que les vents alizés, comme les courants océaniques, venaient constamment de l'Amérique du Sud. Par ailleurs, la patate douce et d'autres plantes locales étaient d'origine sud-américaine. Les statues de pierre éparses dans la jungle, ainsi que les légendes des insulaires, renvoyaient également dans cette direction. En revanche, les langues polynésiennes présentaient une nette parenté avec celles de l'Asie du Sud-Est.

Ayant rassemblé toutes les pièces disponibles de ce puzzle, le jeune naturaliste proposa une nouvelle théorie. Selon lui, les Polynésiens d'aujourd'hui seraient effectivement originaires de l'Asie du Sud-Est, mais leurs ancêtres auraient utilisé le courant du Japon et seraient passés par l'extrême nord du Pacifique et le Nord-Ouest américain. Cependant, bien avant qu'ils n'eussent atteint la Polynésie par Hawaii, le Pacifique est aurait déjà été peuplé par des navigateurs arrivés par radeau d'Amérique du Sud.

La communauté scientifique protesta qu'aucun peuple d'Amérique du Sud n'aurait réussi à gagner la Polynésie au moyen des techniques navales primitives en usage avant l'arrivée des Européens. Heyerdahl refusa de se plier à ce dogme non démontré et, en 1947, construisit un radeau de balsa de type inca sur lequel, avec cinq compagnons, il prit le large pour une des plus impressionnantes aventures maritimes de tous les temps : l'expédition du *Kon-Tiki*.

Partis du port péruvien de Callao, les six hommes atteignirent l'atoll polynésien de Raroia, à 8 000 kilomètres de là, en l'espace de 101 jours. Par cet exploit, ils mettaient à mal la doctrine établie, démontrant que la Polynésie était bel et bien à portée des anciens navigateurs sud-américains.

Ses contradicteurs furent bien contraints d'admettre qu'en effet les radeaux incas étaient capables de tenir longtemps la mer, mais n'en maintinrent pas moins que les Incas ne les utilisaient que pour le trafic côtier. Sinon, arguaient-ils, pourquoi l'archipel des Galapagos, bien plus proche des côtes américaines, serait-il demeuré inhabité ? Heyerdahl fit alors venir dans ces îles — pour la première fois — des archéologues et ceux-ci constatèrent que cet archipel, s'il était malheureusement dépourvu de sources d'eau fraîche, n'en avait pas moins été visité de nombreuses fois, bien avant que les Européens n'y accostent. De nombreux tessons de poterie furent déterrés là, identifiés par l'United States National Museum comme antérieurs à la civilisation inca.

Le succès de ces fouilles encouragea Heyerdahl à s'avancer plus loin dans l'océan Pacifique : il emmena une équipe d'archéologues effectuer les premières fouilles stratigraphiques jamais effectuées sur l'île de Pâques, où l'on découvrit enfouies sous terre une foule de richesses, notamment d'étranges statues de type jusqu'alors inconnu ailleurs qu'en Amérique du Sud. Les Pascuans fabriquèrent également de petits radeaux de roseau, affirmant que leurs ancêtres prenaient la mer avec des embarcations similaires. Or, ces radeaux étaient construits de la même manière et avec le même matériau que ceux des Indiens d'Amérique du Sud.

Les qualités stupéfiantes de ces embarcations amenèrent Heyerdahl à se demander si, dans tous les océans, les anciennes civilisations n'avaient pas établi déjà de grandes routes maritimes. Les radeaux de l'île de Pâques, du Pérou et du Mexique anciens étaient à peu de chose près semblables à ceux de l'Égypte antique et du Moyen-Orient. Cela ne tendait-il pas à indiquer une même origine et, par là même, à expliquer les nombreux traits communs entre les civilisations précolombiennes des deux côtés de l'Atlantique ? C'est dans cette idée que Heyerdahl fit bâtir sa seconde embarcation, cette fois en roseaux de papyrus, à laquelle il donna le nom de la divinité solaire égyptienne : *Râ*. Il recourut pour cela aux services des constructeurs de radeaux du lac Tchad, en Afrique centrale, et en 1969, quitta, avec six autres hommes à bord, les côtes marocaines, dirigeant son radeau, long de 15 mètres, en direction du couchant. Les experts avaient décrété que les bottes de papyrus seraient imbibées d'eau avant quinze jours et que l'embarcation ne pourrait que sombrer. Mais, deux mois plus tard, le matériau tenait toujours : ce furent seulement les cordes d'attache qui cédèrent. Quand l'équipage fut recueilli par un bateau, il n'était qu'à une petite semaine des îles Caraïbes.

Cette expérience suffisait, à elle seule, à la démonstration de Heyerdahl, puisque l'échec de l'expédition n'était dû qu'à une malfaçon. Toutefois, voulant aller jusqu'au bout de son entreprise, Heyerdahl retourna immédiatement en Afrique pour y faire construire un second *Râ*, également en papyrus, cette fois avec l'aide d'Indiens du

Faku Hiva, 1937-1938.

Kon Tiki, 1947.

lac Titicaca — l'unique région au monde où les antiques techniques de construction navale soient encore en usage. Une année seulement sépara la mise à flot des deux embarcations. Le second *Râ* ne mesurait que 12 mètres. Son équipage était le même, avec seulement une personne de plus. Parti de Safi, donc toujours des côtes marocaines, le *Râ II* parcourut 6 100 kilomètres vers l'ouest, traversa tout l'Atlantique et atteignit la Barbade en 57 jours, sans avoir perdu un seul jonc de roseau.

Heyerdahl avait placé ses deux embarcations sous pavillon des Nations Unies et choisi un équipage plurinational, entendant par là plaider pour une coexistence pacifique, jusque dans les plus difficiles conditions ; il avait également adressé à l'ONU la toute première mise en garde concernant la pollution des grands océans. Le *Râ II* fut ensuite ramené en Norvège, avec le premier radeau de balsa, et se trouve exposé de façon permanente à Oslo au musée Kon-Tiki.

Encouragé dans sa conception de l'unité de l'humanité dans les civilisations antiques, Heyerdahl décida alors de s'attaquer au troisième des principaux océans. Les traversées du *Kon-Tiki* et des deux *Râ* n'avaient en fait été que de simples dérives, aidées par les vents et les courants tropicaux qui, d'un côté comme de l'autre du continent américain, fonctionnent comme de véritables tapis roulants ; il en est tout autrement dans l'océan Indien, où les éléments varient beaucoup selon les saisons. Déterminé à tenter d'y faire naviguer un radeau, et ayant bien prêté

Galapagos, 1952.

Ile de Pâques, 1955-1956.

Râ I, 1969.

Râ II, 1970.

Tigris, 1977-1978.

Maldives, 1982-1984.

11

Retour à l'île de Pâques, trente ans après. De droite à gauche : le professeur Arne Skjölsvold, Pavel Pavel, l'auteur, le gouverneur de l'île Sergio Rapu avec sa femme et sa fille, et Gonzalo Figueroa.

Ci-contre :
Faisant revivre une coutume ancestrale, un Pascuan coiffé d'un toupet célèbre le retour de l'auteur en lui offrant du poulet et des bananes. De gauche à droite, Arne Skjölsvold, Gonzalo Figueroa, Pavel Pavel, l'auteur et le gouverneur.
Depuis la création d'un aéroport en 1967, le tourisme est devenu l'activité principale de l'île de Pâques. Grâce à l'admiration des visiteurs pour les imposants monuments du passé, les jeunes Pascuans ont retrouvé le respect des us et coutumes de leurs ancêtres. La curiosité des étrangers et le souci de l'« image » de l'île sont loin d'être les seuls moteurs de leur enthousiasme à interroger leurs aînés. Bien plus importantes sont les compétitions rituelles, qui se déroulent souvent en privé et leur donnent l'occasion de démontrer leur savoir-faire.

attention à l'assertion des Arabes des marais selon laquelle il convenait de couper les roseaux en août pour obtenir la meilleure flottabilité, Heyerdahl se rendit en Irak, dans l'ancienne Mésopotamie, et y construisit sa plus grande embarcation : le *Tigris*, de 18 mètres de long, ainsi nommé parce qu'il fut lancé sur le fleuve Tigre. Il était bâti comme aux temps des antiques Sumériens, avec les roseaux du pays *(berdi)*. Cette fois l'équipage, toujours plurinational, comportait onze personnes, qui réussirent en cinq mois à sortir le radeau, parti d'Irak, du golfe Persique, à le mener d'Oman jusqu'au Pakistan, enfin à traverser tout l'océan Indien, d'Asie jusqu'en Afrique, pour aboutir à Djibouti, à l'entrée de la mer Rouge. Grâce à ce voyage, il était désormais établi que ces trois grandes civilisations antiques — Mésopotamie, Égypte, vallée de l'Indus — pouvaient fort bien avoir eu des contacts maritimes lointains, avec le même type d'embarcations qu'elles utilisaient toutes trois. Bloqué en 1978 en raisons des guerres africaines, Heyerdahl mit feu à son radeau et lança, conjointement avec son équipage, un appel à l'ONU pour que les pays industriels cessent d'envoyer des armes modernes à ce continent africain où était d'abord née la civilisation.

Le succès de l'expédition du *Tigris* attira l'attention des pays riverains de l'océan Indien. En particulier, le président de la République des Maldives demanda à Heyerdahl de se pencher sur la préhistoire de cet archipel. Une mystérieuse figure de pierre venait précisément d'être découverte sur l'un des 1 200 îlots coralliens du pays, pourtant musulman dès 1153, où par conséquent la religion régnante interdisait toute représentation anthropomorphique. Cet élément venait évidemment à l'appui de la théorie de Heyerdahl, selon laquelle depuis la plus haute Antiquité des navigateurs avaient su franchir les océans. Du fait que les Maldives se trouvent largement à l'écart de tout continent et qu'on avait tenté d'y occulter toute trace de passé pré-islamique, aucun archéologue n'avait jusque-là été tenté d'y effectuer des fouilles. Heyerdahl eut l'intuition que bien des choses restaient peut-être à découvrir sur ces îlots et, en trois ans, une expédition archéologique financée par le gouvernement des Maldives et par le musée Kon-Tiki découvrit, en effet, des ruines de temples et des statues jusque-là restées cachées dans la jungle. Il s'avéra ainsi que l'archipel avait été un important centre de commerce depuis la préhistoire et qu'avant l'arrivée des Arabes, il avait abrité des bâtisseurs de temples tant bouddhistes qu'hindouistes, ainsi que d'autres architectes, d'origine inconnue, qui avaient édifié des structures pyramidales orientées en fonction du soleil.

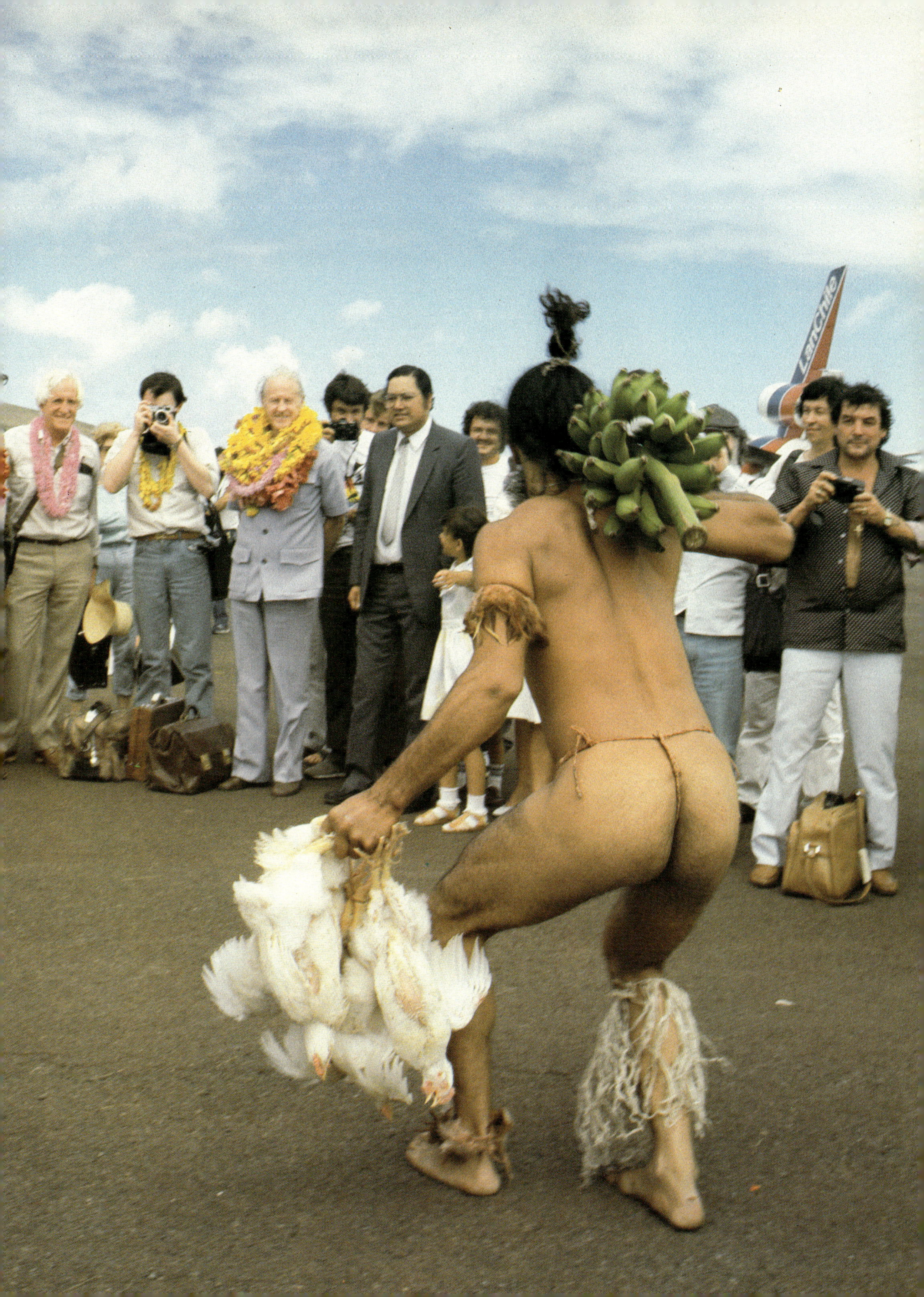
LanChile

En combinant ainsi recherche archéologique et traversées océaniques, Heyerdahl avait définitivement démontré la théorie qui constituait le cœur même de sa réflexion, à savoir que les océans avaient connu des routes maritimes dès la construction des premières embarcations et que les trois principaux océans du monde avaient vu passer des embarcations préhistoriques. Un seul endroit au monde continuait de l'intriguer : l'île de Pâques.

Trente ans après sa première visite là-bas, il décida d'y retourner pour examiner de plus près le passé de ce lieu mystérieux.

Les îles perdues des Incas

Bien longtemps avant l'époque de Colomb, des millénaires même avant que les Vikings n'eussent mis à la voile, des bateaux sillonnaient déjà au grand large les mers et les océans. La navigation hauturière n'est nullement une invention européenne : les premières embarcations capables de traverser des océans furent construites au Moyen-Orient. D'Asie occidentale et d'Afrique du Nord, diverses civilisations entreprirent des voyages de commerce et d'exploration, dès la haute Antiquité. Les recherches modernes ont ainsi démontré que les prodigieux temples mégalithiques de l'île de Malte avaient été construits avant que les pharaons égyptiens n'eussent fait édifier leurs pyramides. Et que les Sumériens qui fondèrent le premier royaume mésopotamien venaient de l'île de Bahrein. Des centaines d'années av. J.-C., le trafic marchand à travers l'océan Indien était si intense que les îles Maldives devinrent un important centre de commerce. C'est ainsi que les navigateurs qui peuplaient ces minuscules atolls purent s'offrir le luxe de construire des stupas pyramidales et des temples qui ne le cédaient ni en taille ni en éclat à ceux des puissantes nations du continent.

Des milliers d'années avant le début de l'histoire européenne, des architectes étaient passés dans l'Atlantique et avaient bâti des édifices mégalithiques sur diverses îles proches de la Grande-Bretagne. Et quand des marins portugais s'aventurèrent pour la première fois jusqu'aux îles Canaries, ils y rencontrèrent des Guanches, blancs et barbus, descendants de navigateurs inconnus.

Christophe Colomb et ses successeurs purent constater que toutes les îles habitables au large des côtes américaines avaient déjà été découvertes et peuplées. Ils furent impressionnés par l'habileté en mer des habitants du Mexique et du Pérou, qui construisaient leurs embarcations selon des principes différents de ceux des Européens, mais semblables à ceux de l'Antiquité moyen-orientale.

Cependant, le plus grand des mystères jamais soulevé par quelque île que ce soit se posa le jour où des explorateurs venus d'Europe, franchissant pour la première fois l'isthme de Panama, atteignirent les rivages du Pacifique.

Dès que les conquistadores espagnols rencontrèrent les diverses tribus et nations de Panama et du Pérou, ils entendirent parler d'expéditions maritimes loin dans le Pacifique est. Sur l'isthme de Panama, Pizarro et ses hommes apprirent que les grands radeaux de l'empire des Incas remontaient jusqu'à l'isthme à des fins de commerce. En descendant la côte de l'Équateur, les Espagnols purent vérifier ces informations, en capturant bon nombre de ces radeaux, dont ils laissèrent une description détaillée : ils étaient construits en balsa et munis de voiles de coton, avec un gréement semblable à celui des caravelles espagnoles.

En arrivant au Pérou, les Espagnols purent voir en pleine mer toute une flottille de tels radeaux, sur lesquels des troupes incas se dirigeaient vers l'île de Puna, bien au large des côtes. Ils découvrirent ainsi le rôle joué, dans l'histoire de ce peuple, par l'émigration maritime. Par ailleurs, une poignée d'Espagnols faisait marche tranquillement vers l'intérieur et conquérait sans difficulté le puissant empire militaire inca : on les avait pris pour les successeurs d'autres marins censés avoir, dans les temps ancestraux, descendu pareillement la côte. Ces visiteurs traditionnels, les *Viracochas* (ce qui signifie « l'écume de la mer »), étaient décrits comme blancs et barbus, tout comme les Espagnols, et auraient jadis régné sur l'ensemble du territoire inca.

Les Incas du Pérou étaient si sûrs de leurs droits quant aux îles habitées situées au large que leurs lettrés, les *Amautas*, avaient donné des noms à deux d'entre elles sur lesquelles se serait rendu un de leurs empereurs, Tupac Yupanqui : l'une avait été baptisée Ava Chumbi, l'autre Nina Chumbi, c'est-à-dire « l'île de feu ». On racontait qu'à la tête d'une vaste flotte de radeaux de balsa, ce souverain épris de navigation avait passé presque une année en mer et ramené de ces îles des prisonniers à la peau noire. Ce voyage aurait eu lieu trois générations seulement avant l'arrivée des Espagnols.

Divers historiens se sont demandé s'il ne pouvait s'agir de l'archipel des Galapagos, dont les volcans se seraient trouvés à l'époque en activité. Cependant, les Galapagos n'étaient pas habitées, et elles étaient si proches des côtes que les pêcheurs s'y rendaient régulièrement : les Incas n'auraient eu nul besoin de s'attarder toute une année pour les atteindre. Pedro Sarmiento de Gamboa rassembla auprès des historiens et des navigateurs incas suffisamment d'informations sur la plus proche de ces deux îles pour pouvoir en fixer la position : elle devait se trouver à quelque 600 lieues marines espagnoles (soit 2 400 milles) à l'ouest-sud-ouest du port péruvien de Callao.

C'est là très exactement le cap à prendre pour joindre l'île de Pâques, et ce chiffre est remarquablement proche de la distance effective. Les prétentions des aborigènes péruviens paraissaient si fondées que le vice-roi espagnol arma une expédition, commandée par son neveu Alvaro de Mendaña. Avec à son bord l'historien Sarmiento, chargé de le conseiller, Mendaña partit en novembre 1567 avec pour mission de faire route vers ces îles dont parlaient les Incas et d'y établir des comptoirs. L'expédition quitta Callao dans la bonne direction, mais le jeune commandant Mendaña refusa à un moment de suivre les indications de l'historien et, après vingt-six jours de navigation, vira à l'ouest-nord-ouest. Ainsi le vaisseau dépassa-t-il la Polynésie sans avoir aperçu aucune terre et atteignit-il la Mélanésie. Celle-ci, comme d'ailleurs la Polynésie, était encore entièrement inconnue des Européens, bien qu'ils fussent installés en Indonésie depuis deux siècles. Mendaña fut contraint par les vents d'est et les courants de la ceinture tropicale de regagner le Pérou moyennant un long détour, par l'extrême nord du Pacifique. Il devait par la suite repartir de Callao dans le Pacifique est à la tête d'une seconde expédition. Cette fois, il devint le premier découvreur européen de la Polynésie, atteignant Fatu Hiva, dans les îles Marquises, en 1595. C'est ainsi que la côte de l'ancien empire inca devint le lieu d'embarcation des premiers visiteurs de la Polynésie comme de la Mélanésie.

Deux siècles devaient ensuite s'écouler avant qu'une expédition espagnole, partie du même port péruvien, ne redécouvrît la véritable île mystérieuse. Entre-temps, une expédition hollandaise l'avait déjà visitée.

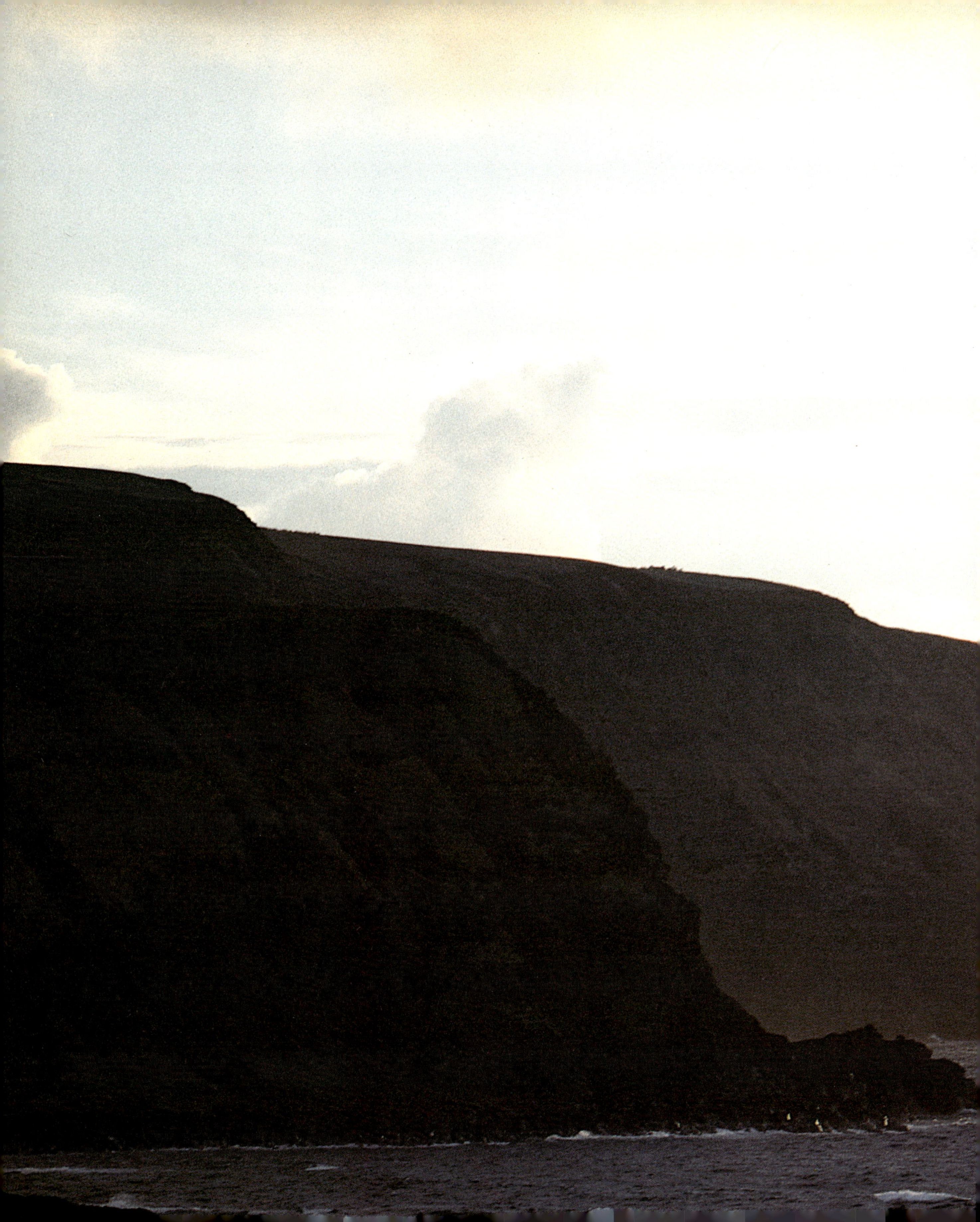

Les Européens face au mystère

Ce que vit Roggeveen

Le jour de Pâques de 1722, trois unités hollandaises, commandées par l'amiral Jacob Roggeveen, cherchèrent à s'embosser près des côtes d'une île qui ne figurait encore sur aucune carte marine : celle que chacun connaît aujourd'hui sous le nom d'île de Pâques.

En fait, Roggeveen avait reçu pour mission de la Compagnie hollandaise des Indes occidentales de retrouver une tout autre île, qu'aurait aperçue en 1687 le flibustier Edward Davis. Celui-ci était sorti de la rade des Galapagos pour mettre le cap vers le sud du Chili, mais la force du courant de Humboldt et des vents alizés était telle que son navire avait dérivé très loin vers l'ouest, jusqu'en plein Pacifique. Les boucaniers avaient alors dû faire voile au sud et gagner les eaux antarctiques, pour pouvoir remonter ensuite vers le Chili. C'est en effectuant ce long détour qu'ils avaient avisé une île de hautes montagnes, flanquée d'un atoll sablonneux au contraire fort peu élevé. Il n'existe qu'une seule configuration semblable dans le Pacifique est : Mangareva, qui se trouve largement à l'ouest de l'île de Pâques.

A l'époque où Roggeveen entreprit ses recherches, toute la navigation européenne dans le Pacifique se faisait à partir des côtes américaines. Les Philippines étaient certes colonisées depuis déjà quatre siècles, mais personne n'était encore parvenu à franchir les mers vers l'est.

Ainsi donc, les trois vaisseaux de Roggeveen se trouvaient-ils à des milliers de milles de toute terre connue, dans l'immensité déserte du plus vaste océan du monde,

Le premier regard européen se posa sur les antiques monuments de l'île solitaire le jour de Pâques de l'année 1722 : celui de Jacob Roggeveen, amiral hollandais, qui baptisa aussitôt sa découverte l'« île de Pâques ». Mais les mystérieux habitants de cette île perdue au milieu de l'océan, entre le continent sud-américain et la Polynésie, lui avaient déjà donné un nom : Te-Pito-o-te-Henua, le Nombril du monde.

lorsqu'un événement inattendu vint briser la monotonie de ces longues semaines passées à tanguer entre le bleu de la mer et du ciel : de la fumée s'élevait à l'horizon, en direction du couchant, plusieurs colonnes de fumée, et à mesure qu'on s'en approchait on commençait à distinguer les contours d'une île toute petite, au relief accidenté. On eût dit que ses habitants, ayant aperçu les bâtiments hollandais, cherchaient à attirer leur attention. Il apparut bientôt que des foyers avaient en effet été allumés de loin en loin sur les hautes falaises noires de l'île, derrière lesquelles verdoyait un paysage vallonné. Les Hollandais eurent le sentiment d'être arrivés chez un peuple entièrement ignoré d'eux mais qui, apparemment, souhaitait les rencontrer.

Le soir tombait. Les officiers de la flottille tinrent conseil et conclurent qu'en attendant de savoir qui étaient ces gens, mieux valait mouiller au large jusqu'au lever du jour. Puis, se réjouissant d'avoir ainsi découvert une île, pour fêter Pâques ils décidèrent de la baptiser « île de Pâques ».

Les insulaires n'attendaient pas l'aurore avec moins d'impatience. Eux-mêmes avaient bien entendu déjà donné un nom, tout différent, à leur terre : *Te-Pito-o-te-Henua*, ce qui signifie « le Nombril du monde ». On peut les imaginer quelque peu impressionnés par les reflets que les lampes à huile faisaient scintiller sur les blanches voiles des bateaux hollandais, qui ballottaient sous le ciel étoilé faute d'avoir trouvé à s'ancrer sûrement. Peu à peu, les lumières s'éteignirent à terre comme en mer ; ni les indigènes ni les marins ne soupçonnaient, d'autant moins qu'ils ne s'étaient pas rencontrés encore, que c'était là une grande date de l'histoire et qu'une énigme était née qui devait hanter les scientifiques comme le grand public durant plus de deux siècles.

Dans la journée du lendemain, en raison du temps orageux peu propice, avec

A l'aube, les premiers Européens virent les habitants se prosterner face au soleil levant et allumer des feux aux pieds de leurs hautes statues. Lors du récent passage du bateau-école chilien *Esmeralda*, un groupe de Pascuans rejoue la scène.

un vent turbulent et des averses, les Hollandais ne réussirent pas à accoster. Quand enfin, à la nuit tombée, le ciel se dégagea et les étoiles ramenèrent un alizé régulier, leurs navires purent avancer suffisamment près de la côte nord, devant la baie d'Anakena, et trouver un ancrage.

A l'aube suivante, les Hollandais purent apercevoir certains détails de ce qui se déroulait à terre. Très surpris, ils constatèrent que des indigènes en grand nombre déambulaient entre un certain nombre de statues de pierre colossales, bien plus hautes qu'eux-mêmes. Ils semblaient beaucoup plus soucieux d'on ne sait quelle cérémonie rituelle en l'honneur de ces effigies géantes et de la réapparition du soleil, que de leurs visiteurs. On les voyait allumer des feux devant les statues et se prosterner face au soleil levant, puis se mettre à genoux, tête baissée, joignant les mains pour les lever et les baisser incessamment, dans un geste de prière.

Telle fut la première et la dernière fois que des Européens eurent l'occasion d'assister à ce spectacle. Les Hollandais ne restèrent là qu'un seul jour et ne surent conclure si ce rituel était accompli en leur honneur ou relevait d'une routine quotidienne.

A l'évidence, la population de l'île était assez importante. Quand le jour fut venu, ce furent les Pascuans qui prirent l'initiative, et des milliers d'entre eux se lancèrent à l'eau, s'aidant de petites embarcations de roseaux, tandis que d'autres restaient à observer, assis par groupes sur les falaises, ou bien couraient en tous sens sur la plage comme des lièvres.

Behrens, compagnon de Roggeveen, descendit le premier à terre. L'un comme l'autre nous ont laissé des notes détaillées sur ce qu'il leur fut donné d'observer, des notes qui restent aujourd'hui encore d'une extrême importance.

A leur grand étonnement, les Hollandais s'aperçurent qu'en dépit du grand isolement de l'île, ses habitants n'étaient pas tous de même origine. Certains avaient,

Les Hollandais firent connaître au monde l'existence des colossales figures de pierre qu'ils avaient vues dressées, le dos tourné à la mer, sur une île inconnue jusqu'alors, très au large des côtes chiliennes. Le culte de ces géants de pierre était assuré par une caste de prêtres à la peau aussi blanche que celle des Européens. Certains avaient même les cheveux roux, et leurs oreilles étaient distendues par le port de larges disques. Quant au reste de la population, elle était clairement issue d'un métissage.

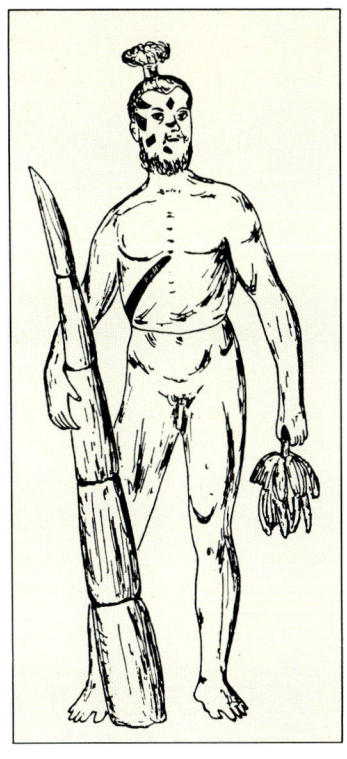

Roggeveen rapporte que plusieurs centaines de Pascuans abordèrent son vaisseau sur de petits radeaux. Plus tard, un visiteur français, l'amiral Dupetit-Thouars fit un dessin représentant un Pascuan muni d'un dispositif semblable, qui s'avéra être une embarcation de roseaux du même type que celles qu'utilisèrent jusqu'à l'époque historique les indigènes des côtes du Pérou et du nord du Chili. Sur la côte Nord du Pérou, ces embarcations sont d'ailleurs encore employées. En 1955, les Pascuans nous expliquèrent la fabrication et l'utilisation de ces *pora* traditionnelles, faites comme au Pérou de roseaux *totora* noués en faisceaux. Le roseau *totora*, une plante d'eau douce, ne pousse que sur l'île de Pâques, où il abonde dans les lacs volcaniques, et sur la côte désertique de l'Amérique du Sud, où on le cultive dans des champs irrigués. On trouve fréquemment des représentations de pêcheurs à califourchon sur des faisceaux de *totora*, dont l'utilisation au Pérou remonte à la plus haute Antiquité, sur les poteries pré-incas.

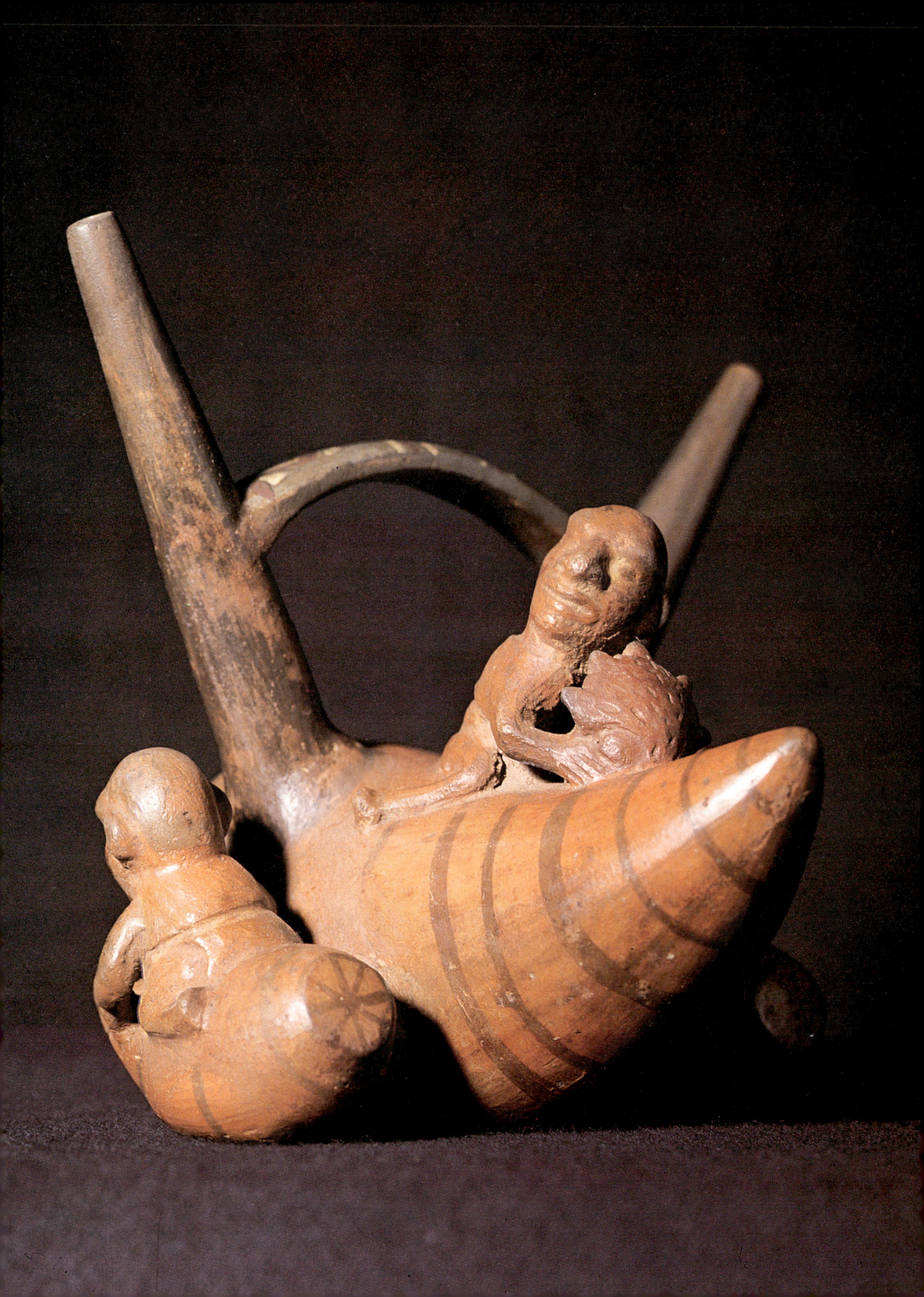

Roggeveen et ses compagnons ne firent aucune illustration mais laissèrent une description très précise des types physiques des Pascuans. Ces derniers, cependant, sculptaient leur propre portrait dans le bois, et le capitaine Cook put récolter plusieurs de ces figurines lors de son passage. Elles confirment les dires des Hollandais au sujet de certains types étonnamment européens. La femme appartient nettement au groupe des Longues-Oreilles. L'homme au bouc, lui, porte la représentation de ses ancêtres-dieux barbus en relief sur la tête, ainsi qu'un creux évoquant l'antique usage pascuan de la trépanation.

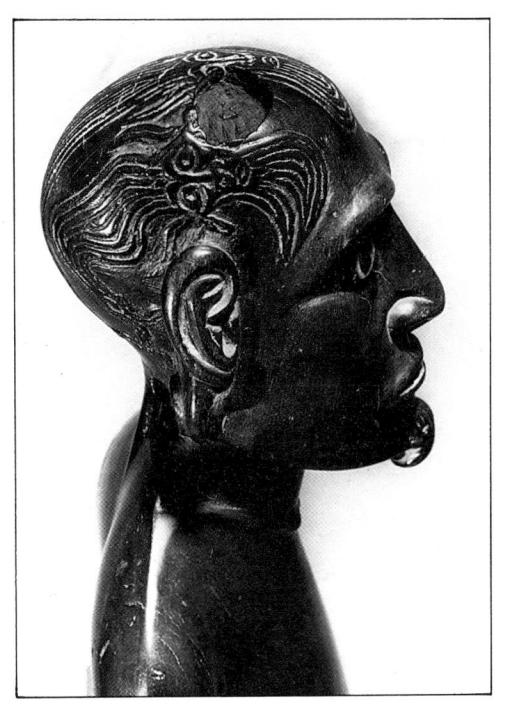

A gauche :
Deux pêcheurs de coquillages à califourchon sur leurs embarcations de *totora*, œuvre d'un artiste mochica de la côte du Pérou.

rapportent-ils, la peau plus sombre que les Espagnols, mais d'autres étaient « tout à fait blancs », un petit nombre d'entre eux présentent « un teint rougeâtre, comme durement tanné par le soleil ». Manifestement, deux groupes ethniques bien différents cohabitaient là. Tant Roggeveen que Behrens indiquent que les insulaires à peau claire portaient des sortes de grands disques ou anneaux aux oreilles, celles-ci étaient si artificiellement distendues que, lorsqu'ils devaient retirer ces anneaux, ils attachaient le bas des lobes au haut de l'oreille pour n'être pas gênés dans leur travail. Selon Behrens, ces Longues-Oreilles se distinguaient également par la vénération particulière qu'ils témoignaient aux statues et par la ferveur de leur culte. Certains d'entre eux portaient des plumes à leurs coiffures. Il remarqua en particulier un homme qui lui sembla être leur chef et n'exercer d'autre occupation que celle de prêtre ; c'était « en tout point un homme blanc ».

Les hommes allaient généralement nus, le corps couvert d'étranges tatouages d'oiseaux et de bêtes sauvages. Beaucoup portaient la barbe. Leurs cheveux étaient soit coupés, soit nattés et noués en chignon au sommet de la tête. Roggeveen, frappé par l'absence quasi totale de femmes, en déduisit que les hommes, par mesure de précaution, les avaient cachées à l'intérieur des terres. Behrens put cependant en observer quelques-unes, vêtues de châles rouge et blanc et de chapeaux de paille, dont certaines qui se déshabillaient en riant, avec des gestes d'invite. Roggeveen n'aperçut, derrière les statues de la baie d'Anakena, qu'un petit nombre de maisons, construites comme des bateaux renversés, de quelque 15 mètres sur 4 ou 5, constituées d'une solide couverture de roseaux dont le faîte atteignait un peu moins de 2 mètres, et reposant sur une charpente de bois. Elles ne comportaient pas de fenêtres mais seulement une ouverture si basse que leurs occupants devaient y entrer à quatre pattes. A l'intérieur ne se trouvaient que des paillasses de roseaux et des oreillers de pierre. Selon Roggeveen, on cuisait les aliments dans des fours de pierre, enfouis dans la terre ; cependant, Behrens relate que, dans un autre village composé d'une vingtaine de maisons, chaque famille préparait les repas dans ses propres « marmites faites d'argile ou de terre glaise ».

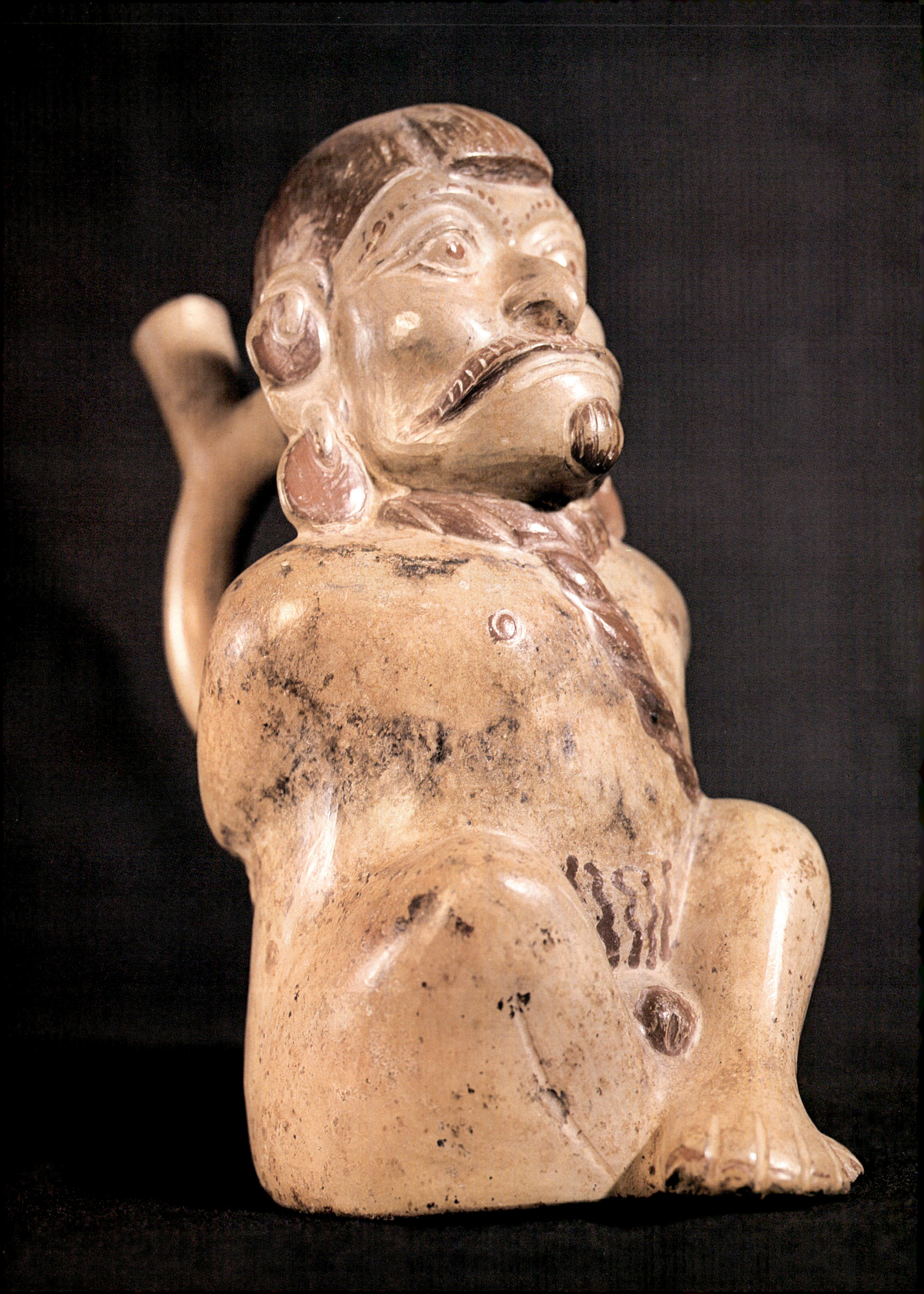

Des hommes roux portant le bouc et dotés de longues oreilles naviguèrent au large de la côte nord du Pérou à l'époque pré-inca. Les artistes mochicas nous en ont laissé de nombreux portraits, tant sur la côte que sur les îles avoisinantes. On nous les montre en général comme des captifs. Invariablement, les artistes pré-incas ont insisté sur leur origine étrangère : cheveux roux, barbe, circoncision et toison pubienne, par opposition aux Amérindiens dépourvus de barbe et de pilosité corporelle.

Kon-Tiki, le roi solaire blanc et barbu de la légende, qui partit de Tiahuanaco dans les hautes terres, tel que l'évoquèrent ses sujets de la côte à l'époque pré-inca. Souverain d'un peuple aux longues oreilles, on le représente toujours avec de grands ornements d'oreille et une barbe fournie. Plus tard, les Incas virent en lui l'émissaire divin du Soleil et le surnommèrent Viracocha, « l'écume de mer », car il était blanc et s'éloigna sur son radeau dans le Pacifique comme l'écume sur la mer.

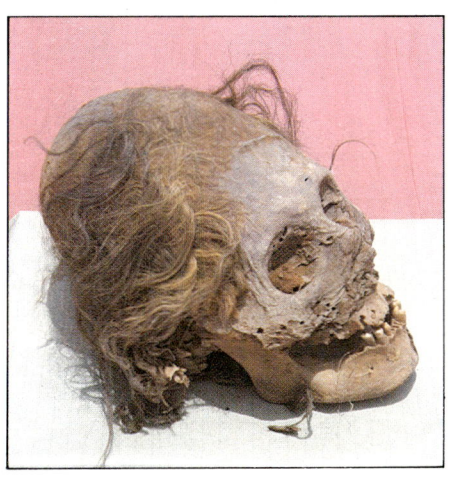

Tête de momie pré-inca de la côte du Pérou. Silencieux témoignages de l'histoire inca et de l'art pré-inca, de nombreuses momies sud-américaines aux cheveux roux ou blonds et aux traits européens ont été découvertes. Elles ont une taille bien supérieure à celle des Indiens d'aujourd'hui, au point que certains anthropologues se sont demandé si seuls les individus de haute taille avaient été sélectionnés pour être momifiés.

L'île semblait ne comporter aucun grand arbre, quoique l'on aperçût au loin quelques bois. Mais le sol était fertile et partout exploité, avec des champs nettement délimités. Les Hollandais identifièrent trois sortes de plantes cultivées : la patate douce, le bananier et la canne à sucre. La première paraissait occuper la majorité des terrains et servir de principale nourriture à la population. Apparemment, celle-ci vivait bien davantage de l'agriculture que de la pêche, et les bateaux de ces îliens étrangement si peu portés vers la mer furent la risée des Hollandais. Hormis les nombreux radeaux dont les indigènes s'étaient servis pour venir à leur rencontre, ils virent seulement de toutes petites pirogues, que Roggeveen décrit dédaigneusement ainsi : quelques planches maladroitement ajustées pour former une embarcation de 3 mètres de long et si étroite qu'à peine, même en serrant les jambes, parvenait-on à s'y glisser, avec des coutures qui prenaient tellement l'eau que le rameur ne devait pas consacrer moins de temps à écoper qu'à pagayer.

C'est de l'expédition de Roggeveen que date cette énigme maritime aux aspects multiples : comment des gens qui maîtrisaient fort bien le labourage, mais ne connaissaient à peu près rien à la construction navale, avaient-ils donc pu arriver avant les Européens sur une île aussi éloignée de toute autre terre ? D'où pouvaient venir ces Longues-Oreilles à la peau claire, notamment ceux qui étaient comme tannés par le soleil ? Étaient-ils arrivés là en même temps que leurs compagnons au teint sombre, ou indépendamment ? Comment les Pascuans avaient-ils réussi à tailler et à ériger ces énormes statues de pierre, d'une bonne dizaine de mètres de haut, en outre surmontées d'une pierre supplémentaire formant une espèce de couronne,

Les Pascuans apportèrent jadis à Roggeveen des patates douces, qui constituent aujourd'hui encore la base de leur alimentation. Notre contremaître, Juan Haoa, d'origine entièrement pascuane, en montre ici l'une des nombreuses variétés locales. On a retrouvé des spécimens séchés de cette plante américaine, ainsi que de la courge, également cultivée sur l'île avant l'arrivée des Européens, dans les sépultures d'Arica, sur la côte nord du Chili, datées du XVIIe siècle avant Jésus-Christ. Les deux espèces furent sans doute introduites en Polynésie par des voyageurs préhistoriques, et la patate douce conserva son nom amérindien, *kumara*.

et que les Longues-Oreilles semblaient vénérer davantage encore que le reste de la population ?

Sur ce dernier point au moins, les Hollandais pensèrent avoir trouvé une réponse satisfaisante. En effet, selon Roggeveen, passé le premier moment de stupeur générale, lui-même, ayant eu l'occasion de détacher de l'un de ces monuments un morceau désagrégé, en avait conclu qu'il s'agissait en réalité de simple terre glaise, à laquelle de petites pierres rapportées donnaient l'allure de la statuaire.

Les visiteurs regrettèrent de devoir constater que les Pascuans se montraient de remarquables chapardeurs ; en revanche, ils apprécièrent grandement leur gentillesse et le fait qu'ils ne fussent aucunement armés. Behrens estime qu'en cas de nécessité, ils s'en rapportaient à ces idoles devant lesquelles ils les avait vus se prosterner.

Avant de reprendre le vent en direction de la Polynésie, l'après-midi du même jour, ces premiers visiteurs étrangers abattirent par erreur un des insulaires. Ils le rapportent dans leurs notes et reconnaissent également qu'ils en avaient laissé morts une douzaine d'autres, parce que deux d'entre eux avaient essayé de les voler et que d'autres, pour venir en aide aux premiers dans la bagarre qui s'en était suivie, s'étaient emparés de pierres avec des gestes menaçants.

Cinquante ans devaient encore s'écouler avant que cette population si isolée ne revît d'Européens.

Voilà comment les équipages hollandais de Roggeveen découvrirent en 1722, outre les monuments de l'île de Pâques, ceux qui l'habitaient déjà et en étaient donc les véritables découvreurs. Les brefs comptes rendus de Roggeveen et Behrens ensemençaient un vaste champ de mystères qui n'allaient faire que croître par la suite ; mais ils fournissaient également les premières pièces indispensables à la solution du puzzle. Pour qu'un Pascuan apparût à des Hollandais comme aussi sombre de teint qu'un Espagnol, il n'était pas nécessaire que ce fût un Noir, tandis qu'il n'aurait pu être décrit par eux comme « tout à fait blanc » que s'il avait la peau vraiment très claire. Des usages tels que fabriquer des statues en pierre ou en glaise, ou s'accrocher des anneaux aux oreilles, n'ont par eux-mêmes rien de si exceptionnel. Mais il est autrement étonnant que de telles effigies atteignent la hauteur d'une maison de trois ou quatre étages, ou encore que certains individus soient obligés d'attacher leurs lobes d'oreille pour être en mesure de travailler !

La principale clé de l'énigme, cependant, ne réside pas là mais bien davantage dans la nature des produits agricoles cultivés sur cette terre. Car, si les peuples peuvent certes inventer sur place des arts et coutumes, ils ne sauraient forger des espèces végétales, dont les caractères génétiques constituent des preuves aussi irréfutables que des empreintes digitales. La principale ressource des Pascuans, à savoir la patate douce, est une plante spécifiquement américaine, que seuls des hommes pouvaient avoir introduite dans l'île, donc par voie de mer. Le bananier et la canne à sucre sont tout aussi significatifs : ces espèces sont originaires de l'Asie du Sud-Est et, pareillement, seuls des hommes pouvaient les avoir fait venir jusque-là, via la Polynésie. La population mêlée rencontrée par ces premiers visiteurs européens fondait donc son économie sur des végétaux importés des deux rivages de l'océan Pacifique, ce qui démontre l'existence de contacts tant vers l'orient que vers l'occident, avant l'arrivée des Européens.

Le vice-roi du Pérou annexe l'île

Le souvenir des îles découvertes par les Incas à l'ouest du Chili et à l'ouest-sud-ouest du port péruvien de Callao était resté vivace et reprit consistance après que l'expédition de Roggeveen eut fait état de la découverte d'une terre dans les mêmes parages. En octobre 1770, le vice-roi espagnol du Pérou fit armer deux navires, sous le commandement de Felipe González de Haedo, avec pour mission de retrouver et d'annexer une île supposée se trouver à quelque 600 lieues marines espagnoles des côtes chiliennes, à la latitude de Copiapo, en vérifiant si possible qu'il s'agissait bien de celle que Roggeveen avait repérée.

Les deux bateaux de González, partis de Callao, mirent donc le cap à l'ouest-sud-ouest et naviguèrent pendant deux semaines. Contrairement à celle de Mendaña, cette seconde expédition péruvienne ne changea pas de direction en cours de route, et elle finit par repérer en effet des signaux de fumée à l'horizon : les Pascuans semblaient les avoir aperçus et, tout comme pour Roggeveen, avoir allumé des feux sur toute la côte.

Les marins de González avaient donc retrouvé l'île de Pâques. Le compte rendu de ce qu'ils y virent se trouve consigné dans le journal de navigation tenu par González et dans les carnets de ses deux pilotes, Juan Hervé et Francisco Antonio de Agüera.

Exactement comme les Hollandais, les Espagnols interprétèrent ces feux comme une invitation à accoster, et tout comme eux ils furent reçus amicalement par une population sans armes. Cependant, selon leur estimation, il n'y avait pas même

La péninsule de Poike. C'est ici que l'expédition de González, en 1770, annexa officiellement l'île au Pérou sur les ordres du vice-roi espagnol. L'équipe de González s'avança en grande pompe vers ce cap oriental afin de planter une croix sur chacun des trois tertres situés du côté du large. Notant que les Pascuans avaient une forme d'écriture, les Péruviens les autorisèrent à « signer » le document d'annexion.

Contrairement au reste de l'île, abondamment jonché de fragments de lave, les pentes de Poike sont dépourvues de pierres. Les Pascuans racontent que Poike fut la dernière forteresse des Longues-Oreilles, ainsi nommés à cause de leurs lobes distendus par le port d'énormes disques. Les autres Pascuans voulurent bien les aider à fabriquer et à transporter les grandes statues, mais quand ils se virent également contraints d'enlever toutes les pierres de la péninsule de Poike, ils se rebellèrent et firent brûler les Longues-Oreilles sur un grand bûcher.

Le reste de l'île était aussi dépourvu d'arbres et recouvert de pierres éparses sous un tapis d'herbe et de fougères. Les premiers voyageurs firent plusieurs estimations de la population aborigène. Vu la faible proportion de femmes et la disparition absolue de tous les objets volés, ils conclurent bientôt à l'existence de cachettes à l'intérieur des terres.

là un millier d'habitants, parmi lesquels très peu de femmes et d'enfants. Agüera souligne que les Pascuans étaient si enclins au vol qu'ils se dérobaient entre eux-mêmes leur butin ; selon lui, ils devaient dissimuler sous terre les objets chapardés, car les Espagnols n'en revirent jamais aucun.

On retrouve dans ces notes la référence à trois couleurs de peau : blanche, basanée et rougeâtre. Les individus de cette dernière teinte avaient les cheveux souples, de couleur châtain tendant parfois vers le roux et, « s'ils avaient porté le même genre d'habits que nous, ils auraient fort bien pu passer pour des Européens ». Les hommes étaient bien proportionnés et de grande taille, souvent plus de 1,80 mètre — il y en avait même un d'1,96 mètre et un autre de près de 2 mètres.

Les Espagnols restèrent à l'ancre six jours, ce qui laissa à Agüera le temps de dresser un bref lexique de la langue que parlaient alors les Pascuans. Ils furent également les premiers à constater que ces insulaires possédaient une écriture. Mais ils ne purent rien comprendre ni à l'une ni à l'autre. En revanche, venant du Pérou, ils ne manquèrent pas d'observer que les rares hommes habillés portaient des vêtements bariolés « semblables aux ponchos ».

29

Un bananier à l'entrée d'une grotte. Les premiers visiteurs se virent offrir des bananes et des poulets. Contrairement à la patate douce et à la courge, ces denrées n'avaient pu être introduites que par des voyageurs de Polynésie. Ainsi les observations des premiers Européens nous fournissent la preuve concrète du passage à l'île de Pâques de voyageurs antérieurs, venus aussi bien de l'est que de l'ouest.

Le paysage découvert abonde en cachettes naturelles. Certaines grottes sont connues de tous, d'autres servent à receler les trésors des familles dans une communauté où les larcins sont valorisés. Bien qu'une seule dalle suffise en général à la camoufler, l'étroite entrée d'une grotte peut fort bien déboucher sur de longues galeries et sur des salles voûtées, jadis formées par des poches de gaz dans les coulées de lave.

Pour ce qui est des espèces végétales, ils reconnurent, outre celles indiquées par les Hollandais, la calebasse et le piment, et constatèrent que les roseaux de l'île étaient identiques aux *totoras* d'Amérique du Sud, plante d'eau douce également utilisée par les aborigènes péruviens pour en faire des nattes et construire des toits et des embarcations. Leur description des grandes huttes de roseaux en forme de bateau correspond à celle des Hollandais, mais ils précisent qu'elles appartenaient aux familles les plus puissantes et que la plupart des indigènes vivaient en fait dans des cavernes souterraines, à l'entrée si étroite qu'il fallait s'y glisser par les pieds. Hervé note que les insulaires nourrissaient leurs poulets dans « de petits enclos creusés dans le sol et couverts ». Cette observation apparemment secondaire devait plus tard jouer un rôle important dans la mise en place des pièces du puzzle.

Les Espagnols firent le tour de l'île en canot mais n'aperçurent ni bateaux ni marins, hormis deux pirogues très frêles, « si instables qu'elles sont munies d'un balancier pour les empêcher de chavirer », chacune conduite par deux hommes, qui apportèrent aux visiteurs des bananes, des poulets, des piments et des patates douces.

Non seulement le problème de l'arrivée des indigènes dans l'île restait entier, mais le mystère des statues géantes revenait au jour. Agüera, après avoir rapporté qu'elles étaient toujours tenues en grande vénération, ajoute : « Le matériau dont elles sont faites est une pierre très dure et donc très lourde ; en la frottant avec un croc, j'en ai tiré des étincelles, ce qui montre sa compacité. » Il se déclare stupéfait du travail nécessaire pour ériger des statues aussi imposantes et les installer en équilibre sur des plates-formes de pierre surélevées, alors que les Pascuans ne disposaient d'aucune sorte de machine. Contredisant les Hollandais, les Espagnols estimèrent que « bien des choses restent à éclaircir sur cette question ».

Mais, dans l'ensemble, leurs observations confirment celles de leurs prédécesseurs hollandais, à cinquante ans de distance. La population semblait avoir décru ; mais il se peut qu'instruits par leur première rencontre avec des Européens, un plus grand nombre d'indigènes eussent préféré rester cachés. Le mélange des types humains était exactement le même. Les pirogues à balancier évoquent la Polynésie, le piment et la calebasse au contraire le continent américain : au Pérou comme au Chili, ces deux espèces figurent parmi les résidus végétaux les plus courants dans les sépultures antérieures à l'époque inca, et ni l'une ni l'autre ne poussait à l'origine sur le rivage asiatique du Pacifique. Certes, à l'instar de la patate douce, la calebasse s'est également répandue dans d'autres îles polynésiennes mais, tout comme le *totora* et le piment, elle ne pouvait être venue que d'Amérique.

Les éléments de vocabulaire recueillis et la mention d'une écriture locale constituent d'importantes nouvelles pièces du puzzle. Les Espagnols ne connaissaient aucune autre langue des îles du Pacifique, de sorte que les mots retenus par Agüera le furent tout à fait au hasard. Or, dans sa liste figurent des termes d'origine évidemment polynésienne et d'autres dont ce ne peut en aucune façon être le cas. Ainsi les noms des chiffres sont-ils totalement différents de ceux de tous les dialectes polynésiens. Voici les nombres pascuans recueillis en 1770, avec entre parenthèses leurs équivalents polynésiens selon les missionnaires : *1 - coyana (etahi)* ; *2 - corena (erua)* ; *3 - cogojui (etoru)* ; *4 - quiroqui (eha)* ; *5 - majana (erima)* ; *6 - feuto (eono)* ; *7 - fegea (ehitu)* ; *8 - moroqui (evaru)* ; *9 - vijoviri (eiva)* ; *10 - queromata (etahi te anguhuru*, et aussi *etahi te kauatu)*.

Il est donc clair qu'au XVIIIe siècle, même la langue des Pascuans démontrait leurs origines mêlées. Nous savons aujourd'hui que beaucoup de langues sans rapport entre elles avaient été parlées par les populations côtières, de l'Équa-

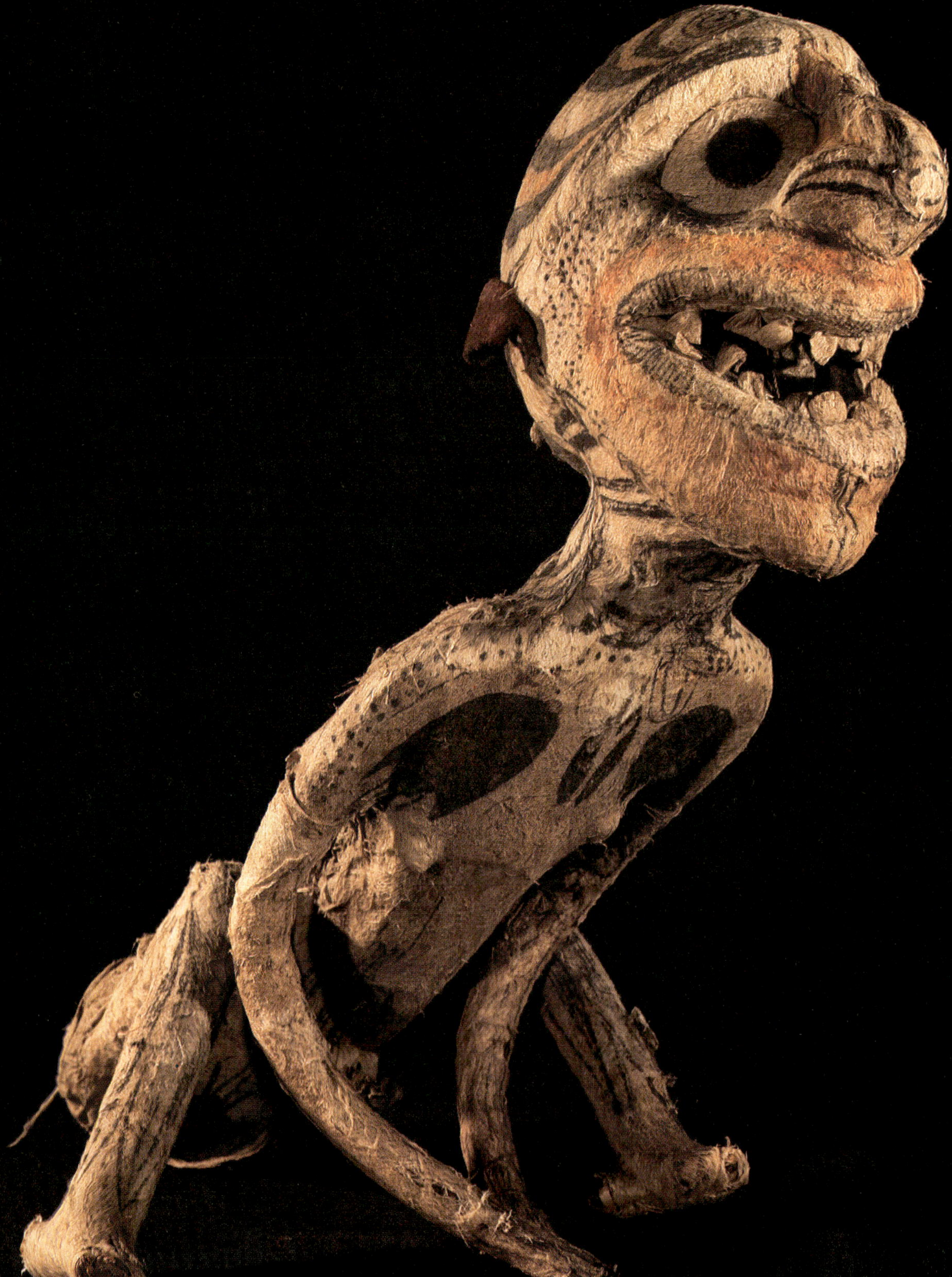

Figurine de *tapa* rembourrée en provenance de l'île de Pâques, au Belfast Museum of Art. Ces personnages sont fabriqués selon la même technique que les grandes *paina* observées par l'expédition de González. L'art des géants de pierre ayant pris fin avec le règne des Longues-Oreilles, on leur substitua les énormes mais légères *paina*. Ces dernières étaient transportées aux *ahu* au cours des cérémonies de la période tardive auxquelles assistèrent, au XVIIIe siècle, les Espagnols venus du Pérou.

De grandes et de petites figurines rembourrées étaient sans doute cachées dans les grottes, avec les autres biens des Pascuans, au cours de la période tardive des guerres civiles. Quelques rares exemplaires ont survécu : au siècle dernier, ils aboutirent dans les musées de Boston et de Belfast.

teur jusqu'au Chili. Mais, quelques siècles avant l'arrivée des Espagnols, les Incas des hautes terres avaient intégré toutes ces tribus et nations à leur immense empire et leur avaient imposé leur propre langue, le quechua, ce qui nous empêche d'établir aucune comparaison avec les termes non polynésiens relevés par Agüera.

Cette population pascuane hétérogène comportait manifestement un groupe culturellement très avancé. Les Espagnols menés par González nous apprennent que les artisans de l'île étaient capables de tailler des statues aussi hautes que des maisons de trois étages, dans une pierre si dure qu'elle lançait des étincelles quand on la raclait avec du métal. Mais, surtout, ils rapportent que les Pascuans disposaient d'un système d'écriture propre, ce qui est un critère culturel décisif. Rappelons que l'Europe n'a jamais inventé l'écriture, qui lui est venue des grandes civilisations moyen-orientales : on peut suivre cette transmission, le long des fleuves de Mésopotamie, depuis les anciens Sumériens jusqu'aux Hittites et aux Phéniciens de la côte méditerranéenne, puis aux Crétois et aux Grecs.

La petite communauté d'une île aussi écartée de tout aurait-elle donc inventé par elle-même un système d'écriture ? Il est en tout cas certain que les Pascuans issus de Polynésie ne pouvaient l'avoir importé : aucune tribu polynésienne ne connaissait l'écriture, qui dans le Pacifique ouest ne se rencontrait pas avant la Chine continentale, autant dire de l'autre côté de la planète. Plusieurs types différents d'écriture étaient par contre en usage dans l'Amérique précolombienne et dans les territoires culturellement avancés les plus proches de l'île de Pâques : au Mexique, en Amérique centrale et, avant même l'empire inca, également au Pérou. Aussi cette référence rapide à une écriture locale des Pascuans ne suffit-elle pas à fournir de clé supplémentaire.

Cependant, le succès même de l'expédition de González, du milieu de la côte péruvienne jusqu'à l'île de Pâques, apporte peut-être des éléments concernant une route maritime pratiquée avant l'arrivée des Européens. C'est en s'appuyant sur les souvenirs relatifs à l'itinéraire de Tupac Yupaqui jusqu'à la plus proche des deux îles visitées par l'Inca que l'expédition de González avait trouvé l'île de Pâques, exacte-

Coiffure pascuane de *tapa* rembourrée représentant une tête de félin. Aucun félin n'existe en Polynésie. Mais au Pérou, à l'époque pré-inca, la tête de félin était l'emblème des chefs et figurait souvent sur les coiffures royales. Vu la forme de la tête, des joues et du museau, et la peau tachetée, l'artiste pascuan a manifestement cherché à évoquer quelque félin légendaire.

ment à l'endroit où la situent les indications d'origine inca. Et, tout comme les Hollandais, ils déclarent qu'ils avaient trouvé l'île grâce à la fumée de nombreux foyers allumés le long de la côte. Peut-être la flotte inca avait-elle connu la même expérience avant eux et est-ce pour cette raison qu'ils avaient appelé cette terre « l'Ile de feu » ? Or, c'est une coutume polynésienne, pour attirer l'attention des bateaux de passage, que de lancer des colonnes de fumée. En 1947, quand, partis du Pérou sur le radeau *Kon-Tiki*, nous arrivâmes en Polynésie, nous dépassâmes Puka Puka dans l'obscurité et ne découvrîmes l'île qu'au matin, grâce à de semblables signaux de fumée. Un autre feu brûlait aussi sur l'île proche nommée Angatau, mais cela ne nous amena pas à faire demi-tour pour y accoster.

Il est d'autant plus probable que l'expédition de González ait bien découvert Nina Chumbi — « l'Ile de feu » — et non pas Ava Chumbi, que celle-ci est sans aucun doute Mangareva, la suivante parmi les îles habitées, à l'ouest de l'île de Pâques. Il existe effectivement à Mangareva une tradition légendaire concernant un roi étranger nommé Tupa, qui serait venu d'un immense pays situé au levant. Comme nous l'avons vu à propos du boucanier Davis, Mangareva est une grande île montagneuse entourée d'un anneau d'atolls sablonneux, et c'est elle que cherchait en fait Roggeveen lorsqu'il arriva à l'île de Pâques. Le souvenir du roi Tupa s'est conservé à Mangareva jusqu'aux temps historiques, comme celui du principal événement jamais survenu. C'était, disent les traditions de l'île, un puissant souverain, qui commandait une importante flotte de radeaux. Celle-ci demeura longtemps à l'entrée du lagon situé à l'est du récif. Tupa campait sur une île nommée Kava et l'entrée du lagon fut par la suite appelée *Te-Ava-nui-o-Tupa*, c'est-à-dire « le Grand Chenal de Tupa ». Cette légende fut d'abord recueillie par un voyageur britannique, F.W. Christian, qui n'avait jamais entendu parler du voyage de l'Inca Tupac. Christian écrit : « Et les habitants de Mangareva ont une tradition selon laquelle un chef nommé Tupa, rouge de teint, était venu de l'est avec une flotte de pirogues qui n'étaient pas de type polynésien mais ressemblaient davantage à des radeaux — qui évoquent évidemment les embarcations de balsa péruviennes. » L'anthropologue Paul Rivet émit plus tard l'hypothèse que l'Inca avait peut-être visité l'île mais, plus tard encore, quand Sir Peter Buck publia la tradition de Tupa dans son *Ethnology of Mangareva*, il n'évoqua pas la possibilité que des radeaux de balsa aient pu flotter assez longtemps pour parvenir jusqu'en Polynésie.

On peut donc conclure que le « Nombril du monde », appelé île de Pâques par les Hollandais et San Carlos par les Espagnols, est bien la Nina Chumbi des Incas. Ava Chumbi, elle, n'est autre que Mangareva.

L'île misérable du capitaine Cook

Le 11 mars 1774, le capitaine James Cook mouilla devant la côte de l'île de Pâques, quatre ans seulement après la visite des Espagnols. C'était son second voyage d'exploration dans les mers du Sud, et la première fois que des vaisseaux européens parvenaient à atteindre la Polynésie à partir de l'Asie. Cook avait décou-

Le capitaine James Cook débarqua en 1774, quatre ans seulement après les Péruviens. Hodges, l'artiste de son bord, fit le croquis d'un couple de Longues-Oreilles : leurs lobes fendus, dépourvus d'ornements, pendent presque jusqu'à leurs épaules. L'homme porte une coiffure de plumes, la femme un chapeau en roseaux imitant la forme des radeaux pascuans. Roggeveen et González avaient découvert un peuple composite dont bon nombre étaient de grands roux à peau blanche. Cook, lui, ne trouva qu'une population décimée et appauvrie où dominaient les individus à peau sombre.

vert qu'en voguant vers le sud à partir de la Nouvelle-Zélande, il était possible d'éviter les courants et les alizés tropicaux et de trouver des vents d'ouest dans les froides latitudes des glaces flottantes antarctiques. Pendant la plus grande partie de la traversée, il dut lutter contre des tempêtes et de fortes houles, entre 60° et 70° de latitude sud, mais avant d'atteindre le Chili il vira au nord, prenant le courant de Humboldt, trouva les alizés et parvint ainsi à l'île de Pâques par l'est, comme ses prédécesseurs. Cet éprouvant voyage à partir de la Nouvelle-Zélande lui prit trois mois et demi, alors que González, venu du Pérou dans de bien autres conditions, n'avait mis que cinq semaines.

A bord du *Resolution* de Cook se trouvaient deux célèbres naturalistes, George Forster et son fils. Après leur pénible voyage à travers les mers antarctiques, les Britanniques avaient désespérément besoin de ravitaillement. Ayant lu les comptes rendus de Roggeveen et de González, ils abordèrent l'île de Pâques avec les plus grands espoirs, mais ne purent masquer leur déception lorsqu'ils accostèrent. Tant l'île que ses habitants paraissaient avoir subi une totale transformation.

Ils trouvèrent les insulaires dans une condition lamentable, et le sol lui-même, selon Cook, était sec et partout caillouteux. Forster écrit que la seule denrée abondante était la patate douce, mais qu'après s'être partagé tout ce qu'ils avaient pu se procurer, cela avait tout juste suffi à préparer quelques repas sommaires pour l'équipage. Il souligne que les autres plantes comestibles étaient en quantité négligeable et qu'ils ne parvinrent pas même à obtenir cinquante volailles. Même l'eau douce était peu abondante et d'un goût désagréable. Les Britanniques n'aperçurent qu'une petite trentaine de femmes et estimèrent la population à moins de 700 individus, qu'ils décrivirent comme petits, maigres, timorés et misérables. Cook ne vit « rien qui mérite d'inciter des navires à accoster cette île, sauf en cas d'extrême détresse », ajoutant : « Aucune nation n'a besoin de prétendre avoir découvert cette île, car il est peu d'endroits qui présentent moins de commodités pour la navigation. »

Quelque événement grave avait dû se produire au « Nombril du monde » pendant les quatre ans écoulés entre les expéditions de González et de Cook. C'était là un nouveau mystère. Forster observa des plantations abandonnées jusqu'au sommet des collines et se demanda si une catastrophe volcanique n'avait pas brusquement réduit à la misère une population naguère nombreuse et opulente.

Contrairement aux visiteurs précédents, les Britanniques trouvèrent des armes entre les mains de ces insulaires par ailleurs dépourvus de tout. Cook rapporte qu'ils possédaient notamment de courts gourdins de bois et des lances, que Forster décrit comme de minces bâtons grossièrement taillés, munis d'une pointe triangulaire de lave noire vitreuse. Il ne comprit pas du tout pourquoi ces Pascuans si amicaux portaient de telles armes, alors qu'ils étaient bien trop à l'écart de toute autre terre pour devoir mener des guerres extérieures et que, vu leur petit nombre et leur pauvreté générale, on imaginait mal qu'ils connussent des troubles civils. « Il faut ajouter cette circonstance à plusieurs autres qui chacune à sa façon nous paraissent inexplicables. »

S'ajoutait à cette impression générale de désastre le fait que beaucoup des statues géantes gisaient maintenant à terre et que leurs plates-formes surélevées avaient subi des dégâts sensibles. Selon Forster, les statues avaient dû être renversées. Sur la côte ouest, où mouillait le *Resolution*, les Britanniques purent observer plusieurs géants encore debout : trois sur une énorme plate-forme et non loin de là un autre, de 6 mètres de haut, en équilibre sur un mur merveilleusement construit, avec sur la tête un cylindre de 1,50 mètre de diamètre. Une équipe partie explorer le sud-est fit état de trois autres plates-formes, dont chacune portait quatre statues ; sur deux d'entre elles, toutes les statues étaient tombées, et une aussi sur la troisième. Toutes étaient brisées ou de quelque façon abîmées.

Bien que cette destruction parût récente, Cook décrit les statues comme « des monuments de grande antiquité » et écrit : « Elles avaient dû exiger un temps de

La baie de Cook près du village d'Hangaroa, où le bateau du capitaine Cook jeta l'ancre.

L'équipe de Cook découvrit que plusieurs géants de pierre avaient été renversés, et que leurs couronnes cylindriques avaient dévalé jusqu'à la cour du temple. Certaines étaient même tombées à l'eau et suscitèrent quelques hypothèses quant à leur éventuel transport maritime. Les Anglais crurent devoir mettre les malheurs survenus depuis le passage des Péruviens sur le compte d'une catastrophe naturelle. Mais nous savons aujourd'hui qu'une série de guerres civiles déchira l'île de Pâques après la défaite des Longues-Oreilles. Ces guerres intermittentes ne devaient prendre fin qu'à l'arrivée des missionnaires, dans la deuxième moitié du XIXe siècle.

travail immense, et démontraient suffisamment l'ingéniosité et la persévérance que possédaient les insulaires à l'époque où ils les avaient érigées ; car les habitants actuels n'y sont certainement pour rien, vu qu'ils ne réparent même pas les fondations de celles qui sont sur le point de tomber en ruine. » Forster abonde dans son sens : « Nos investigations les plus diligentes n'ont pas suffi à jeter une lumière claire sur les étonnants objets qui sur cette île avaient frappé notre vue [...] Il est tout à fait raisonnable de les considérer comme les vestiges d'époques meilleures. Selon nos calculs les plus favorables, la population de l'île ne pouvait dépasser 700 personnes, qui plus est dépourvues d'outils, d'abris et de vêtements, et contraintes de consacrer tout leur temps à chercher de la nourriture pour entretenir leur précaire existence. »

Les Britanniques constatèrent que les géants de pierre n'étaient plus des objets de vénération, bien que certains des insulaires ne parussent pas beaucoup apprécier de voir leurs visiteurs traverser les plates-formes ou en examiner la maçonnerie de trop près. Ils observèrent aussi que ces plates-formes semblaient désormais servir de lieux de sépulture pour certaines tribus ou familles, car ils virent un squelette

Quelle langue pouvaient bien parler ces hommes à la moue dédaigneuse ? Cook décela bien quelques mots polynésiens avec l'aide de son interprète tahitien, mais ce dernier dut reconnaître que le pascuan lui était inintelligible. Ils en comprirent tout de même suffisamment pour observer que chacun des géants de pierre portait un nom et avait été érigé en l'honneur d'un chef défunt. L'expression orgueilleuse de ces statues, leurs ongles bien trop longs pour tout travail manuel, ne font que confirmer cette hypothèse.

humain étendu près de l'une d'entre elles, simplement recouvert de pierres, et en cherchant alentour ils trouvèrent encore d'autres ossements humains.

Ils essayèrent de se renseigner auprès des Pascuans et, pour autant qu'ils purent le comprendre, on leur répondit que les statues étaient des monuments élevés à la

Les Anglais s'émerveillèrent de la qualité des travaux de la maçonnerie de l'île de Pâques, que Cook compara favorablement à leurs plus beaux homologues britanniques. A Hangaroa, il admira tout particulièrement un mur colossal fait de mégalithes parfaitement ajustés. Par la suite, le mur fut démoli, et les blocs servirent à construire un port. Mais nous pouvons encore apprécier ces prouesses techniques sur un autre mur, celui de Vinapu.

mémoire de certains *ariki*, c'est-à-dire des rois. Ils apprirent aussi qu'elles portaient chacune un nom — Gotomoara, Marapate, Kanaro, Goway-too-goo, Matta Matta, etc. —, que les indigènes faisaient parfois précéder du terme *moi* (en réalité *moaï*), le mot local pour désigner toute image, ou bien suivre du terme *ariki*.

La prouesse technique des antiques générations qui avaient érigé ces statues géantes souleva beaucoup de conjectures chez les Britannniques. Ainsi Forster reconnaît-il : « Il me paraissait incompréhensible que des masses aussi énormes aient pu être taillées par un groupe humain chez lequel nous ne rencontrâmes aucun outil ; et qu'ils aient pu les ériger sans l'aide d'aucune machine. »

Cook et son équipe d'exploration se trouvèrent différer d'opinion quant au matériau de fabrication des statues. Cook, en ayant examiné deux qui étaient restées debout près de la baie où il avait accosté, était convaincu qu'elles étaient taillées dans la pierre, tandis que ceux qui avaient avancé plus loin dans les terres estimaient que le matériau de base utilisé était plus léger. Le capitaine, doté d'un remarquable esprit pratique, écrit dans son journal : « Nous avions peine à concevoir comment ces insulaires, totalement ignorants de tous les arts mécaniques, avaient pu dresser des figures aussi prodigieuses et placer ensuite sur leur tête ces larges pierres cylindriques. La seule méthode que je puisse imaginer, c'est qu'ils aient relevé la partie supérieure petit à petit, en la maintenant par des pierres au fur et à mesure et en construisant autour d'elle une sorte de support ou d'échafaudage, permettant de faire rouler le cylindre et de le poser sur la tête de la statue ; après quoi, il aurait suffi de retirer les pierres utilisées. Ou alors, si les blocs formant les statues n'étaient pas en pierre il aurait été possible de les assembler sur place dans leur position définitive et de poser ensuite la couronne cylindrique par le même procédé. »

Il faudra attendre près de deux siècles pour que les descriptions et réflexions apparemment secondaires du capitaine Cook apparaissent comme bien davantage que des curiosités : c'est seulement aujourd'hui qu'il est possible de reprendre ses rapports et ceux de Forster et de comprendre toute l'importance de ces commentaires

A partir de Vinapu, les compagnons de Cook suivirent vers l'est l'ancienne voie des statues. Ils en virent plusieurs à l'abandon, loin de toute plate-forme. Certaines gisaient le long de la voie, d'autres étaient encore debout. En début d'après-midi, toute l'équipe d'exploration — une trentaine d'hommes — put s'abriter du soleil dans l'ombre de la plus grande d'entre elles.

On a longtemps cru que Cook et ses hommes n'avaient jamais atteint les carrières de Rano Raraku. On s'est trompé. La végétation qui envahissait sans doute, à l'époque, les abords du volcan dut rendre les carrières méconnaissables. Mais Hodges nous a laissé le croquis d'une statue gisant sur le dos, la tête vers le bas de la pente rocheuse, flanquée d'un bananier : il ne saurait l'avoir vue ailleurs qu'à l'angle sud-ouest du volcan.

qui, pendant longtemps, ont paru de peu d'utilité, voire d'aucune, vis-à-vis des problèmes posés.

Les Britanniques décrivirent certaines statues que personne d'autre n'avait encore jamais vues. Particulièrement intéressante est la mention de celles qui se dressaient ici et là le long d'une route menant vers la carrière de Rano Raraku. L'équipe d'exploration suivit cette route vers l'est, à partir du grand mur mégalithique de Vinapu. Elle ne reconnut pas qu'il s'agissait d'une carrière mais ne fut pas loin d'y parvenir, à voir un croquis exécuté par le dessinateur de l'expédition. Forster décrit cette route comme une sorte de chemin déblayé au milieu du terrain caillouteux et de chaque côté duquel poussait une herbe maigre, si glissante que les Britanniques ne pouvaient y marcher. Contrairement aux effigies plantées sur les plates-formes mor-

Les sculpteurs des géants de pierre avaient choisi, à quelque sept kilomètres des carrières de Rano Raraku, un autre cratère, Puna Pau, d'où ils tiraient les scories rouges employées pour tailler les couronnes cylindriques des statues. Cook et ses hommes visitèrent le site en revenant vers Hangaroa. Ils virent des ébauches à l'intérieur du volcan, ainsi que des cylindres déjà prêts au bord du cratère. Ignorant la langue, les premiers Européens appelèrent tout d'abord ces cylindres « chapeaux ». Ils découvrirent plus tard leur véritable nom, *pukao*, qui signifie « toupet » en pascuan : telle était en effet l'ancienne coiffure masculine sur l'île. Visages orgueilleux, toupets roux, longues oreilles : tout ceci correspond bien aux descriptions fournies par les premiers visiteurs de la caste des prêtres.

tuaires, sur des constructions de pierre soigneusement construites, celles qui se trouvaient le long de la route reposaient simplement sur le sol. Cook observa en outre qu'en général elles étaient de plus haute taille que celles des plates-formes. L'une d'entre elles, qui gisait à terre, mesurait quelque 8 mètres de haut, avec une largeur d'épaules de 2,50 mètres, et Cook note : « Encore cela semblait-il beaucoup moins que la dimension d'une autre qu'ils virent, encore debout, et dont l'ombre, un peu après deux heures de l'après-midi, suffit à abriter du soleil toute l'équipe, soit près de trente personnes. »

En revenant vers le mouillage de Hangaroa, l'équipe d'exploration franchit le cône volcanique de Puna Pau et put observer dans son cratère des scories volcaniques rouges. Elle trouva là, abandonnés par les sculpteurs préhistoriques, nombre

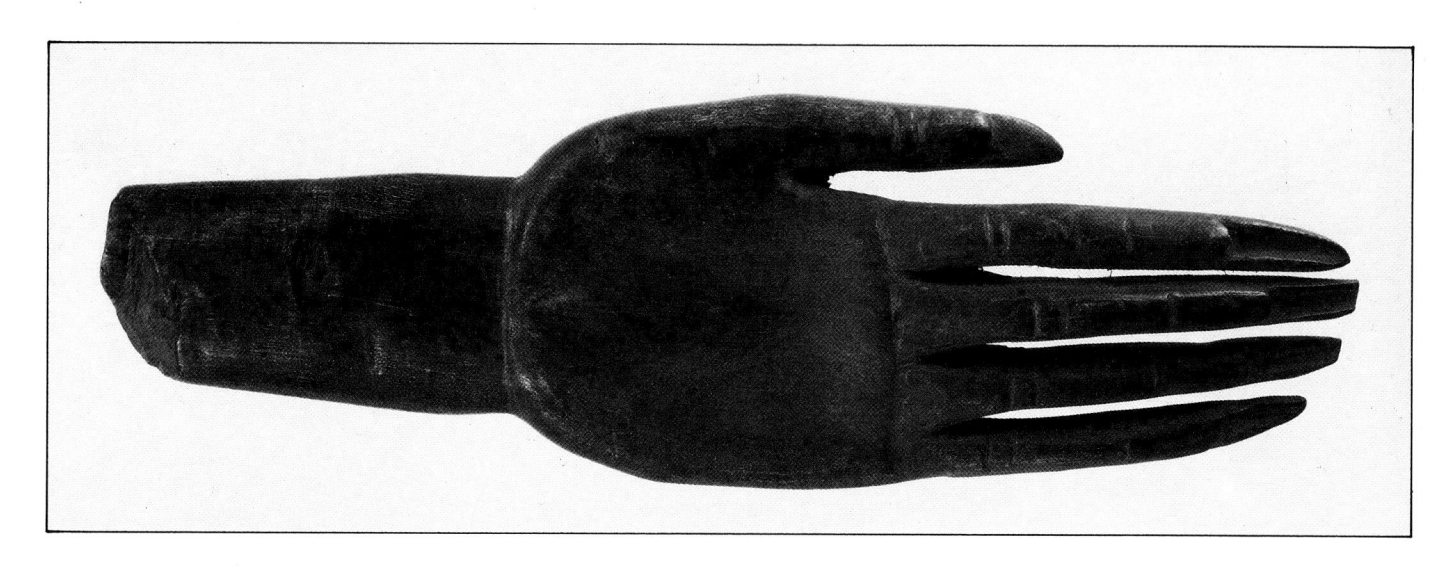

Main de bois, sans doute celle d'un danseur, trouvée par l'expédition de Cook en 1774. L'érudit Forster, compagnon de Cook, s'intéressa particulièrement à cet objet. Les ongles longs rappellent ceux des géants de pierre et dénotent un personnage de haut rang.

de grands cylindres de pierre rouge, qui n'avaient jamais été transportés jusqu'aux statues auxquelles ils étaient destinés.

Cook fut ébahi par la conception et l'exécution de certains des murs mégalithiques qui soutenaient les géants de pierre, et qu'il ne jugea pas inférieures à celles des meilleures maçonneries d'Angleterre. Il observa que, malgré l'absence de toute cimenterie, les joints entre les pierres étaient remarquablement étroits, grâce à des assemblages à tenon et mortaise. Le plus impressionnant de ces murs était celui qu'ils observèrent à Hangaroa, et dont Forster écrit : « Un élément remarquable était la mise en place de ces pierres, disposées selon les meilleures règles de l'art et s'ajustant entre elles de telle sorte qu'elles formaient un ensemble architectural tout à fait résistant. »

Par la suite, les Européens devaient démolir cet ensemble de maçonnerie, dans le futile dessein de construire un port, et nous ne pouvons imaginer à quoi il ressemblait qu'en examinant le mur aujourd'hui célèbre de Vinapu. Les Britanniques avaient aussi visité cette plate-forme, sur laquelle quatre statues sur sept étaient encore debout, et jugé qu'elle était « assemblée exactement de la même manière » que celle de Hangaroa.

Cook surprit tout le monde en rapportant en Europe une très étrange collection de petites figurines. Jusque-là, on avait cru qu'aucune sorte d'art n'avait existé sur l'île de Pâques, hormis ces colosses monolithiques, tous de conception analogue. Et voilà que les Britanniques rapportaient des figurines de bois sculpté qui témoignaient d'une imagination prolifique et d'une habileté artistique peu commune. Manifestement, elles n'avaient pas été fabriquées pour l'occasion et avaient dû rester longtemps dissimulées. Selon Forster, c'était sans doute la pauvreté dont souffraient alors les Pascuans, et leur désir de se procurer des étoffes auprès des Britanniques, qui les avaient poussés à troquer ces objets, dont ils ne se seraient sans doute pas défaits en d'autres circonstances.

Les visiteurs précédents n'avaient observé dans les huttes que des paillasses et des oreillers de pierre, et les Britanniques n'y rencontrèrent rien de plus, sinon des récipients formés de calebasses. Où donc ces objets d'art pouvaient-ils avoir été dissimulés ? Forster souligne que les maisons de roseaux en forme de bateau étaient si peu nombreuses que les indigènes devaient nécessairement s'y entasser, à moins que la plupart ne dormissent à la belle étoile. On lui permit d'entrer dans l'une d'elles par sa minuscule entrée : « Nous passâmes à quatre pattes par cette ouverture et trouvâmes l'intérieur de la hutte entièrement nu et vide, hormis un tout petit peu de paille pour s'allonger dessus. » Cook observa cependant que certains insulaires possédaient aussi « des sortes de maisons voûtées, construites en pierre », mais ne pénétra dans aucune d'elles. Il se demanda si certaines de ces constructions de pierre ne communiquaient pas avec des cavernes naturelles et aurait voulu vérifier cette hypothèse ; mais il en fut empêché par les Pascuans, qui lui refusèrent toujours l'accès à ces lieux.

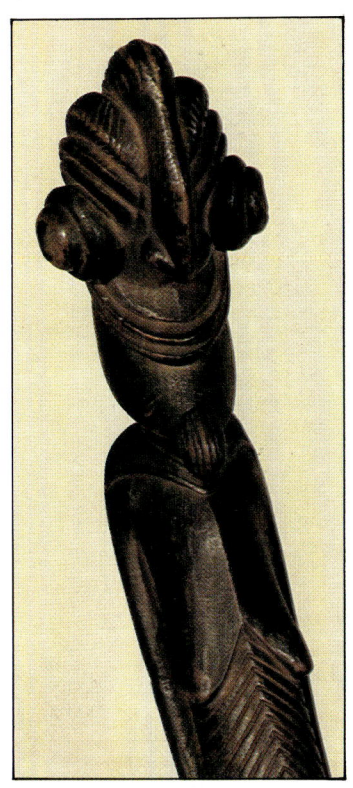

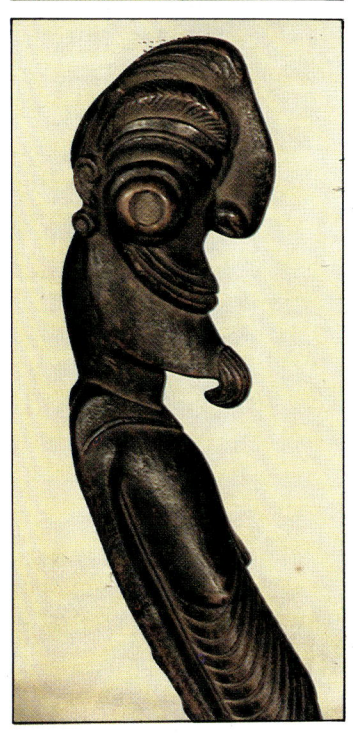

L'existence de cachettes devenait ainsi plus évidente que jamais. Cook écrit : « Non sans difficulté, nous réussîmes à garder nos chapeaux sur la tête ; mais il était à peine possible de conserver quoi que ce fût dans nos poches, car ils guettaient la moindre occasion de nous détrousser, au point que nous achetions parfois deux ou trois fois le même objet, pour finalement ne pas le posséder plus qu'au début. »

Les objets que les Espagnols n'avaient jamais revus circulaient à présent ouvertement. Les Britanniques remarquèrent ainsi un chapeau espagnol à larges bords, une veste *grego* et plusieurs mouchoirs, qui provenaient manifestement de l'expédition de González.

L'équipage de Cook ne vit chez les Pascuans que des gens de petite taille, maigres et misérables ; mais le capitaine lui-même, premier visiteur étranger à connaître déjà la Polynésie, reconnut chez nombre d'entre eux des traits polynésiens. Et où étaient donc passés les géants blancs aux cheveux roux, avec des traits européens, que les Hollandais avaient découverts et que les Espagnols décrivaient encore quatre ans auparavant ? Se cachaient-ils ? Avaient-ils été massacrés ?

Cook avait emmené avec lui, lors de sa visite précédente en Polynésie, un natif de Tahiti nommé Oedidee (en fait Otiti). Il observa que le premier Pascuan qui aborda le *Resolution* mesurait la longueur du bateau en comptant à haute voix, tout comme faisaient les indigènes de Tahiti. Mais il ajoute : « Cependant, sa langue nous était, pour ainsi dire, totalement inintelligible. » C'est là une constatation importante : les Britanniques tentèrent de communiquer avec les insulaires par le truchement d'Otiti, mais sans succès. Même la simple tentative de connaître le nom

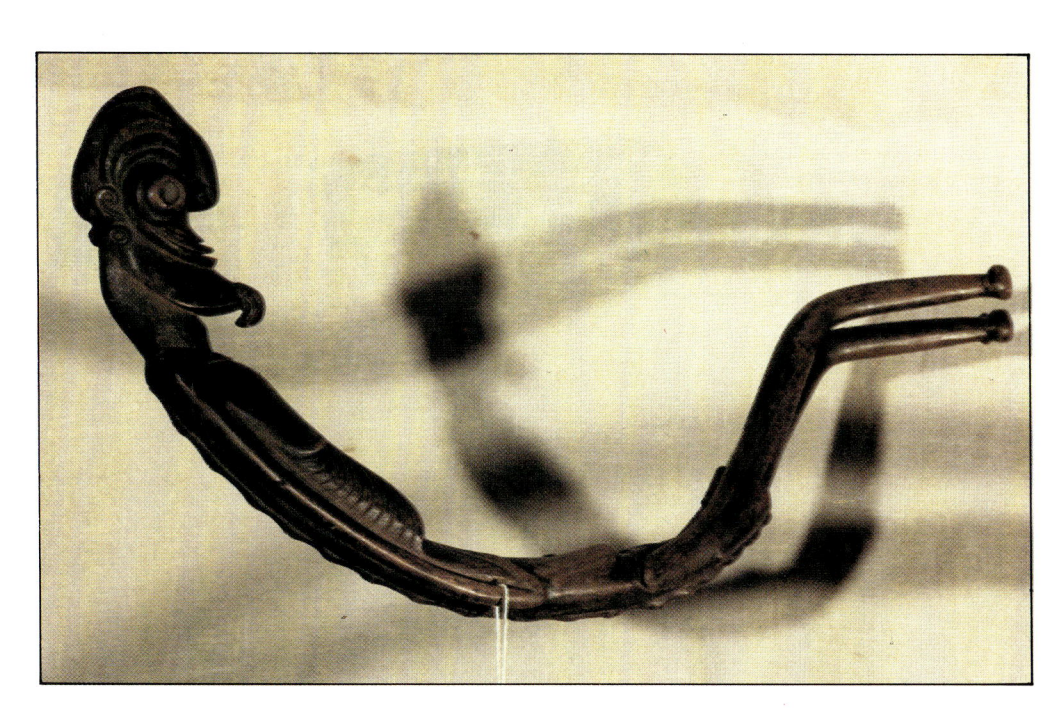

D'étranges figurines de *toromiro*, un bois rougeâtre, taillées et polies avec soin, furent proposées en troc aux Anglais en 1774. Ces derniers mirent une telle initiative sur le compte de la misère survenue depuis le passage des Espagnols : en des temps plus fastes, les Pascuans n'auraient sans doute pas consenti à se défaire d'un patrimoine aussi précieux.

Le *moai kavakava* (« image côtelée »), dont les premiers exemplaires furent récoltés par l'expédition de Cook, était un stéréotype de la sculpture pascuane : un mâle de haute taille, voûté, émacié, aux longues oreilles, doté d'un bouc, d'un nez crochu, de côtes saillantes, d'un ventre creux, de courtes jambes et d'un sexe circoncis. D'après la tradition, deux rois débarquèrent séparément sur l'île : d'abord Hotu Matua, venu de l'est, puis Tuu-ko-Ihu, venu de l'ouest. Découvrant deux malheureux *aku-aku* cachés dans les carrières de Puna Pau, Tuu-ko-Ihu sculpta leur portrait dans le bois : les premiers *moai kavakava* étaient nés. On peut donc supposer que Tuu-ko-Ihu avait les oreilles courtes, et que les Longues-Oreilles dont il fit le portrait l'avaient précédé sur l'île.

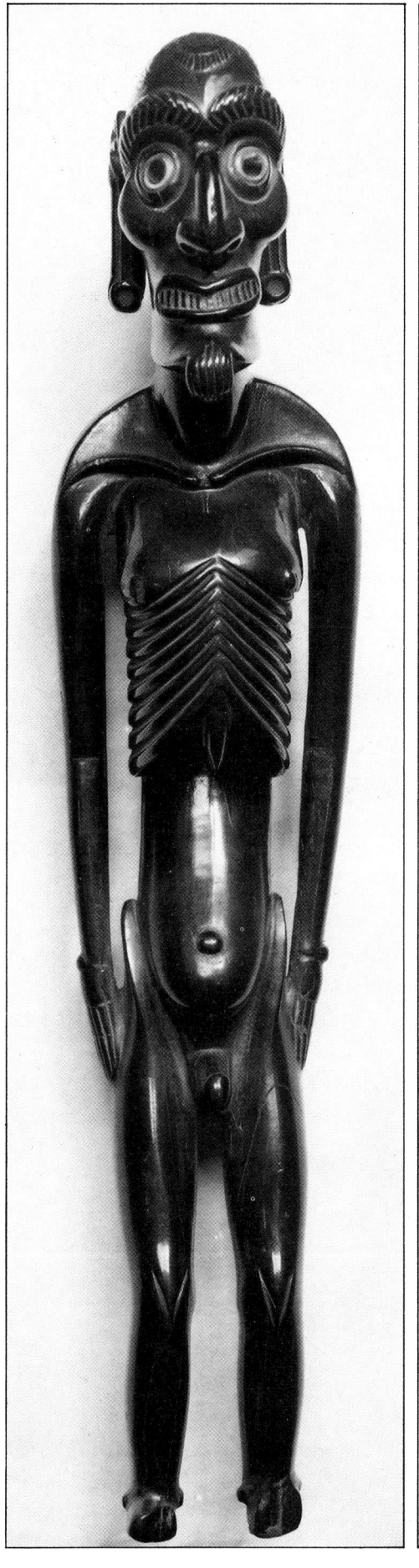

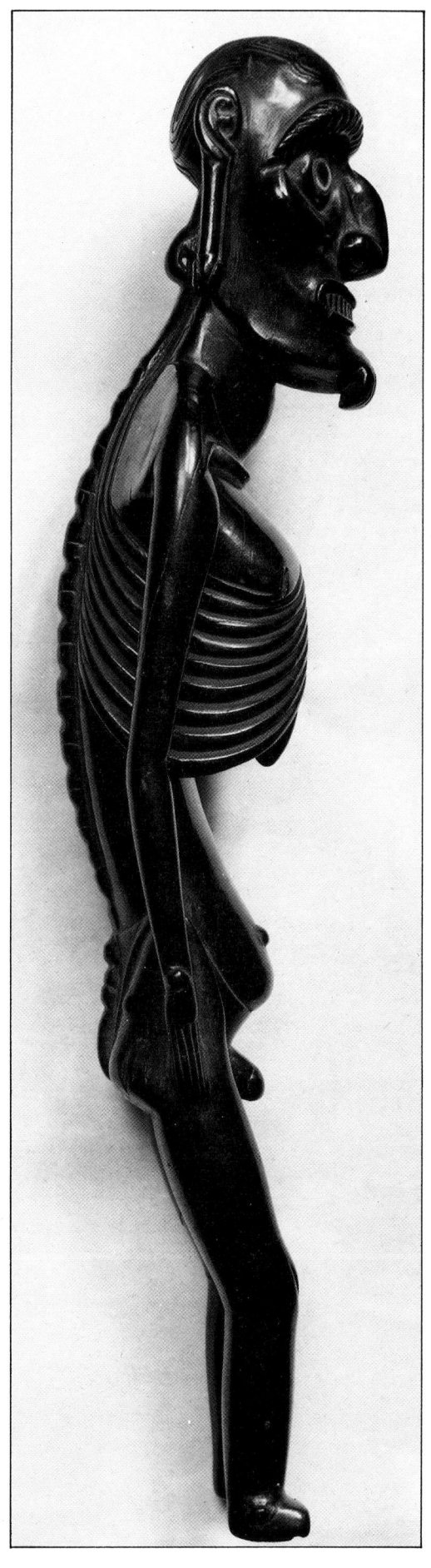

Le *moai papa* («image plate»), autre stéréotype figurant parmi les spécimens de Cook. Aucune tradition n'éclaire son origine ou sa signification. Mais ce type de figurine est invariablement plat, même si on a dû gâcher beaucoup de bois pour le réaliser. Les personnages féminins plats avaient aussi leur importance dans l'art du Pérou ancien, où ils représentaient la mère-terre plate (*pampa*, la plaine). Dans les sépultures pré-incas de la côte sud-américaine, en face de l'île de Pâques, bon nombre de ces figurines ont été découvertes. De bois ou d'argile, elles sont toujours plates. Certaines d'entre elles, munies d'une ficelle de suspension, se rapprochent encore plus des *moai papa*, dont on pense qu'ils étaient portés lors des cérémonies, où ils jouaient parfois un rôle. Mais on ne trouve aucune figurine de ce type dans les autres îles du Pacifique.

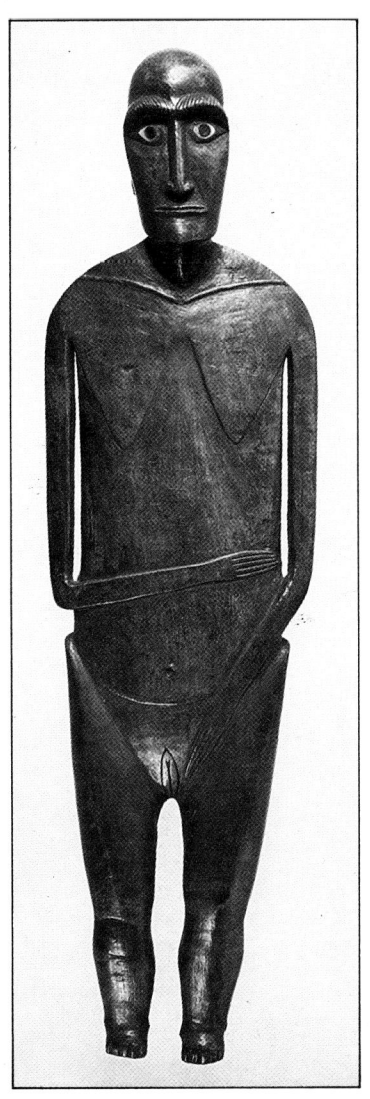

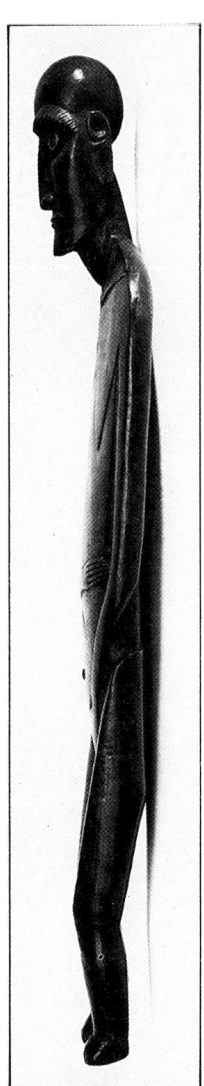

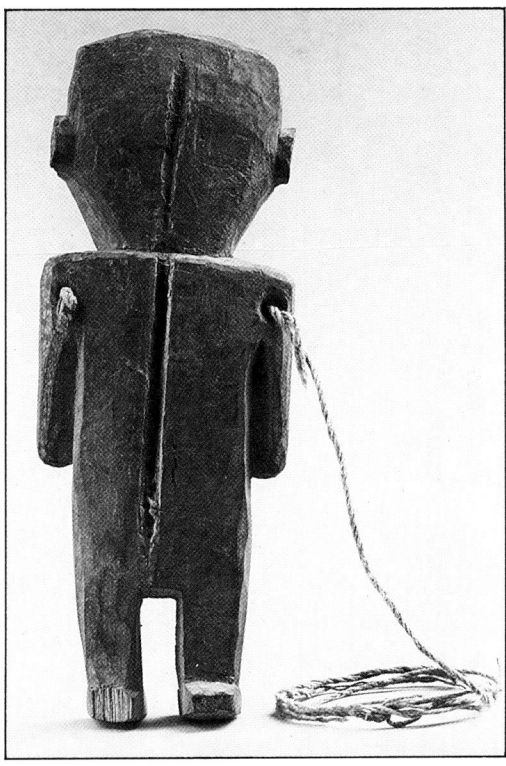

qu'ils donnaient à leur île échoua : ils obtinrent trois appellations différentes, mais dont aucune ne signifiait rien. Celle que retint Otiti était Teapy, mais elle était manifestement erronée et démontra à Cook l'impossibilité, même pour Otiti, de communiquer avec les Pascuans. Le capitaine, aidé par le Tahitien, réussit pourtant à dresser une liste de 17 mots, soigneusement choisis, qui étaient clairement d'origine polynésienne. Il ne livra au public que ceux-là, sans aucun exemple des termes locaux qui, selon son expression, étaient « totalement inintelligibles » même pour Otiti. Par là même, sans l'avoir cherché, il donna aux linguistes à venir une vision trompeuse de la langue parlée à l'époque par les Pascuans.

Le *Resolution* mouilla face à Hangaroa, dans la baie ensuite dite baie de Cook, pendant cinq jours, mais deux journées seulement comportèrent des visites à terre. L'expédition mit ensuite la voile pour emprunter la route habituelle et facile, sous le vent, menant à la Polynésie tropicale.

Pour la plupart des déductions que l'on peut tirer des observations de Cook et Forster en 1774, nous attendrons d'avoir exposé certains événements ultérieurs. Ce qui apparaît immédiatement, c'est qu'un drame, quelle que fût sa nature, avait eu lieu sur le « Nombril du monde » depuis la visite de González quatre ans plus tôt. L'île de Pâques n'est pas dans la zone sismique et les volcans n'étaient pas entrés en activité, puisque des carrières avaient été ouvertes sur les flancs des cratères et que l'on avait planté des roseaux dans les lacs situés au-dessous. Un raz de marée aurait certes pu toucher l'une des côtes, mais non pas renverser des statues un peu partout à travers l'île.

Des guerres intestines semblent donc rester la seule explication possible, d'autant que les misérables survivants étaient maintenant armés de gourdins et de lances. Ces insulaires n'avaient pas de voisins proches, mais ils constituaient eux-mêmes un ensemble mélangé. Ce pourrait donc être une guerre civile qui les aurait forcés à abandonner leurs champs et poussés à mettre à bas les monuments que leurs ancêtres avaient érigés. Selon ce que les Britanniques apprirent, ces colosses de pierre étaient des monuments funéraires dressés en l'honneur de chefs défunts, et comme ils étaient tous sculptés avec de longues oreilles, il semble raisonnable d'attribuer leur présence à ce groupe ethnique particulier qui pratiquait l'extension des lobes. N'étaient-ce d'ailleurs pas ces habitants-là qui, selon les Hollandais, accordaient la plus grande attention aux statues ?

Que cette petite île mystérieuse dissimulât des secrets que les héritiers des statues géantes gardaient par-devers eux, cela ressortait d'ailleurs clairement du fait que soit soudainement apparue une nouvelle forme d'art, dans un paysage si dénudé que tout semblait être exposé à la vue.

Les Pascuans sortent de leurs cachettes à l'arrivée des Français

Les Pascuans ne devaient plus recevoir de visiteurs qu'une seule fois au cours du XVIIIe siècle : en 1786, l'amiral La Pérouse, avec deux frégates, descendit directement, sous le vent, du milieu des côtes chiliennes.

L'île de Pâques avait à nouveau changé de visage. En douze ans, depuis le passage des Britanniques, l'économie de l'île était redevenue normale. Ce laps de temps, cependant, était trop bref pour expliquer la soudaine réapparition d'une proportion convenable de femmes. Quand les Français accostèrent à Hangaroa — désormais appelée baie de Cook —, ils aperçurent quelque 1 200 indigènes sur la côte, dont environ 300 femmes. Ils virent ensuite dans l'intérieur beaucoup d'autres femmes, avec des enfants, et La Pérouse estima que la population comptait au moins 2 000 habitants, également répartis entre hommes et femmes. La grande majorité des femmes devait donc être restée cachée lors de la visite de Cook, puisque les visiteurs français ne rencontrèrent pas un seul vieillard sur toute l'île, et La Pérouse écrit : « [...] et nous sommes tous entrés dans ces cavernes où M. Forster et quelques officiers du capitaine Cook crurent d'abord que les femmes pouvaient être cachées. Ce sont des maisons souterraines [...] On ne peut cependant révoquer en doute que les habitants n'eussent caché leurs femmes lorsque le capitaine Cook les visita en 1772 [1774 en réalité] ; mais il m'est impossible d'en deviner la raison, et nous devons peut-être à la manière généreuse dont il se conduisit envers ce peuple la confiance qu'ils nous ont témoignée, et qui nous a permis de juger plus exactement du niveau de la population. »

Les hommes aussi paraissaient changés. Rollin, médecin major de l'expédition, note que, loin d'être épuisée de famine, la population était au contraire prospère et pleine de santé ; le sol, moyennant fort peu de travail, fournissait d'excellentes denrées en quantité plus que suffisante pour la consommation des habitants.

Selon La Pérouse, trois jours de travail par habitant auraient suffi pour assurer leur subsistance pendant tout un an. Un dixième des terres seulement était alors cultivé, mais avec beaucoup d'ingéniosité et selon une soigneuse disposition en bandes régulières. Les Français définirent les insulaires comme des cultivateurs : leur alimentation venait de la terre, non de la mer. Les cultures étaient les mêmes qu'avaient décrites les précédents visiteurs ; mais La Pérouse, le premier, tenta d'introduire de nouvelles espèces : l'horticulteur de l'expédition parcourut l'île pour y semer du maïs et diverses autres plantes ; les Français plantèrent également des arbres fruitiers et offrirent aux habitants trois moutons, un couple de porcs, un bouc et une chèvre.

Cette tentative pour planter de nouvelles espèces à travers toute l'île permit à La Pérouse de se former une opinion quant à la nature du terrain. Selon sa théorie, cette île aride avait jadis été fortement boisée, et c'est à la disparition des forêts qu'il convenait d'attribuer le déclin de l'ancienne civilisation. Tant lui que Lan-

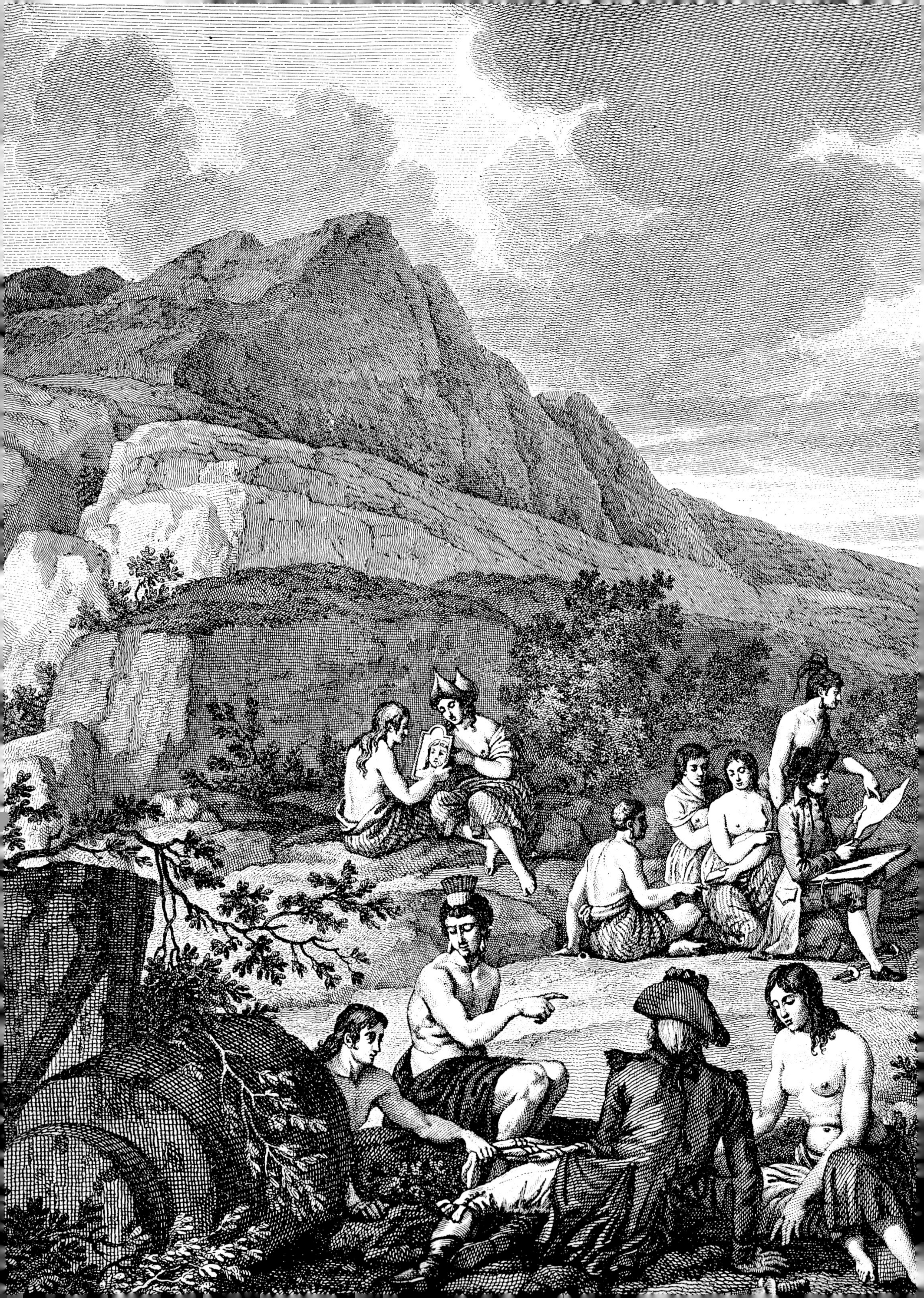

L'expédition française de La Pérouse arriva en 1786. Les Français, voyant les femmes émerger enfin de leurs cachettes, attribuèrent cette nouvelle marque de confiance à la courtoisie de leurs prédécesseurs britanniques. L'artiste de l'expédition nous a laissé un croquis des nouveaux venus mesurant l'une des statues, encore munie de son toupet et dressée sur une plate-forme à marches. Les idées des Pascuans sur le vol étaient difficiles à accepter pour la mentalité européenne. L'artiste nous montre un homme volant un chapeau, tandis qu'une femme, cachée derrière un cylindre de pierre, dérobe un mouchoir à son propriétaire. Des deux femmes en admiration devant le miroir qu'elles viennent d'obtenir, l'une porte un chapeau qui, avec son double faisceau de roseaux, ressemble en tout point à celui du dessin de Hodges.

Bernizet, ingénieur de l'expédition française de 1786, fut le premier à dessiner le plan d'un *ahu*. Revêtue de pierre, la structure présente un plan incliné du côté du large et une suite de terrasses face à l'intérieur des terres. Sa forme est semi-pyramidale. On observe une sépulture grossièrement creusée à l'intérieur du remblai.

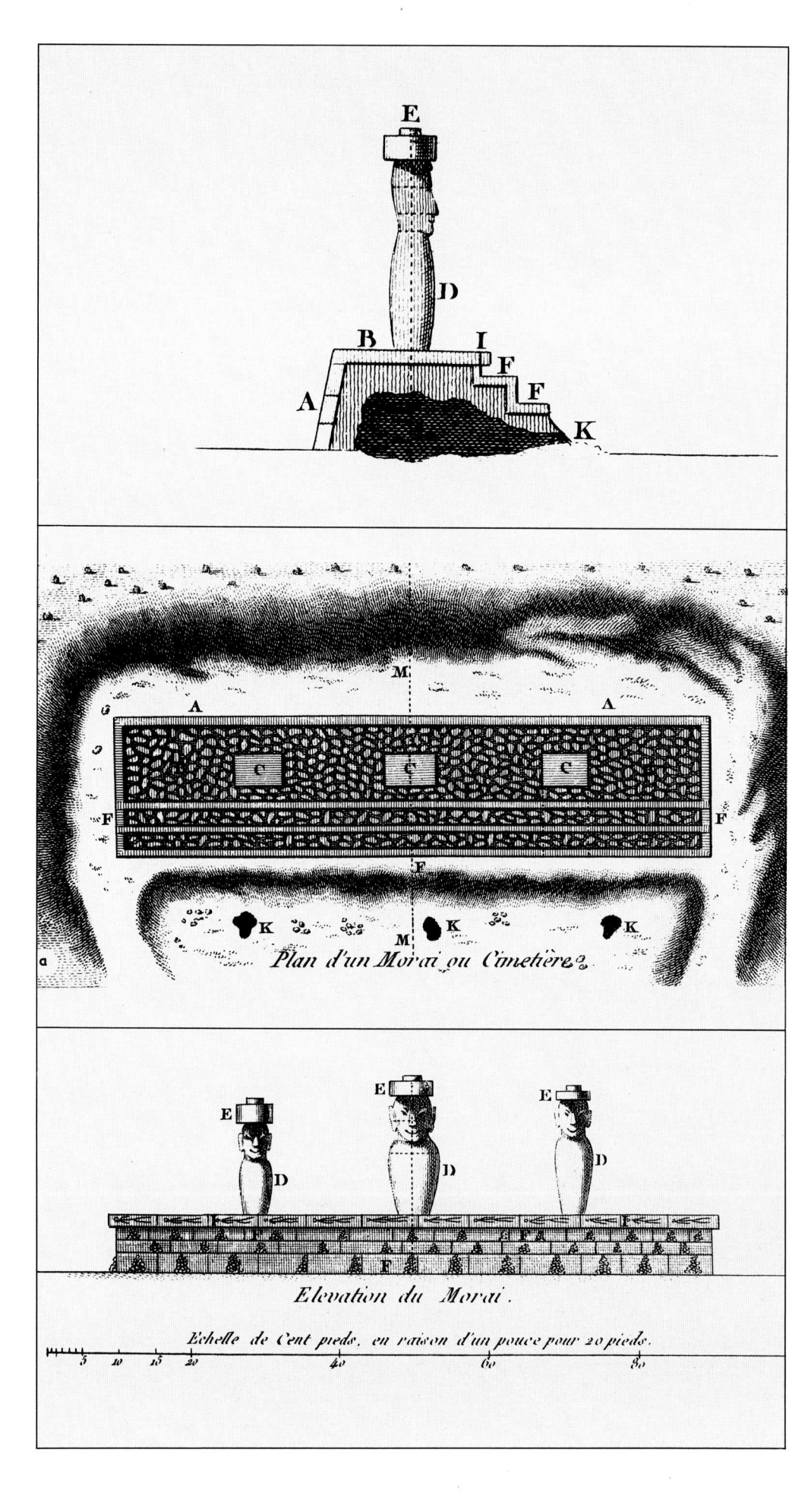

gle, capitaine de sa seconde frégate, considérèrent comme Cook et ses compagnons que les grands monuments étaient des vestiges antiques. Sur les flancs du cratère de Rano Kau, Langle vit des statues si évidemment érodées qu'il en tira la conclusion que ce volcan était éteint depuis de nombreux siècles. L'hypothèse avancée par La Pérouse est que la civilisation d'origine avait fleuri quand l'île était encore boisée et, de ce fait, riche en sources et ruisseaux, qui disparurent lorsque les hommes détruisirent la forêt. Une fois les arbres arrachés, le sol se trouva exposé à l'ardeur du soleil. Dans ce paysage devenu aride, tout le monde fut réduit au même état de pauvreté, et les classes dominantes, qui jusque-là avaient pu convaincre les autres habitants de contribuer à l'érection de monuments, cessèrent d'exister comme telles. D'où sa conclusion : « Ainsi le merveilleux disparaît [...], s'il n'y a plus de nouveaux monuments dans l'île, c'est que toutes les conditions y sont égales, et qu'on est peu jaloux d'être roi d'un peuple qui est presque nu, qui vit de patates et d'ignames ; et réciproquement, ces Indiens ne pouvant être en guerre, puisqu'ils n'ont pas de voisins, n'ont pas besoin d'un chef qui ait une autorité un peu étendue. »

La Pérouse ne songea pas à la possibilité que l'île eût été ravagée par des guerres civiles car, selon ses constatations, aucun des 2 000 habitants ne portait d'armes, à l'exception de trois ou quatre, munis de longs gourdins de bois qui pouvaient aussi bien être des insignes de chefferie.

On doit à l'ingénieur de cette expédition, Bernizet, la première étude minutieuse des diverses formes d'habitation sur l'île de Pâques. Il décrit, avec des illustrations détaillées, trois types de maisons, ce qui ne fait qu'épaissir le mystère pascuan. Tous trois étaient complètement différents des types polynésiens, et chacun si original qu'il devait exister une raison bien particulière à leur existence sur cette île.

Il trouva d'abord, évidemment, les huttes de roseaux, en forme de bateau renversé, déjà décrites par les visiteurs précédents. L'une d'entre elles mesurait presque 100 mètres de long sur seulement 3 mètres de large en son milieu ; ses deux pans se rejoignaient en pointe aux extrémités. La Pérouse en vit une autre à Hangaroa, qui selon lui était assez vaste pour contenir 200 personnes. Compte tenu de ses dimensions et de l'absence de mobilier, il exclut que ce pût être la demeure d'un chef et considéra qu'elle formait à elle seule un village, avec deux ou trois petites maisons situées près de là. On cuisinait à l'extérieur, dans un four en terre bordé de pierres.

Le second type d'habitation était entièrement construit en pierre, selon un plan arrondi ou ellipsoïdal avec des murs très épais et un toit voûté formé de dalles sans mortier, disposées horizontalement et dessinant une fausse arche.

Le troisième type était entièrement souterrain, donc aussi peu polynésien que les deux premiers. Une rampe bordée de pierres, terminée par des marches de pierre taillée, descendait jusqu'à une porte située au-dessous du niveau du sol, avec des jambages, une corniche et une architrave faits de grandes pierres taillées adroitement ajustées. L'habitation elle-même consistait en une pièce ronde ou ovale creusée dans le roc, de forme et de dimensions analogues à celles des maisons de pierre construites en surface.

Les Français pénétrèrent dans chacun de ces types de maisons, mais nulle part ils ne virent de figurines de bois sculpté comme celles que les insulaires avaient tirées de leurs cachettes pour les vendre aux Britanniques, pendant leur époque de misère.

Les bâtiments religieux furent également étudiés par les Français. Ils découvri-

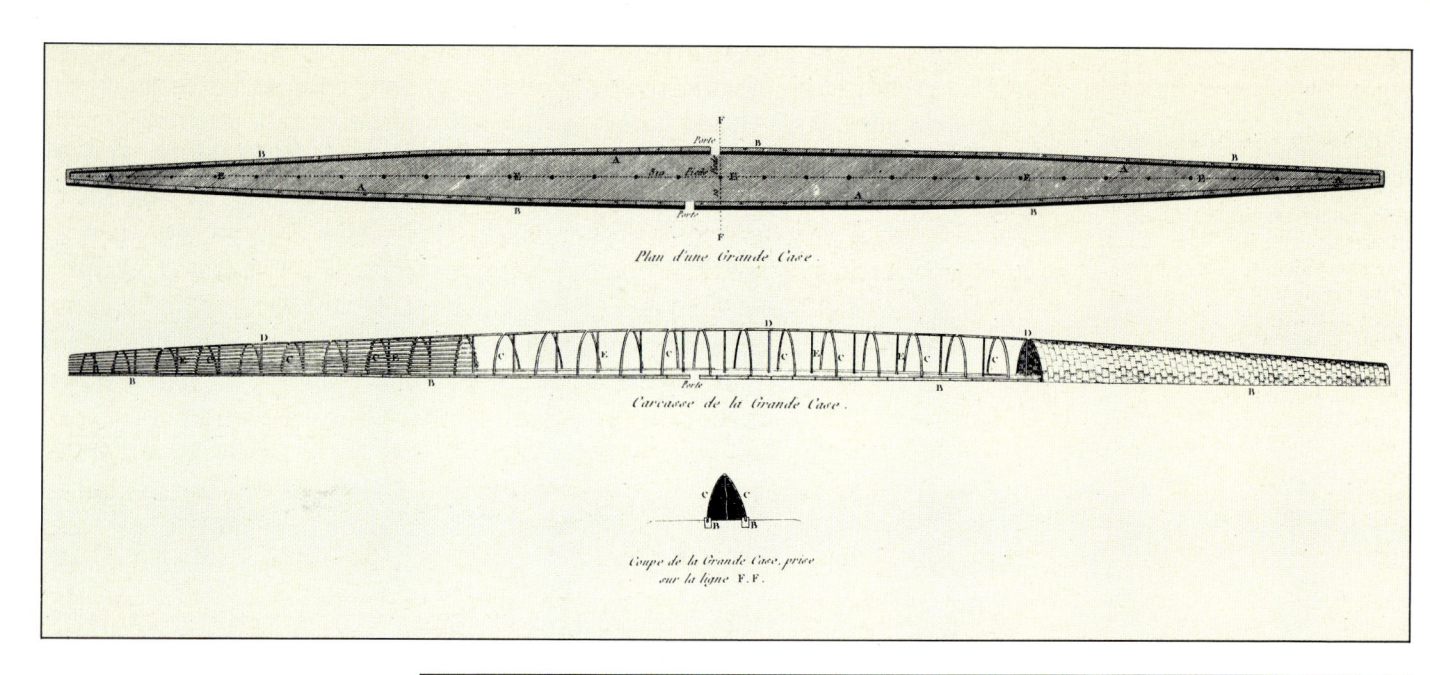

L'expédition de La Pérouse étudia avec soin l'habitat pascuan. Bernizet observa trois types distincts, qu'il put mesurer et illustrer. Ces trois types se démarquent totalement de l'habitat polynésien. Premier type : long, bas, étroit, en forme de pirogue renversée, fait de branches recourbées et recouvertes de roseaux *totora*. On en découvrit un exemplaire de près de 100 mètres de long, pouvant abriter 200 personnes, et pourtant muni d'une entrée si basse qu'il fallait y pénétrer en rampant, les pieds d'abord (*en haut*). Second type : entièrement construit en pierre, avec d'épais murs maçonnés et un toit de dalles (*milieu*). Troisième type : demeure souterraine, invisible en surface à part le porche carré débouchant sur un escalier qui s'enfonce dans le sol jusqu'à l'entrée proprement dite, revêtue de pierre (*en bas*). Les maisons de pierre, inconnues en Polynésie, abondaient au contraire dans les sites pré-incas de la côte sud-américaine.

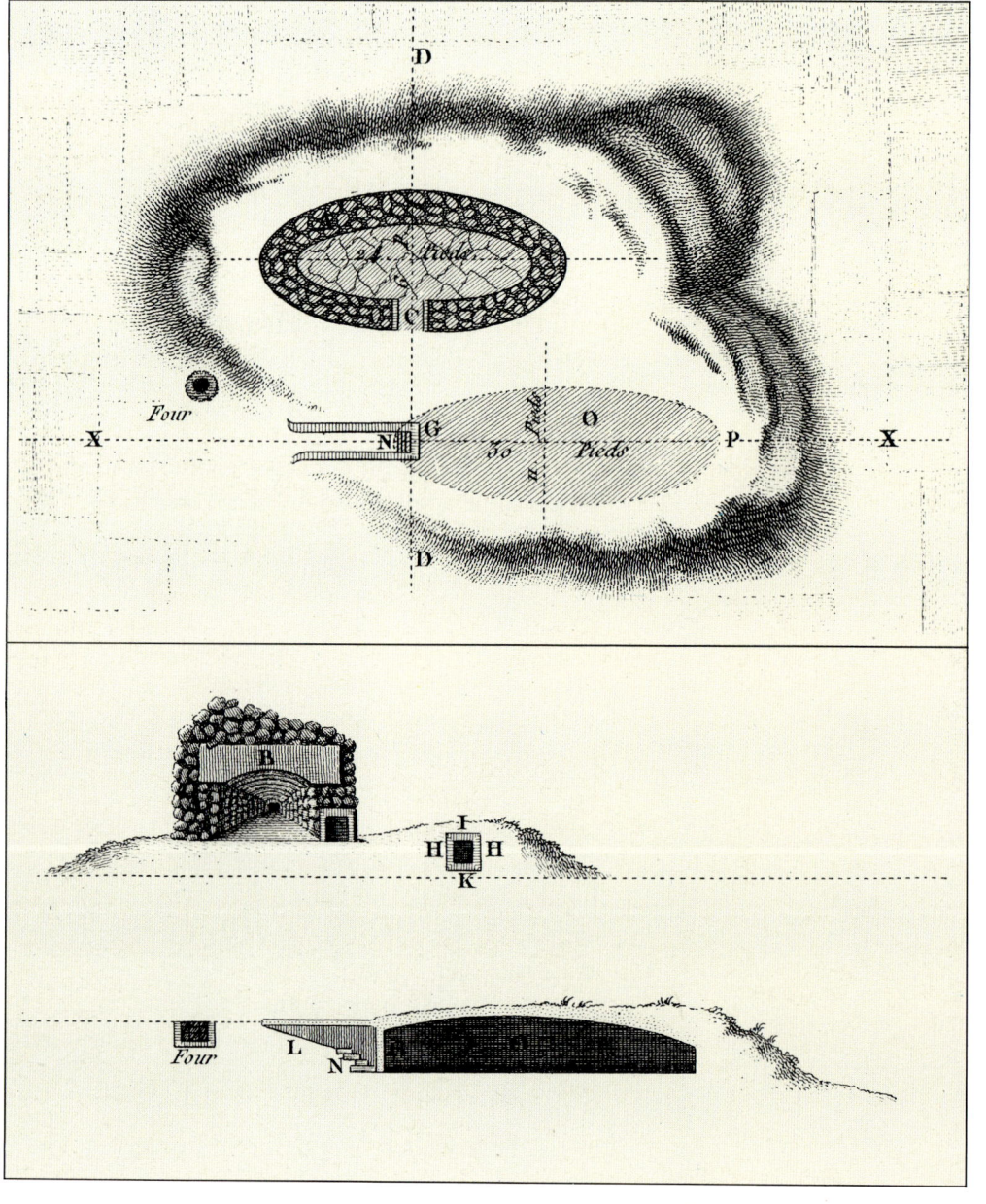

Illustration française d'une tour ronde faite de pierre et munie d'une entrée carrée « rampante ». Ces *tupa* sont courantes sur la baie de La Pérouse, ainsi nommée en l'honneur de l'explorateur français. Les Pascuans actuels sont d'ailleurs bien en peine de fournir la moindre explication à leur sujet. Inconnues en Polynésie, les *tupa* ressemblent comme des sœurs aux *chullpa* pré-incas éparpillées en abondance entre les hautes terres du lac Titicaca et la côte Pacifique. Bien que les *chullpa* aient été vidées de leur contenu par des pillards, on croit savoir qu'il s'agit de sépultures.

rent que certaines des plates-formes destinées aux statues comportaient, du côté de la terre, de larges places entourées de parapets. Une de ces enceintes, à peu près carrée, atteignait plus de 100 mètres de côté, et les visiteurs furent incapables de déterminer s'il s'agissait d'un réservoir d'eau laissé inachevé ou de la base d'une forteresse. Certaines de ces places étaient partiellement ou totalement masquées par des couches de vase.

Bernizet examina aussi avec attention les hautes plates-formes maçonnées sur lesquelles certaines statues se tenaient toujours dressées, avec leurs cylindres sur la tête, et découvrit que trois souterrains irréguliers avaient été creusés ultérieurement à l'intérieur de l'une d'entre elles. Ils étaient emplis de très nombreux ossements humains. La Pérouse, tout en admettant que ces plates-formes avaient dû être utilisées comme sépultures, rapporte que dans les années plus récentes les insulaires s'étaient simplifié la tâche en se contentant d'édifier de petites pyramides de pierres, surmontées d'un gros bloc blanchi à la chaux. Il décrit avec vivacité la manière dont un Pascuan s'était couché sur le sol près d'un de ces édifices, comme s'il était lui-même mort, pour expliquer que c'était là une tombe. L'insulaire avait ensuite levé les mains vers le ciel, visiblement pour exprimer l'idée que son esprit s'y élevait. La Pérouse, tout d'abord sceptique quant à l'idée que les Pascuans puissent croire en une vie dans l'au-delà, en vint à l'accepter, ainsi que tous les officiers de ses frégates, quand Langle et beaucoup d'autres lui rapportèrent des faits similaires.

L'expédition française effectua toutes ces recherches en l'espace de dix heures et, le soir même, reprit le vent vers la Polynésie proprement dite. Les insulaires ne devaient pas revoir de visiteurs européens avant le XIXe siècle.

Les études précises sur l'architecture pascuane réalisées par les Français donnent large matière à réflexion. Les listes de termes dressées par les Espagnols et les Britanniques avaient démontré la présence d'une composante polynésienne sur l'île : pourquoi aucune maison n'était-elle donc construite à la manière polynésienne ? Cela exige une explication plausible. Or, on rencontre également des huttes de roseaux, des maisons de pierre et des habitations souterraines sur les versants déboisés

En divers endroits de l'île, on peut encore voir les pierres percées, appelées *paenga*, qui servaient de fondations aux maisons de roseaux. Profondément enfoncées dans le sol, elles évoquent la silhouette d'un bateau de roseaux. La fabrication de ces blocs de basalte extrêmement dur a dû demander des trésors de patience et de travail. Les *paenga* étaient façonnées individuellement à l'angle requis afin d'assurer la courbure prévue. Les trous servaient à retenir les tiges de soutènement de la voûte de roseaux.

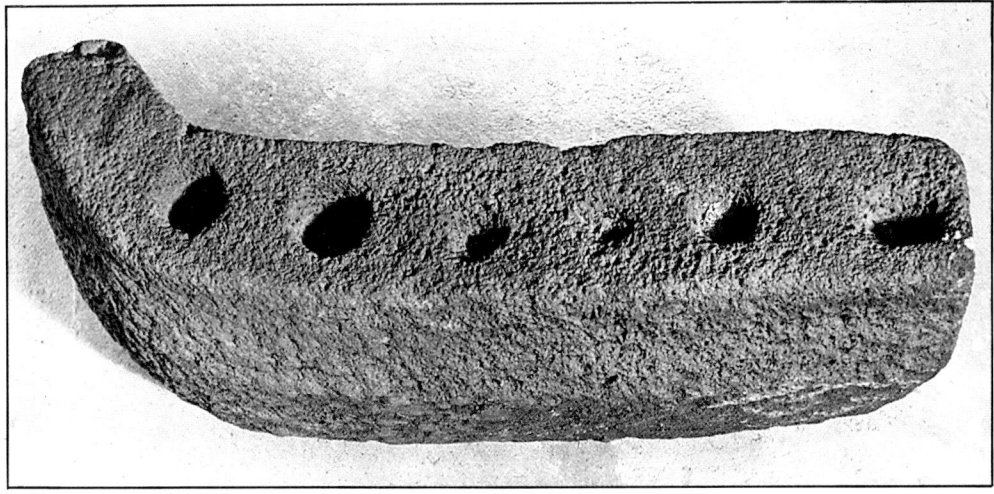

de la côte Pacifique d'Amérique du Sud, et l'absence de forêts sur l'île de Pâques ne constitue pas une justification suffisante. En effet, aucune peuplade polynésienne, hormis les Maoris de Nouvelle-Zélande, ne construit ses maisons avec des planches de bois : toutes édifient leurs murs avec des brindilles, des joncs et des nattes tressées. Les Pascuans, s'ils disposaient de roseaux américains dit *totoras*, absents du reste de la Polynésie, n'en auraient pas moins pu édifier des maisons rectangulaires,

Au cours de la période intermédiaire de l'île de Pâques, d'anciennes *paenga* étaient fréquemment arrachées aux fondations pour être réemployées dans un tout autre contexte : l'édification des murs des *ahu*. On peut en déduire que les premières maisons en forme de pirogue renversée remontent à la période d'occupation la plus ancienne.

Les fouilles effectuées dans le site de Tiahuanaco, en Bolivie, ont révélé l'existence de pierres identiques aux *paenga*, utilisées dans la construction des plates-formes pré-incas. Leur fonction d'origine est inconnue : tout comme à l'île de Pâques, il s'agit d'un recyclage.

avec des portes de taille normale, si leurs conceptions architecturales étaient venues de Polynésie. C'est un fait mystérieux qu'ils aient ainsi préféré des habitations lentiformes, ressemblant à des bateaux retournés et dotés d'une minuscule entrée en tunnel, comme celle d'une niche. Et si cette disposition apparemment incommode présentait vraiment des avantages par rapport aux formes normales des maisons des autres îles du Pacifique, pourquoi alors s'étaient-ils ingéniés à inventer aussi

57

ces maisons de pierre avec des voûtes à encorbellement, et encore ces habitations souterraines ?

La mention de très anciennes statues aux abords du volcan Rano Kau, en 1786, a aussi quelque chose à nous apprendre. Ces statues ne sont plus là aujourd'hui : au cours des deux siècles suivants, le grondement continuel du ressac a miné les hautes falaises du versant maritime du volcan et fait culbuter les antiques monuments dans l'océan. Cette avancée constante des eaux dans le tuf volcanique qui constituait les extrémités de cette île triangulaire a donc visiblement altéré le paysage, cela à l'époque historique. Nous verrons plus loin qu'il est d'autres raisons encore de soupçonner que certaines des constructions les plus anciennes ont pu disparaître dans la mer de la même façon.

Le maïs et les autres plantes introduites par les Français disparurent, ainsi que les espèces animales domestiques, dont aucun des visiteurs ultérieurs ne vit trace. Cela aussi nous apporte un enseignement. Certains ont soutenu que l'île de Pâques ne pouvait avoir été atteinte à partir de l'Amérique du Sud avant l'arrivée des Européens, puisque l'agriculture indigène ne comportait pas de maïs. Si cet argument était valable, faudrait-il aussi en conclure que les Français n'avaient jamais débarqué à l'île de Pâques ? Les espèces végétales sont comme les empreintes digitales : s'il n'y en a pas, on ne peut rien prouver : si en revanche on en trouve — en l'occurrence la patate douce et la calebasse —, elles présentent une valeur décisive pour déceler les routes maritimes empruntées par les hommes.

Les débuts de la civilisation chrétienne

Au XIXe siècle, le réseau d'intérêts spirituels et économiques issu du monde chrétien avait gagné toutes les populations aborigènes demeurant autour de l'île de Pâques. La seule raison pour laquelle cette île avait conservé sa liberté est sa position géographique unique, à l'écart de toutes les routes commerciales. Formellement, elle appartenait au Pérou, mais les Pascuans ignoraient tranquillement le fait. Cependant, à mesure que le trafic des vaisseaux étrangers dans l'océan Pacifique s'accroissait, l'île de Pâques, malgré la mise en garde de Cook, devint une escale de plus en plus usitée. Une récapitulation chronologique des contacts étrangers pourra servir à éclairer le développement ultérieur des événements survenus sur l'île et expliquer le comportement des insulaires durant leur période d'acculturation.

1804 : Un bateau russe parti du Chili se dirigea tout droit vers l'île de Pâques. Le capitaine Lisjansky rapporte que les indigènes avaient allumé des feux en différents endroits de la côte, dès qu'ils eurent aperçu le navire. Lui aussi considéra cela comme une invitation à accoster, mais le mauvais temps ne le lui permit pas. Il put seulement envoyer à terre un lieutenant, muni de quelques articles de troc, après quoi il tourna autour de l'île au plus près pendant cinq jours, ce qui lui donna l'occasion de faire quelques observations.

Dans la période qui suivit le passage de Cook en 1774, le nombre de statues renversées ne cessa d'augmenter. Lorsque le commandant russe Lisjansky fit le tour de la côte en 1804, il ne dénombra qu'une vingtaine de statues encore sur pied : quatre à Hangaroa, et sept autres après avoir contourné le cap sud. Quand d'autres Russes arrivèrent en 1816 sous le commandement de Kotzebue, seules deux statues se dressaient encore, sur la côte sud. Lorsque les missionnaires vinrent enfin s'implanter sur l'île, les géants de pierre étaient tombés jusqu'au dernier à la suite des guerres entre familles. Tous gisaient face contre terre, la tête vers l'intérieur de l'île, au-dessus de la cour du temple.

Il n'aperçut sur la côte que 23 maisons, la plupart situées dans la baie de Cook et à Hotu iti, la baie proche des carrières. Les Russes firent aussi le compte de toutes les grandes statues qu'ils purent voir tout au long de la côte : leur nombre s'était réduit à une vingtaine.

1805 : Un an après le passage de Lisjansky, les Pascuans subirent la première des razzias d'esclaves qui devaient finalement mener à une terrible désagrégation de leur culture. Pendant le demi-siècle suivant, l'île de Pâques connut une nouvelle période d'agitation et de tumulte, due cette fois aux visiteurs étrangers. Ceux-ci ne consignèrent pas grand-chose d'utile pour l'élucidation de l'énigme pascuane. Cependant, on ne peut les ignorer, si l'on veut comprendre le changement de mentalité et le comportement barbare manifesté par les insulaires quand des missionnaires s'aventurèrent sur l'île pour y établir la paix et l'ordre.

La razzia de 1805 fut menée par le capitaine du schooner américain *Nancy*. Celui-ci venait des îles Juan Fernández, proches des côtes chiliennes, et accosta dans la baie de Cook avec l'intention d'enlever des natifs pour servir de main-d'œuvre sur l'île chilienne de Más Afuera, dans une colonie de chasse aux phoques qu'il entendait y établir. A l'issue d'une sanglante bataille avec les insulaires, il parvint à capturer 12 hommes et 10 femmes. Quand il leur ôta leurs chaînes, après trois jours de navigation, les hommes sautèrent immédiatement par-dessus bord et se mirent à nager dans la direction où ils pensaient retrouver leur terre. C'était évidemment un acte suicidaire, et les marins empêchèrent les femmes d'agir de même. Le capitaine ne parvint pas à repêcher les fuyards, qui plongeaient sous l'eau dès que son bateau approchait, aussi continua-t-il avec seulement les femmes. Plus tard, il retourna à l'île de Pâques pour une nouvelle razzia.

1806 : Le capitaine Alexander Adams, de Hawaii, partit pour l'île de Pâques sur son brick, ayant entendu personnellement le commandant du *Nancy* lui rapporter son expérience. Adams indique qu'il ne put accoster, en raison de l'attitude farouche des insulaires.

1808 : Le capitaine Amaso Delano atteignit l'île de Pâques, mais ne put même s'en approcher à cause de hauts brisants.

1809 : Le capitaine Windship, à bord de l'*Albatros*, tenta d'accoster mais, tout comme Adams, y renonça en raison de l'accueil hostile des Pascuans.

1816 : Une seconde expédition russe fut menée par le capitaine Kotzebue, qui ignorait les récents événements, bien qu'il fût parti lui aussi du Chili. Son intention était d'étudier les monuments de l'île, désormais célèbres. Les Russes virent arriver vers eux deux pirogues attachées ensemble, de moins de 2 mètres de long et étroites en conséquence, mais les Pascuans qui y pagayaient restèrent à distance de fusil : ils montrèrent aux Russes quelques racines de plantes mais refusèrent de s'approcher. Lorsque Kotzebue essaya d'accoster avec 17 hommes, il fut accueilli par une pluie de pierres que leur lançaient une multitude d'insulaires, criant, riant, se démenant selon une danse évidemment guerrière. Moyennant quelques coups de semonce, les Russes parvinrent tout de même à toucher terre quelques instants à Hangaroa et, entre les jets de pierres et un bruyant charivari, à obtenir des insulaires quelques végétaux, en échange de morceaux de fer et de couteaux.

Les Russes ne virent pas une seule femme sur l'île, et les hommes les empêchèrent de s'avancer dans les terres. Kotzebue décida finalement de retourner à bord de son navire, sous une nouvelle grêle de pierres. Il rapporte que, bien que les ayant cherchées avec soin, il n'avait pas trouvé les statues aperçues par Cook et La Pérouse. De même les quatre statues que son compatriote Lisjansky avait vues debout à Hangaroa douze ans auparavant avaient-elles été renversées et mises en pièces pendant cette période tumultueuse. Des sept monuments que Lisjansky avait observés immédiatement après avoir doublé le cap sud, Kotzebue n'en vit que deux encore debout, et ce furent les seuls que put remarquer son expédition. Il est vrai que son bateau ne fit pas entièrement le tour de l'île.

Les Russes n'aperçurent aucune maison, hormis un bâtiment d'un peu plus de 2 mètres de haut, fait de petites pierres, dans lequel les gens entraient en rampant par une ouverture latérale.

Kotzebue chercha en vain une trace des plantes et des animaux laissés par La Pérouse et en vint à conclure que le seul changement survenu depuis le passage des Français était la destruction d'autres monuments.

1822 : Un certain nombre de baleiniers se mirent à chasser à proximité de l'île de Pâques. Il est notoire que le patron d'un baleinier américain relâcha à l'île de Pâques et emmena à son bord un certain nombre de femmes, qui furent jetées à l'eau dès le lendemain et durent regagner la côte à la nage, cependant qu'un officier, par simple amusement, abattait un insulaire au fusil.

1825 : Le capitaine Beechey et l'amiral Belcher firent route du Chili jusqu'à l'île de Pâques et essayèrent d'accoster dans la baie de Cook. En approchant, ils constatèrent qu'à terre les hommes « longeaient la côte et allumaient des feux dans différentes directions, le plus important étant à l'opposé de notre lieu d'accostage », cependant que de nombreuses femmes se tenaient sur les rochers de la baie, en chantant et en frappant leurs seins nus, avec des gestes d'invite.

En fait, les insulaires n'avaient attiré les Britanniques à terre que pour leur ten-

L'auteur sur un morceau de bois flotté, sur la plage d'Anakena : c'est ici que débarqua le premier roi de l'île, Hotu Matua. D'après la tradition, il vint de l'est après avoir essuyé une défaite militaire. Son pays d'origine était immense, et si chaud que le soleil y brûlait parfois la végétation en certaines saisons. En 1828 et en 1834, l'explorateur du Pacifique Moerenhout gagna l'île de Pâques à partir du Chili. Intarissable sur les bienfaits du courant local, il recommanda aux autres navigateurs de choisir le Nord du Chili comme point de départ, afin de bénéficier de la branche sud du courant de Humboldt, qui achemine les vaisseaux jusqu'à l'île même par vent faible. Le flot du courant n'a guère dévié depuis lors : témoin, ce gros morceau de bois de pin, porté par le courant depuis les côtes chiliennes.

dre un piège. Tout sembla bien commencer. Tandis que l'équipage accostait à la rame, les Pascuans, apparemment bien disposés, apportèrent des provisions ainsi que des filets et des « idoles » qu'ils jetèrent dans les barques, sans même marchander. Une fois à terre, les Britanniques eurent droit à de vives négociations de troc, ainsi qu'aux larcins habituels. Mais soudain, l'un des insulaires, apparemment un chef car il portait une cape et une coiffure de plumes, sortit en courant des huttes, escorté d'hommes armés de courts gourdins. Le son d'une trompe de mer retentit, et toutes les femmes disparurent. Immédiatement, les hommes, armés de ces gourdins et de bâtons, entreprirent de piller leurs visiteurs. Ceux-ci se replièrent vers leurs bateaux sous une pluie de grosses pierres, projetées sur eux avec une telle précision que plusieurs d'entre eux furent précipités sous les bancs de nage et tous blessés. Pour se défendre, les Britanniques finirent par abattre le chef et peut-être un autre insulaire.

Ayant longé la côte pour visiter la baie de Hotu-iti, au pied des carrières de Rano Raraku, Beechey écrivit : « Il semblait que l'on apportât la plus grande attention à la culture du sol. Les champs n'étaient pas directement exposés aux rayons ardents du soleil et se disposaient en bandes allongées, empruntant la direction des ravins ; des tranchées perpendiculaires étaient creusées tout autour pour recueillir les coulées d'eau. » Il ajoute que les insulaires se servaient du lac intérieur du volcan Rano Raraku comme d'un réservoir naturel pour leurs cultures.

1828 : Moerenhout visita l'île de Pâques pour la première fois, puis y retourna en 1834, à nouveau à partir des côtes chiliennes. Il consacre une grande part de son compte rendu à décrire la puissance de la branche méridionale du courant de Humboldt, qui part d'Amérique du Sud et, souligne-t-il, hâte la marche des navires vers l'île de Pâques à partir du nord du Chili et du sud du Pérou, même quand les vents sont indécis.

Moerenhout aperçut quelques statues toujours debout sur la côte nord. Il s'approcha assez près du rivage pour recevoir la visite d'un insulaire venu à la nage, qui mesurait plus de 1,80 mètre et dont les lobes d'oreille étaient allongés. Celui-ci voulut le persuader d'accoster, mais Moerenhout ne céda pas à cette tentation, car il avait entendu dire que les maladies vénériennes, introduites sur l'île par des baleiniers, y étaient devenues un véritable fléau.

1831 : Le schooner *Discoverer* s'amarra pour une journée. Cunning rapporte qu'un certain nombre d'indigènes montèrent à bord, où ils se montrèrent pleins d'entrain et de fort bon caractère, prêts à accepter tout ce qui était transportable et à céder n'importe quoi pour une misère. Ils avaient apporté avec eux des bananes, des ignames, des patates douces et « une racine appelée cocos dans les Antilles ». Il note que les flancs des collines étaient extrêmement bien cultivés, disposés en nombreux carrés accolés. Mais il n'osa pas accoster pour examiner les spécimens botaniques, par crainte des nombreux Pascuans qui se tenaient sur la côte.

1838 : L'amiral Dupetit-Thouars gagna l'île de Pâques à partir du Mexique. Il se trouvait très au large lorsque l'équipage entendit les cris de deux Pascuans s'approchant du navire à la nage : « Mais nous fûmes bien surpris de reconnaître que ces indigènes se promenaient à cheval chacun sur un rouleau de joncs, de la forme d'une gerbe de blé ; ils nous apportaient, pour s'assurer une réception plus favorable, des patates et des ignames, enfermées dans leurs roseaux. » Les nageurs remirent également à l'amiral une effigie de bois tout à fait singulière, représentant une double tête sans corps. Les yeux étaient des incrustations d'os blanc, avec des pupilles d'obsidienne noire. L'amiral n'accosta pas, mais longea la côte d'assez près pour observer deux types d'habitations. Il retrouva les maisons de roseaux en forme de bateau, qu'il décrit comme grandes et brillantes, vues de la mer, et il distingua aussi un très grand nombre de petites maisons noires et rondes, semblables à des fours.

1843 : Un missionnaire français, Mgr Rouchouze, tenta de gagner l'île de Pâques à partir de la Polynésie, avec un groupe de coreligionnaires des deux sexes. Mais, douze ans plus tard, Hamilton visita l'île et n'y trouva aucune trace de cette mission catholique. Les insulaires paraissaient plus sauvages que jamais. Son équipage débarqua pour faire du troc, mais les Pascuans firent verser leurs bateaux et tentèrent de leur arracher jusqu'à leurs vêtements. Hamilton perdit son lieutenant dans le combat à terre. Il remarqua que les insulaires étaient maintenant eux-mêmes en possession de quelques bateaux européens et note : « Je ne pense pas qu'ils les aient obtenus par des moyens honnêtes... »

1859 : Quelques razzieurs venus du Pérou parvinrent à enlever un assez grand nombre de Pascuans et, cette fois, à les ramener pour les vendre comme main-d'œuvre dans ce qui avait jadis formé l'empire inca.

La grande razzia des Péruviens

L'histoire se répète. Et, bien entendu, elle répète aussi la préhistoire. L'arrivée des Européens dans le Pacifique ou l'introduction de l'écriture ne pouvaient rien changer à la géographie, aux éléments, aux rapports de l'homme et de la nature.

C'est l'Amérique du Sud qui joua de loin le plus grand rôle dans la période historique de l'île de Pâques, le Chili et le Pérou étant les points de départ de presque toutes les expéditions. Aussi n'est-il nullement étonnant que ce soit de Callao, au Pérou, que soient partis en 1862 les traiteurs d'esclaves commandés par le capitaine Aiguirre, qui allaient anéantir la culture aborigène de l'île de Pâques. Aiguirre suivit la route bien connue depuis les Incas par les traditions concernant Tupac et par les comptes rendus de Mendaña et González. Son intention était de « recruter de la main-d'œuvre » sur une île appartenant formellement au Pérou.

A son arrivée, Aiguirre ne trouva pas moins de sept autres bateaux péruviens venus là dans le même but. Les huit capitaines convinrent de collaborer et envoyèrent à terre 80 hommes armés, qui étalèrent des marchandises sur le sol pour attirer les insulaires. Quand ceux-ci furent au nombre d'environ 500 à examiner ces articles, la plupart à genoux, les razzieurs leur tombèrent dessus et en capturèrent 200, en abattant aussi une douzaine. Les autres s'échappèrent en escaladant les rocs escarpés ou en plongeant dans l'océan. Les captifs furent alors enchaînés et transportés à bord des différents navires, où ils retrouvèrent nombre de membres de leurs familles qui avaient été capturés plus discrètement, pendant qu'ils rendaient visite aux vaisseaux étrangers pour faire du troc.

Parmi les Pascuans ainsi enlevés figuraient le roi de l'île, Kaimakoi, ses fils et ses filles, et à peu près toutes les personnalités importantes et instruites de la communauté. Tous moururent en Amérique du Sud. On a souvent dit qu'ils avaient fini leurs jours comme ramasseurs de guano sur les îles Chincha, au large des côtes péruviennes. Mais des recherches récentes ont montré qu'en fait tous travaillèrent comme esclaves au Pérou même.

L'évêque catholique de Tahiti, Mgr Tepano Jaussen, émit une protestation contre les razzias que les Péruviens continuaient de commettre en île de Pâques. Et, sous la pression de l'ambassade française à Lima, les autorités péruviennes ordonnèrent que tous les Pascuans réduits à l'esclavage, au nombre d'un millier environ, fussent ramenés sur leur terre. Mais les maladies et le dur labeur en avaient déjà fait mourir quelque 900 en moins d'un an. Sur la centaine qui restait, la plupart moururent de variole pendant le trajet de retour. Les quinze qui survécurent apportèrent avec eux cette maladie à une population qui, frappée de terreur, avait quitté ses habitations et s'était réfugiée dans de mystérieuses cachettes souterraines, mais n'en fut pas moins victime de l'épidémie. Une famine s'ensuivit, à cause de l'abandon des terres cultivées. Bientôt, la population se vit réduite à 111 personnes en tout et pour tout. Mais, avant cela, il s'était trouvé un Européen pour s'installer sur cette terre avec de meilleures intentions.

Le témoignage des insulaires

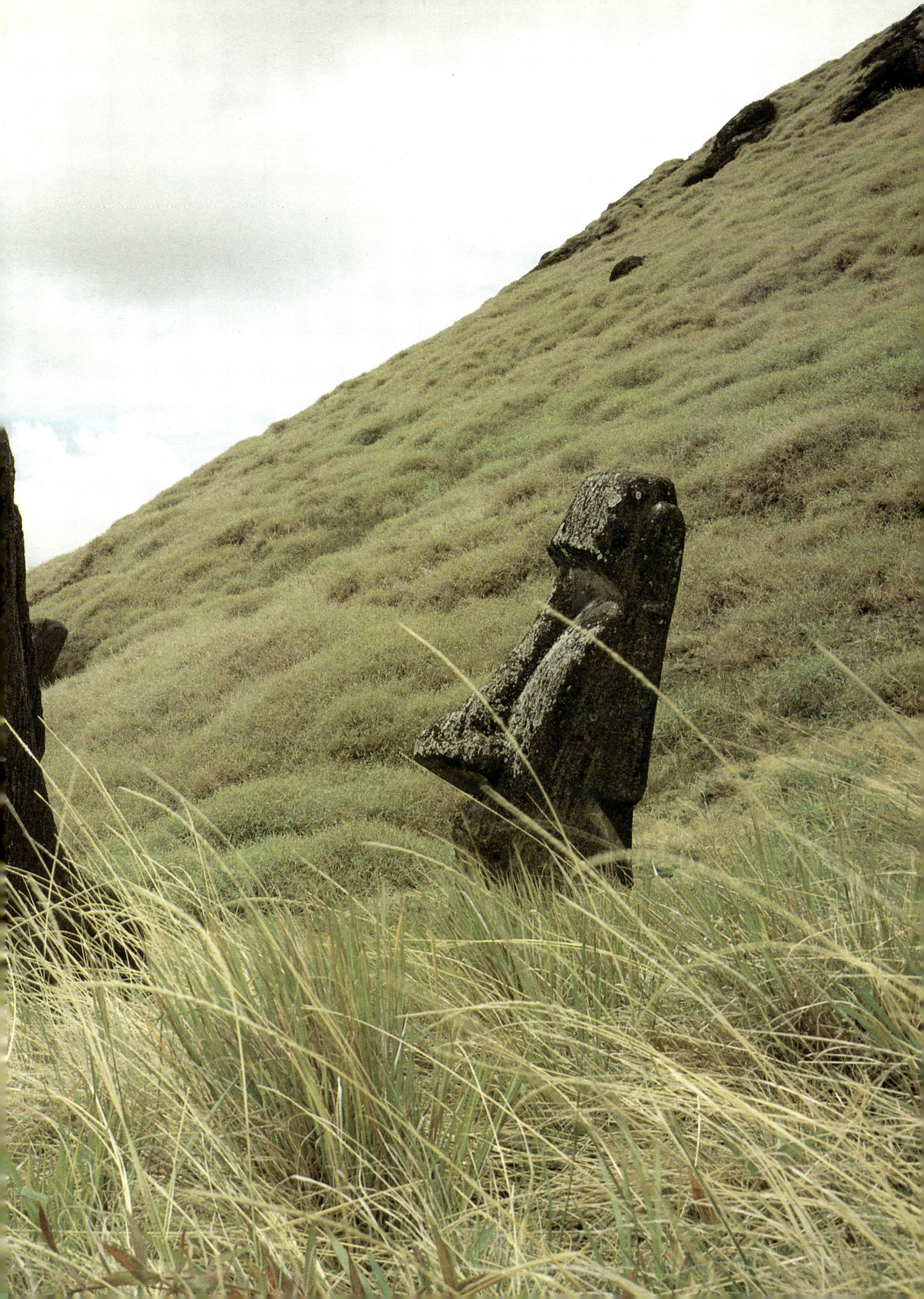

L'incroyable aventure du frère Eyraud

Le frère lai Eugène Eyraud, d'après un portrait à l'huile. Peu d'hommes ont fait preuve de plus de courage et de ténacité en s'efforçant, par des moyens pacifiques et fraternels, d'apporter la foi à un peuple réduit à la barbarie et au cannibalisme après deux siècles de guerres tribales et d'effondrement culturel.

Deux ans après l'effroyable razzia péruvienne, une goélette solitaire s'avança lentement, en louvoyant, vers l'île de Pâques. Ce petit bateau remontait obstinément le vent depuis Tahiti, sur les traces des missionnaires disparus. A son bord se trouvait un Français plein de foi et animé de pieuses intentions, mais qui se sentait par ailleurs coupable de représenter cet univers chrétien qui n'avait apporté, à une population naguère hospitalière et désarmée, que toutes sortes de crimes et d'horreurs. Le frère lai Eugène Eyraud avait reçu cette mission de la Congrégation du Sacré-Cœur, représentée en Polynésie.

Si les insulaires aperçurent sans doute ses voiles, ils n'en allumèrent pas pour autant des foyers sur la côte. Ils ne voulaient plus de visiteurs étrangers. Par ailleurs, ils avaient cessé de se prosterner devant le soleil levant. Désormais, aucune rangée de statues géantes ne se dressait plus pour protéger les héritiers de ceux qu'elles représentaient : toutes gisaient à terre, incapables tant de protéger les hommes que de leur causer du tort. Les rayons brûlants du soleil flétrissaient les maigres herbes et fougères qui avaient envahi les champs jadis bien irrigués.

L'île n'était plus habitée, en cette année 1864, par une société organisée, dotée d'artistes habiles, de remarquables maçons et ingénieurs, mais par quelques cavernicoles en plein désarroi. Les rescapés de la razzia, adultes comme enfants, luttaient pour préserver quelques rares parcelles de patates douces. Toujours en garde contre les envahisseurs, attentifs aux voiles qui pouvaient apparaître, prêts à se cacher dans leurs grottes et à disparaître sous terre. C'était leur unique moyen de se protéger.

Telle était la situation lorsque les Pascuans aperçurent cette voile, éclairée par le soleil, qui ne venait pas du côté habituel, c'est-à-dire de l'est, comme les précédents visiteurs et notamment les marchands d'esclaves. C'était en janvier, et les Pascuans survivants, qui n'avaient vu passer que deux étés depuis la dernière razzia, pouvaient à chaque instant en craindre une nouvelle.

Le frère Eyraud, de son côté, ne devait pas être très rassuré quant à ce qui l'attendait à terre. Il avait à son bord six Pascuans qu'il ramenait d'esclavage et savait pertinemment que personne n'avait accosté de façon pacifique sur cette île depuis le XVIIIe siècle. Il n'en venait pas moins bien décidé à s'installer seul parmi les insulaires, apportant uniquement sa Bible, ses malles et quelques matériaux de construction pour édifier une maisonnette.

Il eut la sagesse d'attendre un peu et d'envoyer en éclaireur, avec les esclaves qu'il ramenait chez eux, un jeune homme de Mangareva nommé Daniel, dont il attendit le rapport. Dans une lettre qu'il fit parvenir à ses supérieurs, installés au Chili, Eyraud rapporte les propos de Daniel : « [...] ce sont des gens horribles à voir. Ils sont menaçants, armés de lances ; la plupart sont entièrement nus. Les plumes qu'ils portent comme ornement, le tatouage, leurs cris sauvages, tout leur donne un aspect affreux. »

Il n'en mit pas moins le pied sur l'île, et de là vit la goélette remettre la voile pour repartir à Tahiti, vent en poupe. Demeuré seul et désarmé sur la plage, il fut sans doute le premier étranger à voir sortir de leurs cachettes tous les insulaires sans exception. Il écrit : « Assurément il faut bien pardonner à Daniel d'avoir eu peur. Une multitude d'hommes, de femmes et d'enfants, qui pouvait monter à douze cents, n'avait rien de rassurant. Les hommes étaient armés d'une espèce de lance formée d'un bâton au bout duquel est fixée une pierre tranchante. »

Eyraud décrit cette foule de sauvages qui s'approchait de lui comme ne portant aucun habit ou presque, mais des dessins à même la peau et des plumes. Beaucoup d'entre eux avaient les cheveux noués en chignon et les lobes d'oreille percés d'un trou et étirés. Il note que cette pratique paraissait surtout courante désormais chez les femmes, alors que les premiers explorateurs l'avaient observée chez les hommes.

Il ne trouva pas de chef sur l'île, aucune sorte d'autorité, mais une anarchie complète. Les individus les plus forts décidaient pour les autres et décrétaient la guerre ou la paix. Personne ne songea à célébrer le retour des six anciens esclaves. Et ceux-ci, tout comme Eyraud, durent surveiller le peu de biens qu'ils possédaient, chaque insulaire étant prêt à les leur dérober.

Eyraud suivit la foule jusqu'à quelques petites huttes de roseaux. A l'approche du soir, il trouva le moyen de se faire accueillir par une famille et pénétra chez celle-ci en rampant par le bas tunnel servant d'entrée. Il dormit comme ses hôtes sur les paillasses de roseaux et rapporte : « [...] le mobilier est très simple : la vaisselle se compose d'une calebasse pour apporter de l'eau, et d'un petit sac de paille tressée pour porter les pommes de terre. [...] Lorsque le jour arriva, le premier objet que j'aperçus fut une petite idole domestique, pour laquelle on ne paraissait pas se mettre beaucoup en peine. »

A l'aide des planches qu'il avait débarquées, Eyraud bâtit rapidement sa propre petite hutte, où il mit sous clef ses affaires. Pendant les mois qui suivirent, il dut constamment se protéger de la violence et des larcins. Il rapporte que tous les indigènes étaient voleurs et que, si certains volaient moins que d'autres, c'était seulement faute d'occasions.

Eyraud vécu ainsi isolé sur l'île de Pâques pendant neuf mois, en étroit contact avec tous les foyers. Bien que la population d'origine eût été décimée, la plupart des enfants et beaucoup de femmes étaient restés cachés lors des razzias, ce qui avait sauvé leurs familles d'une destruction totale.

La description des insulaires que donne Eyraud est d'autant plus importante qu'il arrivait de Polynésie : « Ces sauvages sont grands, forts et bien faits. Leur figure se rapproche beaucoup plus du type européen que celle des autres insulaires de l'Océanie. Les Marquisiens sont [...] ceux qui ont avec eux la plus grande ressemblance. Leur couleur, quoique un peu cuivrée, ne s'éloigne pas non plus beaucoup du teint de l'Européen, et même un grand nombre sont entièrement blancs. »

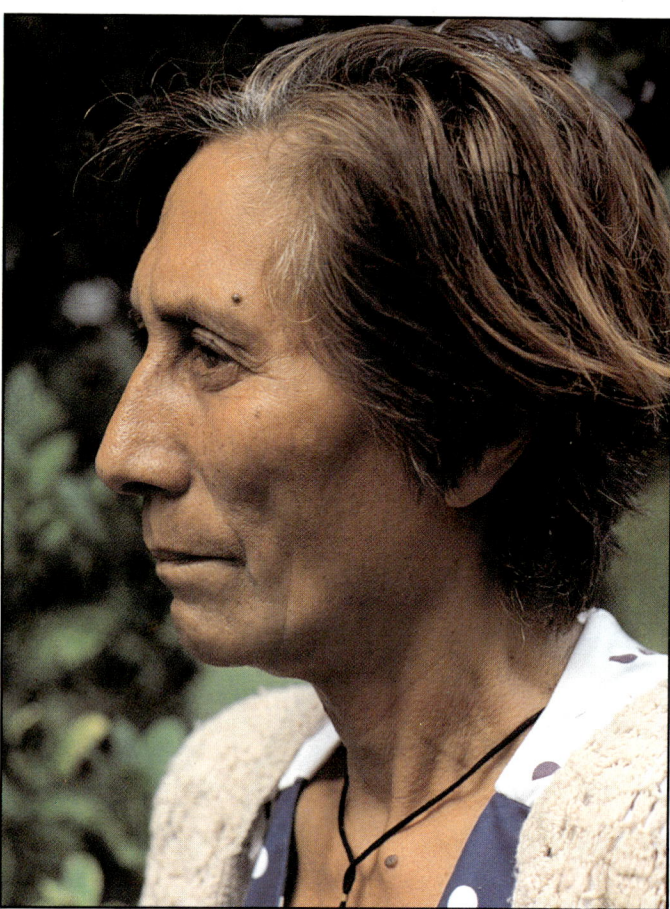

Les descendants des Longues-Oreilles. Adán Atan, frère du défunt maire Pedro Atan, descendant direct patrilinéaire à la douzième génération d'Ororoina, le dernier des Longues-Oreilles rescapé du massacre de Poike. María Atan, fille de Pedro et dernière des Longues-Oreilles de pur lignage pascuan.

Eyraud était venu sur l'île de Pâques pour enseigner. Ses manuels étaient la Bible et des brochures religieuses en polynésien. Dans ses contacts avec les indigènes, il put mettre à profit les rudiments de leur langue acquis grâce aux esclaves qu'il avait ramenés, et aussi le fait que cette langue comportait des termes polynésiens. A en juger par les rapports qu'il envoya à ses supérieurs, ses hôtes ne lui apprirent pas grand-chose d'eux-mêmes, si ce n'est quant à leur culte, qu'il s'efforça précisément de faire disparaître.

Il n'observa pas chez eux d'intérêt pour les statues abattues, mais note qu'ils gardaient l'idée d'un être suprême, nommé Make-Make. Il souligne que, bien qu'étant constamment avec eux dans les termes les plus familiers, il ne découvrit jamais chez eux aucune forme de culte religieux : « Dans toutes les cases on trouve bien des statuettes, hautes d'une trentaine de centimètres, et représentant des figures d'hommes, de poissons, d'oiseaux, etc. Ce sont sans doute des idoles ; mais je n'ai jamais remarqué qu'on leur rendît aucune sorte d'honneur. Parfois j'ai vu les indigènes prendre ces statuettes, les élever en l'air, faire quelques gestes, et accompagner le tout d'une espèce de danse et d'un chant insignifiant. Que se proposent-ils par là ? Je crois qu'ils ne le savent guère. Ils font tout simplement ce qu'ils ont vu faire à leurs pères, sans porter plus loin leur pensée. Si vous leur demandez ce que cela signifie, ils vous répondront, comme pour leurs jeux, que telle est la mode du pays. »

Il s'agissait du même genre de statuettes sculptées qui avaient tellement étonné après que quelques-unes eurent été proposées en troc au capitaine Cook. Le missionnaire en vit dans toutes les huttes et elles devinrent pour lui une véritable obsession. Il n'en conserva aucune, mais s'efforça au contraire de les faire détruire.

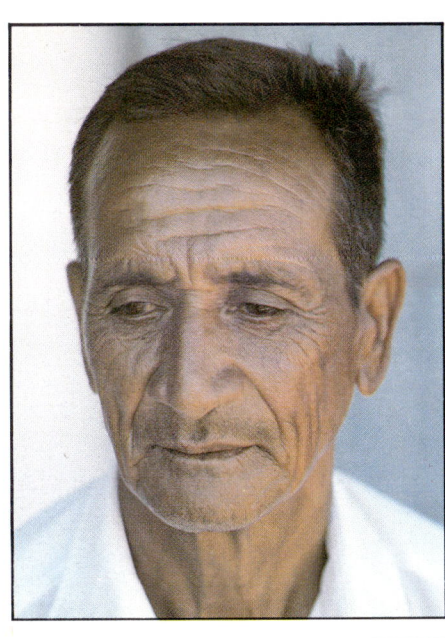

Pascuans de généalogie exclusivement locale, du moins depuis l'introduction des registres paroissiaux : Juán Haoa et son fils Leonardo Haoa Pakomio ; Pedro Pate ; Amelia Tepano Ika ; Simón Teao Hereveri, son frère Tadeo et leur mère María Auxilia Hereveri Pakomio ; María Tepano Ika.

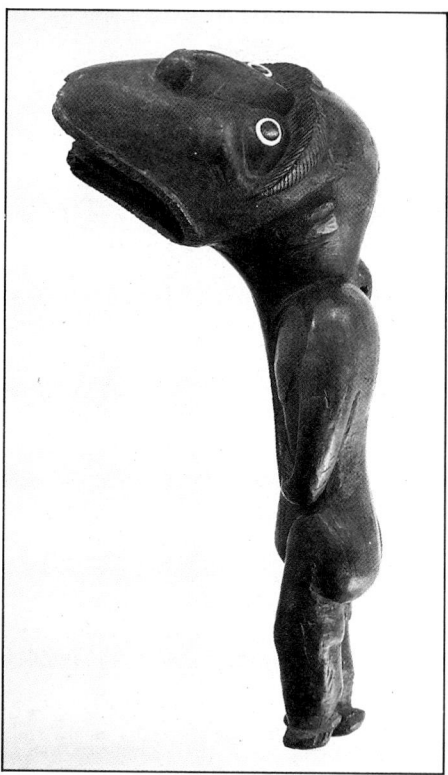

Lorsque Eyraud s'éveilla dans une sombre hutte indigène après sa première nuit sur l'île, il put discerner toute une panoplie d'étranges figurines de bois représentant des monstres et des créatures imaginaires. Contrairement aux stéréotypes des hommes « côtelés » et des femmes « plates », ces grotesques diffèrent tous les uns des autres et témoignent de l'extraordinaire imagination de leurs créateurs. L'archéologue Lavachery, éminent spécialiste de l'île de Pâques, souligne à quel point cet art se démarque de celui du reste de la Polynésie, où les figurines, pour peu qu'elles existent, se conforment à un stéréotype unique : par exemple le *Tiki* des Marquises.

Pour la première fois depuis les premiers visiteurs espagnols, Eyraud mentionne aussi l'existence d'une écriture locale : « Dans toutes les cases on trouve des tablettes de bois ou des bâtons couverts de plusieurs espèces de caractères hiéroglyphiques : ce sont des figures d'animaux inconnus dans l'île, que les indigènes tracent au moyen de pierres tranchantes. Chaque figure a son nom ; mais le peu de cas qu'ils font de ces tablettes m'incline à penser que ces caractères, restes d'une écriture primitive, sont pour eux maintenant un usage qu'ils conservent sans en rechercher le sens. » Eyraud ajoute que les indigènes ne savaient ni lire ni écrire.

Le frère lai entreprit d'éliminer cette écriture païenne, avec autant de passion que pour les figurines de bois. A ses yeux, elle rattachait ceux qui en faisaient usage aux croyances et coutumes d'une idolâtrie ancestrale. Il fit tout son possible pour que ces tablettes soient brûlées ou détruites de toute autre façon ; de fait, elles eurent vite fait, elles aussi, de disparaître. Les Pascuans, qui s'étaient éloignés de leurs propres croyances, n'avaient aucune raison de s'opposer à la nouvelle religion. Il leur était facile de remplacer Make-Make par le Dieu chrétien : sans doute la divinité suprême restait-elle à leurs yeux la même, avec seulement un nom différent et un culte nouveau, celui que proposait l'étranger.

Eyraud observa une trace manifeste de l'antique adoration du Soleil. Il écrit que dès qu'il parlait du calendrier et du lever de l'astre, les indigènes faisaient preuve d'un intérêt extrême et que même les plus âgés venaient prendre place parmi son auditoire. Il découvrit bientôt que la raison de cette vive curiosité tenait à l'existence d'une tradition proprement païenne. Torometi, son assistant sur l'île, l'en avertit par avance : les difficultés commenceraient lorsque la position du soleil appellerait la compétition de « l'homme-oiseau », plus précisément à l'équinoxe de septembre. Toute la population s'assemblerait alors à Mataveri, au pied du volcan Rano Kao. Après quelques moments pacifiques où l'on pratiquait la course à pied et d'autres sports, les prétendants au titre d'homme-oiseau monteraient en haut du volcan, dans un village rituel composé de maisons de pierre. C'est là que serait désigné l'homme-oiseau, après quoi celui-ci dévalerait immédiatement les pentes avec ses partisans, pour assaillir et piller les maisons, en s'emparant notamment de tous les poulets et de toutes les patates douces qu'ils pourraient trouver.

Les problèmes d'Eyraud se firent en effet plus graves que jamais quand commença cette période dite de Mataveri, au neuvième mois de son séjour. Son propre protecteur indigène, Torometi, avait déjà volé la plupart de ses effets et il ne lui restait pas grand-chose sous clef dans sa hutte de planches. « Le temps du *Mataveri* approchait ; il y avait un peu d'agitation. Torometi surtout montrait une défiance toujours croissante. Il me demanda le reste de mes effets, pour les cacher, disait-il, car on avait le projet de nous voler. Comme ces braves gens se défient tous les uns des autres, et avec beaucoup de raison, ils sont toujours aux aguets pour défendre et cacher le peu qu'ils ont. Or les cachettes abondent. Toute l'île est percée de grottes profondes, les unes naturelles, les autres artificielles, qui ne communiquent au-dehors que par une ouverture très étroite. Quelques pierres suffisent pour en fermer et dissimuler l'entrée. La population tout entière de l'île, à un moment donné, pourrait disparaître en se cachant dans ces souterrains. C'était là que Torometi prétendait mettre en sûreté le reste de mon bien. Je refusai net. Mais Torometi, son frère, sa femme, renforcés des voisins, se saisirent de moi me rendant toute résistance impossible. Ils s'emparèrent de mes clefs, emportèrent les effets qu'ils avaient trouvés, et ne me laissèrent guère que mon matelas et des boîtes qui renfermaient des instruments. L'opération terminée, on me rendit les clefs. »

Quand l'homme-oiseau redescendit du volcan, Eyraud s'enfuit vers une autre région de l'île. Mais il fut vite retrouvé et ramené. Dans les batailles qui éclatèrent ensuite, la maison de Torometi fut brûlée de fond en comble, de même que celle de son frère. Eyraud fut traîné par la foule en direction de Mataveri. Pendant cette marche, on le dépouilla de ses vêtements et des chaussures qu'il portait. Les indigènes déchirèrent son catéchisme et son livre de prières, essayant d'en fixer les pages à leurs propres parures. A partir de ce moment, le frère lai fut forcé de suivre Torometi à travers l'île, comme un esclave. Il devait finalement réussir à quitter l'île de Pâque sur un schooner de passage.

En s'enfuyant ainsi, vaincu et humilié, il perdait la première manche. Il laissait derrière lui l'homme-oiseau, avec sa parentèle, comme seul maître des cérémonies religieuses. Personne, peut-être pas même Eyraud lui-même, n'imaginait que ce paisible visiteur osât jamais revenir s'installer parmi les insulaires. Il n'en avait pas moins été le premier étranger à avoir pris réellement pied dans cette communauté, pénétré dans toutes les maisons, vu les tablettes sacrées et assisté aux danses des Pascuans autour des statuettes de bois, partagé leurs repas, leurs conflits, leurs secrets relatifs aux cavernes, leur crainte de l'homme-oiseau. Le premier aussi à avoir vraiment parlé avec eux et senti que par leur intelligence, leur humanité, leur sens de l'humour, tout autant que du point de vue physique, nombre d'entre eux ne pouvaient être distingués des Européens. Quand Eyraud finit par retourner chez ces insulaires qui l'avaient si mal traité, ce fut avec la conviction que ces gens étaient tout à fait semblables à lui et n'avaient plongé dans l'état de sauvagerie qu'en raison de circonstances malheureuses.

Il apparaît clairement que les famines et les massacres n'avaient pas sensiblement altéré le fonds génétique des insulaires depuis les visites de Roggeveen et des premiers espagnols. Eyraud, qui ne connaissait pas les observations de ceux-ci, avait noté tout comme eux que beaucoup de Pascuans étaient tout à fait blancs, avec des traits bien plus européens que polynésiens. Il avait aussi comparé ceux qui étaient de type polynésien aux habitants du groupe des Marquises, de préférence à toute autre tribu polynésienne.

Hormis les questions d'ordre religieux, Eyraud s'était peu intéressé à la culture pascuane. Venu des îles de la Société, il connaissait bien les dieux Tiki, Tané et Tangaroa, communs à toute la Polynésie et, dans tous les groupes, considérés comme les fondateurs de lignées royales d'origine divine. Cependant, aucun de ces dieux n'était connu des Pascuans, dont le grand dieu était Make-Make, absent du reste de la Polynésie. Son représentant sur terre n'était pas un roi héréditaire, mais un homme-oiseau désigné chaque année et haï de la population. Il fallait qu'un élément non polynésien eût été nettement dominant, pour que les immigrants polynésiens abandonnassent leurs divinités ancestrales. Nulle part, dans leur propre territoire, les Polynésiens n'avaient renoncé à celles-ci pour en forger de nouvelles, lorsqu'ils passaient d'une île à l'autre.

Selon Eyraud, la grande quantité de figurines variées trouvées dans toutes les maisons étaient des idoles héritées d'une religion plus ancienne. Les insulaires, quand ils se livraient à des danses et à des chants en levant en l'air ces statuettes de bois, reproduisaient simplement ce que leurs ancêtres faisaient. On lui avait dit que c'était une coutume du pays, or elle n'était certainement pas polynésienne. Partout où l'on trouvait des idoles domestiques en Polynésie, elles étaient d'un type invariable, sans la moindre diversité. Dans les îles Marquises, en particulier, où de telles figurines étaient très courantes, elles représentaient toutes le dieu Tiki exactement sous le même aspect, avec les mêmes yeux à fleur de tête, la même bouche énorme, le même nez large et aplati, qu'il s'agît de miniatures ou de statues de taille humaine.

La plus importante découverte d'Eyraud reste celle des tablettes portant des inscriptions, présentes dans toutes les maisons. Cela confirmait en effet ce que les Espagnols avaient rapporté, sur l'existence d'une écriture locale. Eyraud vit là aussi le vestige d'une forme antique d'écriture, bien qu'il jugeât que la population ne savait plus lire ni écrire, conservait ces tablettes comme des objets rituels venus d'un passé oublié, et ne cherchait pas à comprendre la signification de leurs inscriptions. Si le frère lai avait ordonné qu'on les brûlât, c'est parce qu'elles lui semblaient à l'évidence renvoyer à quelque rite païen ancestral. En tout état de cause, il était impossible qu'elles fussent un héritage polynésien. En revanche, les conquistadores avaient rapporté que les Incas peignaient leur histoire sur certaines planchettes, que les Espagnols brûlèrent quand ils les découvrirent entreposées dans le Temple du Soleil. Autrefois, les Indiens Cuna de Panama gravaient des textes religieux sur des tablettes de bois semblables à celles des Pascuans. Mais le rapide compte rendu d'Eyraud ne nous aurait jamais permis de dresser la moindre comparaison, si sa tentative pour éliminer toute trace de l'écriture pascuane avait été aussi efficace que celle des conquistadores au Pérou.

La chute de Make-Make

L'histoire est pleine de héros méconnus : le frère lai Eyraud en est un. Il se fit débarquer à nouveau, sur la même plage, un an et demi seulement après sa fuite dramatique. Il avait cette fois avec lui un prêtre catholique de Tahiti, le père Hippolyte Roussel, et trois natifs de Mangareva. Vinrent par la suite se joindre à eux le père Gaspard Zumbohm et le frère Théodule Escolan. Tous furent reçus sans hostilité, car les Pascuans avaient appris de la bouche d'Eyraud que ces étrangers étaient envoyés par Mgr Tepano Jaussen : l'évêque de Tahiti jouissait d'un grand respect depuis qu'il avait mis fin aux razzias.

Ce petit groupe d'immigrants venus de l'Océanie française bâtit des maisons de type européen et de petites églises de planches tant à Hangaroa qu'à Vaihu. Les cinq ans qu'ils réussirent à passer sur l'île laissèrent une empreinte durable sur la culture aborigène. L'enseignement et les conversations se faisaient en tahitien. Ils introduisirent, cette fois avec succès, des orangers, des figuiers, des pêchers, des citrouilles, des fèves et du maïs. Ils apportèrent aussi des moutons, des porcs, des chevaux, des vaches, des ânes, des chats et des lapins. Tout cela fit une profonde impression sur les insulaires, qui ne furent pas moins stupéfaits en découvrant la roue d'une brouette.

Eyraud et ses compagnons, étant les premiers à introduire la nouvelle foi, furent aussi les derniers à rapporter des détails sur les croyances anciennes. Zumbohm écrit : « Parmi les dieux et les déesses de leur mythologie, nos Indiens en reconnaissaient un qu'ils nommaient le grand Dieu, *Etua*, et qu'ils disaient supérieur à tous les autres. *Ko Make-Make* était son nom ; il récompensait les bons et punissait les méchants […] Make-Make témoignait son courroux par le tonnerre […] Par la volonté et l'opération du dieu suprême, le premier homme et la première femme sont sortis de la terre, à peu près comme la plante qui germe dans son sein ; ils avaient

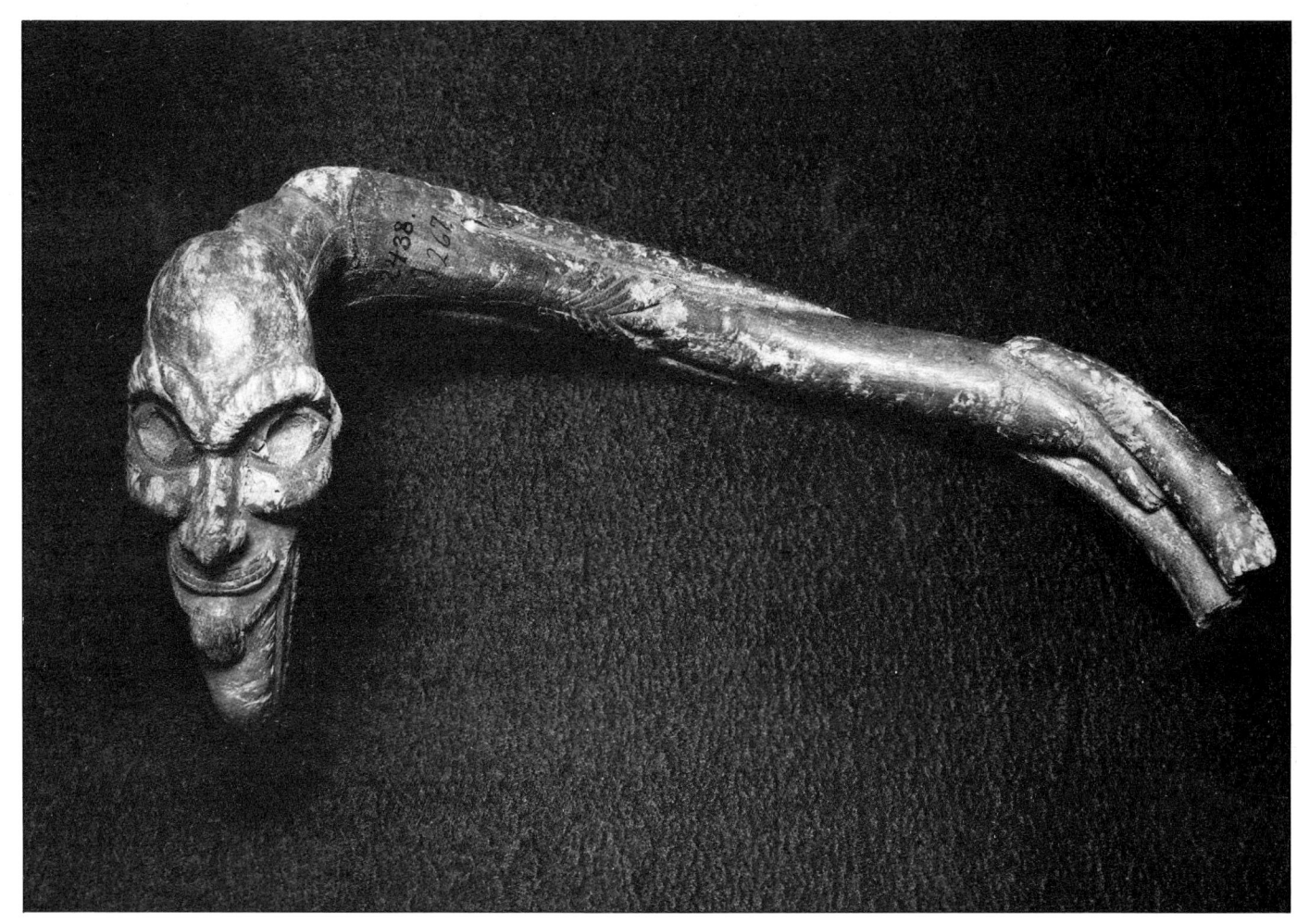

L'une des premières sculptures sur bois à quitter l'île de Pâques à l'époque des premiers missionnaires, ce bâton recourbé comporte une tête aux yeux globuleux à un bout, et de courtes jambes à l'autre (*a*).

Vue de côté, la tête devient celle d'un homme-oiseau au bec de toucan (*b*). En tournant le bâton, on fait apparaître une autre tête, celle d'un homme portant aussi bien le bouc qu'un collier de barbe (*c*).

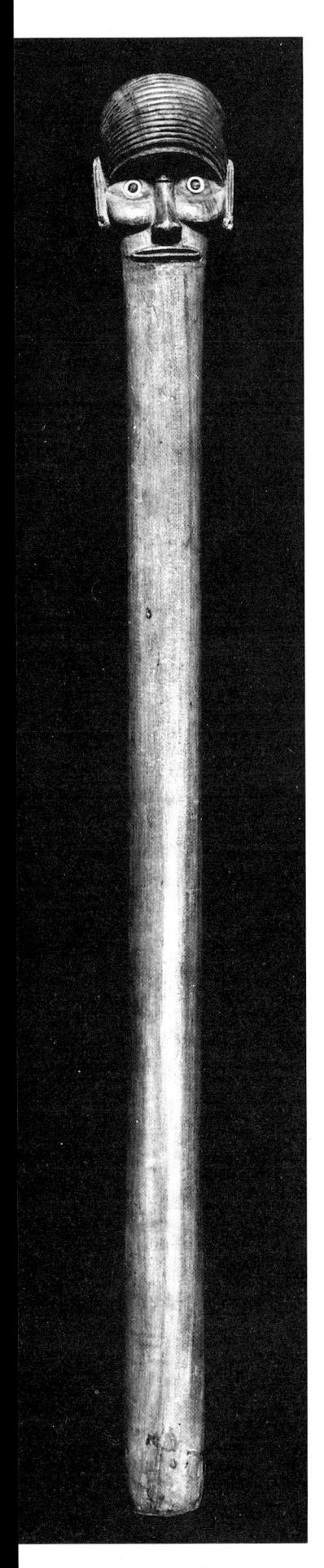

Gourdin cérémoniel, appelé *ua*, obtenu sur l'île en 1868, en même temps que le bâton « changeant », et ramené au Musée ethnographique d'Oslo par le capitaine norvégien Arup. Les *ua*, indubitablement des emblèmes de haut rang, comportent invariablement une double tête aux yeux incrustés de coquillage et d'obsidienne. Gourdins, frondes et pointes de projectile en obsidienne étaient les seules armes des Pascuans. L'archéologie a révélé les traces d'une longue période pendant laquelle aucune arme ne fut fabriquée. Mais au cours de la période tardive, alors que les guerres civiles déchiraient l'île, les Pascuans produisirent en masse les pointes de lance en obsidienne appelées *mataa*.

une âme immortelle, comme l'est celle de tous leurs descendants [...] Pour les âmes des méchants, elles restent auprès de leurs cadavres, souffrant la faim et la soif en proportion de leur méchanceté. De là elles viennent quelquefois demander de la nourriture à leurs parents et amis ; il faut leur en donner pour être délivré de leur importunité. J'ai eu plusieurs fois l'occasion de combattre cette superstition [...].

Selon Roussel, la société pascuane avait jadis été divisée en quatre classes : les rois, les prêtres, les guerriers et les gens du commun. L'île de Pâques aurait toujours eu un roi, depuis l'arrivée du premier d'entre eux, Hotu Matua, jusqu'à la déportation, comme esclaves au Pérou, du dernier roi et de ses fils. Pendant les guerres civiles, quand les *moai* furent renversés des *ahu*, le roi n'avait pas de pouvoir réel et les guerriers se combattaient entre eux sans le consulter, bien que sans jamais s'en prendre à lui. Mais dans les temps vraiment anciens, où l'on continuait à sculpter et honorer les *moai*, les rois régnaient sans partage sur toute la population de l'île et on leur prêtait des pouvoirs d'ordre divin, tant à l'égard des hommes que des *moai*. C'est à eux que l'on destinait en grande pompe les prémices des récoltes. Ils devaient se laisser pousser les cheveux, car leur tête était tabou. De même que leurs mains, ce qui leur interdisait toute autre activité que de tordre des fils de pêche ou fabriquer des filets. Pour les hommes comme pour les femmes, toute la personne des rois, leurs maisons, leur nourriture et tout ce dont ils s'étaient servi étaient tabous.

Zumbohm rapporte par ailleurs que jadis les grands-prêtres mangeaient des enfants en l'honneur de Make-Make.

Les missionnaires arrivèrent trop tard pour voir une seule statue debout sur une plate-forme. On leur apprit qu'elles avaient toutes été jetées à terre pendant la longue période des guerres civiles. Dès que la guerre fut déclarée, tous les objets de valeur furent mis en sûreté dans des cavernes. Les combats une fois terminés, les vaincus eux-mêmes se cachèrent sous terre, cependant que les vainqueurs, non contents de brûler leurs maisons et leurs champs, renversaient leurs *moai*. Jadis, sur les *ahu*, on faisait des offrandes de poulets et de poisson, mais les plates-formes ne servaient plus désormais que de sépultures.

Roussel fut le premier à reconnaître comme telles les carrières situées sur les flancs du cratère de Rano Raraku. Il fut aussi le premier à supposer que les statues découvertes le long de la route par l'équipe de Cook — mais dont aucune n'était plus debout — avaient été abandonnées là en cours de transport. Il n'en demeura pas moins intrigué, cependant, par les moyens techniques grâce auxquels on avait pu transporter ces géants de pierre depuis les carrières jusqu'aux plus lointains *ahu*, se refusant à prendre au sérieux l'explication fournie par les Pascuans : « Le moyen d'érection et de transport est resté inconnu ; il repose sur une fable. Le grand chef d'alors, leur ayant commandé de marcher, toutes à sa parole se mirent en mouvement et firent choix des sites qui étaient le plus à leur goût. »

De fait, les missionnaires pouvaient difficilement voir là autre chose qu'une affabulation. Roussel note cependant : « Ce que la tradition a pu leur transmettre, c'est que l'énorme meule qui reposait sur leur tête, a été superposée par exhaussement de pierres. »

Zumbohm, lui aussi, s'interrogeait sur le transport des énormes effigies : « Il y a ici un mystère qui, ce me semble, restera longtemps inexpliqué. J'avouerai cependant que nos Indiens ne se laissaient pas embarrasser par ce problème, ils en donnaient la solution que voici : ''Autrefois, disaient-ils, tous ces *moaï* étaient réunis dans un même endroit. Un beau jour Make-Make leur donna le signal du départ ; aussitôt ils se mirent en marche et vinrent dans les lieux qu'ils occupent aujourd'hui.'' »

Au fil des années, il apparut qu'il était plus facile de faire accepter aux Pascuans de nommer autrement le grand dieu Make-Make, que de leur faire abandonner cette certitude traditionnelle selon laquelle leurs ancêtres avaient fait « marcher » les statues. Conjoignant tous leurs efforts, les quatre missionnaires parvinrent en effet à convertir au christianisme absolument toute la population. En apparence au moins, Make-Make et tout son équipage de paganisme avaient disparu.

C'est alors qu'Eyraud mourut. Il fut enterré sur l'île même. Peu de temps après, sérieusement malade, Zumbohm dut s'en aller. Pour des raisons que l'on verra plus loin, les insulaires recommencèrent alors à se montrer hostiles, au point que Roussel et Escolan furent contraints de fermer la mission et de se retirer. Ils quittèrent l'île de Pâques en 1871.

Ce furent ces missionnaires, ainsi que leurs compagnons polynésiens venues d'Océanie française, qui les premiers désignèrent l'île sous le nom de Rapanui : nouveau nom et nouveau mystère, comme s'il n'existait pas encore assez de noms et assez de mystères. Rapa-nui signifie « la grande Rapa », par opposition à Rapa-iti, « la petite Rapa », une île de dimensions analogues située au sud-est de Tahiti. Il est possible qu'à l'époque des missionnaires ce nom ait été donné par référence à l'Océanie française, car il existait à Rapa-iti une tradition selon laquelle cette île avait d'abord été habitée par des femmes enceintes, rescapées de massacres sur l'île de Pâques, connue là-bas sous le nom de Rapa-nui. Cette tradition correspondrait bien à l'idée d'un voyage sous le vent, d'est en ouest, et expliquerait en outre que deux îles de même taille soient nommées « la grande » et « la petite ». En effet, c'est chose courante que des immigrants distinguent leur ancien et leur nouveau lieu d'habitation en donnant à celui-ci l'appellation de « petit », celui-là devenant alors « le grand ».

Il n'existe qu'une seule autre île également appelée Rapa, qui se trouve à peu près à la même distance de l'île de Pâques, mais dans la direction opposée : dans le lac Titicaca, au Pérou. Or, il n'existe aucune statue de pierre à Rapa-iti, alors qu'on en rencontre beaucoup dans toute la région du lac Titicaca. Celle qui se trouve sur l'île de Rapa représente un homme à longues oreilles...

Peut-être Rapa était-il le nom primitif de l'île de Pâques, celui que l'interprète tahitien du capitaine Cook ne parvint pas à obtenir. Les deux autres noms indigènes sont purement poétiques et descriptifs : Te-Pito-o-te-Henua, c'est-à-dire « le Nombril du monde », et Mata-Kite-Rangi, « les Yeux regardant le ciel ». Ces deux appellations méritent également analyse.

Le nombril est évidemment associé à la notion de naissance. Comme terme géographique, pour une île extrêment isolée, « le Nombril du monde » ne peut renvoyer qu'à un lien entre le pays ancestral et les colonies plus récentes. L'île de Pâques se trouve à mi-chemin entre le continent sud-américain, habité depuis les temps les plus anciens, et les îles polynésiennes, de peuplement plus récent. On observera par ailleurs que le nom de la capitale des Incas, Cuzco, signifie aussi « nombril ».

Le mot *rangi* pour signifier « le ciel » se retrouve en d'autres lieux de Polynésie, sous les formes *rani* et *ani*, qui sont aussi utilisées comme désignation poétique de la terre ancestrale dans les légendes polynésiennes. Et si *Mata-Kite-Rangi*, « les Yeux tournés vers le ciel » est un autre nom de l'île de Paques, tout porte à le rapprocher de *Mata-Rani*, « les Yeux du ciel », nom d'un ancien port aborigène sur la côte sud du Pérou, juste au-dessous du lac Titicaca.

Ainsi, tous les noms indigènes de l'île de Pâques, depuis « l'Ile de feu » jusqu'à *Rapa*, ont quelque chose à nous apprendre.

Les missionnaires affirment n'avoir trouvé aucun chef sur l'île de Pâques, mais ils rapportent aussi que selon la population, dans des temps plus anciens il avait existé des distinctions de classes bien marquées. Avant la guerre civile, leurs ancêtres avaient été gouvernés par une hiérarchie héréditaire de prêtres-rois, considérés comme sacrés. Leur lignée s'était perpétuée sans interruption jusqu'à la dernière razzia, mais déjà à cette époque ils avaient perdu leur pouvoir totalitaire et leur toute puissance. Sous les rois des dernières générations, c'étaient les guerriers qui décidaient de la guerre et de la paix, et l'homme-oiseau désigné chaque année était libre de tourmenter la population à sa guise.

L'écroulement de la hiérarchie totalitaire avait forcément eu lieu avant l'arrivée des premiers Européens — car ni Roggeveen ni les Espagnols n'avaient rencontré de souverain suprême, ni été accueillis avec la moindre cérémonie — et même suffisamment longtemps avant 1722 pour que les Hollandais aient trouvé l'île dans une situation de paix et d'égalité générale. Mais quand Cook arriva en 1774, une nouvelle guerre civile devait avoir éclaté, amenant une partie de cette population appauvrie à se cacher.

Les hiérarchies divines de prêtres-rois sont un élément courant parmi les grandes civilisations de l'Antiquité. On a fait observer, comme une curiosité, que toutes les tribus polynésiennes partageaient ce trait avec les populations, autrement évoluées, du continent américain.

La dévoration d'enfants comme offrande à la divinité peut sembler d'une étrange barbarie, dans une culture aussi avancée que celle de l'île de Pâques, dotée d'une écriture et pratiquant l'architecture mégalithique. Toutefois, on retrouve cet horrible rite religieux dans d'autres grandes civilisations, comme celles des Aztèques et des Phéniciens.

Il semblait y avoir une étrange contradiction dans les traditions des Pascuans quant aux mouvements des statues et quant aux cylindres placés sur leurs têtes : si les premières « marchaient » depuis les carrières jusqu'aux *ahu*, pourquoi fallait-il donc que les cylindres fussent placés seulement après, moyennant un dur travail ? Les chefs tout-puissants de cette époque n'auraient-ils pu avoir recours au même système magique pour les cylindres que pour les *moai* ? Le père Roussel, cherchant une réponse à cette question, examina les surfaces d'appui des statues laissées abandonnées sur les routes en cours de transport. Toutes étaient polies et ne semblaient pas avoir souffert de frottements sur le sol. Il en conclut que les statues devaient avoir été tirées sur une sorte de traîneau.

Enfin, comment se faisait-il que les traditions pascuanes, en se référant à la période des rois tout-puissants, décrivissent précisément la manière dont on hissait les cylindres sur les *moai*, mais dussent recourir à la fable selon laquelle ceux-ci « marchaient » ?

Les bergers de Mammon chassent les bergers du Christ

Pour le monde extérieur, il semblait qu'il n'y eût plus grand-chose à tirer de l'île de Pâques, dès lors que la traite des esclaves avait été interdite par l'Église, qui s'était par là acquis le cœur des indigènes. Cependant, les missionnaires étaient encore là lorsque le capitaine français Dutroux-Bornier accosta dans le but d'exploiter ce paysage aride.

C'était le même Dutroux-Bornier qui commandait le bateau à bord duquel Eyraud était retourné à Tahiti en 1866. A cette occasion, il avait adressé une lettre aux missionnaires, leur exprimant son admiration pour leur noble intention d'améliorer la condition morale et matérielle des indigènes. Il n'en avait pas moins dressé aussi des projets personnels, en voyant les herbages qui avaient recouvert les anciennes plantations. Et, en 1870, il revint s'installer comme éleveur de moutons.

A cette date-là, les missionnaires avaient déjà pacifié les Pascuans, il n'avait donc plus besoin de leur présence. Il ne s'était pas plus tôt installé sur l'île qu'il entreprit de créer des ennuis au père Roussel et au frère Escolan. La majorité des Pascuans avaient été rassemblés par les missionnaires dans des maisons de planches construites autour des deux petites églises de Hangaroa et de Vaihu. Ils n'étaient donc plus éparpillés à travers toute l'île dans des maisons de pierre ou des huttes de roseaux, ni cachés dans leurs cavernes secrètes. La propriété des terres restait néanmoins conforme au droit tribal.

En échange de quelques morceaux d'étoffe, Dutroux-Bornier acheta aux insulaires leurs terres les plus fertiles à Mataveri, le site où se déroulaient jadis les cérémonies de l'homme-oiseau. Il persuada ensuite un certain nombre de familles de quitter le centre de mission de Hangaroa et de s'installer sur ses terres. Avec leur aide, il lança de véritables raids sur les établissements de Hangaroa et Vaihu. Quelques familles qui étaient restées de l'autre côté de l'île, à Anakena, se joignirent aussi à lui. L'île de Pâques fut bientôt plongée dans une nouvelle guerre civile. Il y eut des coups de fusil et des morts. Dans chaque camp, des maisons furent brû-

Rei-miro de bois, un emblème en croissant de lune porté en pectoral par les hommes de haut rang. Les extrémités se terminent généralement par des têtes, elles-mêmes en croissant, figurant des hommes portant le bouc, parfois aussi des conques marines ou des têtes d'oiseau. L'évêque Jaussen de Tahiti reçut de sa mission pascuane plusieurs échantillons de sculpture sur bois. Il fut le premier à répertorier les images et emblèmes, qu'il identifia avec exactitude. Parmi ces objets se trouvait le *tahonga*, pendentif ovoïde garni d'une ou deux têtes humaines, ainsi que le montre le croquis de Jaussen (*ci-dessous*).

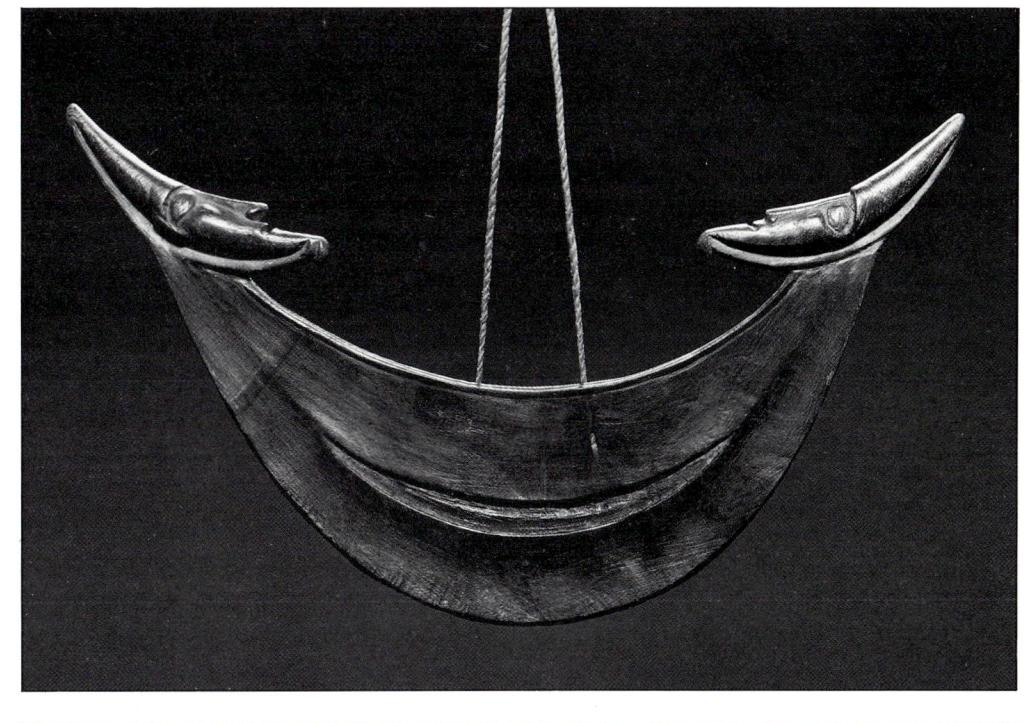

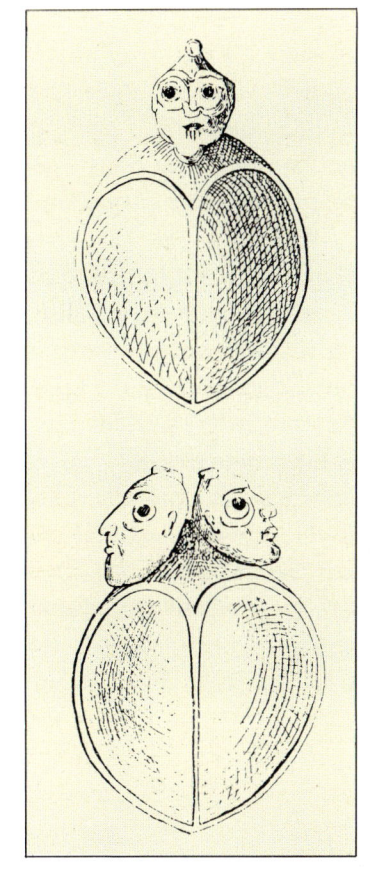

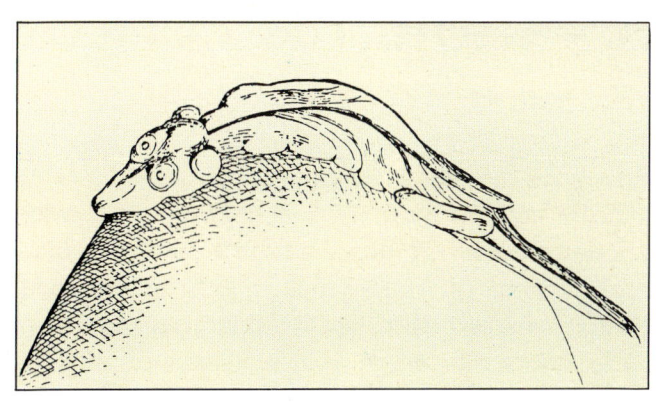

L'évêque Jaussen publia le croquis sommaire d'une sculpture portative en pierre, de type inclassable, appelée *moai maea*, à laquelle des vertus magiques étaient attribuées. Chaque *moai maea* était en effet distinct. Contrairement aux portrait ou aux emblèmes de bois, ces statues ne figuraient jamais dans les cérémonies et n'étaient guère exposées en public. Chaque famille en possédait sa propre collection, sur laquelle elle veillait avec un soin jaloux.

Le croquis de Jaussen ci-contre nous montre un quadrupède ailé sculpté en haut relief. Près d'un siècle plus tard, plusieurs familles pascuanes devaient présenter à l'auteur leurs collections secrètes de *moai maea*, soigneusement préservées dans des grottes en tant que patrimoine. Parmi ces sculptures se trouvaient des créatures ailées ainsi que des quadrupèdes, exécutés en haut relief sur des pierres.

lées. Les deux malheureux missionnaires demeurés sur l'île perdirent tout contrôle de la situation.

Avant de quitter Tahiti, Dutroux-Bornier s'était mis d'accord avec un certain Brander, un négociant tout aussi dénué de scrupules que lui et qui possédait là-bas une plantation de copra, pour déporter à Tahiti la plus grande partie des Pascuans qui survivraient à cette guerre : Brander avait besoin de main-d'œuvre pour sa plantation, Dutroux-Bornier souhaitait disposer de toutes les terres de l'île de Pâques pour lui-même et ses moutons. Après avoir incendié les huttes des insulaires, Dutroux-Bornier fit arracher toutes leurs patates douces, et ce à trois reprises, afin de rendre la vie sur l'île intolérable pour les survivants.

Les conditions de vie devinrent également intenables pour les deux missionnaires, qui finirent par partir en 1871 et s'installèrent à Mangareva. Ils emmenèrent avec eux quelque cinquante Pascuans, cependant que beaucoup d'autres acceptaient d'aller travailler à Tahiti, dans la plantation de Brander. Après cet exode vers la Polynésie orientale, plus rien n'empêchait Dutroux-Bornier de démolir les murs épais des maisons de pierre, à travers toute l'île, et d'utiliser ces matériaux pour construire des kilomètres de clôtures pour ses moutons.

Trois mois après le départ des missionnaires, la corvette russe *Vitzjaj* jeta l'ancre deux heures dans la baie de Hangaroa. Le capitaine reçut la visite de Dutroux-Bornier, flanqué de deux assistants respectivement américain et allemand. Les trois hommes ne cachèrent pas aux Russes qu'il ne restait que 230 indigènes dans l'île et qu'on attendait un schooner de Tahiti pour en emmener encore une cargaison.

Cependant, les trois éleveurs n'étaient plus là quand, en 1877, un navire de guerre français fit escale à l'île de Pâques. Les habitants de Hangaroa prétendirent que Dutroux-Bornier s'était tué quelques mois plus tôt, en tombant de cheval alors qu'il était ivre. Il apparut bientôt qu'il avait été en fait abattu par les aborigènes, que lui-même avait ramenés à l'état de barbarie, en raison d'intrigues menées pour faire proclamer reine de l'île la Pascuane qu'il avait épousée. Ses meurtriers avaient également tué celle-ci et auraient infligé le même sort à leurs deux petites filles si elles n'avaient soudain complètement disparu, cachées dans une caverne par un vieillard. Quand la rage des poursuivants se fut calmée, celui-ci fit ressortir les fillettes aussi discrètement qu'il les avait dissimulées.

Une fois disparus tant les missionnaires que les éleveurs, les premiers occupants du « Nombril du monde » se trouvèrent de nouveau livrés à leur sort. Mais, cette fois, en compagnie de quelques chevaux, de lapins et de plusieurs milliers de moutons.

L'énigme des tablettes écrites

Avant de devoir quitter l'île, les missionnaires mirent au jour un des problèmes les plus déconcertants de toute l'histoire de l'écriture. C'était Eyraud qui l'avait le premier entrevu, en découvrant dans toutes les huttes des tablettes écrites. Mais, y voyant l'œuvre du diable, il avait ordonné qu'on les brûlât. Il avait fait mention de ces tablettes dans une lettre adressée à ses supérieurs à Valparaiso, mais n'en emporta aucun exemplaire pour le montrer à l'évêque Jaussen, lorsqu'il repartit

Tablettes *rongo-rongo*. L'expédition de González, en 1770, révéla au monde l'existence d'une écriture pascuane. Mais ce fut le frère Eyraud qui, le premier, rapporta que les Pascuans conservaient des tablettes de bois gravées de signes hiéroglyphiques. Comme ces tablettes étaient utilisées au cours de rites païens, il les fit brûler et ne souffla mot de sa découverte aux autres missionnaires venus le rejoindre. Il mentionna néanmoins ce qu'il avait vu dans une lettre adressée à ses supérieurs à Valparaiso. Quelques tablettes cachées par les Pascuans survécurent et furent redécouvertes par le père Zumbohm après la mort d'Eyraud.

précipitamment à Tahiti. Et il n'en souffla mot à ses trois compagnons lors de son second voyage, de sorte qu'à sa mort, le 20 août 1868, ceux-ci ignoraient totalement qu'il eût jamais existé sur l'île de Pâques des tablettes écrites. Eyraud s'était montré si consciencieux dans son entreprise de destruction qu'il n'en subsistait aucune trace dans les maisons de planches des nouveaux villages.

Seul un hasard attira l'attention du monde extérieur sur l'existence d'une écriture pascuane. Après la mort d'Eyraud, le père Zumbohm fit une découverte dont il rendit compte à ses supérieurs : « Il nous est arrivé quelquefois de trouver sur le bord de la mer certaines pierres portant des traces de ciselures ; mais, voyant que les gens du pays n'en faisaient aucun cas, nous pensâmes qu'il n'y avait pas lieu de nous en occuper. Or, voici qu'un jour, faisant une excursion avec les enfants de l'école, dont je vous parlerai bientôt, je vis entre les mains d'un jeune garçon un objet assez curieux qu'il venait de trouver sur un rocher : c'était un morceau de bois, long de 35 centimètres environ, sur 30 de large, mais un peu arrondi sur l'un de ses côtés ; on y remarquait des caractères, en lignes régulières, que le temps avait malheureusement altérés. Voyant que je considérais attentivement sa trouvaille, l'enfant me la donna, et je la conservai avec soin. Le lendemain, un Indien, ayant appris l'importance que j'attachais à cette découverte, m'apporta un objet semblable, mais d'une plus grande dimension et très bien conservé, qu'il me céda pour un peu d'étoffe. On y avait ciselé, en miniature, des poissons, des oiseaux et d'autres choses connues dans le pays, ainsi que des figures de fantaisie. Je réunis les plus savants de nos Indiens, pour les interroger sur le sens de ces caractères, qui avaient toute l'apparence d'une écriture hiéroglyphique. Tous me parurent contents de voir cet objet ; ils m'en dirent le nom, que je n'ai point retenu ; puis quelques-uns se mirent à lire cette page en chantant ; mais d'autres s'écriaient : "Non, ce n'est pas comme cela !" Le désaccord de mes maîtres était si grand que, malgré mon application, je n'étais pas beaucoup plus instruit après leur leçon qu'auparavant. Plus tard, dans un voyage, je montrai cette curiosité à Mgr d'Axieri [*l'évê-*

que Jaussen], qui la considéra avec un très vif intérêt, regrettant bien que je ne fusse pas en mesure de lui expliquer la signification de toutes ces figures énigmatiques. "C'est, me disait-il, la première trace d'écriture que l'on rencontre dans toutes les îles de l'Océanie." Voyant combien cet objet était précieux aux yeux de notre bien-aimé prélat, je m'empressai de le lui offrir. Sa Grandeur me recommanda instamment de m'entendre avec le R.P. Hippolyte, pour faire déchiffrer, s'il était possible, l'autre écrit que j'avais laissé dans l'île de Pâques. Plus tard, j'en trouvai un autre qui avait 1,35 mètre de long, sur 40 centimètres de large ; j'en fis aussitôt l'acquisition, moyennant quelques habits. Mais comme je n'avais pas, pour le moment, de quoi opérer cet échange, le propriétaire du petit monument ne voulut point s'en dessaisir avant d'avoir reçu le prix convenu. Il devait donc venir à ma résidence ; mais je l'attendis vainement. Quelques jours après, l'ayant rencontré, je lui demandai pourquoi il ne m'apportait pas ce que je lui avais acheté. Il me répondit qu'il ne l'avait plus ; mais il ne voulut pas me dire ce qu'il en avait fait.

Figueroa, Skjölsvold et l'auteur admirant les tablettes précieusement conservées au Museo Nacional de Historia Natural, à Santiago du Chili. Seule une vingtaine de spécimens de ces tablettes a pu parvenir jusqu'à nous. Contrairement à ce qu'on a souvent cru, les signes *rongo-rongo* n'ont jamais été déchiffrés. Les experts russes effectuant actuellement des recherches assistées par ordinateur affirment que l'écriture pascuane est celle d'une langue aujourd'hui disparue.

Deux des trois spécimens du musée chilien. Les traces de brûlures visibles sur l'une des tablettes montrent qu'elle échappa de peu au zèle du frère Eyraud.

Gravés en lignes parallèles à l'aide d'une dent de rat, les divers symboles *rongo-rongo* apparaissent à intervalles irréguliers. Le texte a été inscrit en un sillon continu, en retournant la tablette à chaque ligne : il s'agit du système appelé *boustrophedon*. Aucun Pascuan ne pouvait déchiffrer le moindre signe du temps des missionnaires. Plus tard, deux jeunes Pascuans transférés à Tahiti s'en déclarèrent capables, mais leurs prétentions se révélèrent dénuées de fondement.

Depuis, on m'a assuré qu'un mauvais sujet, par jalousie ou par dépit, s'était emparé de ce meuble et l'avait brûlé. J'ai bien regretté cette perte, que je n'ai pu réparer par aucune autre découverte du même genre. Je ne doute point que cette écriture indienne n'offre un véritable intérêt pour la science. »

A Tahiti, l'évêque Jaussen s'était tellement enthousiasmé en recevant du père Zumbohm cette tablette écrite qu'il envoya un message à l'île de Pâques afin d'encourager les missionnaires à en chercher d'autres, et à tâcher de découvrir tout ce qu'ils pourraient à leur sujet. L'enquête menée auprès des Pascuans s'avéra, hélas, peu fructueuse, en dépit de l'insistance du père Roussel.

Mais ce dernier, entre-temps, avait déjà fait ses propres observations : « Ils ont quelques chants accompagnés de gestes cadencés, fort monotones et fort licencieux.

Ils prétendent avoir eu une certaine écriture, au moyen de laquelle ils faisaient passer à la postérité les faits importants de leur pays. J'ai vu cette écriture empreinte sur un morceau de bois poli plus ou moins long ; elle ressemble beaucoup aux hiéroglyphes égyptiens. Quant à moi, je ne crois pas qu'ils aient jamais tiré aucun sens de ces caractères. Les quelques Indiens qui prétendaient les comprendre, mis à l'épreuve, ne débitaient que des contes ridicules et inintelligibles. »

Le père Roussel fit tout son possible pour fournir d'autres tablettes à l'évêque. Il n'en restait aucune. Les insulaires dirent que toutes celles que le frère Eyraud avait vues dans leurs maisons avaient été brûlées, conformément à ses ordres. Sans doute, s'il en restait de cachées, leurs propriétaires n'auraient-ils pas voulu avouer au père Roussel qu'ils avaient désobéi aux ordres de l'Église.

En cette même année 1868, un capitaine marchand norvégien, Petter Arup, fit relâche à l'île de Pâques. Lui ne représentait pas l'Église : les Pascuans, convertis de fraîche date, lui apportèrent à des fins de troc une incroyable quantité de statuettes anciennes et également une tablette écrite. Le Norvégien montra ces objets au père Roussel, qui s'enthousiasma tant à la vue de la tablette, qu'on appelait là-bas *rongo-rongo*, que l'autre la lui offrit. Roussel l'envoya à Tahiti, cependant que le capitaine ramenait les statuettes avec lui en Norvège.

Les missionnaires étaient encore là en 1870, quand le capitaine chilien Gana passa par l'île. Il parvint à se procurer trois tablettes *rongo-rongo*, qu'il emporta au Chili. Elles étaient visiblement anciennes. On lui dit qu'elles étaient restées cachées dans une maison de pierre d'Orongo. Là-haut, dans le village de l'homme-oiseau, ces visiteurs laïques purent également assister à une célébration païenne, où des hommes et des femmes dansaient nus « avec des mouvements inconvenants et immoraux ».

Avant de quitter l'île, même le père Roussel avait réussi à rassembler cinq tablettes inscrites. Il les adressa à l'évêque, qui prit acte que toutes les autres « étaient parties en fumée ».

L'évêque Jaussen était bien déterminé à trouver quelqu'un capable de lire ces hiéroglyphes, quoique ses missionnaires n'y fussent pas parvenus. Il décida d'essayer avec certains des jeunes gens qui travaillaient dans la plantation de Brander, à Tahiti. Aucun d'entre eux n'avait été capable de lire les tablettes ni même de déchiffrer un seul signe quand, lors de sa première visite, Eyraud avait interrogé toutes les familles. Mais voilà qu'un garçon nommé Metoro prétendit y être expert. Brander lui accorda le temps nécessaire pour se rendre chez l'évêque et lire les tablettes. Metoro mit ce congé largement à profit : pendant quinze jours, il ne cessa de chanter des textes interminables, à partir de seulement cinq tablettes, en jouissant du gîte et du couvert de Jaussen jusqu'à ce que celui-ci, devenu méfiant, mît fin à son récital. Selon l'évêque, l'explication de Metoro était que seuls certains mots figuraient sur les tablettes et qu'il appartenait au récitant de se souvenir par cœur de tout le texte intermédiaire. C'est pourquoi Jaussen arrêta Metoro, car « les mots ajoutés dans les chants auraient correspondu à plus de deux cents pages, dont la lecture n'aurait pas été supportable ».

A la grande déception de l'évêque, les textes chantés par Metoro ne rimaient à rien. Et, quand on lui demandait le sens d'un signe isolé, le garçon ne savait pas répondre, ou bien proposait des significations différentes à chaque fois. Toutefois, pendant qu'il récitait ces textes de son cru, Metoro se comportait comme il l'avait vu faire sur l'île de Pâques. Il chantait une mélopée monotone et retournait la tablette en arrivant au bout de chaque ligne. Cela confirmait l'intuition qu'avait eue l'évêque en constatant que, toutes les deux lignes, les personnages humains, les quadrupèdes, les hommes-oiseaux, les oiseaux et les poissons étaient dessinés à l'envers : il s'agissait d'une écriture en *boustrophedon*, tracée de la même façon qu'un bœuf creuse les sillons d'un champ.

Impressionné par cette confirmation, l'évêque Jaussen ne voulut pas non plus tenir pour rien les textes de Metoro. Il avait parfaitement conscience que celui-ci les avait pour l'essentiel inventés, mais n'en essaya pas moins de retrouver, à partir d'eux, la signification d'au moins quelques signes. Metoro avait donné plusieurs sens différents à un seul et même signe, et inversement désigné beaucoup de signes comme correspondant à un seul et même mot. L'évêque trouva de la sorte six signes différents pour dire « rat » et neuf pour dire « eau ». Il y avait un signe spécial pour « trois sages rois », un autre pour « crustacé coupé en deux », un autre pour « il ouvre une coquille », un autre encore pour « oiseau à trois yeux », etc.

Rien ne fut publié du vivant de l'évêque. Mais le père Ildefonse Alazard devait par la suite retrouver cette transcription manuscrite des textes récités par Metoro, qu'il tourna en ridicule, en en donnant des extraits tels que : « Homme, va-t'en. Je resterai sur ma terre. Père, toi qui sièges sur ton trône, va voir ton enfant. Il s'est diverti dans le ciel. L'oiseau s'est envolé de la terre, allant vers l'homme qui mange sur terre. L'homme nourrit la poule, il a mis la poule sous l'eau, il lui a pris ses plumes. Poule, prends garde au javelot, va au bon endroit, monte de suite vers le roi, vers sa maison, envole-toi ; elle s'est envolée vers le bon endroit, loin du javelot ; par les airs, elle s'est mise en sûreté près des enfants de la terre. »

Malheureusement, les inepties proférées par Metoro sous l'impulsion du moment allaient peser sur la science pendant un bon siècle. Le collègue de l'évêque Jaussen tenta d'établir une liste de mots et, en 1895, compara leurs significations aux séquences des cinq tablettes, sans trouver la moindre corrélation. Le résultat immédiat fut une nouvelle théorie, à savoir que les signes *rongo-rongo* ne constituaient en aucune façon une écriture. Selon de Harlez, il ne fallait voir là qu'une « succession de figures indépendantes les unes des autres ».

Bien des gens estimèrent qu'en effet les Pascuans, « de langue polynésienne » et aucunement civilisés, ne pouvaient posséder une écriture. Les mystérieuses tablettes *rongo-rongo* continuèrent toutefois à intriguer de nombreux spécialistes un peu partout dans le monde. Déjà la California Academy of Sciences avait essayé d'obtenir une des tablettes de l'évêque Jaussen par le biais de Thomas Croft, un Américain résidant à Tahiti. L'évêque voulut bien lui remettre des photographies, mais rien de plus.

Croft réussit à trouver un compatriote de Metoro qui, comme ce dernier, prétendait s'entendre à déchiffrer les *rongo-rongo*. Sur quoi, il écrivit à l'académie californienne : « Pour ce qui concerne la traduction des inscriptions, je suis navré de vous informer que j'ai été cruellement déçu par mon interprète. Le jour où un de ses compatriotes, qui me l'avait recommandé comme capable de me traduire les caractères, l'amena chez moi, je notai une partie de ce qu'il prétendait interpréter, avec les plus grands espoirs. C'était un dimanche, seul jour où il avait le loisir de s'occuper de ce genre de choses. Au cours de la semaine qui suivit, j'égarai mon manuscrit et, lorsqu'il revint le dimanche suivant, je me dis que le mieux était de reprendre cette traduction ; je me mis donc à copier à nouveau son interprétation, tant dans son propre dialecte qu'en tahitien et en malais. Mais, au fur et à mesure, je fus frappé de constater que la seconde traduction des mêmes caractères différait sensiblement de la première. Cette impression ne fit que se renforcer tandis que nous avancions ; je fus finalement convaincu qu'il se jouait de moi et qu'il ne voulait ou ne savait pas interpréter les caractères. Je préférai toutefois ne rien précipiter et lui demandai gentiment de laisser cela pour l'instant et de revenir le dimanche suivant. Il ne le fit pas, et ne revint que le dimanche d'après. Entre-temps, toutefois, j'avais retrouvé le premier manuscrit et constaté qu'il différait considérablement du second. Quand il revint enfin, je le priai de refaire une fois encore cette traduction, pour me permettre de corriger les erreurs ou ommissions de mon manuscrit. Il accepta, et je constatai que sa troisième interprétation était encore différente des deux précédentes. J'attirai alors son attention sur ce point, lui dis qu'il était impossible que les mêmes caractères eussent une signification différente chaque dimanche, qu'il ne connaissait probablement rien de cette signification, cherchait à me berner et ferait mieux de s'en aller. Il s'en alla. »

Jaussen ne suivit jamais le conseil que lui donna Croft, de soumettre Metoro au même examen. C'est ainsi que les récits de Metoro et le lexique *rongo-rongo* de l'évêque aboutirent, après la mort de celui-ci, au siège européen de la Congrégation du Sacré-Cœur. Ils furent réexaminés, dans les années cinquante, par un chercheur allemand et son équipe, qui impressionnèrent un moment le monde scientifique en affirmant que le *rongo-rongo* était enfin déchiffré. Les notes de l'évêque Jaussen avaient par ailleurs été recopiées en secret par des Pascuans de Tahiti qui les firent parvenir à l'île de Pâques, où on les cacha dans les cavernes parmi les biens sacrés. C'est là que notre expédition norvégienne les découvrit, quand nous parvînmes enfin à briser le secret des cavernes familiales. Mais plusieurs générations s'étaient alors écoulées.

Entre-temps, le mystère des tablettes écrites de l'île de Pâques avait commencé à fasciner le monde entier, autant que celui des statues géantes.

Les observations d'un médecin britannique

Les missionnaires n'avaient pas encore été chassés quand le vaisseau de guerre anglais *Topaz* visita l'île de Pâques en 1868. Le médecin de bord, J.-L. Palmer, nous apprend que les religieux et leurs assistants de Mangareva, venus de Polynésie française, avaient altéré la langue des Pascuans à un tel degré qu'il était « impossible de dire ce qu'elle était à l'origine ».

Les missionnaires étaient venus pour enseigner, non pour apprendre. Leurs efforts intensifs avaient affecté les croyances, la langue et les mœurs locales. Mais la population elle-même était à l'évidence restée la même. Palmer confirme qu'ils avaient « des traits plus proches de ceux des Européens que n'avaient habituellement les Polynésiens. Leur teint était plus clair, parfois presque blanc. Certains avaient les cheveux roux ».

Les quatre missionnaires s'intéressaient à l'avenir des Pascuans et non à leur passé,

Palmer, travaillant sans doute à l'intérieur du cratère, fit le croquis d'un groupe de têtes géantes émergeant de la vase en dessous des carrières de Rano Raraku.

Lors du passage du navire de guerre britannique *Topaz*, en 1868, le médecin de bord Palmer recopia d'étranges motifs de monstres, que l'on retrouve fréquemment dans l'art pascuan. Trois monstres marins, formés ici de têtes de Longues Oreilles sur des corps de baleines. Un quadrupède aux longues oreilles et au masque anthropomorphe évoque curieusement, avec ses griffes et ses moustaches, quelque félin à courte queue.

si ce n'est quant aux croyances et pratiques païennes qu'ils étaient venus abolir. Cependant, ils aidèrent de bonne grâce Palmer à rassembler les premiers rudiments de l'histoire traditionnelle de l'île de Pâques. Le médecin en donna des comptes rendus érudits à l'Ethnological Society et à la Royal Geographical Society de Londres.

Selon la conviction des Pascuans, antérieure à l'influence des missionnaires, deux peuples différents s'étaient installés dans l'île, en des temps très anciens. Les ancêtres de la population alors présente, à leur arrivée, avaient trouvé une autre population déjà en possession de cette terre. C'est à ces premiers occupants que l'on attribuait la fabrication des statues : « C'était là l'œuvre d'une race antérieure ; celle d'aujourd'hui était venue plus récemment, exilée, paraît-il, d'Oparo. »

Au village cérémoniel d'Orongo, les membres de l'expédition du *Topaz* visitèrent l'intérieur des maisons, les seules à avoir réchappé aux destructions des guerres civiles. Il s'agissait en effet de l'unique site religieux respecté unanimement par toutes les tribus pascuanes. C'est là que la population se réunissait à l'équinoxe de printemps pour observer le soleil ; là aussi qu'avait lieu le festival annuel de l'homme-oiseau.

Dans l'une des maisons du centre d'Orongo, l'équipage du *Topaz* découvrit une statue de modestes dimensions, de type *ahu* mais sculptée dans un basalte dur au lieu du tuf plus tendre de Rano Raraku. Elle fut ramenée à Londres au British Museum. Vénérée de tous, épargnée par les vandales des guerres civiles, cette statue représentait peut-être le fondateur de l'île, Hotu Matua, ou bien l'ancêtre-dieu légendaire, Make-Make. Il pourrait bien s'agir du prototype de la statuaire pascuane d'époque moyenne.

Les descendants des Longues-Oreilles affirment que les symboles figurant sur son dos représentent le soleil, l'arc-en-ciel et la pluie. Les hommes-oiseaux, les pagaies *ao* et les symboles vulvaires semblent avoir été ajoutés postérieurement — peut-être pendant l'époque moyenne si la statue remonte à l'ancienne époque.

Les missionnaires pensèrent d'abord qu'Oparo devait être Rapa-iti et que « la grande » Rapa avait reçu son nom de « la petite ». Mais le père Roussel abandonna ensuite cette théorie et, inspiré par ses compagnons de Mangareva, suggéra qu'Oparo était sans doute précisément cette île, où il devait lui-même aller vivre par la suite.

Roussel avait déjà consigné que le premier roi pascuan s'appelait Hotu (en fait Hotu Matua). Palmer, quant à lui, apprit que la seconde immigration était menée par Tu-ku-i-u (en fait Tuu-ko-Ihu). Une information très importante était que

Riche statue de Tiahuanaco. On trouve des géants mégalithiques pré-incas éparpillés çà et là en Colombie, en Équateur, au Pérou et en Bolivie dans les sites où un matériau approprié existe. Les premières comparaisons entre les géants de pierre des plates-formes de Tiahuanaco et ceux de l'île de Pâques datent de 1870, lorsque Palmer présenta son rapport à la Royal Geographical Society de Londres. L'éminent spécialiste des cultures andines, Sir Clements Markham, se déclara frappé de la ressemblance entre les sculptures mégalithiques de ces deux zones. Il reconnut cependant que l'ornementation des statues du continent était beaucoup plus élaborée que celle des géants de l'île de Pâques.

les nouveaux arrivants « avaient adopté la religion qu'ils avaient trouvée sur l'île ».

Les missionnaires avaient interdit les idoles domestiques païennes, aussi ne les leur montrait-on pas ; en revanche, les insulaires laissèrent volontiers Palmer les examiner. Elles étaient revenues dans les maisons, mais enveloppées dans des étoffes locales *tapa* et installées dans des niches, ou accrochées à des chevrons. Certaines semblaient très anciennes, d'autres de fabrication assez récente. Elles représentaient parfois des formes humaines, parfois des grotesques — requins, lézards, oiseaux étranges, hommes ayant un bec de toucan à la place du nez —, et aussi des créatures purement imaginaires, à propos desquelles Palmer écrit : « A voir leur état de délabrement, celles-ci devaient être extrêmement anciennes. »

Palmer apprit que les différentes familles possédaient aussi de petites effigies de pierre. Mais elles ne semblaient pas être dans les maisons, en tout cas on ne lui en montra aucune et il ne put savoir pourquoi.

Dans une des plus grandes maisons de cérémonie d'Orongo, au sommet du Rano Kao, les Britanniques découvrirent une statue d'une rare beauté, enterrée jusqu'aux épaules. Contrairement aux autres *moai*, sculptés dans le tuf jaunâtre de Rano Raraku, celui-ci était en dur basalte de couleur sombre ; son dos était couvert de reliefs représentant des hommes-oiseaux, des doubles pagaies et des symboles vulvaires. Des traces témoignaient que le visage et le corps avaient été peints en blanc, les reliefs en rouge. La maison sacrée s'appelait Tau-ra-renga (*ra* désignant le Soleil) et la statue était connue sous le nom de Hoa-hakanana-ia. Elle fut déterrée et ramenée au British Museum. Quoiqu'elle ne mesurât que 2,50 mètres, pour un poids de 4 tonnes, les missionnaires rapportent qu'il fallut 300 marins et 200 insulaires pour la descendre jusqu'à la baie de Cook par les pentes du volcan.

Palmer remarqua les grands bateaux en forme de faucille sculptés dans les cylindres rouges restés dans les carrières de Puna Pau, qui constrastaient entièrement avec les pirogues droites, faites de planches assemblées, qu'utilisaient les insulaires. Leurs courbes étaient semblables à celles des radeaux de roseaux encore en usage, qu'il compare à d'énormes défenses d'éléphants, ajoutant : « Ils ressemblent beaucoup aux *caballitos* de la côte péruvienne. »

De retour en Angleterre, Palmer fut convié à donner une conférence sur l'île de Pâques devant la Royal Geographical Society. Cela donna lieu à la première polémique entre érudits quant à l'origine de la population pascuane. Les comptes rendus de la Société pour 1870 nous apprennent que l'éminente autorité d'alors concernant l'histoire des Incas et la culture des Andes, Sir Clements Markham, se joignit à la discussion.

Markham avait été frappé par les analogies entre ces vestiges et ceux qu'il avait lui-même observés dans le Sud du Pérou et autour du lac Titicaca : « Quand les Espagnols conquirent le pays, il existait à Tiahuanaco des ruines de plates-formes, pareilles à celles de l'île de Pâques, sur lesquelles se dressaient des statues semblables, dans une certaine mesure, à celles de l'île de Pâques. Elles représentaient des géants dotés d'énormes oreilles et portant sur la tête des couronnes ou des chapeaux coniques. La ressemblance paraît cependant s'arrêter là, car les statues aymaras étaient très ornementées [...] Il est impossible de ne pas être frappé par l'analogie entre ces vestiges et ceux de l'île de Pâques. » Markham estimait qu'aucun radeau sud-américain n'aurait pu atteindre l'île de Pâques et, en conséquence, suggérait que les Pascuans, probablement marins, auraient pu inspirer la culture pré-inca.

L'amiral Belcher, également présent à la conférence de Palmer, s'était rendu à l'île de Pâques en 1825 avec Beechey. Pour sa part, bien que n'ayant pas mis pied à terre, il avait été si impressionné par la liste de mots *rapanui* du capitaine Cook qu'il rejetait l'idée que les Pascuans eussent pu être en contact avec d'autres peuples que les Polynésiens. Dans la discussion, personne n'évoqua ce que les Pascuans eux-mêmes avaient déclaré à Palmer : que leur île avait été peuplée à deux reprises et que leurs ancêtres avaient trouvé sur l'île des sculpteurs de statues, dont ils avaient embrassé la religion.

Mais les aborigènes ne participaient pas au débat. L'argument linguistique fut considéré comme décisif. Les observations de Palmer sur les analogies entre les embarcations de roseaux du Pérou et de l'île de Pâques, et celle de Markham sur les statues géantes des plates-formes de Tiahuanaco, furent dûment consignées, puis oubliées.

Pourtant, on peut tirer d'importantes leçons de ce que les Pascuans dirent aux premiers Européens qu'ils rencontrèrent. Mais, tandis que les insulaires étaient très ouverts à ce qu'ils pouvaient apprendre des étrangers, ceux-ci n'avaient pas la même attitude. Les Européens ont toujours été plus avides d'enseigner que d'apprendre. Il leur était particulièrement difficile d'écouter des gens vivant dans des conditions misérables, tels les Pascuans à l'arrivée d'Eyraud.

Dès le début, les missionnaires avaient dit à Palmer que ces gens prétendaient descendre d'un mélange de races et que leur île avait été peuplée à deux reprises. D'ailleurs le mélange de types physiques avait été reconnu dès la découverte de l'île par les Européens ; mais quand les insulaires essayaient d'expliquer que c'était là le point essentiel de l'histoire du pays, on faisait comme s'il n'y avait rien à tirer de cette indication. Comment des sauvages nus auraient-ils rien pu savoir de leur histoire la plus reculée ? En Europe, la plupart des gens ignorent tout de leur propre famille au-delà de deux générations. Or les Pascuans prétendaient connaître les noms de rois arrivés sur l'île bien des siècles avant Roggeveen.

L'essentiel de ce que les insulaires essayaient de faire comprendre aux étrangers, c'était qu'un autre peuple était déjà présent sur l'île lorsque leurs propres ancêtres étaient arrivés. Et que ceux-ci, abandonnant leur religion, s'étaient mis comme les sculpteurs de statues à adorer Make-Make. Telle était l'histoire de leur pays et le fondement de leur religion. Ils vénéraient les ancêtres, et leurs *moai* étaient des monuments venus des ancêtres. Oui, telle était l'histoire de leur pays.

Ce n'étaient pas les dieux polynésiens que l'on adorait sur l'île de Pâques, mais Make-Make, qui n'était pas un dieu polynésien. De cela, on peut inférer que les nouveaux venus qui avaient abandonné leur ancienne religion étaient les Polynésiens.

Par ailleurs, le terme *moai* n'est pas polynésien. Dans les îles Marquises et Ravahere, les seules îles de Polynésie où l'on rencontre des statues, on les appelle *Tiki*, qui est aussi le nom du principal dieu polynésien. Le mot *moai* provient certainement de la langue des premiers occupants.

Les murs mégalithiques aux pierres superbement découpées et ajustées, que l'équipage de Cook avait vus à Hangaroa et Vinapu, les *ahu* sur lesquels se dressaient des *moai*, devaient comme ceux-ci avoir été conçus par les premiers occupants. Or on ne trouve aucun mur maçonné de ce genre en Polynésie, pas même dans les Marquises et Ravahere où se dressent quelques *Tiki* de pierre. Markham fut le premier à faire observer qu'il existait en revanche de tels murs à Tiahuanaco, eux aussi construits pour supporter des figures humaines géantes. Selon lui, il était impossible de ne pas être frappé par la ressemblance entre ces vestiges et ceux de l'île de Pâques.

Réapparition des idoles et des bergers

Quand le navire de guerre français *La Flore* aborda à l'île de Pâques en 1872, il n'y avait plus de missionnaires. Pierre Loti, alias Julien Viaud, alors aspirant de marine et qui devait devenir un écrivain célèbre, fit à cette occasion quelques dessins dont l'un prouve que certains insulaires étaient retournés à leurs huttes de roseaux. On y voit clairement de petites effigies de pierre monter la garde de chaque côté de la porte.

Lorsqu'un autre bâtiment, le *Seignelay*, jeta l'ancre devant la côte en 1877, il n'y avait toujours pas d'étrangers sur l'île, qui comptait 111 habitants. Pinart, passager à bord du bateau, descendit à terre pour explorer l'île. Il dénombra quelque trente huttes à Mataveri, où avait habité Dutroux-Bornier. Certaines étaient faites de planches, d'autres de roseaux comme celle dessinée par Loti. Une reine indigène prétendait exercer quelque autorité sur la population.

Pinart poussa jusqu'aux plaines de Hotu-iti, au pied des carrières du Rano Raraku, et y trouva les ruines d'un village de maisons de pierre abandonné. D'autres ruines semblables, tantôt circulaires tantôt rectangulaires, parsemaient la côte sud. Les murs étaient maçonnés à sec et montaient à un peu plus d'un mètre : « Ils étaient construits avec des fragments de lave ; les toits, sans doute faits de matériaux végétaux, avaient complètement disparu. »

Les chercheurs modernes n'ont pas soupçonné qu'il avait existé sur l'île des habitations de pierre, donc non polynésiennes. C'est que ces ruines ne subsistèrent pas longtemps : elles servirent à édifier des kilomètres de clôtures aux éleveurs de moutons qui revinrent bientôt s'installer là.

En effet, l'année même de la visite du *Seignelay*, alors que la population pascuane se trouvait à son plus bas niveau depuis le début de sa turbulente histoire, un autre éleveur arriva de Tahiti. Contrairement à son prédécesseur Dutroux-Bornier, mort assassiné, qu'il venait remplacer pour le compte de Brander, Alexander P. Salmon était un homme clément et intelligent, qui n'apporta que des bienfaits à la communauté abandonnée. Il était à moitié Tahitien, par suite d'une alliance entre sa famille et la lignée royale de Tahiti. Non seulement le tahitien était donc sa langue maternelle, mais de plus il avait appris à communiquer avec les Pascuans dans leur propre langue, ayant fréquenté ceux qui travaillaient dans les plantations de Brander. Un grand nombre de ceux-ci revinrent dans l'île avec lui.

Les missionnaires n'étant plus là, Salmon entreprit de faire tout ce qui était en son pouvoir pour améliorer la situation misérable de la population. Il s'intéressa de près au passé de l'île et consacra beaucoup d'efforts à recueillir ce qui subsistait de la mémoire tribale. Quinze ans seulement s'étaient écoulés depuis la razzia d'esclaves des Péruviens. Aussi put-il avoir accès à des récits originaux, non déformés, auprès d'anciens qui avaient déjà un certain âge au moment de la razzia. C'est ainsi qu'il devint un informateur indispensable pour les chercheurs qui allaient bientôt se rendre à l'île de Pâques dans l'espoir de démêler les mystères des monuments et du *rongo-rongo*.

Salmon et les colons venus de Tahiti étaient encore les seuls étrangers présents

Pierre Loti, sous le nom de Julien Viaud, visite l'île de Pâques en 1872, deux ans après le départ forcé des missionnaires. En comparant son croquis des pentes du Rano Raraku à la photographie que nous prîmes au même endroit en 1956 (p. 186), on constate qu'il y a eu peu de coulées de vase depuis le siècle dernier. Du temps où les carrières étaient en activité, tous les éclats produits par le travail des sculpteurs étaient systématiquement évacués dans des paniers et jetés en grands tas dans la plaine. L'ère des sculpteurs révolue, les débris accumulés dans les carrières, charriés par des pluies torrentielles jusqu'aux statues inachevées, ensevelirent celles-ci en quelques années. C'est ainsi qu'on peut les voir encore aujourd'hui.

sur l'île lorsque le commandant Clark arriva en 1882 à bord du *Sappho*. Le commandant britannique s'intéressa personnellement à l'île et à sa population. Comme le Pérou n'avait jamais donné aucune suite à l'annexion de 1770 par Felipe González, Clark proposa officiellement à l'Amirauté de créer un protectorat britannique, mais ne reçut pas de réponse. Dans la lettre qu'il écrivit à cette occasion figure une information importante. Après avoir souligné que Salmon parlait parfaitement la langue du pays et que l'on pouvait donc se fier à lui quant aux noms et aux traditions, il ajoute en effet : « Monsieur Salmon affirme, après de longues conversations avec les indigènes à ce propos, que de leur avis unanime leurs ancêtres avaient débarqué au nord de l'île, à Anakena, et étaient arrivés *de l'est* à bord de deux pirogues. »

Les missionnaires avaient affirmé à l'évêque de Tahiti que l'art païen s'était enfin éteint sur l'île de Pâques. Après leur départ, les Pascuans n'en retournèrent pas moins à leurs anciens usages et Pierre Loti, en 1872, découvrit les statues qu'ils avaient sorties de leurs cachettes et érigées devant leurs demeures pour en garder l'entrée. Un chef porte ici une coiffure de plumes et un *ua* d'apparat. (Reproduction de l'original autorisée par l'Association internationale des amis de Pierre Loti.)

93

Débarrassés de toute implantation étrangère, les Pascuans s'adonnaient désormais librement à leurs cérémonies païennes. Pierre Loti eut l'occasion d'assister à un « festival des idoles » : feux rituels, danseuses nues et tenues traditionnelles d'apparat pour les hommes (*Harper's Weekly*, 26 avril 1873).

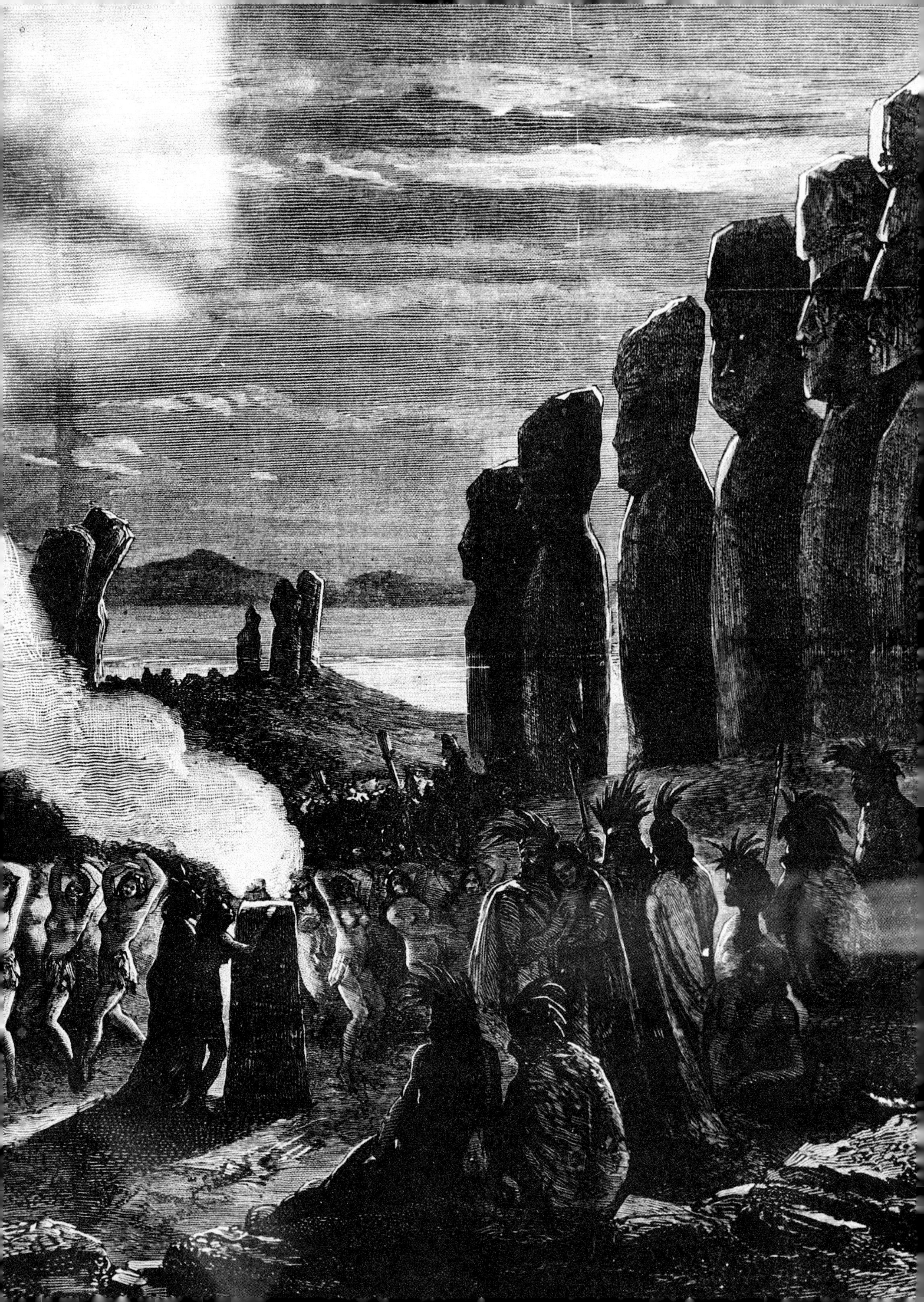

Suivant l'exemple de son prédécesseur Bernizet, Pierre Loti nous a laissé le dessin d'un *ahu* pyramidal à gradins : témoignage intéressant, car de nos jours les marches sont recouvertes d'un plan incliné, qui dissimule bien souvent des sépultures de la période tardive. Au Pérou, les conquérants espagnols constatèrent que, chez les Incas, le culte du soleil était célébré sur des pyramides à gradins, dont la plupart ont depuis lors été détruites ou abîmées. La pyramide d'Etén, illustrée par Leicht en 1944, présente une architecture comparable à celle des *ahu*. En zone andine, les *huaca*, autels de plein air à gradins, ont été érigés tantôt en recouvrant le remblai de base d'un parement de pierres soigneusement ajustées (hautes terres), tantôt en employant exclusivement de l'adobe (désert côtier). Des statues de pierre, parfois colossales, se dressent encore sur de tels socles pyramidaux depuis Tula, au Mexique, jusqu'à Huaraz, au Pérou, et Tiahuanaco, en Bolivie.

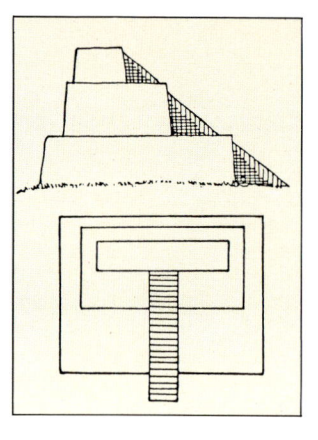

Le commandant Clark soulignait de sa plume cette indication de direction. Il donnait par ailleurs le nom complet du premier roi Hotu : Hotometua, terme censé signifier « le Père prolifique ». Le roi et la reine étaient dans deux embarcations distinctes qui, une fois l'île découverte, se séparèrent pour en faire le tour chacune dans un sens. Puis ils acostèrent tout d'abord dans la baie d'Anakena, mais allèrent s'installer dans les plaines de Hotu-iti, au pied des futures carrières de pierre. « Là, ils construisirent les maisons de pierre dont les vestiges existent encore et fabriquèrent les statues dont la colline est couverte ; cependant, la première statue ne fut guère sculptée que quelque cinquante ans après leur arrivée. »

Ainsi, selon le témoignage donné par les insulaires avant que leur histoire ancestrale n'eût été brouillée par les théories européennes, leur lignée royale avait commencé par l'installation délibérée d'un roi et d'une reine venus de l'est, qui avaient construit le village de maisons de pierre dont les ruines subsistaient encore à l'époque des missionnaires. Quelque cinquante ans plus tard, ces premiers immigrants avaient commencé à sculpter la première statue de pierre. Cela se comprend bien si les statues étaient bien des monuments à la gloire des ancêtres, comme l'avait rapporté le capitaine Cook : aucun *moai* n'était nécessaire aussi longtemps que le premier roi était encore en vie.

Le commandant Geiseler et les pierres magiques

Le vaisseau de guerre allemand *Hyäne*, dont le commandant s'appelait Geiseler, relâcha à son tour devant l'île en 1882, quelques mois après le départ du *Sappho*. Il y fit escale pendant une semaine, venant du Chili pour se rendre en Polynésie. Le but de cette visite était d'effectuer des recherches sur la culture locale, pour le compte du département ethnographique du Kaiserliches Museum. Ces recherches furent conduites par le commissaire de bord Weisser, qui collabora étroitement avec Salmon et, grâce à celui-ci, put rassembler une importante collection ethnographique, qui aboutit dans divers musées d'Allemagne.

Les Allemands comptèrent 150 Pascuans vivant dans l'île avec Salmon, répartis entre les deux villages voisins de Hangaroa et de Mataveri. Selon Geiseler, l'influence des missionnaires s'était effacée, « ne laissant à peu près aucune trace parmi la population restante ». Un vieil homme, qui faisait le signe de croix chaque fois que les

Voici un autre type de structure de pierre particulier à l'île de Pâques et introuvable ailleurs en Polynésie. De l'extérieur, seules deux ouvertures de petite taille sont visibles. Trop étroites pour qu'on y passe ne serait-ce que la tête, elles débouchent à l'intérieur sur un habitacle fort exigu. Lorsque le commandant Geiseler visita l'île en 1882 à bord du navire de guerre allemand *Hyäne*, il fit le croquis de l'une de ces structures. D'après les indigènes, il s'agissait là de la sépulture d'un ancien chef. Geiseler ouvrit la tombe et y découvrit effectivement des ossements humains. D'autres tombes furent ensuite ouvertes par les Allemands, et toutes contenaient des os. Les Pascuans d'aujourd'hui ont oublié tout cela et appellent ces structures *hare moa*, ou « poulaillers » : ils s'imaginent en effet que leur ancêtres y enfermaient les poules pour les protéger des voleurs.

Geiseler, dans son rapport de 1883, fut le premier à publier le motif de l'« œil larmoyant » relevé sur les peintures rituelles d'Orongo. Ce motif caractéristique s'avéra d'ailleurs des plus courants sur l'île. Inconnu du reste de l'Océanie, l'« œil larmoyant » est par contre fort répandu sur le continent américain, en particulier à Tiahuanaco et dans son aire d'influence.

A l'intérieur des maisons d'Orongo se trouvaient, encastrées dans les parois, d'étonnantes gargouilles sculptées, dont certaines étaient si âgées qu'elles s'effritaient sous les doigts. Geiseler nous en a laissé une illustration. Aucun décor architectural de ce genre n'apparaît en Polynésie, mais les sites de Tiahuanaco et de la culture Chavín, dans la zone andine, nous en offrent par contre de nombreux exemples.

Allemands lui offraient de la nourriture, n'en rendait pas moins un culte à ses idoles domestiques, dont certaines étaient de pierre.

Jusque-là, les Pascuans n'avaient pas mis beaucoup d'empressement à montrer leurs petites sculptures de pierre aux étrangers. Ainsi Palmer, à l'époque des missionnaires, avait appris leur existence, mais les insulaires avaient refusé de lui en montrer aucune. Les Allemands, qui venaient dans le but précis de recueillir des objets, parvinrent, à force d'insistance, à en voir un certain nombre et même à en emporter quelques-unes.

Bien que les missionnaires n'eussent soufflé mot de ces figurines de pierre, ils devaient savoir qu'elles existaient, car l'évêque Jaussen publia un dessin de l'une d'elles, représentant un quadrupède ailé, en haut-relief sur une pierre voûtée. Il avait aussi en sa possession les photographies de plusieurs spécimens recueillis par l'expédition chilienne de Gana. Geiseler rapporte que ces objets d'art étaient désignés sous le nom de *moai maea*, ce qui signifie simplement « figures de pierre » par

Le premier, Geiseler sut faire la distinction entre les *moai totomiro*, ou images de bois, et les *moai maea*, ou images de pierre, ces dernières étant la propriété privée — et secrète — des familles pascuanes. Grâce à l'entremise de l'éleveur de moutons Salmon, qui parlait le pascuan, l'expédition allemande put recueillir des échantillons des deux types de sculpture à l'intention des musées impériaux : notamment cet élégant quadrupède. Peut-être s'agit-il une fois de plus du mystérieux félin à queue courte si fréquent dans l'art rituel pascuan.

opposition aux *moai toromiro*, « figures de bois ». Ces dernières reproduisaient uniformément des modèles connus de tous et n'étaient entourées d'aucun secret. Mais il n'en allait pas ainsi des figurines de pierre : « Elles sont pour ainsi dire domestiques et chaque famille en possède au moins une ; elles demeurent en permanence dans les huttes, tandis que les statuettes de bois sont sorties à l'occasion des fêtes. »

Ces statues de 50 à 90 centimètres de haut, parfois surmontées d'un petit cylindre rouge, sont sans doute les mêmes objets que Loti avait vus à la porte d'une maison. Geiseler écrit que, dans la plupart des cas, les *moai maea* conservés à l'intérieur des maisons consistaient simplement en une tête de pierre. Cependant l'un d'entre eux comportait un visage de chaque côté ; il était sculpté dans des scories rouges et la bouche était peinte en blanc.

La sculpture la plus remarquable obtenue par les Allemands était taillée dans un gros bloc de basalte extrêmement dur et lourd. C'était un grotesque, représentant une sorte de grenouille monstrueuse, avec un visage humain barbu. L'animal, d'aspect massif, possédait une courte queue mais, au lieu de bras, d'énormes pattes arrières qui remontaient le long du corps et se terminaient par des mains à trois doigts, semblables à des griffes. La statue fut ramenée au Musée impérial de Dresde, avec une note de Weisser selon laquelle tous les Pascuans la connaissaient et la considéraient comme aussi ancienne que les plus vieilles statues de l'île.

Les Allemands effectuèrent aussi des fouilles à Orongo ; dans le sol d'une des maisons de pierre cérémonielles, ils trouvèrent un petit *moai maea*, si corrodé qu'il se brisa. Ils découvrirent également quelques têtes de pierre insérées dans les murs, mais trop usées pour pouvoir être retirées. Par ailleurs, ils apprirent ce qui se passait réellement dans le village de l'homme-oiseau pendant les rites de Mataveri : depuis ces maisons de pierre situées sur le bord du cratère du Rano Kao, les concurrents au titre d'homme-oiseau avaient une vue spectaculaire sur l'océan. Au-dessous d'eux se trouvaient trois îlots rocheux, fréquentés par les oiseaux, qu'ils scrutaient tout en gardant aussi un œil sur l'horizon à l'est : ils attendaient l'arrivée des premiers sternes noirs, qui faisaient là leur migration annuelle depuis l'îlot Sala y Gómez, situé du côté de l'Amérique du Sud. Ces oiseaux, qui couvraient de longues distances, représentaient symboliquement Make-Make aux yeux des Pascuans. Dès qu'ils arrivaient et se posaient sur les îlots pour y pondre leurs œufs, les participants à cette compétition sacrée se précipitaient vers la mer du haut des cinq cents mètres de la falaise et, sur leurs esquifs de roseaux en forme de cornes, partaient à la recherche des œufs. Celui qui revenait sans dommage avec le premier œuf était consacré homme-oiseau, avec des privilèges presque illimités, jusqu'à la compétition de l'année suivante.

Ce rite revêtait une extraordinaire importance aux yeux des Pascuans. Geiseler rapporte que, selon les indigènes, les œufs des oiseaux de mer avaient constitué la principale nourriture dans l'île, avant l'introduction des poulets.

Les Allemands examinèrent soigneusement certaines constructions de pierre, absolument pas de type polynésien. Ce qu'ils découvrirent est digne d'être noté, parce qu'on les a souvent considérées comme des *hare moa*, « maisons pour les poulets », alors même que les premiers Espagnols avaient rapporté que les poulets étaient simplement conservés dans des enclos creusés dans le sol et recouverts. En ouvrant ces prétendues *hare moa*, les Allemands trouvèrent de lourdes dalles de toiture couvrant d'épais murs maçonnés qui ne laissaient à l'intérieur qu'un très étroit passage. Deux petits orifices encadrés d'arches en pierre sculptée donnaient sur l'intérieur. Avant d'ouvrir la première de ces impressionnantes constructions, Geiseler recueillit quelques informations : « Un indigène à qui elle appartenait nous fit comprendre par une pantomime qu'un chef (*ariki*) s'y trouvait enterré. Ayant comme il convient obtenu son consentement, nous découvrîmes une partie du toit pour voir ce qu'il y avait à l'intérieur et trouvâmes, outre un crâne et quelques ossements humains, plusieurs squelettes d'oiseaux. Quand nous montrâmes ceux-ci à l'indigène [...], il désigna les trous ronds à l'extérieur, pour indiquer que les oiseaux n'étaient entrés là qu'accidentellement et étaient morts faute de trouver une issue. Quand nous lui demandâmes à quoi servaient ces orifices, il nous expliqua que l'âme du défunt avait ainsi un moyen de sortir, et qu'il fallait deux trous parce que si le dieu Make-Make cherchait à poursuivre l'âme pour la tuer, elle pouvait ainsi s'échapper par l'autre trou. »

Les Allemands démantelèrent un certain nombre de ces constructions. Chacune contenait les restes d'une seule personne, considérée comme un ancien chef. Les propriétaires des terres ne firent aucune difficulté pour laisser les visiteurs ouvrir ces mausolées. De toute évidence, ils n'éprouvaient aucun sentiment de lien familial avec les défunts, et ces constructions étaient des tombes d'un autre âge, qui se trouvaient simplement avoir été déjà édifiées sur leurs terres. Quant aux poulets, ils étaient si répandus que Geiseler avance le chiffre de dix milliers ; ils vivaient un peu partout dans les champs et dans les ruines des anciens établissements.

En visitant les carrières du Rano Raraku, les Allemands apprirent que la sculpture des *moai* était jadis le fait d'une catégorie professionnelle spécialisée. Certains individus encore en vie prétendaient être les descendants de ces tailleurs de pierre. Aucun secret n'entourait la façon dont ils travaillaient. Les Pascuans emmenèrent les Allemands sur le bord du cratère et leur montrèrent de larges trous cylindriques, visiblement faits par la main de l'homme. C'était là, selon les insulaires, que leurs ancêtres inséraient de gigantesques troncs d'arbres auxquels ils attachaient des câbles servant à faire descendre les *moai* jusqu'aux plaines situées en contrebas, une fois qu'ils avaient été détachés du flanc de la montagne. Une fois amenés ainsi jusqu'au pied du volcan, les géants de pierre étaient mis debout pour permettre aux sculpteurs de travailler aussi leur dos, avant qu'ils ne « marchent » jusqu'à leur destination. Les insulaires d'un certain âge se souvenaient même du nom de la plupart des statues, ou des chefs qu'elles représentaient.

Davantage impressionné par les vestiges tangibles que par ce qu'il tenait pour des fables, Geiseler ne fait aucune mention de la division des Pascuans en deux groupes issus d'ancêtres différents, les uns venus de l'est et les autres de l'ouest.

Geiseler note aussi que les insulaires avaient un second dieu, Haua, auquel ils offraient également des prémices de leurs récoltes, bien qu'il ne fût apparemment qu'un compagnon ou un adjoint du grand Make-Make.

Aucun groupe de la population n'avait été totalement exterminé au cours des guerres civiles. Les hommes étaient tués pendant les batailles, ou bien capturés et nourris dans des maisons spéciales, en face des *ahu*, puis dévorés en l'honneur des dieux à l'occasion des fêtes. Mais les femmes et les enfants étaient épargnés. Après les fêtes, les insulaires se rassemblaient pour danser et chanter. Geiseler put assister à une de ces cérémonies et fut impressionné par la haute qualité et les belles harmonies des chœurs. « Les danses, écrit-il, sont différentes de celles qu'on trouve habituellement en Polynésie [...] Ici, ils se tiennent sur une jambe et allongent l'autre par saccades au rythme de la chanson [...] Le chef de chœur, également sur une jambe, agite en général une figure sculptée féminine. »

Un vieux chef possédait une tablette, mais se refusa obstinément à s'en séparer.

Fort différents des figurines réalistes qui présidaient aux festins pascuans, les *moai totomiro* grotesques, d'une infinie variété, avaient pour fonction d'effrayer les intrus grâce à leur physionomie repoussante. Certaines de ces figurines ont les yeux incrustés d'obsidienne.

Selon lui le *rongo-rongo* avait servi à ses ancêtres à conserver la mémoire du passé. Il était également utilisé pour faire livrer des messages par des courriers sans que ceux-ci en comprissent le contenu, car la lecture de ces signes n'était pas à la portée de tous.

Geiseler vit des engins de pêche différents de tout ceux que l'on connaissait en Polynésie. Certains énormes filets faits de cordes et de câbles de *totora* mesuraient plus de deux cents mètres. On lui montra aussi un grand hameçon de pierre en basalte dur, magnifiquement taillé et poli ; mais ses propriétaires le vénéraient comme un antique héritage et refusèrent de s'en séparer. Geiseler écrit cependant par ailleurs : « On ne trouve plus de pirogues sur l'île, et même l'usage de bottes de roseaux semble être tombé en désuétude. »

Les visiteurs du *Hyäne* avaient donc mis au jour l'existence, tout à fait obscure, d'une catégorie particulière de statuettes domestiques, les *moai maea*, sans rapport fonctionnel avec les figurines de bois connues dès l'époque du capitaine Cook. Leur antiquité était confirmée par l'assertion des indigènes, selon laquelle le bloc de pierre en forme de grenouille était aussi vieux que les plus anciens *moai*, et par l'exhumation à Orongo d'une figurine de pierre si corrodée qu'elle s'était

Sur la lèvre du Rano Raraku, Geiseler découvrit de larges dépressions circulaires qui ne devaient manifestement rien à la nature. D'après ses informateurs, elles avaient jadis contenu les grosses poutres servant à retenir les cordes de halage des géants de pierre. Si la tradition avait bien préservé cette explication dans la mémoire pascuane jusqu'à notre arrivée quelque cent ans plus tard, il était en revanche devenu difficile d'y accorder foi : des essences connues sur l'île, quel arbre en effet aurait pu fournir un tronc aux dimensions de ces orifices ?

Sous la direction du professeur Olof Selling, en 1955, nous effectuâmes une série de forages en vue de recueillir des échantillons de pollen. Ces recherches révélèrent que la végétation d'origine avait été progressivement détruite par les colons préhistoriques. Nos échantillons contenaient par ailleurs une grande quantité de pollen provenant d'une espèce de palmier inconnue, tant ici que sur les autres îles du Pacifique. Grâce à l'analyse de ce pollen, et à la découverte de coques de noix conservées dans des grottes, l'espèce fut enfin identifiée : *Jubea chilensis*, un palmier poussant exclusivement sur les côtes du Chili. Cet arbre aux noix comestibles fit-il le trajet du Chili à l'île de Pâques en solitaire, ou en compagnie de navigateurs préhistoriques ? Quoi qu'il en soit, ses dimensions sont tout à fait compatibles avec les orifices creusés au sommet du Rano Raraku, ce qui pourrait bien confirmer la tradition conservée par les Pascuans à ce sujet. Dans son jardin de Santiago, l'archéologue Figueroa exhibe fièrement à Skjölsvold et à l'auteur un palmier du Chili, aux noix savoureuses et nourrissantes.

brisée. Si l'on en croyait les indigènes, la grenouille sculptée aurait daté des premiers immigrants, qui auraient importé cette façon de travailler. Or on ne trouve nulle part en Polynésie ni de grenouilles, ni de sculptures ressemblant même vaguement à celle-ci. En revanche, les grenouilles sculptées étaient courantes dans l'ancien Pérou, où cet animal était considéré comme sacré. Il convient de rappeler ici que les premiers Espagnols, en 1770, avaient relevé parmi les motifs de tatouage de l'île de Pâques un collier tracé autour du cou « au-dessous duquel était représenté un petit animal ressemblant à un crapaud ou à une grenouille, qu'ils appellent *cogé* ».

L'expédition allemande fut la première à mener des opérations archéologiques sur l'île de Pâques, selon les méthodes expéditives en usage à cette époque : les Allemands éventrèrent un bon nombre de ces *hare moa* qui, selon leurs propriétaires, étaient les mausolées d'anciens chefs. Ils y découvrirent des ossements humains, dans des galeries si étroites que des oiseaux s'y étaient retrouvés enfermés, incapables d'en ressortir. A l'ère historique, les sépultures pascuanes étaient formées de vagues tas de pierres amassées sur les *ahu* ou en pleins champs. Les personnages importants, jugés dignes des mausolées ouverts par l'expédition de Geiseler, devaient donc avoir vécu dans une période antérieure, où l'on construisait des ouvrages de pierre élaborés et où les pratiques funéraires n'étaient en rien polynésiennes. Les poulets, en revanche, ne pouvaient venir que de Polynésie. Mais ce n'étaient pas les premiers immigrants qui les avaient apportés, puisque Geiseler avait appris que les œufs des oiseaux de mer avaient constitué sur l'île une ressource alimentaire importante, dans les débuts, avant l'introduction des poulets. En rapprochant ces deux faits, on voit clairement que les constructeurs des mausolées étaient venus d'Amérique du Sud, où de tels édifices sont chose courante mais où les poulets étaient inconnus.

Peut-être les Allemands ne crurent-ils pas que les trous circulaires sur les rebords du volcan, au-dessus des carrières, avaient vraiment servi à fixer des pieux pour freiner la descente des *moai* détachés du roc, ni que ceux-ci étaient ensuite érigés pour faire la finition du dos avant qu'ils se mettent à marcher. L'essentiel est qu'ils aient rapporté ces traditions. Aujourd'hui, nous avons la preuve qu'ils s'entendaient à transcrire les traditions non écrites. En effet, Geiseler nota que *Ko-Pilo-Pilo* était le nom du plus grand des *moai* dont la tête dépassait au-dessus de la vase, au pied des carrières. En 1919, Routledge l'entendit nommer *Piro-Piro*. Et on l'appelait toujours ainsi quand nous le dégageâmes en 1956. Nous constatâmes que sa hauteur totale atteignait 12 mètres ; mais la partie visible, au-dessus des épaules, était toujours la même que celle indiquée par Geiseler. Ceci montre que les coulées de terre et de gravats venus des carrières en amont avait cessé depuis longtemps. Pour affirmer que les *moai* étaient mis debout pour la finition du dos, les Pascuans devaient nécessairement se référer à des traditions antérieures à la période où la vase avait recouvert ces statues jusqu'au cou. Jusque-là, les Européens avaient considéré les *moai* situés au-dessous des carrières comme des têtes colossales dépourvues de corps.

Le commissaire de bord Thomson accède à l'histoire sacrée

Quatre ans s'étaient écoulés depuis la visite des Allemands, quand le *Mohican* débarqua une équipe de chercheurs américains. Le commissaire de bord, W.J. Thomson, venait essayer lui aussi de dissiper les mystères qui enveloppaient encore le passé de l'île. Dans son travail sur le terrain, le plus ample jamais déployé, il était accompagné par le médecin du navire, G.H. Cooke.

La somme de travail déployée par les Américains en onze jours d'étude seulement est presque incroyable. Ils mesurèrent et décrivirent 113 *ahu* maçonnés, dont ils notèrent aussi les noms. Ils examinèrent 555 statues, toutes du même type, ne différant que par la taille. A une seule exception près, toutes étaient masculines. Toutes avaient de longues oreilles sauf trois, très usées, qui se trouvaient sur l'*ahu* Motu-opopo. Quatre cents d'entre elles environ avaient été transportées de la zone des carrières jusqu'à différents lieux de l'île.

D'après la tradition orale recueillie par Geiseler, les statues situées au pied du Rano Raraku y auraient été placées temporairement afin d'y subir ultimes retouches et polissage. Elles auraient dû ensuite « marcher » jusqu'à leurs *ahu* respectifs, explication que les visiteurs eurent quelque mal à accepter. On préféra donc attribuer à cette fable une origine étrangère.

Le commissaire de bord Thomson, arrivé sur l'île quatre ans après Geiseler à bord du navire de guerre américain *Mohican*, confirma l'existence d'une catégorie bien particulière de *moai maea*, dont il ramena un curieux exemplaire au National Museum de Washington : sur la tête aplatie, le masque semble regarder vers le haut ; le corps est massif ; les membres atrophiés sont ébauchés grossièrement à partir des formes naturelles de la pierre.

L'étrange tête, brisée au cou, d'une figure de pierre. Cet objet ramené par Thomson diffère sensiblement des conventions de la statuaire pascuane, notamment par les yeux incrustés d'obsidienne. Il a malheureusement été égaré.

Les Américains furent les premiers à s'apercevoir que nombre d'*ahu* avaient été reconstruits. Thomson observa que des têtes brisées de *moai* plus anciens et des fragments de corps avaient à l'occasion été utilisés comme blocs de construction dans les murs. Il s'agissait de statues un peu différentes, qui n'étaient pas toutes taillées dans la roche des carrières de Rano Raraku : certaines étaient de basalte sombre, d'autres encore de scories rouges. Il observa une grande tête brisée en tuf rouge parmi les colossales pierres de fondation de l'*ahu* Tongariki, le plus grand de l'île. De cet examen, Thomson tira la conclusion que les *ahu* avaient été « construits et démolis par plusieurs générations successives ».

Certains des *ahu* qu'il décrit n'existent plus aujourd'hui. En 1960, un énorme raz de marée déferla sur la baie de Hotu-iti et frappa de plein fouet l'*ahu* Tongariki. Les quinze *moai*, déjà renversés, qui se trouvaient encore dessus furent projetés vers l'intérieur, et les blocs mégalithiques et les portions sculptées du mur s'éparpillèrent de façon totalement chaotique. Le compte rendu de Thomson indique que cette construction impressionnante n'était pas la seule à avoir été victime de lames de fond. Il décrit ainsi un autre *ahu*, comportant le chiffre record de 16 *moai* couchés, sur une terrasse inaccessible à mi-hauteur des falaises qui se trouvent à l'est de Rano Kao : « Comme il est tout à fait improbable que ces statues aient été descendues du sommet à l'aide de câbles, la conclusion naturelle est qu'il existait là une route qui a entre-temps été minée par les vagues et a sombré dans la mer. »

De fait, depuis la visite de Thomson, cet *ahu* a été entièrement englouti par les eaux. En 1955, quand notre expédition chercha à retrouver le site, elle ne trouva rien d'autre qu'un pan de roche nue de trois cents mètres de haut, et un morceau de *moai* dans la banquette en contrebas, où les brisants mugissants venaient frapper le pied de la falaise.

Un autre *ahu* également entraîné depuis lors par la mer fut observé par les Américains sur la côte nord. Thomson l'appelle Ahau et en fut si impressionné qu'il en publia un dessin pour bien montrer comment étaient assemblées les pierres. Les architectes préhistoriques utilisèrent pour construire cet édifice mégalithique la même technique spécialisée de maçonnerie que l'équipe de Cook avait admirée à Hangaroa et Vinapu. Le dessin montre qu'ici aussi, les blocs parfaitement ajustés de l'édifice original avaient été recombinés dans une période de reconstruction. L'*ahu* Ahau était toujours là un demi-siècle plus tard, quand l'ethnologue Alfred Métraux se rendit sur l'île.

Celui-ci écrit : « ... lors de notre visite en 1934, son aile gauche s'était déjà détachée, et quelques pluies d'orage auraient suffi à balayer le mausolée dans la mer... »

Et l'édifice sombra effectivement dans l'océan, avant 1955, ainsi qu'un autre situé à proximité et que Thomson avait admiré : c'était une plate-forme de toute beauté, bâtie en roche ignée, qui comportait des blocs particulièrement massifs décorés avec des visages et des personnages en relief.

C'est à proximité de ces deux *ahu* que l'équipe de Thomson fit sa découverte probablement la plus importante, si importante que sa disparition ultérieure nous ôte une clé essentielle pour comprendre le mystère de l'île : « Sur le haut à-pic qui se trouve à l'ouest du mont Kotake, nous découvrîmes les ruines d'habitations qui s'étendaient sur plus d'un mille le long de la côte et dans l'intérieur, jusqu'au pied de la montagne. Elles présentent des traits qui montrent sans conteste que ce sont les plus anciennes de l'île. Elles sont de forme elliptique, bâties en pierres brutes, et leurs entrées font face à la mer. Certains murs sont encore debout, mais la plupart des pierres gisent à terre dans le plus grand désordre. Un caractère extrêmement intéressant de ces ruines est que chaque maison comportait par-derrière une petite caverne ou niche construite avec des fragments de lave, avec souvent une arche soutenue par un beau claveau droit. Ces réduits étaient sans aucun doute destinés à accueillir les dieux domestiques et l'utilité du claveau, quoiqu'il fût de construction grossière, est claire. Nos guides ne connaissaient pas cet endroit et n'avaient pas de nom pour le désigner. MM. Salmon et Brander n'avaient pas visité ces maisons, parce que ces lieux mornes et désolés, pour ce qu'ils en avaient entendu dire, n'étaient qu'un désert. »

Depuis l'époque de Thomson, tant ces maisons que les *ahu* ont disparu dans l'océan infatigable. Cela fut établi par notre expédition norvégienne, en 1955-1956, et confirmé par des archéologues chiliens venus dresser une carte systématique de tous les sites préhistoriques de l'île. Le matériau des hautes falaises de cette partie de la côte nord est aussi précaire que celui de Rano Kao et de la péninsule de Poike. Ces trois zones, créées par les trois principaux volcans de l'île, sont composées d'un tuf moins résistant à l'érosion par le ressac que les coulées de lave plus dure des côtes basses qui les séparent.

Sur les plaines basses d'Anakena et de la baie de La Pérouse, Thomson trouva également de nombreux vestiges de maisons, mais d'un type différent, « faites de pierres en vrac, et quasi circulaires ». Les Américains estimèrent qu'elles étaient moins anciennes que les habitations elliptiques en dalles de la côte nord, car elles étaient construites en fragments de lave brute mêlés à des blocs de basalte travaillés venus des édifices démolis. « Tous les matériaux à portée de main paraissent avoir été librement utilisés par ceux qui bâtirent ces maisons. Dans les murs de plusieurs d'entre elles étaient enchâssées des têtes bien taillées, qui avaient jadis orné les plates-formes ; certaines étaient tournées vers l'intérieur, d'autres vers l'extérieur. »

A l'époque de la visite de Thomson, les insulaires venaient d'inventer un nouvel usage pour ces vestiges du passé. Voyant leurs champs menacés par les 18 000 moutons et les 600 bêtes à cornes que Salmon laissait paître à travers l'île, ils en firent de petits potagers. Thomson parle d'une « heureuse invention pour éviter les ravages des animaux récemment importés par les résidents étrangers » et n'y voit d'autre inconvénient que l'exiguïté des lopins ainsi délimités. Son compagnon Cooke fit la même observation. Toujours est-il que, contraints d'entou-

Sur le haut plateau de la côte nord, Thomson visita l'*ahu* Ohau, dont il dessina les pierres ingénieusement ajustées. D'après ses estimations, la pierre centrale devait peser six tonnes. Il mesura également un piédestal circulaire et lui trouva un diamètre de 1,67 mètre. Cet *ahu*, ainsi qu'un grand village de pierre — le plus ancien de l'île d'après Thomson —, s'est depuis lors écroulé dans l'océan avec le sol qui en formait l'assise. La structure d'origine, manifestement d'époque ancienne, a été partiellement modifiée à l'époque moyenne afin de servir de support à une statue. La perte avérée de ce beau monument nous incite à penser que d'autres murs d'époque ancienne ont peut-être, eux aussi, succombé à l'assaut inexorable des vagues.

rer leurs cultures pour les protéger des troupeaux, les Pascuans préférèrent utiliser des clôtures déjà prêtes plutôt que d'en construire de nouvelles, c'est pourquoi ils mirent à profit les murs des anciennes maisons de pierre : « On en trouve beaucoup disséminés dans l'île, particulièrement sur la moitié est. Il suffit d'une légère réfection pour qu'ils puissent empêcher les moutons de passer, et ces enclos, bien que pas très grands, suffisent amplement à répondre aux besoins des cultivateurs indigènes. »

Les villages de pierre remontaient manifestement à des jours où existait une communauté organisée, vivant dans la paix et l'ordre. Après l'époque des missionnaires, personne ne les avait vus habités. Les Pascuans se souvenaient du temps où les dissensions constantes et les razzias d'esclaves obligeaient tout le monde à se cacher sous terre. L'équipe d'exploration américaine visita plusieurs cavernes préhistoriques et découvrit que certaines avaient aussi servi de cimetières : certains angles et renfoncements avaient été muraillés et étaient emplis d'ossements humains. Thomson écrit : « Aux faibles rayons de nos chandelles, qui n'éclairaient qu'à grand-peine ces lieux obscurs, ces niches paraissaient plus grandes et plus lugubres encore. Un examen minutieux fit apparaître que toutes les cavernes que nous visitâmes avaient servi d'habitations aux anciens habitants […] On dit que des figurines, des tablettes écrites et d'autres objets intéressants, cachés dans ces cavernes, ont été perdus à cause d'éboulements de terrain. »

Une de ces cavernes ne fut découverte que par hasard : son entrée très étroite était couverte de rochers épars et intentionnellement dissimulée. « Elle contenait une statue d'environ un mètre, sculptée dans une roche dure et grise. C'était un superbe spécimen. »

Il n'est guère étonnant, dans un pareil cadre, que la population fût, selon Thomson, d'une superstition extrême : « Ils croyaient que des esprits devenus divins erraient sur terre et influençaient plus ou moins les affaires humaines. Ces esprits étaient censés apparaître aux dormeurs et communiquer avec eux par des rêves ou des visions. Des gnomes, des goules et des gobelins habiteraient des grottes et des niches inaccessibles, au sein du rocher, d'où ils auraient la faculté de partir rôder à la nuit tombée. Les petites statues en bois et en pierre, connues sous le nom de ''dieux domestiques'', représentaient certains de ces esprits, qui n'appartenaient pas au même ordre que les dieux, bien qu'on leur prêtât nombre de leurs attributs. Ils occupaient une place éminente dans toutes les habitations ; on les considérait comme le moyen d'établir la communication avec les esprits, mais on ne leur rendait aucun culte. »

Thomson rapporta au Smithsonian Institute de Washington quelques-unes de ces

Thomson et ses compagnons assistèrent au démantèlement des vieux villages de pierre, dont les matériaux furent récupérés par les éleveurs français venus de Tahiti en vue d'édifier des enclos pour leurs immenses troupeaux. Les indigènes purent cependant préserver les murs circulaires — à présent dépourvus de leurs toitures coniques — de quelques habitations. Reconverties en jardins potagers, ces structures servirent désormais à mettre les produits de la terre à l'abri du vent et de l'appétit du bétail, au point qu'aujourd'hui, leur fonction première a sombré dans l'oubli. Un type important d'habitat pascuan, encore visible aux XVIIIe et XIXe siècles, échappe ainsi à la vigilance des observateurs contemporains, déjà bien en peine d'expliquer l'allure non polynésienne des maisons en forme de pirogue renversée.

statues de bois, ainsi qu'un *moai maea*. Celui-ci était un bloc de pierre brute d'environ 35 centimètres de long, taillé en forme de monstre bossu, avec des bras tordus et un visage anthropomorphe. Il ne présentait pas la moindre ressemblance avec les *moai* des *ahu*. Les insulaires expliquèrent nettement à Thomson qu'il n'y avait aucun rapport entre les grandes statues érigées au grand air et les petites que l'on gardait dans les maisons : les premières étaient des monuments dédiés à des personnages importants, les secondes des esprits protecteurs. Aucune de ces sculptures ne représentait le dieu suprême, Make-Make, seigneur de la mer et du ciel. Mais il se trouvait symboliquement gravé sur les rochers d'Orongo, parmi les dépouilles de ses serviteurs les hommes-oiseaux. Thomson se fit montrer ces représentations de Make-Make : « Les rochers sculptés les plus importants de l'île se trouvent au voisinage immédiat des maisons de pierre d'Orongo [...] L'antiquité de certains de ces reliefs semble plus grande que celle des maisons avoisinantes, des statues et des autres vestiges de l'île, hormis le village en ruine situé sur la falaise, à l'ouest du mont Kotatake. On y trouve souvent des poissons et des tortues de mer, mais la figure la plus fréquente est un animal mythique, de forme à moitié humaine, au dos voûté et aux longs membres en forme de serres. Selon les indigènes, ce symbole représentait le dieu ''meke-meke'', le grand esprit de la mer. L'apparence générale de ce monstre grossièrement taillé dans le roc présente une ressemblance frappante avec la décoration d'un morceau de poterie que j'exhumai un jour au Pérou, en fouillant les tombeaux des Incas. »

Thomson vit un autre symbole, tout à fait singulier, peint sur une dalle à l'intérieur d'une des maisons adjacentes. C'était un buste humain avec un visage doté d'yeux immenses et barré sur les joues par deux coulées de larmes. Cette particularité était frappante, dans une représentation symbolique d'un personnage évidemment important du point de vue religieux.

Contrairement à Geiseler quatre ans plus tôt, Thomson parvint à se faire remettre deux des tablettes *rongo-rongo* encore cachées. Sa plus grande contribution au savoir réside sans doute dans son effort tenace pour sauvegarder, avec l'aide de Salmon, tous les souvenirs que les anciens de l'île avaient encore relativement à ces tablettes, à leur origine et à leur signification. Il rapporte ainsi : « Les traditions indigènes relatives aux tablettes incisées affirment simplement que Hotu-Matua, le premier roi, [...] avait apporté sur l'île soixante-sept tablettes contenant des allégories, des traditions, des tableaux généalogiques et des proverbes relatifs à la terre dont il avait émigré. La connaissance des caractères écrits était réservée à la famille royale, aux chefs des six districts entre lesquels l'île était partagée, aux fils de ces chefs et à certains prêtres ou enseignants. Mais, une fois par an, on rassemblait le peuple devant la baie d'Anakena et on lui donnait lecture de toutes les tablettes. La fête des tablettes était considérée comme la plus grande de toutes et même la guerre était suspendue ce jour-là. »

Thomson s'entretint avec Ure Vaeiko, un vieil homme qui avait été cuisinier du roi Ngaara, décédé juste avant la dernière razzia d'esclaves des Péruviens. Agé de 83 ans, c'était maintenant un des patriarches de l'île ; il affirmait qu'à l'époque de la razzia on était justement en train de l'initier à l'art du *rongo-rongo*. Thomson se dit que le vieillard devait avoir entendu réciter le contenu des tablettes tant de fois que, même s'il ne savait pas lire les caractères, il connaissait sans doute par cœur ces textes brefs. Salmon et lui tentèrent une démarche auprès d'Ure Vaeiko : « Nous ouvrîmes une négociation avec lui pour qu'il nous traduise les deux tablettes que je m'étais procurées ; mais il ne voulait fournir aucune information, arguant que cela avait été interdit par les prêtres. Nous lui faisions de temps en temps des cadeaux en argent et en objets de valeur, mais il répondait invariablement à toutes nos offres qu'il était maintenant âgé et affaibli et qu'il ne lui restait pas beaucoup à vivre, refusant très fermement de perdre ses chances de salut en faisant quelque chose que ses maîtres chrétiens lui avaient interdit. A la fin, pour se soustraire à la tentation, le bonhomme se réfugia dans les collines, bien déterminé à se cacher jusqu'au départ du *Mohican*... »

Avec l'aide de Salmon, l'équipe de Thomson retrouva un soir, de manière inattendue, le vieil indigène, revenu chez lui lors d'une violente averse. « Ne pouvant s'échapper, il se renfrogna et refusa de regarder ou de toucher les tablettes. En guise de compromis, nous lui demandâmes de nous rapporter certaines anciennes traditions, demande à laquelle il accéda sans difficulté [...] Pendant qu'il nous faisait son récit, nous sortîmes quelques bons stimulants que nous tenions prêts pour une telle situation d'urgence [...] Une indulgence bienvenue envers les agréments de l'instant dissipa toutes ses craintes quant à l'éternité et, au moment propice, nous lui fîmes examiner les photographies des tablettes que possédait l'évêque. Le vieil Ure Vaeiko n'avait jamais vu de photographie de sa vie et fut surpris de voir avec quelle fidélité celles-ci reproduisaient les tablettes qu'il avait connues dans sa jeunesse. Il aurait refusé de jeter les yeux sur une tablette, mais il ne pouvait rien dire contre une photographie, surtout venant du bon évêque Jaussen, qu'on lui avait appris à révérer. Il reconnut immédiatement les tablettes et récita les légendes correspondantes avec facilité et sans hésitation, du début jusqu'à la fin. C'est ainsi que nous connûmes enfin l'histoire de toutes les tablettes dont nous avions entendu parler, et les paroles de l'indigène furent transcrites par M. Salmon à mesure qu'il parlait et ensuite traduites en anglais [...] L'interprétation d'Ure Vaeiko ne fut pas interrompue, bien qu'il fût évident qu'il ne lisait pas en fait les caractères. Nous remarquâmes aussi qu'il ne renversait pas la tablette conformément au nombre de symboles figurant sur les lignes ; et, quand nous lui donnâmes la photographie d'une autre tablette, il continua à raconter la même histoire, ne s'étant pas aperçu de la substitution. Le vieux se montra extrêmement troublé quand, à l'issue de cette réunion qui avait duré toute la nuit, nous l'accusâmes de fraude. Il commença par soutenir qu'il comprenait bien tous les caractères ; cependant, il était incapable de donner la signification d'hiéroglyphes recopiés au hasard sur les tablettes. Il nous expliqua longuement que la valeur et le sens des symboles avaient été oubliés, mais que les tablettes étaient reconnaissables à des signes évidents et que leur interprétation était incontestable ; tout comme on peut reconnaître un livre en langue étrangère et être parfaitement certain de son contenu, même si l'on est incapable de le lire. »

Thomson rapporte que la récitation du texte d'une de ces tablettes s'était interrompue à un passage du texte censé « être écrit dans un langage plus ancien, dont la clé avait depuis longtemps été perdue. Après cette section inconnue, le vieux reprit son interprétation ». Un peu plus loin, il y eut une nouvelle interruption, également due à l'apparition d'une section plus ancienne, écrite dans ce langage oublié.

Thomson, Cooke et Salmon passèrent toute la nuit à interroger le vieux Ure Vaeiko, qui approchait de la soixantaine quand la vie de l'île fut bouleversée par les marchands d'esclaves. Instruit des fraudes tentées par les deux jeunes gens de Tahiti, Thomson voulut vérifier les récits d'Ure Vaeiko auprès d'un autre ancien. « Un vieil homme du nom de Kaitae, qui se prévaut d'une parenté avec le dernier roi, Maurata, reconnut ensuite sur les photographies plusieurs des tablettes et nous rapporta exactement la même histoire qu'Ure Vaeiko. »

Il apparut que chacune des tablettes avait un nom, d'où Thomson et Cooke déduisirent que la référence à ce nom suffisait peut-être à évoquer le texte spécifique associé à la tablette, même pour ceux qui ne comprenaient pas les signes. Les textes recueillis auprès des deux vieillards furent considérés par Cooke comme « des traditions qui autrement auraient peut-être péri dans quelques années, avec les personnes dont elles invoquent les ancêtres ».

Sans aucun doute, le texte le plus important fourni indépendamment par les deux vieillards était la tradition allégorique relative à l'arrivée du roi Hotu Matua. Celui-ci avait été un chef puissant dans un vaste pays situé au levant et qui avait été troublé par de grandes guerres. Monté sur le trône après le règne bref et troublé de son père, il s'était lui-même engagé dans des guerres entre familles. Son frère, Machaa, était tombé amoureux d'une belle jeune fille que désirait également Oroi, le grand chef d'un clan voisin, et un conflit acharné était imminent. Machaa décida de prendre la fuite. Le grand dieu Make-Make lui avait fait savoir qu'il trouverait une île inhabitée « en faisant route vers le soleil couchant ». Machaa et la jeune fille embarquèrent avec leur équipage et, après deux mois de navigation, ils aperçurent l'île de Pâques. En accostant, l'un des hommes de Machaa fut tué par une grosse tortue de mer ; on l'enterra à Anakena.

Dans l'ancienne patrie, Oroi était furieux et chercha à se venger en attaquant le frère de Machaa, précisément Hotu Matua. Une guerre à mort se déclencha, jusqu'au moment où Hotu Matua, après trois graves défaites, se détermina à fuir. Il embarqua, avec trois cents partisans choisis, dans deux grands vaisseaux qui mesuraient quinze brasses de long et une brasse de haut, avec les provisions nécessaires pour un long voyage : « Dans la nuit, à la veille d'une nouvelle bataille, ils prirent la mer, sachant que le soleil couchant était leur boussole. »

Il fallut cent vingt jours à Hotu Matua et aux autres exilés pour explorer l'océan et trouver enfin l'île. Immédiatement après leur arrivée, la reine donna naissance à un garçon. Ils appelèrent l'île *Te-Pito-o-to-Henua*, « le Nombril du monde ». Leur lieu d'accostage fut appelé Anakena, « août », en l'honneur du mois où eut lieu leur découverte.

La véritable relation entre les deux « frères » Machaa et Hotu Matua semble ici voilée par une allégorie. Car l'un et l'autre venaient de l'est et du même pays, cependant c'est le second arrivé qui donna son nom à l'île et fut célébré comme son découvreur, devenant le fondateur de la lignée royale. Thomson aperçut cette anomalie mais souligne bien que, selon ses informateurs : « L'île fut découverte par le roi Hotu Matua, qui venait de la terre située au levant. » Il n'était pas impossible, selon Thomson, que la mention d'un voyage antérieur d'un « frère » venu du même pays représentât « une façon de rendre compte de la présence d'une population antérieure [...] et de la découverte par Hotu Matua d'une tombe ou sépulture sur la plage d'Anakena, lorsqu'il débarqua ».

Les textes rapportés par les deux vieillards comprenaient une description de la patrie d'origine : « Hotu Matua et ses partisans venaient d'un groupe d'îles situé au levant, dont le nom était Marae-toe-hau, ce qui signifie littéralement ''le cimetière''. Dans ce pays, le climat était si torride que les gens mouraient parfois des effets de la chaleur et qu'en certaines saisons les plantes et les herbes étaient flétries et brûlées par le soleil. »

Thomson dit : « Il est difficile d'expliquer l'affirmation, si souvent répétée tout au long des légendes, selon laquelle Hotu Matua venait de l'est et avait découvert l'île en faisant route vers le couchant, parce que les cartes ne montrent dans cette direction aucune île correspondant à la description de Marae-toe-hau. »

La tablette nommée Apai, celle où la récitation avait été interrompue par deux sections incompréhensibles, mentionnait la période du premier peuplement de manière encore plus clairement allégorique : « Quand l'île fut d'abord créée et fut connue de nos aïeux, elle était parcourue par des routes superbement pavées de pierres plates. Celles-ci étaient si artistiquement accolées entre elles qu'aucune saillie ne dépassait. Des caféiers [peut-être une erreur de traduction de Salmon] poussaient si près les uns des autres, sur les bords de la route, que leurs branches s'entrelaçaient en l'air comme des jambages. Le constructeur de ces routes s'appelait Heke ; c'est lui qui trônait sur la place d'honneur centrale, d'où les routes se ramifiaient dans toutes les directions. Elles étaient astucieusement tracées selon le dessin de la toile de l'araignée grise à point noir, et personne ne pouvait en trouver le commencement ou l'aboutissement. » Après la seconde interruption par du texte en langage inintelligible, il est fait mention d'une autre « araignée », qui vivait dans la patrie d'origine « où l'araignée noire à point blanc aurait pu monter jusqu'au ciel, mais en était empêchée par l'âpreté et la froideur du climat ».

Selon les vieillards, 57 générations de rois avaient régné sur l'île depuis que Hotu Matua était venu de l'est, jusqu'au jour où le dernier de leurs descendants avait été enlevé et était mort comme esclave au Pérou. Les souvenirs de cette longue période étaient peu abondants : « La tradition saute alors soudainement à une période ultérieure toute différente : de nombreuses années après la mort de Hotu Matua, l'île était également divisée entre ses descendants et la ''race aux longues oreilles'', et ils étaient à couteaux tirés. Ils soutenaient entre eux des guerres longues et sanglantes et la misère était grande, à cause de la destruction et du mauvais entretien des cultures. Cet état de choses peu réjouissant aboutit, après de nombreuses années de combats, à une bataille désespérée dans laquelle les ''longues oreilles'' avaient prévu d'exterminer entièrement leurs ennemis. Ils avaient creusé un long et profond fossé recouvert de broussailles en travers de Hotu-iti, avec l'intention d'y faire tomber leurs ennemis et de les faire périr par le feu. Mais leur ruse fut éventée et les autres la parèrent en ouvrant la bataille plus tôt que prévu, et de nuit. Les ''longues oreilles'' furent alors poussés dans le fossé qu'ils avaient eux-mêmes creusé et massacrés jusqu'au dernier. »

Thomson doutait que les « longues oreilles » et les « courtes oreilles » aient pu être tous venus avec Hotu Matua. Il écrit : « Les ''longues oreilles'' semblent avoir régné sur cette île à une époque reculée de son histoire, même s'ils devaient ensuite être vaincus et exterminés par les autres. Il est possible qu'il y ait plus d'une vague d'immigration. »

Les indigènes dirent à Thomson que la paix avait régné quelque temps sur l'île après la défaite des Longues-Oreilles. Mais un certain roi Kaina, chef à Hotu-iti, avait ensuite lancé de nouvelles hostilités, suite auxquelles il fut conduit, avec tous ses partisans, à se réfugier dans l'îlot escarpé de Marotiri et dans une grande caverne de la péninsule de Poike. C'est au cours des guerres longues et cruelles qui suivirent, jusqu'à l'arrivée des missionnaires, qu'apparut le cannibalisme. On cuisait et on mangeait les hommes faits prisonniers. Les souvenirs encore vifs de cette période récente abondaient en exploits individuels, mais Thomson considéra qu'ils présentaient peu d'intérêt pour l'histoire de l'île de Pâques.

D'importantes ruines pascuanes ont été perdues depuis l'époque où Thomson et Cooke examinèrent les vestiges préhistoriques. Au moins trois des *ahu* les plus remarquables ont sombré dans la mer, en même temps qu'un vaste village de maisons de pierre lentiformes, que leurs découvreurs considéraient comme les plus anciennes et les plus importantes de l'île. Les chercheurs américains arrivèrent aussi juste à temps pour observer comment les maisons de pierre rondes déjà observées par les voyageurs précédents étaient transformées en clôtures pour arrêter les moutons. Celles qui n'avaient pas été abattues par les éleveurs étrangers étaient utilisées telles quelles, moyennant quelque réfection, par les insulaires. Ainsi, les plus remarquables habitations de la population originaire, absolument pas polynésiennes, étaient si complètement rasées ou transformées que les investigateurs du XXe siècle ignorèrent qu'elles avaient jamais existé.

Le village de pierre cérémoniel d'Orongo échappa à cette destruction. Ces maisons basses, avec des dalles formant une voûte en encorbellement, sur l'étroite bordure du cratère du Rano Kao, ne furent utilisées ni par les éleveurs ni par les cultivateurs des plaines. Même les peintures religieuses dans les maisons ont survécu, étant abritées du vent et de la pluie. En revanche, les vestiges en plein air les tortues de mer, les poissons, le monstre bossu avec des serres que Thomson considérait comme le plus ancien de tous ne sont plus visibles aujourd'hui. Seules subsistent de nombreuses sculptures d'hommes-oiseaux à long bec, qui dominent tous les rochers alentour.

Pourquoi le dieu suprême Make-Make était-il symbolisé par une bête humaine au dos voûté et muni de serres ? Les dieux des autres îles étaient tous représentés comme des hommes. En outre, les seuls mammifères terrestres connus en Polynésie étaient le porc, le chien et le rat, alors que les traits prêtés à Make-Make suggéraient plutôt un félin — symbole du dieu suprême de Tiahuanaco et de toutes les

Thomson publia d'étranges pétroglyphes relevés dans le village d'Orongo. Les motifs *a* et *b* reproduits ici étaient, d'après lui, les plus vieux et aussi les plus caractéristiques; il prit donc soin de les recopier avant leur détérioration éventuelle. Le personnage évoqué est, d'après Thomson, mi-humain, mi-félin, étrange créature au dos arrondi et aux longs membres griffus que les Pascuans identifièrent à leur dieu suprême Make-Make. La fréquente récurrence du félin dans l'art pascuan est d'autant plus troublante que ces animaux sont absents de la Polynésie. On sait par ailleurs que le félin était la divinité suprême des anciennes civilisations du continent américain, depuis le Mexique jusqu'au Pérou et à Tiahuanaco. Le croquis *c* de Thomson nous montre un autre exemplaire de l'« œil larmoyant » identifié par Geiseler : ce symbole était, lui aussi, associé au dieu suprême de Tiahuanaco.

cultures liées à Tiahuanaco, dans le Pérou pré-inca. Les antiques artistes sud-américains représentaient eux aussi le dieu Soleil entouré de serviteurs symbolisés comme des hommes-oiseaux : des personnages humains à tête d'oiseau, tout comme les serviteurs de Make-Make sur l'île de Pâques. Aussi peu polynésien que le félin et l'homme-oiseau est encore le motif du personnage pleurant que Thomson recopia à l'intérieur des murs d'Orongo. Or il est courant à Tiahuanaco, où il symbolise le Soleil en tant que dieu suprême, dont les larmes sont un bienfait pour les cultivateurs. Partout où on l'a rencontré en Amérique du Sud, on y a vu la marque d'une influence de Tiahuanaco.

Il est important de savoir que les trois figures religieuses particulières au village cérémoniel d'Orongo se retrouvent dans les terres les plus proches, du côté est, où abondent aussi les maisons de pierre, dont aucune n'est de type polynésien. Aussi paraît-il logique d'admettre que ce furent les Polynésiens qui, nouveaux arrivants, acceptèrent le culte de Make-Make et y associèrent des symboles et des édifices hérités de leurs prédécesseurs.

Il ne fait aucun doute que la plus grande contribution de Thomson et Cooke fut de fonder l'affirmation du commandant Clark, selon laquelle ces premiers habitants étaient venus de l'est, et d'obtenir tous les détails de la tradition, de façon indépendante, par la bouche de deux anciens qui étaient déjà adultes avant la razzia d'esclaves. Les lourdes masses des *ahu* et des *moai* pouvaient attendre d'être étudiées plus en détail par les générations ultérieures, mais pas les souvenirs des gens.

A en croire la tradition orale, la patrie de Hotu Matua, située à l'est, sortait de l'ordinaire et ne ressemblait à aucune terre de Polynésie. Le roi le plus vénéré des Pascuans avait en effet fui un pays désertique où le soleil était si ardent que, certaines saisons, il brûlait la végétation et causait même la mort de personnes. Cette terre était connue sous le nom de « cimetière ». En partant du niveau de la mer, on pouvait monter à de telles altitudes que seuls le froid et la rigueur du climat empêchaient d'atteindre le ciel. Cette description paraît évoquer un continent plutôt qu'une petite île, d'autant plus que le pays aurait été partagé entre plusieurs rois mutuellement hostiles.

A l'est de l'île de Pâques, la seule terre est en effet un continent, dont les côtes

Les premiers voyageurs s'étonnèrent de découvrir que les Pascuans s'adonnaient plus volontiers à l'agriculture qu'à la pêche. Ils n'en conservaient pas moins de superbes hameçons de pierre hérités de leurs ancêtres. Ces objets ne servaient guère, car d'après la tradition, les anciens avaient fini par les remplacer par des hameçons taillés dans des os humains afin de s'assurer de meilleures prises. Les hameçons taillés d'une pièce dans la pierre sont absents de Polynésie, mais on en rencontre parfois sur les côtes américaines entre la Californie et le Nord du Chili. En 1947, une exposition de l'American Museum of Natural History, à New York, permit de comparer un hameçon de pierre de l'île de Pâques aux spécimens archéologiques issus de Santa Barbara, au sud de la Californie. La ressemblance était frappante, seule la taille différait. Les hameçons de pierre pascuans constituent, aux dires des spécialistes, l'apogée de l'art lithique pré-européen.

pacifiques abruptes constituent un vaste désert, qui s'étend sur des milliers de kilomètres. Un trait bien caractéristique des climats de cette côte, au-dessous du lac Titicaca, est que d'août à décembre l'herbe et les violettes surgissent du sable dénudé des collines et des plaines, mais qu'ensuite il fait si chaud que le soleil brûle toute végétation. Dans les baies et les vallées où se trouvent quelques rares habitants, ce n'est pas une tâche facile que d'établir des sépultures. Faute de pluie, les crânes, les ossements et les momies desséchées par le soleil se sont accumulés au cours des millénaires, en quantité si incroyable que les cimetières sont devenus plus vastes et plus peuplés que les villages habités. Ilo, par exemple, un important port du Pacifique auquel une route pré-inca descend depuis Tiahuanaco par les hauts plateaux, mériterait même aujourd'hui le nom de « cimetière ». Toute la ville moderne repose sur un antique cimetière pré-inca et toutes les collines avoisinantes sont couvertes de tombes de momies, qui témoignent de contacts étroits avec Tiahuanaco. Quand on monte à l'intérieur à partir de cet ancien port, pour atteindre ce très important centre de culte de l'Amérique du Sud, à 4 000 mètres au-dessus du niveau de la mer, on est entouré de collines et de pics encore plus hauts, couverts de cultures en terrasses et de maisons de pierre, jusqu'au moment où l'on est arrêté par la neige. Aucune meilleure description de la terre située à l'est n'aurait donc pu être conservée par les Pascuans. Et rien ne correspond à cette description dans aucune île de l'ouest, toutes sont réputées pour leur climat agréable et leur verdure luxuriante.

Une allégorie recueillie par Thomson fait allusion à une araignée, Heke, qui aurait tracé un réseau de routes que Hotu Matua trouva là en arrivant. Dans la terre natale abandonnée, une autre araignée aurait pu atteindre le ciel, si elle n'en avait pas été empêchée par le froid. On peut supposer que l'araignée du continent se déplaçait elle aussi sur les fils de sa propre toile. Or un réseau de routes préhistoriques rayonne effectivement autour de Tiahuanaco vers le nord, l'est et le sud, et il y en a plusieurs qui descendent vers l'ouest jusqu'aux rives du Pacifique.

Les références allégoriques à Heke et à Machaa montrent que, selon les Pascuans, Hotu Matua recherchait dans sa fuite une île bien précise, dont il savait qu'elle avait déjà été occupée par sa propre race. Cependant, les premiers habitants n'étaient plus là à son arrivée. Rien n'est dit du laps de temps écoulé entre les voyages de Machaa et de Hotu Matua. Peut-être l'île de Pâques était-elle connue de l'un et de l'autre comme un refuge sûr, trop éloigné pour que la volonté de revanche mène les ennemis jusque-là. L'humble description du premier roi comme réfugié fait apparaître ce récit fondateur comme un souvenir tribal plutôt qu'un mythe héroïque fabriqué.

Les deux embarcations de Hotu Matua auraient mesuré 30 mètres de long sur 2 de profondeur et porté chacune 150 personnes. Aucune pirogue ou radeau n'aurait pu avoir de telles dimensions mais, pour un bateau de roseaux, c'est différent. Les Pascuans utilisent le terme *vaka-poepoe*, « radeaux-bateaux », pour désigner ces embarcations. Il pourrait très bien s'être agi de radeaux de roseaux construits en forme de bateau, et proches par leur structure des petits radeaux de *totora* qui existaient encore sur l'île à l'arrivée des Européens. Une traversée d'est en ouest à bord de tels bateaux n'a rien d'incroyable, s'ils étaient fabriqués avec les mêmes roseaux de *totora* que l'on cultivait en grande quantité dans chaque vallée irriguée dans l'est de l'île de Pâques, pour la construction des bateaux et des maisons. Si l'on considère les fragiles petites pirogues locales comme de modestes héritières des canots proprement polynésiens qui ont été exhumés par ailleurs, les minuscules radeaux de roseaux pourraient de la même façon être des vestiges également modestes d'anciens bateaux de roseaux sud-américains. Aucun de ces bateaux n'aurait pu amener des hommes jusqu'à l'île de Pâques, s'ils avaient eu la même taille que ceux qu'avaient vus les Européens. Seuls des faisceaux de roseaux auraient pu permettre d'atteindre les dimensions impressionnantes indiquées pour les « radeaux-bateaux » de Hotu Matua. Par ailleurs, les huttes de roseaux si typiquement pascuanes correspondent, par la taille et la forme, à de telles embarcations renversées.

L'annexion chilienne de 1888

L'île de Pâques n'avait jamais semblé aux éventuels conquérants étrangers offrir de bien grandes perspectives. Si effectivement l'Inca Tupac avait accosté « l'île de feu », il n'avait rien dû y trouver qui valût d'être ajouté à son vaste empire. De même Roggeveen ne jugea-t-il aucunement utile de prendre possession de l'île au nom de la couronne hollandaise. Le vice-roi du Pérou avait certes envoyé González affirmer la souveraineté du roi d'Espagne sur cette terre que les Espagnols appelaient San Carlos, mais le gouvernement espagnol ne fut pas tenté de donner suite à cette annexion. La proposition du commandant Clark de créer un protectorat britannique resta ignorée de ses supérieurs. Brander et ses bergers polynésiens avaient souhaité le rattachement de l'île de Pâques à l'Océanie française, mais en 1888 toute prétention de la France fut officiellement abandonnée.

C'est précisément cette année-là que le capitaine Policarpo Toro proclama l'annexion de l'île de Pâques par le Chili. Toro avait déjà pris part, en tant que cadet de marine, à l'expédition de Gana ; il revenait maintenant dans l'intention d'établir sur l'île une colonie chilienne. Cette situation inattendue ôtait aux bergers venus de Tahiti le contrôle des affaires locales et Alexandre Salmon s'en alla, après avoir vécu onze ans parmi les Pascuans. Il ne revint jamais, mais les traces de son action dans la communauté indigène subsistèrent malgré le changement d'administration. Au cours de son long séjour, il avait beaucoup agi pour améliorer les misérables conditions de vie laissées par son prédécesseur Dutroux-Bornier. Il avait fait construire de nouvelles maisons et encouragé les insulaires à reprendre les efforts agricoles de leurs ancêtres. De plus, ayant constaté l'intérêt que les visiteurs étrangers portaient

L'expédition Gana de 1870 ramena au Chili une impressionnante collection de *moai maea* que les Pascuans avaient sortis de leurs cachettes rupestres. Parmi ces objets figuraient deux têtes d'hommes barbus, l'un nanti d'un toupet et l'autre d'un symbole vulvaire gravé sur le front. L'un des personnages a malheureusement perdu ses yeux d'obsidienne.

Autre sculpture ramenée par Gana, ce quadrupède accroupi, dont la tête humaine forme un angle droit avec le corps.

Toujours dans la collection de Gana, ces personnages accroupis sculptés dans un bloc de pierre. A noter les cupules creusées dans la pierre, ainsi que les poissons et les symboles vulvaires. Les cupules avaient sans doute une fonction magique.

aux objets d'art indigènes, il avait mis sur pied une industrie artisanale. Geiseler, puis Thomson, dans leur soif de collecte ethnographique, avaient à peu près épuisé toutes les pièces originales et les ustensiles de fabrication locale. Tablettes, figurines, bâtons sculptés, couronnes de plumes, tout faisait l'objet d'une forte demande. Jusque-là, les insulaires avaient fabriqué ces objets pour leur propre usage : pourquoi n'auraient-ils pas accru leur production à des fins commerciales ?

Pour aider les insulaires frappés par la misère, et peut-être aussi réaliser un profit personnel, Salmon encouragea le renouveau de ces sculptures si prisées et lança une véritable entreprise commerciale qui, commencée après la visite de Thomson en 1886, prit son essor après l'annexion chilienne, qui amenait un bateau de guerre à relâcher chaque année à l'île de Pâques. Depuis la visite de Cook, les objets les plus appréciés étaient les figurines mâles et femelles en bois rougeâtre de *toromiro* : *moai kavakava* et *moai papa*. L'homme avait toujours un corps filiforme, émacié et voûté, avec un nez recourbé, un bouc au menton, des côtes saillantes, un abdomen rentré et une verge circoncise. La femme présentait un corps large, mais plat comme une planche, avec parfois des traits hermaphrodites et toujours une main près de la vulve tandis que l'autre soutenait un sein pendant.

Contrairement aux statuettes de bois, les *moai maea* n'avaient jamais été faits pour être montrés en public ; en outre, ils étaient trop grossiers et grotesques pour être très demandés, sans compter qu'il n'y en avait pas deux pareils. C'est pourquoi ils n'avaient pas acquis de réputation sur le marché mondial, alors que les statuettes de bois, toutes semblables, avaient déjà été classifiées et rendues célèbres par l'évêque Jaussen. L'idée de reproduire en miniature les bustes géants des *ahu* n'avait sans doute encore effleuré personne pendant le séjour de Salmon sur l'île. En revanche, les équipages chiliens qui venaient chaque année s'aperçurent vite que dans le répertoire des artistes insulaires figuraient aussi des bâtons de cérémonie et des pagaies destinées à la danse, des pectoraux de bois en forme de lune ou d'œuf et d'ancestrales coiffures de plumes, très élaborées.

Tout objet acquis sur l'île de Pâques ultérieurement à la visite de Thomson en 1866 devrait être considéré avec méfiance. Durant les premières années de l'annexion chilienne, les sculptures destinées à la vente étaient réalisées par les mêmes artistes qui jusque-là travaillaient pour la communauté. De ce fait, il n'y eut au début qu'une très mince différence de qualité, bien que les œuvres antérieures fussent plus lisses, parce qu'elles avaient été portées ; cela se remarque notamment quand on considère le trou servant à la suspension. Puis, peu à peu, le travail devint de plus en plus rapide et fruste, beaucoup moins soigné. L'influence des missionnaires amena

Parmi les spécimens ramenés par Gana figuraient ces deux personnages sculptés en haut relief sur des blocs de pierre : une femelle aux longues oreilles, dont le visage et le corps sont gravés de symboles vulvaires ; et un mâle, portant le bouc et le toupet. Sur l'abdomen du personnage masculin, on note la présence d'une cupule.

souvent à faire disparaître les parties génitales masculines circoncises. Par la suite, les disponibilités régulières en bois de *toromiro* diminuant rapidement, les artistes durent se rabattre sur des bois d'importation, moins attrayants.

L'île était à peine devenue territoire chilien que le gouvernement du Chili l'afferma presque tout entière à la compagnie britannique Williamson & Balfour. Seul un secteur limité, autour du village de Hangaroa, fut entouré de clôtures et concédé aux Pascuans et à leurs cultures. La tentative de Toro pour coloniser l'île, avec trois familles, échoua. Et, une fois de plus, les Pascuans se retrouvèrent livrés à eux-mêmes, entre des rites chrétiens à moitié oubliés et les esprits ancestraux qui hantaient cavernes et *ahu*.

Pendant la première décennie de souveraineté chilienne, l'île fut visitée à deux reprises par le père Albert Montilon, qui s'efforça de redonner souffle à la foi chrétienne, en particulier de persuader les indigènes d'enterrer leurs morts dans le cimetière consacré de Hangaroa. Mais la population avait beau être baptisée, Montilon dut constater qu'elle restait très marquée par les croyances et les pratiques païennes. Les corps enterrés au cimetière dans des cercueils étaient discrètement exhumés dès la nuit suivante et placés dans un *ahu* ou une caverne familiale secrète.

Par suite de l'annexion chilienne, l'espagnol devint progressivement la principale langue étrangère connue sur l'île de Pâques. Cependant, au siècle dernier, l'influence chilienne resta plutôt légère. Dès le premier débarquement d'Eyraud et jusqu'au départ de Salmon, c'était le tahitien qui avait servi à dialoguer, de vive voix ou par écrit, avec les Pascuans. Au terme de sa dernière visite, conscient de cette situation, le père Montilon choisit un indigène originaire des

Si ce type de sculpture pascuane est unique en Polynésie, il se rapproche en revanche de certains exemples issus de la zone de Tiahuanaco et du lac Titicaca : témoin, ce personnage barbu aux oreilles fort longues, qui présente plus d'une analogie avec les œuvres pascuanes évoquées précédemment. Il fut découvert dans l'île de Rapa du lac Titicaca : coïncidence troublante car, rappelons-le, l'un des noms indigènes de l'île de Pâques n'était autre que Rapa-Nui, la « grande Rapa ».

îles Tuamotu, parlant donc polynésien, pour s'occuper des offices religieux.

Ce récent immigrant, Nicolas Pakarati, fut bien reçu mais n'exerça jamais qu'une autorité limitée sur les Pascuans. Il ne tarda pas à devenir lui-même pascuan à tous égards. C'est ainsi que la petite communauté de l'île, maintenant confinée à Hangaroa, entra dans le XXe siècle comme si elle vivait sur une autre planète, avec un très mince vernis d'acculturation occidentale.

Une assemblée d'insulaires interrogés par Knoche se montre unanime quant au passé

La clôture installée par la compagnie Williamson & Balfour autour du village de Hangaroa eut surtout un effet symbolique. Elle pouvait servir à quelque chose pendant la journée, mais certainement pas la nuit. Nous savons aujourd'hui que les insulaires continuèrent à fréquenter leurs cavernes familiales peut-être plus que jamais par le passé, hormis dans les périodes de guerre. Nous savons aussi que même Pakarati, qui officiait le dimanche avec l'approbation générale, maraudait la nuit dans les cavernes, tout comme les autres, et y cachait, à côté de ses *moai maea*, des feuilles de papier couvertes de caractères *rongo-rongo* tracés à l'encre et inspirées par la liste de l'évêque Jaussen. Un demi-siècle devait s'écouler avant que ces trésors cachés ne fussent mis au jour par ses propres descendants.

La confection de figurines en bois se poursuivait au vu et au su de tous ; elle respectait servilement les normes ancestrales. Ces objets étaient toujours très demandés par les Chiliens qui abordaient une fois l'an. Quant aux *moai maea*, on continua aussi d'en fabriquer en quantités considérables, mais pas à des fins de vente, et en secret — tout comme à l'époque préchrétienne. Des sculptures en lave représentant des têtes, des chevaux, des moutons et jusqu'à la Vierge Marie, avec la couronne et l'enfant, vinrent s'y ajouter. Elles étaient destinées à porter chance à leur propriétaire, qui les cachait afin qu'elles ne fussent efficaces que pour lui et sa famille.

L'île de Pâques ne connaissait plus de guerres ni de meurtres. Des anges voletaient autour de l'église quand on y chantait des psaumes, et dans les huttes, quand on y faisait le signe de croix à l'occasion des repas. Mais, à côté des anges, il y avait aussi des démons. Les colosses de pierre renversés étaient visibles en tous les lieux de l'île et témoignaient du pouvoir de ces diables qui avaient aidé leurs ancêtres païens à accomplir un travail surhumain. Et, lorsque la nuit tombait et que les anges allaient dormir, les hommes-oiseaux se répandaient dans les airs. Des esprits ancestraux sortaient en rampant de toutes les cavernes et de tous les poulaillers, sans rencontrer d'obstacle.

Pendant les premières décennies de ce siècle, la vie secrète des Pascuans fut sans doute plus intense que jamais. A la surface se trouvait l'église, ses portes largement ouvertes à chacun, lieu favori de rassemblement pour le culte et le chant choral. Mais sous terre étaient creusées les cachettes privées, réservées aux invocations secrètes, pleines d'ossements d'ancêtres et de figurines familiales, lieux de rendez-vous avec les proches disparus. L'île de Pâques était devenue un monde à deux étages. Au-dessous prenait racine le passé, un passé si impressionnant que beaucoup de chrétiens considéraient que le diable y avait joué un rôle. Au-dessus, de nouvelles branches se déployaient librement au soleil, portant une lumineuse promesse de bien-être éternel. La question du dieu suprême ne se posait pas : c'était bien le même aux deux niveaux. Les Pascuans avaient simplement accepté de lui donner un nouveau nom. Et il était facile de converser avec lui grâce aux récentes effigies de ses saints. Le problème était seulement que les saints ne permettaient aucun contact avec les ancêtres païens partis rejoindre le diable. Pour cela, il fallait recourir aux *moai maea*. Aussi convenait-il de posséder les uns et les autres, des saints de bois et des figurines de pierre.

Quand les petits-enfants des paroissiens fraîchement baptisés eurent grandi et commencèrent à parler sans crainte, beaucoup des sombres pratiques de cette période de transition étaient oubliées. Mais, à en juger par ce qui s'est poursuivi sporadiquement jusqu'à notre propre génération, on imagine très bien des silhouettes solitaires, sous le ciel étoilé, se glissant furtivement entre les affleurements de lave et les *moai* renversés, ombres rampant telles des félins sur les falaises sombres, visibles seulement quand la mer brasillait derrière elles. On n'entendait que la plainte du vent et le grondement lointain du ressac éternel. De temps à autre une odeur à peine perceptible de bois brûlé trahissait la secrète offrande de nourriture que l'on faisait un peu plus loin, avant de pénétrer dans une caverne ancestrale : le gardien de la caverne recevait ce qu'on appelait *umu takapu*.

Telle était l'atmosphère régnant chez les Pascuans quand ils entrèrent, sans autre recours qu'eux-mêmes, dans le XXe siècle. Bien peu de choses avaient changé, depuis le départ de Salmon en 1888, quand le Dr Walter Knoche arriva en 1911 avec une mission scientifique chilienne. Officiellement, l'île était territoire chilien depuis vingt-trois ans, et beaucoup de jeunes avaient appris l'espagnol. Knoche put donc converser directement avec les insulaires, contrairement aux chercheurs précédents qui avaient utilisé Salmon, ou jadis les missionnaires, comme intermédiaires.

Knoche venait dans l'intention de sauver ce qui restait encore de la mémoire tribale, avant que les derniers membres de la génération antérieure aux missionnaires n'eussent disparu. Dix ans plus tôt, un météorologiste chilien, E. Martínez, qui avait passé toute une année sur l'île, avait rapporté à Knoche que les traditions relatives à Hotu Matua étaient encore si vivaces parmi les personnes âgées que l'un d'entre eux s'était assis et avait pleuré avec émotion, le jour anniversaire du débarquement du roi à Anakena.

Arrivé sur l'île, Knoche constata que le catéchiste venu des îles Tuamotu continuait à célébrer fidèlement ses offices du dimanche. Mais il observa aussi la vénération des Pascuans pour les anciennes images de pierre, qu'il interpréta comme une sorte de culte des ancêtres. La riche collection de sculptures qu'il ramena au Chili révèle combien était devenu florissant le commerce de figurines de bois de fabrication récente. Knoche put aussi se procurer quelques *moai maea*, tous authentiques mais de facture très grossière et en outre brisés, sauf deux qui étaient entiers. L'un est une étrange statue bossue, en obsidienne noire polie, représentant un monstre semblable à une grenouille, son unique paire de membres repliée comme pour sauter. Le visage, qui couvre tout le devant, présente de grands yeux, une bouche narquoise et un nez fendu vers les sourcils pour dessiner un masque en forme de cœur.

La seconde sculpture a été volée entre-temps mais, d'après la description de Knoche, elle n'était pas moins étonnante que l'autre : « D'une exécution remarquable, ciselée comme une figure en relief dans un tuf compact d'un rouge clair, elle évoque quelque peut l'art grec. »

A l'époque de cette visite, une vingtaine de tablettes *rongo-rongo* authentiques étaient sorties de leurs cachettes et avaient quitté l'île. Knoche avait apporté avec lui des reproductions des trois tablettes rapportées au Chili par l'expédition de Gana. Deux anciens commencèrent à réciter les répliques, mais la population qui écoutait ce récital les interrompit, disant que les deux hommes ne lisaient pas mais « racontaient simplement une des nombreuses traditions, que connaissaient aussi les autres, sans besoin d'écriture ».

Knoche découvrit que plusieurs anciens se souvenaient encore des festivals de jadis, où l'on récitait le texte des tablettes *rongo-rongo*, devant la baie d'Anakena, pour commémorer le débarquement de Hotu Matua. Aussi interrogea-t-il ces deux vieillards, en présence de soixante ou soixante-dix autres insulaires, qui montrèrent tous beaucoup d'intérêt. Tout le groupe affirma unanimement que beaucoup des souvenirs tribaux pouvaient être récités sans recourir aux tablettes cérémonielles :

« Dans les temps anciens, il existait deux races, qui différaient essentiellement par la taille de leurs oreilles.

« Les traditions rapportent que l'île a été peuplée à deux reprises, d'abord par les Longues-Oreilles puis par une autre race, celle des Petites-Oreilles. Selon le mythe, c'étaient les premiers qui avaient édifié les monuments ; cependant les seconds, arrivés plus tard, semblaient y avoir participé sous leur direction. Sur ce point, le mythe sur ''les Longues-Oreilles et les Petites-Oreilles'' nous donne des informations détaillées.

« Beaucoup de gens soutiennent que les Longues-Oreilles étaient les maîtres d'œuvre des grandes sculptures de pierre fabriquées à Rano Raraku et que l'on trouve disséminées à travers toute l'île. Cela doit être exact car, selon la tradition, ce furent eux qui fabriquèrent les *marae [ahu]* qui servent d'assise aux statues.

« [...] Le renversement des statues est imputable aux Petites-Oreilles, c'est-à-dire aux couches de la population qui, arrivées en second lieu sur l'île de Pâques, subirent la domination de la population déjà présente, c'est-à-dire les Longues-Oreilles. »

On ne saurait être plus clair : les Longues-Oreilles étaient venus les premiers et avaient commencé à tailler des statues. A leur arrivée, les Petites-Oreilles les avaient d'abord aidés, mais pour finir avaient renversé les images de pierre.

Knoche eut confirmation d'une indication précieuse sur cette période de collaboration, déjà fournie à Martínez en 1891 par un vieux Pascuan : la coexistence pacifique entre Longues-Oreilles et Petites-Oreilles avait occupé une période de *karau-karau*, c'est-à-dire deux cents ans, entre l'arrivée des Petites-Oreilles et la guerre entre les deux peuples.

Knoche apprit également que les Longues-Oreilles et les Petites-Oreilles vivaient dans des maisons de types différents et n'avaient pas les mêmes pratiques funéraires. Et ce n'étaient pas non plus les Petites-Oreilles qui avaient inventé le *rongo-rongo* : « On nous a dit que les tablettes écrites n'étaient pas l'œuvre de la population actuelle, mais des premiers immigrants. »

Les Longues-Oreilles ne furent pas entièrement exterminés au cours de la guerre. Outre leurs femmes et leurs enfants, au moins deux hommes purent échapper au massacre par le feu et furent épargnés. L'un d'eux, nommé Ororoina, avait encore des descendants directs, avec lesquels Knoche put s'entretenir.

L'expédition chilienne avait à peine quitté l'île que Vives Solar y fut envoyé pour deux ans par le Chili comme enseignant en langue espagnole. Ce délai lui suffit pour se faire confirmer dans tous les détails le rapport de Knoche. Par la suite, à mesure que les anciens étaient emmenés au cimetière chrétien, les traditions de l'île dégénérèrent, ainsi que la qualité des sculptures de bois destinées au commerce.

Ce que nous apprend le culte des ancêtres

Nous enseignons aux Pascuans que l'histoire de leur île remonte au jour de Pâques de 1722, date de la découverte de leurs ancêtre par un Européen nommé Roggeveen. Mais telle n'est pas la leçon de leurs ancêtres, selon lesquels cette histoire commença par le débarquement de Hotu Matua, qui donna à l'île le nom de « Nombril du monde », 57 générations avant que leur dernier roi ne fût ramené à l'est comme esclave.

Maintenant qu'ils ont appris notre écriture, les descendants de Hotu Matua peuvent lire notre version des faits. En revanche, ils furent incapables de déchiffrer leurs propres tablettes lorsque les premiers Européens les mirent à l'épreuve : ils faisaient semblant de lire, mais ne faisaient que citer des textes qu'ils connaissaient par cœur. Jusqu'à quel point pouvons-nous attacher foi aux traditions orales qu'ils ont conservées ?

Nos prédécesseurs virent en eux des barbares à moitié nus, sans véritable culture, des païens ignorants. Ces visiteurs civilisés les tuaient pour s'amuser ou les captureraient comme esclaves. Toutefois, ils s'émerveillaient à la vue de leurs monuments, de leurs objets d'art, de leurs champs parfaitement cultivés. Des hommes instruits venus des nations les plus développées pour admirer leurs réalisations techniques jugèrent qu'ils nous ressemblaient. Dès que tombèrent les barrières linguistiques, ils les interrogèrent sur leurs techniques et leurs origines. Les réponses des Pascuans furent recueillies et publiées, mais restèrent ignorées. Les visiteurs retournèrent en Europe demander la vérité aux sociétés savantes.

Aujourd'hui que les Pascuans portent des souliers et que leurs femmes se mettent du rouge à lèvres pour nous ressembler, nous prenons conscience qu'ils sont nos égaux. Mais, mentalement et physiquement, ils l'étaient déjà au siècle dernier, quoique totalement à l'écart du commerce et des influences étrangères, et ne disposant comme matières premières que de l'os, de la pierre, du bois et de l'écorce. A lui seul, le fait d'avoir réussi, dans ces conditions, à manipuler des pierres aussi hautes que des immeubles à quatre étages révèle une intelligence bien développée. Certes, il y avait des différences entre eux et nous ; pas seulement dans le vêtement et les coutumes, mais aussi dans la philosophie de l'existence. Les Pascuans pratiquaient le culte des ancêtres et se posaient avec fierté comme les descendants des dieux, tandis que nous éprouvons de l'horreur à considérer notre ascendance — le singe, ou l'Adam du péché originel. Leur désir était de préserver le passé, le nôtre d'améliorer l'avenir.

Comme les Incas à l'est et les Polynésiens à l'ouest, les Pascuans avaient pour principale religion l'histoire. Ils s'efforçaient de maintenir des liens avec cette glorieuse origine divine, comme en témoignent leurs *moai* et leurs tablettes. Ils ne cherchaient pas l'évolution et le changement, mais bien la conservation de styles et de coutumes légués par leurs ancêtres sacrés. C'est l'obstination des Européens à transformer cette attitude mentale qui entraîna en peu de temps chez eux la perte de cet intérêt historique.

Les enseignants religieux venus de Tahiti après les razzias d'esclaves, puis les maîtres d'école envoyés du Chili après l'annexion, leur insufflèrent notre religion et notre conception de l'histoire mondiale. Mais il existait aussi des écoles et des enseignants dans leur communauté avant l'arrivée des missionnaires et des autres Européens. Le souvenir s'en est perpétué jusque dans ce siècle. L'école était située à Anakena, la plage où Hotu Matua avait accosté. On s'en souvenait comme d'un bâtiment circulaire aux murs de pierre bas et épais, avec un toit conique recouvert de roseaux. On y pénétrait par une ouverture du toit. Dans cet édifice de type traditionnel, on enseignait aux élèves l'histoire de l'île, et ils étaient punis s'ils négligeaient d'apprendre leurs leçons. Les généalogies royales étaient de première importance parce que, tout comme au Pérou et en Polynésie, les noms des premiers rois sacrés dont on se souvenait étaient assimilés à celui du dieu créateur. Quoique les descendants de Hotu Matua portassent un nom et fussent considérés comme des hommes ordinaires, on estimait qu'ils étaient porteur d'un certain *mana*, ou pouvoir surnaturel. Et les ancêtres de Hotu Matua dans sa patrie d'origine étaient tous considérés comme des enfants de Make-Make. A vrai dire, il n'y avait guère autre chose sur quoi interroger la mémoire tribale des Pascuans que les leçons recueillies dans cette école et les textes *rongo-rongo* appris par cœur. Du moins les faits essentiels n'étaient-ils pas perdus. L'est n'était pas pris pour l'ouest, ni les Longues-Oreilles pour de longs nez.

Si nous nous rappelons toutes les anciennes civilisations qui ont sombré dans la misère après un effondrement culturel provoqué par la guerre ou d'autres calamités, il faut convenir que l'histoire n'a pas rendu justice à ce petit groupe de survivants qui allumèrent des feux pour accueillir les premiers Européens. Eux aussi avaient une histoire, sur laquelle nous devrions nous pencher. Cette concession inévitable nous permettrait de considérer d'un regard neuf ce qu'ils racontaient avant que nous ne leur ayons imposé nos écoles. Peut-être les textes rapportés par les premiers visiteurs étrangers n'étaient-ils pas simplement des fables de barbares ignorants. Peut-être trouvera-t-on là la clé pour percer le mystère du passé de l'île. En tout cas, nous devons aux Pascuans d'aujourd'hui de leur restituer ce que nous avons recueilli au siècle dernier auprès de leurs ancêtres.

L'histoire traditionnelle de l'île de Pâques

Les Pascuans croyaient à une âme immortelle et à un dieu suprême tout-puissant, créateur du monde ainsi que du premier homme et de la première femme, qui dans l'au-delà récompensait les justes et punissait les méchants. On parlait de lui comme du Grand Dieu ; son nom personnel était Make-Make. C'est de lui que descendait la lignée des rois sacrés, qui étaient tabous et détenaient un pouvoir illimité. Parmi ceux-ci figurait Hotu Matua, « le Père prolifique », fondateur de la dynastie pascuane qui comptait 57 générations.

La terre d'origine de Hotu Matua et de son peuple se trouvait à l'est de l'île, dans la direction du soleil levant. Elle était si vaste qu'elle s'élevait depuis une côte désertique, où vivait Hotu Matua, jusqu'à des montagnes intérieures si hautes que la progression des hommes y était rendue impossible par la cruauté du froid. La patrie de Hotu Matua était connue sous le nom de « cimetière » et il y régnait une chaleur si intense qu'à la saison chaude le soleil desséchait et brûlait la végétation, allant jusqu'à causer la mort de personnes. Dans ce cadre désertique, les royaumes avoisinants se livraient des batailles sans merci.

Dans le même pays vivait un autre descendant de Make-Make : Machaa, dont la tradition parle comme d'un « frère » de Hotu Matua. Machaa avait appris de Make-Make qu'il existait, loin au large dans l'océan, une île solitaire qu'on pouvait atteindre en faisant route pendant des mois en direction du soleil couchant. Pourchassé après une défaite face à un roi voisin, il s'enfuit de son propre pays pour se réfugier dans cette île. La tradition ne dit rien de son destin ultérieur.

Hotu Matua fut à son tour victime des antagonismes continuels entre familles rivales. Après le règne agité de son propre père, lui-même perdit trois importantes batailles contre le roi Oroi, qui régnait sur un territoire proche, et dut au bout du compte s'enfuir pour sauver sa vie. Le désert ne lui offrant aucune issue, il décida de suivre l'exemple de Machaa et de gagner cette île lointaine. A la veille d'une nouvelle bataille, il s'embarqua à la dérobée dans deux grandes embarcations, avec son épouse et trois cents partisans choisis. Chaque bateau mesurait près de 30 mètres de long et 2 mètres de bordé ; le roi naviguait sur l'un, la reine sur l'autre. Bien que Make-Make eût affirmé à Machaa que le voyage prenait deux mois, Hotu Matua dut sillonner l'océan pendant quatre mois avant d'apercevoir enfin l'île. Machaa ne s'y trouvait plus, mais il y restait de nombreuses traces d'une occupation antérieure. Se considérant comme le nouveau découvreur, Hotu Matua appela l'île *Te-Pito-o-te-Henua*, « le Nombril du monde », et la plage où il accosta Anakena, « août », en raison du mois où il était arrivé. Une plate-forme funéraire fut trouvée au lieu d'accostage. A l'intérieur de l'île, des habitants antérieurs avaient aussi laissé un réseau de routes pavées.

Après avoir exploré l'île, Hotu Matua décida de s'installer face à la baie de Hotu-iti, au pied du volcan Rano Raraku dont le cratère empli d'eau fraîche se trouvait littéralement au-dessus de la tête des réfugiés venus de l'est. Comme ils étaient originaires d'un pays désert, ceux-ci étaient meilleurs maçons que charpentiers. Il ne manquait pas de bois disponible à l'époque où ils arrivèrent : les arbres poussaient si étroitement serrés le long des routes que leurs branches s'entremêlaient en hauteur pour former des jambages. Mais les hommes de Hotu Matua préférèrent construire des villages de maisons de pierre circulaires, dont les ruines survécurent aux guerres tribales et ne furent abattues que par les bergers étrangers.

Cinquante ans s'écoulèrent entre l'arrivée de Hotu Matua et l'érection du premier *moai*, probablement à la mort du premier roi.

Bien qu'ils eussent réussi à gagner cette île solitaire, ces immigrants maritimes n'étaient pas, à l'origine, des pêcheurs. Ils avaient apporté de chez eux des plantes cultivées et subsistèrent essentiellement par leur travail agricole. Ce furent sans doute eux qui introduisirent la patate douce, la gourde calebasse, le piment et les roseaux de *totora*, car ces espèces comptaient parmi les plus importantes plantes cultivées à l'est de l'île de Pâques. Comme ils n'avaient pas encore de poulets, les œufs des oiseaux de mer étaient très importants pour eux, et ils célébrèrent les sternes noirs qui chaque année arrivaient comme eux de l'est, tels des messagers de Make-Make.

Le groupe de Hotu Matua s'était donc établi dans une île déjà découverte, et ensuite abandonnée, par des gens venus du même pays. Machaa et Hotu Matua avaient navigué dans la même direction. Un grand nombre de générations plus tard, leurs descendants intrépides traînaient encore d'énormes blocs de pierre de construction et érigeaient des statues à longues oreilles, aidés par un autre peuple arrivé par la suite et qui, lui, venait de l'ouest. On évoquait son grand ancêtre sous le nom de Tuu-ko-Ihu. La tradition n'indique pas son époque d'arrivée, ni les moyens par lesquels il avait trouvé l'île. Les nouveaux immigrants semblaient être venus dans des dispositions humbles et pacifiques, car ils acceptèrent sans peine d'adorer Make-Make et d'abandonner leur propre religion. Compte tenu de la direction de laquelle ils venaient, c'est sans doute à eux qu'il faut attribuer l'introduction des poulets, des bananes et de la canne à sucre. Pendant deux siècles, ils travaillèrent de bon gré à l'érection des monuments aux longues oreilles, représentant les chefs de la population d'origine. Les deux groupes se distinguaient principalement par la coutume de l'extension des lobes, conservée par les premiers habitants mais que n'adoptèrent pas les nouveaux venus. Les Petites-Oreilles reconnaissaient que les Longues-Oreilles non seulement avaient commencé à sculpter des *moai* avant leur arrivée, mais étaient aussi les instigateurs de l'écriture *rongo-rongo*.

Cependant, les 57 générations de la dynastie de Hotu Matua étaient encore loin de s'être succédé quand, après deux cents ans de collaboration pacifique, les Petites-Oreilles se lassèrent de travailler pour les Longues-Oreilles et se révoltèrent. Les Longues-Oreilles préparèrent un bûcher dans une longue tranchée défensive qu'ils avaient creusée, et se retirèrent derrière celle-ci, sur le cap de Poike, à l'est de l'île. Mais les Petites-Oreilles, ayant éventé leur stratagème, feignirent une attaque frontale nocturne : les Longues-Oreilles allumèrent leur bûcher, mais une autre unité de Petites-Oreilles qui s'était discrètement glissée autour de la tranchée tomba sur eux par-derrière et les poussa dans leur propre traquenard.

On se souvenait encore d'Ororoina, l'un des Longues-Oreilles qui avait échappé au massacre. C'était de lui, et des femmes et des enfants épargnés, que descendaient ceux de son espèce qui étaient alors en vie.

La révolte des Petites-Oreilles mit fin à toute espèce d'activité dans les carrières. Certaines statues restèrent inachevées, d'autres furent abandonnées le long des routes sur lesquelles elles « marchaient ». De nouvelles querelles entre familles naquirent entre les descendants des deux groupes, maintenant alliés par des mariages, et une période terrible commença, que les traditions appellent *huri-moai*, littéralement « renversement-statue ». C'est à cette époque que les Européens firent de rapides visites sur l'île et notèrent leurs impressions. Et rien n'est mieux conservé dans la mémoire traditionnelle des insulaires d'aujourd'hui que les horreurs et les ravages de ces siècles très récents. Les plus importants de ces souvenirs confirment l'impression des observateurs européens, de Roggeveen à Eyraud, mais couvrent une longue période pendant laquelle les anciens partenaires d'une communauté hautement organisée se virent réduits à l'état de misérables cavernicoles.

Les Petites-Oreilles avaient gagné la bataille de la tranchée, mais perdu toute qualité à se réclamer de cette civilisation préhistorique.

Un peu de lumière sur les Longues-Oreilles

Ce sont les Longues-Oreilles qui jouent le rôle principal dans l'histoire traditionnelle de l'île de Pâques. Leurs adversaires, les Petites-Oreilles, bien qu'ils l'eussent finalement emporté, reconnaissaient que les Longues-Oreilles étaient arrivés avant eux et avaient été les seuls architectes, sculpteurs et ingénieurs des grands ouvrages de l'île, eux-mêmes n'ayant apporté que de la main-d'œuvre. On attribuait également aux Longues-Oreilles l'origine du *rongo-rongo*, si important, et on admettait qu'ils avaient converti les Petites-Oreilles à leur religion.

Il n'était guère facile, pour la communauté scientifique mondiale, de prêter foi à cette histoire de Longues-Oreilles et de Petites-Oreilles. On avait déjà assez de mal à imaginer comment des barbares primitifs avaient pu atteindre l'île, ne fût-ce qu'une seule fois, avant l'arrivée des Européens. Il fallait cependant bien admettre le fait, puisque Roggeveen avait trouvé une population sur le rivage. Cook ayant découvert des termes polynésiens dans son vocabulaire, il paraissait suffisamment clair que cette population était d'origine polynésienne et était donc venue de l'ouest. L'idée que Hotu Matua serait venu de l'est était donc une fiction pure et simple. En outre, il n'y avait aucune terre à l'est entre l'île et le continent américain, et l'Amérique ignorait la navigation hauturière avant l'arrivée de Christophe Colomb.

L'Église avait apporté aux Pascuans un nouveau nom pour désigner leur ancien dieu créateur. Maintenant, la science situait la patrie ancestrale dans une autre direction, à l'ouest. Les Pascuans retinrent rapidement la leçon. D'ailleurs, les Petites-Oreilles avaient appris que leur ancêtre Tuu-ko-Ihu était venu de l'ouest, et ils apprécièrent l'idée que lui et Hotu Matua avaient pu arriver ensemble.

De fait, seuls les comptes rendus des premiers visiteurs européens nous permettent aujourd'hui de savoir ce que les Pascuans nous avaient rapporté avant leur conversion à une nouvelle foi et à une nouvelle histoire religieuse : tout simplement que les premiers habitants de l'île venaient d'Amérique du Sud. Car il n'y avait pas d'autre terre à l'est. Et les Petites-Oreilles, ultérieurement venus de l'ouest, devaient tout aussi nécessairement être polynésiens. En comparant la tradition et la géographie, tels sont bien les renseignements que nous avaient donnés les Pascuans.

Nous savons maintenant que personne ne pratiquait l'extension des lobes en Polynésie, tandis que le Pérou était gouverné par des Longues-Oreilles. Les conquistadores espagnols appelèrent les Incas *Orejones*, « les grandes oreilles », parce qu'ils se perçaient les lobes et les allongeaient artificiellement. Il existait donc réellement un pays de Longues-Oreilles à l'est, dans la direction d'où Hotu Matua était censé être venu, de sorte que la tradition pascuane se tient parfaitement. D'ailleurs, la cohabitation de Longues-Oreilles et de Petites-Oreilles sur l'île n'aurait aucun sens si seuls des Polynésiens l'avaient atteinte. Qui étaient donc les Longues-Oreilles ? Étaient-ce des personnages purement mythiques, ou bien le terme pascuan *Hanau-epe* aurait-il été traduit à tort par « longues oreilles » ?

Cette dernière théorie n'a pas manqué d'être proposée, et jugée plausible par ceux dont les conceptions sur les migrations humaines s'opposaient à la tradition pascuane : il n'aurait pas fallu traduire les termes indigènes par « longues oreilles »

L'histoire de la coexistence des Longues-Oreilles et des Petites-Oreilles nous est bien connue depuis l'époque des premiers voyageurs européens. On se souviendra que les Petites-Oreilles, excédés par deux siècles de dur labeur, se révoltèrent contre les Longues-Oreilles, qu'ils massacrèrent à Poike. Du peuple vaincu, il nous reste les célèbres géants de pierre, dont les lobes étirés portent parfois les lourds ornements évoqués par la tradition.

et « petites oreilles » mais par « la race des gros » et « la race des maigres ». Cette traduction permettait de considérer les deux groupes comme polynésiens et de résoudre le problème : certains Pascuans auraient simplement été plus corpulents que d'autres.

A la base de cette théorie se trouve une mauvaise prononciation moderne de l'ancien mot pascuan *Hanau-epe*, qu'on écrit souvent aujourd'hui *Hanau-eepe*. *Epe* est l'ancien terme, strictement local, utilisé pour désigner la frange étendue du lobe d'oreille, tandis qu'*eepe* signifie « gros ». Les premiers visiteurs, jusqu'à Routledge il y a un demi-siècle, épelaient correctement *Hanau epe*. L'assemblée d'informateurs réunie par Knoche ne laisse aucun doute à cet égard : « En des temps reculés, il y avait deux races qui différaient principalement par la dimension de leurs oreilles. » Les descendants actuels des Longues-Oreilles confirment le fait et montrent avec insistance les longues oreilles des figurines de bois et des antiques statues de pierre. Roggeveen et Cook avaient d'ailleurs vu des Longues-Oreilles en chair et en os, avec des lobes si longs qu'il leur fallait les nouer derrière la tête. Roggeveen écrit qu'il pouvait aussi distinguer les Longues-Oreilles des autres habitants parce qu'ils marquaient plus de vénération pour les statues et se montraient plus fervents dans leur culte, quand ils allumaient des feux devant les *moai* et se prosternaient face au soleil levant.

Les Pascuans ne parurent en rien surprenants aux premiers explorateurs, qui remarquèrent seulement leur grande taille et leurs traits conformes au goût européen. C'étaient pourtant aussi les héritiers de remarquables navigateurs, organisateurs, architectes et ingénieurs. C'est pure présomption de notre part que de prétendre, comme nous l'avons fait, qu'ils confondaient l'est et l'ouest et qu'ils auraient fabriqué de toutes pièces leur propre histoire. Mais nous avons tourné le dos à l'Amérique du Sud pour ne regarder que dans la direction opposée. Tant que notre science ne se décidera pas à regarder comme les Pascuans dans les deux directions, le mystère de cette île solitaire restera dans l'impasse.

Il n'y a aucune raison d'aucune sorte de compter ainsi pour rien l'Amérique du Sud, qui fut pour nos propres bateaux l'unique voie d'accès à l'île de Pâques : nous avons vu qu'il y a un siècle et demi, Moerenhout recommandait à tous les vaisseaux en route pour l'île de Pâques de partir du sud des côtes péruviennes ou du nord des côtes chiliennes. N'importe quelle embarcation plus ancienne, à la seule condition de flotter suffisamment longtemps, aurait bénéficié des mêmes vents et courants.

L'Inca Tupac Yupanqui était un Longues-Oreilles qui s'était aventuré jusqu'en plein Pacifique. Il avait d'abord traversé son empire continental et conquis les terres de toutes les tribus, de l'Équateur jusqu'au Chili. C'est alors qu'il avait embarqué. Lui-même n'était pas marin. Selon les chroniqueurs, il recourut à des capitaines locaux et mit le cap sur des îles déjà visitées par des navires marchands venus de ses propres côtes. Cependant, l'Inca atteignit « l'île de feu » un demi-millénaire trop tard pour pouvoir être le Longues-Oreilles qui introduisit l'extension des oreilles sur l'île de Pâques : son voyage eut lieu quelque trois générations avant que les Espagnols ne s'emparassent de son empire. Si la tradition a raison de compter 57 générations de rois pascuans, Hotu Matua avait dû vivre aux temps pré-incas, car la dynastie inca ne fut fondée qu'au XIIe siècle après Jésus-Christ.

Mais il y avait déjà des Longues-Oreilles au Pérou, longtemps avant l'ère inca. L'art et l'histoire de la côte et des hauts plateaux indiquent que la civilisation andine fut introduite par des Longues-Oreilles. Les Mochicas, qui fondèrent le premier royaume pré-inca sur la côte nord du Pérou, se peignaient eux-mêmes comme des Longues-Oreilles dans toutes leurs réalisations artistiques. Leur histoire traditionnelle commençait avec un certain roi Naymlap, venu du nord en longeant les côtes sur une flotte de radeaux de balsa, avec la reine et un grand nombre de partisans. L'iconographie de cette période nous montre des marins à longues oreilles sur d'énormes bateaux-radeaux, accompagnés d'hommes-oiseaux mythiques.

Les Incas étaient des Indiens Quechua des hautes terres, mais affirmaient que leur lignée royale était alliée par le sang à des immigrants blancs et barbus, qui avaient descendu la côte vers le sud et leur avaient enseigné l'extension des lobes avant de repartir vers l'ouest dans le Pacifique. Pratiquant le culte des ancêtres, ils vénéraient ces étrangers qui avaient apporté la culture à leurs premiers aïeux, et les désignaient par de nombreux noms. Lorsque le chroniqueur Zarate arriva au Pérou en 1543, les *amautas*, c'est-à-dire les historiens incas, lui dirent qu'à l'origine ce peuple n'avait pas de roi, jusqu'au jour où de la région du lac Titicaca « vint un peuple très guerrier qu'ils appelaient Ingas. Ceux-ci [...] avaient les oreilles perforées et passaient des barrettes d'or dans les ouvertures pour les élargir. Ils se désignaient eux-mêmes comme *ringrim*, mot qui signifie oreille. Et ils appelaient le plus important d'entre eux *Zapalla inga*, ''le seul chef'', quoique certains disent qu'on l'appelait *inga Viracocha*, c'est-à-dire ''la mousse ou l'écume de la mer'', parce que, ignorant où se trouvait la terre dont il venait, ils croyaient qu'il était né du lagon ».

Tous les chroniqueurs espagnols recueillirent les récits relatifs à Viracocha et à ses hommes, les *Viracocha-runa*, dont on affirmait qu'ils avaient apporté la civilisation au Pérou. Dans chaque partie de l'empire, on s'en souvenait comme d'hommes blancs et barbus, semblables aux Espagnols. Ce sont eux qui auraient construit et sculpté les plates-formes mégalithiques et les statues colossales de Tiahuanaco. Leur chef, qui prétendait descendre du Soleil, était connu sous le nom de Tici ou Ticci dans les hautes terres, et de Con sur la côte. Son nom inca était Viracocha, « l'écume de la mer », et les premiers Espagnols ne surent démêler si c'était une allusion à son teint clair ou à son habileté de marin. Quand les *Viracocha-runa* quit-

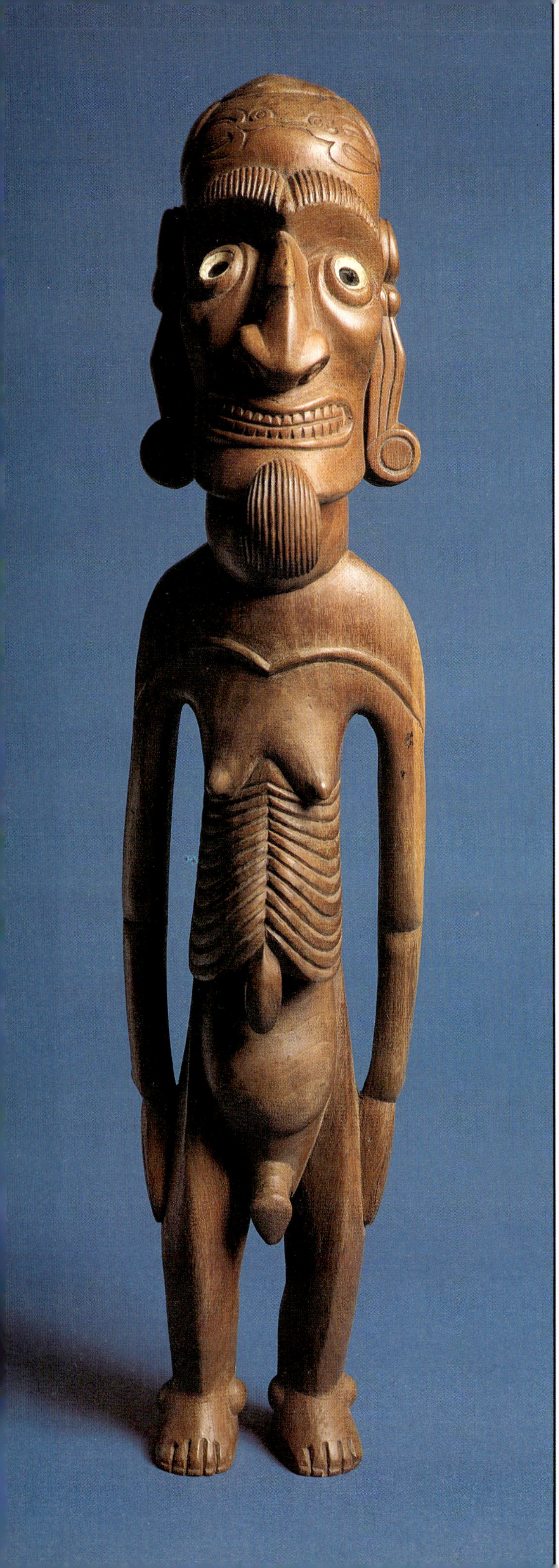
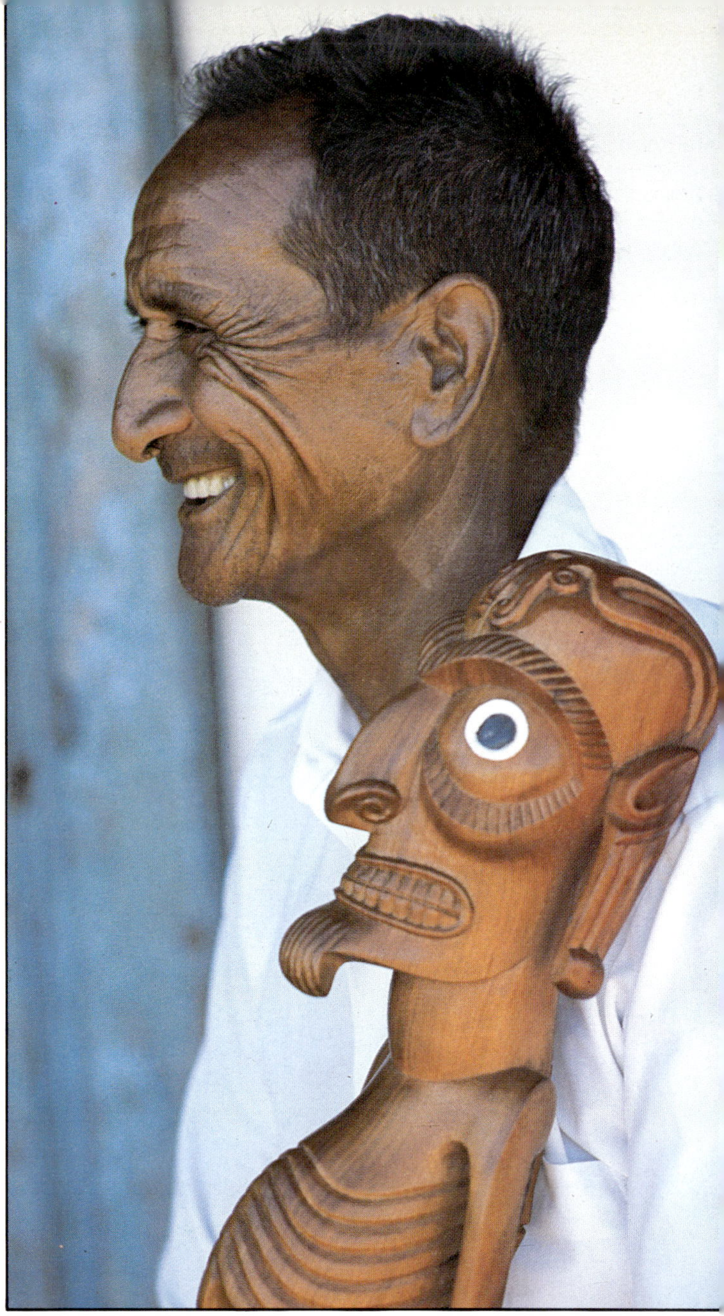
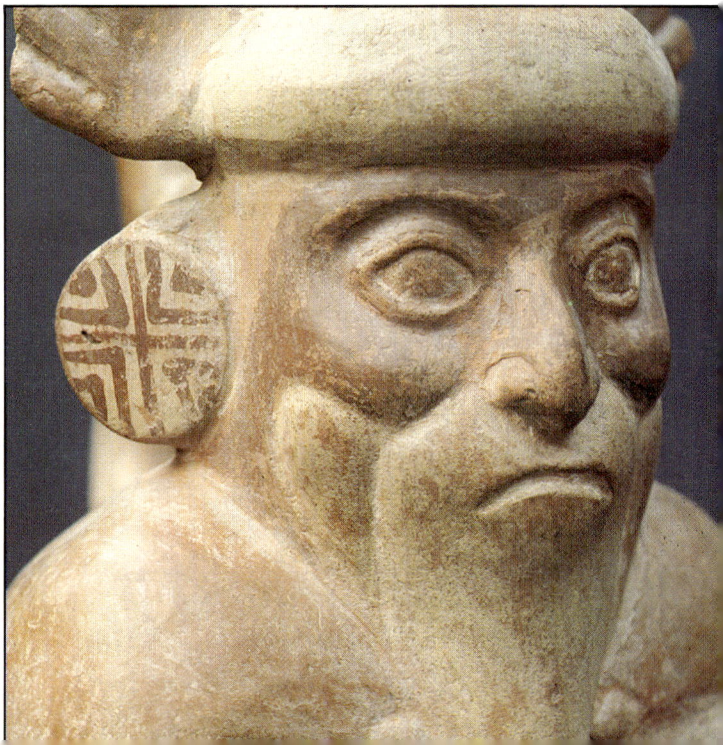

Les traits des Longues-Oreilles sont encore représentés fidèlement par les bons sculpteurs de l'île de Pâques. Pedro Pate, sculpteur sur bois de pur lignage pascuan, présente d'ailleurs une ressemblance presque comique avec ses propres œuvres. Le légendaire Ororoina, rescapé du massacre de Poike, ne fut certainement pas le dernier de sa race : femmes et enfants durent être épargnés, ce qui expliquerait la persistance du type dans le patrimoine génétique des Pascuans.

Il est tout à fait étonnant que l'extension des lobes, trait essentiel de la tradition et de l'iconographie pascuanes, soit notoirement absente du reste de la Polynésie. Une fois de plus, c'est parmi les cultures pré-incas et incas qu'il faut chercher des analogies : n'oublions pas que les Espagnols appelèrent même les Incas *Orejones* (« Grandes Oreilles ») à cause de cette étrange coutume, dont la tradition attribuait l'origine au dieu Kon-Tiki Viracocha. La céramique pré-inca nous montre d'ailleurs ce dernier dûment paré de lourds ornements d'oreilles.

tèrent finalement le Pérou par la mer, « on aurait dit de l'écume sur les flots, et c'est pourquoi les gens leur donnèrent le nom de Viracocha, ce qui est comme de dire la mousse ou l'écume de la mer ».

Comme il est bien connu, lorsque le premier petit contingent d'Espagnols arriva là-bas, il put conquérir sans peine le puissant empire militaire des Incas, parce qu'on les avait pris pour des *Viracocha-runa* de retour. Viracocha est aujourd'hui encore le nom que l'on donne à tout étranger à la peau blanche, parmi les Indiens qui vivent autour du lac Titicaca. Selon les chroniqueurs, la dernière chose que firent les *Viracocha-runa* avant de quitter le pays fut de traverser Cuzco et d'expliquer à leurs successeurs incas comment maintenir la pratique de l'extension des lobes, qui devait les distinguer de leurs sujets.

Il est intéressant de comparer la manière dont les Longues-Oreilles observaient cette coutume dans l'une et l'autre région. Le père Sebastian Englert apprit des descendants de Longues-Oreilles de l'île de Pâques que leurs ancêtres se perçaient les oreilles, puis y introduisaient un brin de *totora*, bientôt suivi d'autres qui rendaient les trous de plus en plus larges et étiraient les lobes. Et le jésuite Oliva, qui arriva au Pérou à la fin du XVIe siècle, rapporte à propos des Incas : « Ils se perçaient les oreilles et y plaçaient de grands anneaux d'une sorte de roseaux qu'ils appelaient *totora*, anneaux dont ils augmentaient ensuite considérablement l'épaisseur. »

Dans l'histoire des Incas, Viracocha fut le premier, et l'Inca Tupac le dernier des Longues-Oreilles célèbres à s'être aventuré en bateau dans le Pacifique. Il se peut qu'il y en ait eu d'autres, et aucun de ces deux-là n'est sans doute identifiable à Hotu Matua. Tant Viracocha que Tupac étaient des noms de rois très courants au Pérou, et on les retrouve souvent aussi comme noms de souverains dans les longues généalogies qui remontent jusqu'aux temps pré-incas. Dans les anciens textes espagnols, Tupac est parfois rendu par la forme *Tupa*, à l'occasion avec le préfixe ou le suffixe *Anga*, qui signifie « créer ». Le nom de Tuparinga donné par les Pascuans à un souverain divin de leur patrie d'origine est si étrangement proche du nom royal péruvien, allongé de *Inga*, que cela ne semble guère pouvoir être une coïncidence. Les Tupas des généalogies péruviennes étaient des « Ingas » descendant du Soleil par le biais des « Ringrim » à longues oreilles, qui adoraient l'astre du jour et avaient érigé des statues de pierre à Tiahuanaco. Il y a de fortes raisons de penser que le père de Hotu Matua, Tuparinga, descendait de la lignée divine des Longues-Oreilles sud-américains.

Un ornement d'oreille en coquillage, dégagé par nos soins au cours des fouilles de 1956.

Un autre ornement d'oreille, provenant cette fois de Villahermosa, au Mexique, et dont la forme est typiquement précolombienne.

L'île de Pâques sous le regard de la science

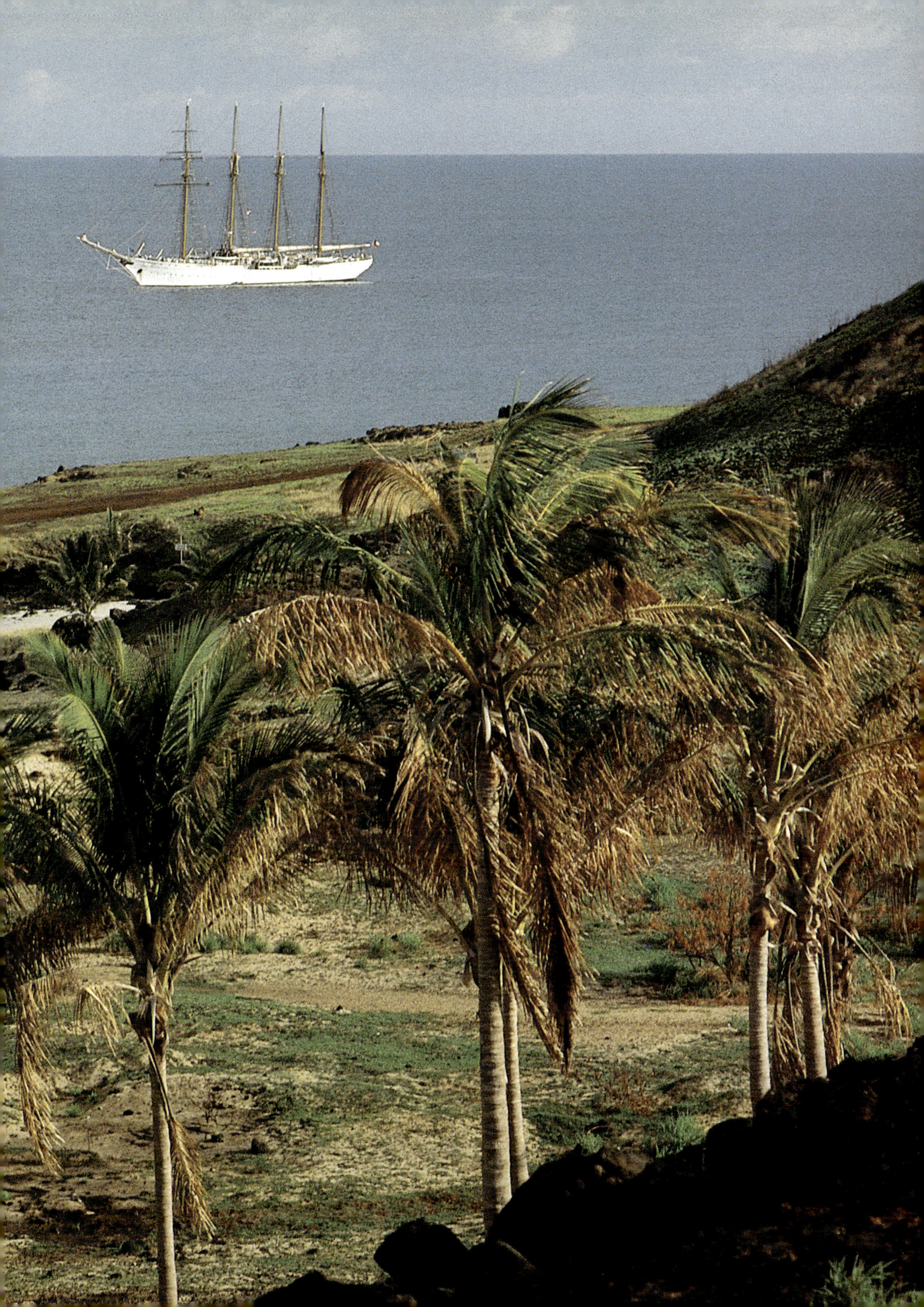

Les désaccords de la communauté scientifique

Le dernier des Pascuans évangélisés par le frère Eyraud n'avait pas encore été enterré au cimetière chrétien de Hangaroa que la Première Guerre mondiale éclatait en Europe. Les insulaires baptisés durent avoir l'impression que la morale qu'on leur avait inculquée n'était pas moins confuse que leurs propres origines.

On leur avait enseigné que leurs ancêtres adoraient un faux dieu et se trompaient en outre quant à la position de la patrie de Hotu Matua, que les Européens leur affirmèrent se trouver, tout à tour, aux Galapagos, à Rapa-iti, aux Marquises ou à Mangareva. Les Pascuans qui restaient attachés à la thèse ancestrale acceptèrent en dernier recours l'hypothèse des Galapagos : ils n'avaient jamais entendu parler de cet archipel auparavant, mais on leur disait que c'était le seul qui ne fût pas situé à l'ouest. Cependant la plupart, grâce aux missionnaires, aux bergers et à Nicolas Pakarati, tous venus de Polynésie, se représentaient assez bien les îles du couchant et finirent par trouver raisonnable d'admettre que Hotu Matua était lui aussi venu de cette direction. Il existait d'ailleurs une légende selon laquelle le roi, à l'heure de mourir, aurait scruté du haut du Rano Kao les îlots des oiseaux migrateurs, situés au sud-ouest.

Cependant, après avoir admis que Hotu Matua venait de Polynésie tout comme Tuu-ko-Ihu, certains membres des sociétés savantes commencèrent à douter de leurs propres conclusions. Ainsi le professeur Paul Rivet, de l'université de Cambridge, soutenait que les Mélanésiens étaient certainement de grands navigateurs bien avant que les Polynésiens ne se fussent hasardés dans le Pacifique ; de leurs îles proches du continent australien, ils avaient sillonné tout l'océan et peuplé l'Amérique du Sud. T.A. Joyce, anthropologue du British Museum, ayant mesuré plusieurs crânes pascuans de la collection du musée, les jugea « bien plus mélanésiens que polynésiens ». Et l'ethnologue H. Balfour trouva parmi les motifs artistiques de Mélanésie de nombreuses représentations d'oiseaux, ainsi qu'un flotteur de filet de pêche sculpté dans le bois qui ressemblait à un homme avec un masque d'oiseau. Cela suffit à faire éclore une nouvelle école, qui tenait pour rien le lexique établi par Cook et considérait que l'île de Pâques n'avait pas été peuplée par des Polynésiens, mais par des Mélanésiens venus des lointaines îles Salomon.

Ce débat mit en lumière un autre problème : à supposer que les Pascuans fussent d'origine polynésienne, qui étaient donc les Polynésiens ? Les négroïdes de Mélanésie n'avaient rien de mystérieux : leurs grandes îles étaient si proches de l'Australie et de la Nouvelle-Guinée qu'ils auraient pu y parvenir en faisant le plus gros du trajet à pied. Au contraire, les hommes à peau claire de Polynésie avaient atteint les îlots et les atolls les plus minuscules des eaux américaines du Pacifique. Avaient-ils contourné la Mélanésie, qui était habitée par des peuples à la peau sombre depuis plusieurs millénaires ? L'examen de la littérature scientifique ouvrait d'intéressantes perspectives à tous ceux qui rêvaient de recueillir l'assentiment général concernant l'énigme de l'île de Pâques, comme le montre la liste ci-dessous.

En 1870, Huxley, tout comme Saint-Hilaire, Flower, Topinard et Penchele, classa les Polynésiens parmi les mongoloïdes.

La même année, Wallace, qui pour le reste acceptait la classification anthropologique de Huxley, refusa cette thèse, considérant que les Polynésiens devaient être considérés comme « négroïdes et non mongoloïdes ».

L'année suivante, Thomson écrivit à leur propos : « Il s'agit *d'une race mixte*, que l'on peut diviser en bruns, rouges et noirs [...] C'est donc de Barata, dans le Sud de l'Inde, que provenaient les Polynésiens. »

Shortland (1875) estimait que certains migrants indiens s'étaient mélangés à une population préhistorique disparue, de type papou, sur les îles Célèbes, et avaient ensuite poussé en direction du levant.

Colenso (1875) refusait avec vigueur toute parenté entre les Polynésiens et les Malais et tenait pour plus probable une relation avec Madagascar ou l'Amérique centrale. Son opinion personnelle était que les Polynésiens étaient une race autochtone, mais il écrit : « L'origine de la race polynésienne demeure un problème non résolu. »

Gill (1876) soutenait que les Polynésiens formaient une branche de la « race blanche » caucasienne.

Fornander (1878) les considérait comme une branche d'un peuple aryen, qui avait été influencée pendant très longtemps par une civilisation kouchite avant de quitter le Sud de l'Arabie pour de longues migrations dans l'Ancien Monde et dans l'Est du Pacifique.

Fenton (1885) rattachait de même les Polynésiens à la souche aryenne.

Tregear (1886) mena une enquête sur les langues polynésiennes jusqu'en Inde et en Islande.

Volz (1895), se fondant sur des mesures céphaliques, prit un parti tout à fait opposé et soutint que les Polynésiens, malgré leur teint clair, étaient apparentés aux peuples à peau sombre d'Australie et de Mélanésie.

Ripley (1899) les tenait pour des métis de peuples asiatiques à cheveux raides et de Mélanésiens à cheveux frisés.

Brigham (1900) était si perplexe qu'il écrivit : « Ces théories ont besoin de connaissances plus complètes ; en attendant, tous les efforts des théoriciens contribuent à l'apparition d'une solution définitive. »

Thompson (1906) considérait les Polynésiens comme l'une des plus pures parmi toutes les populations connues et suggérait qu'il s'agissait de Caucasiens de la branche alpine, qui auraient appris la navigation auprès des Phéniciens avant d'atteindre le golfe Persique et de passer en Polynésie par Sumatra.

Macdonald (1907) essaya de démontrer une origine sémitique.

Keane (1908) affirma : « Tous les observateurs compétents considèrent comme évident qu'ils constituent un peuple unique et forment une branche océanique du peuplement caucasien. »

Giddings (1909) était d'accord avec Keane.

Percy Smith (1910) remit en cause cette opinion, estimant que les Polynésiens, originaires d'Afrique du Nord, étaient passés par l'Égypte et l'Inde.

Oetteking (1914) reconnaissait, au début de la Seconde Guerre mondiale, que les rapports entre les Polynésiens et les autres races restaient totalement obscurs.

Alors, qui avait résolu le problème ? Les Polynésiens venaient-ils d'Égypte, d'Inde, d'Arabie, d'Islande, des Célèbes, d'Australie, d'Amérique centrale ? Étaient-ils caucasiens, phéniciens, mongoloïdes, mélanésiens, alpins, négroïdes, kouchites, autochtones ? Étaient-ils des métis, ou au contraire la race la plus pure du monde ? Les idées les plus diverses avaient été proposées, mais aucune n'avait jamais fait l'unanimité, parce que personne n'était sûr de rien.

Compte tenu de cette totale incertitude, le classement des Pascuans comme Polynésiens ne faisait que plonger le problème de l'île de Pâques dans un tourbillon de théories contradictoires, puisque personne ne savait qui étaient les Polynésiens. Aucune autorité reconnue n'admettait d'autre théorie que la sienne propre. Seuls le grand public et les Pascuans eux-mêmes croyaient que les érudits connaissaient la réponse.

C'est dans cette atmosphère de confusion qu'une audacieuse Anglaise s'élança dans le Pacifique, avec l'espoir de jeter de nouvelles lumières sur le problème de l'île de Pâques.

L'impressionnante hardiesse de Mrs. Routledge

Le monde, dont les Pascuans disaient que leur île était le nombril, était encore paisible en 1914, quand un superbe yacht blanc entra dans la baie de Hangaroa et mit à l'ancre. C'était à la veille du jour de Pâques et ce yacht dut figurer la colombe de la paix pour les insulaires christianisés, fils et filles de troglodytes mais qui fréquentaient l'église et chantaient des hymnes en polynésien avec Pakarati. Ni les indigènes ni les passagers du bateau ne soupçonnaient que les nuées de la guerre allaient bientôt assombrir tout le reste de la planète.

Ce deux-mâts finement caréné avait été construit tout spécialement en vue de cette visite ; c'était le premier yacht privé à atteindre l'île. Il portait le fanion du Royal Cruising Club et avait été baptisé *Mana*, nom donné à la puissance supérieure à travers toute la Polynésie. L'entreprise était soutenue par l'Amirauté britannique, la Royal Society, la British Association, la Royal Geographical Society et les plus importants spécialistes anglais des cultures insulaires du Pacifique. Les sociétés savantes européennes estimaient urgent de résoudre le mystère de l'île de Pâques.

C'est à l'intrépide Katherine Scoresby Routledge que revint de s'attaquer à l'énigme. Dans son livre, intitulé *The Mystery of Easter Island*, elle se désigne modestement comme « la stewardess du *Mana* » et évoque son précieux yachtsman de mari par une simple initiale : « S ». Mrs. Routledge était une femme tout à fait remarquable, et le récit de ses aventures reste un classique, tant pour les spécialistes que pour le grand public.

Elle avait décidé de se rendre sur l'île de Pâques sur la suggestion des professeurs Joyce, du British Museum, et Rivet, de l'université de Cambridge, tenants de la théorie selon laquelle les Mélanésiens avaient atteint l'île contre le vent. Cependant, son mari et elle préférèrent sagement prendre le vent sur les côtes chiliennes. Elle fit d'ailleurs bien ressortir qu'elle avait suivi le même trajet que Roogeveen et aux mêmes dates, arrivant presque le même jour. Mais elle ne semblait pas avoir conscience, en notant que le *Mana* avait contourné les dangereux écueils de Sala y Gómez et « mis le cap droit vers le couchant », que Hotu Matua avait lui aussi pris cette route.

Lorsque les membres de l'expédition britannique débarquèrent à Hangaroa, toute la population, soit 250 personnes en tout, était sur la plage pour les accueillir. Depuis

1897, le Chili avait concédé l'exploitation économique de la plus grande partie de l'île à la société privée Williamson & Balfour, de Valparaiso. Aussi les indigènes restaient-ils, comme à l'époque de Brander, confinés aux alentours immédiats du village de Hangaroa, « pour assurer la sûreté du cheptel ». L'expédition britannique obtint néanmoins des affermataires l'autorisation de se déplacer librement au-delà de la clôture entourant le village.

L'isolement des insulaires et les barrières linguistiques créèrent des difficultés considérables aux chercheurs britanniques. Mrs. Routledge et son cuisinier durent en outre rester seuls à terre la plupart du temps, le *Mana* ne pouvant rester en permanence dans la baie, faute de port.

Ils passèrent d'abord une brève période à Mataveri, non loin du village, dans l'ancienne maison de Dutroux-Bornier, maintenant habitée par un administrateur anglais, Mr. Edmunds. Hormis celui-ci, il n'y avait, rapporte Mrs. Routledge, « qu'un seul Blanc sur l'île, un charpentier français qui vivait à Hangaroa avec une femme du cru, toujours incluse dans la communauté ».

Les habitants du village se montrèrent d'abord très amicaux. Rien ne laissait deviner les ennuis qui allaient bientôt surgir. Toutefois, les services religieux étant aux mains d'un récitant laïque indigène, Mrs. Routledge ne savait pas au juste ce qu'en retenaient les fidèles. Il apparut bientôt qu'une vieille femme souffreteuse, nommée Angata et qu'on appelait « la prophétesse », était un personnage important du village. Elle représentait un lien entre l'ancienne et la nouvelle religion. C'est elle qui, à travers ses visions, allait fomenter un soulèvement des insulaires, qui aurait pu mettre un terme aux travaux des Britanniques peu de temps après leur arrivée.

Une fois installée à Mataveri, l'intrépide Mrs. Routledge s'aventura dans le village pour rencontrer les Pascuans. Elle pénétra dans leurs nouvelles petites maisons en planches ou en pierre, où ils dormaient à même le sol en compagnie de leurs poules.

Si elle pensait trouver des Mélanésiens à la peau sombre, elle dut tout de suite avoir une impression bien différente. Elle note en effet que la description de Roggeveen, concernant le teint des indigènes, était toujours valable. Et, en établissant des généalogies, elle constata que les insulaires désignaient comme « blancs » ou « noirs » les personnes auxquelles ils étaient apparentés, même de loin. Intriguée par cet élément « blanc », elle interrogea longuement les anciens, pour conclure : « Il est évident que les Pascuans forment une race mêlée, mais cela ne répond qu'en partie à nos questions, car ce mélange peut s'être fait avant ou après leur arrivée sur l'île. »

Mrs. Routledge ne vécut pas assez longtemps pour publier, comme elle l'avait prévu, ses copieuses notes de terrain. Mais elles ont récemment été redécouvertes à Londres, dans les archives de la Royal Geographical Society. On y trouve de nombreuses généalogies pascuanes, mentionnant quels individus étaient de teint clair, parfois même roux. Malgré son intérêt tout particulier pour ce type physique, elle ne forgea aucune théorie quant à son origine. Elle suggéra seulement, comme hypothèse de travail, qu'un « élément négroïde » était peut-être venu de Mélanésie, mais aurait été dominé puis largement exterminé par ce qu'elle appelle « une vague de migrants au teint plus clair ».

L'habileté des Pascuans à voler et à cacher leur butin n'avait guère changé depuis la découverte de l'île. Mrs. Routledge comprit que telle était la raison pour laquelle on ne voyait aucun objet transportable dans les maisons. De fait, peu après l'arrivée de l'expédition, l'entrepôt qui contenait ses vivres, en quantités soigneusement calculées, fut forcé, et de nombreux articles volés. Le pire fut la perte des trois quarts

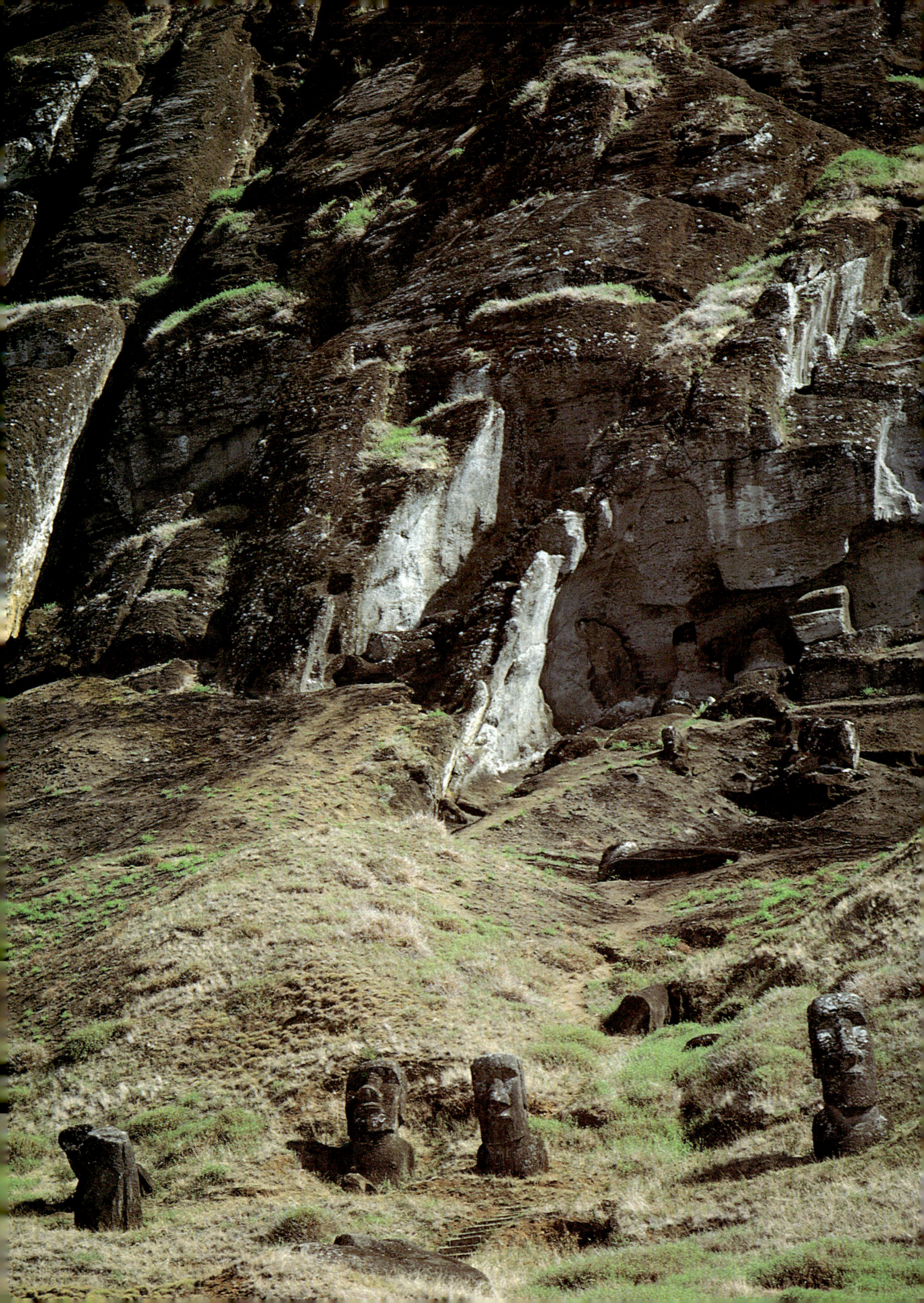

Arrivée en 1914 à bord de son yacht, le Mana, *Katherine Routledge établit son campement au pied du Rano Raraku, afin d'étudier les géants de pierre et de s'imprégner de l'antique civilisation pascuane. L'archéologie était alors une science embryonnaire, et Mrs. Routledge n'effectua pas de fouilles stratigraphiques. Elle s'efforça néanmoins de dégager l'une des statues partiellement enfouies dans la vase. Par un malencontreux hasard, il s'agissait d'une simple tête, brisée au cou et Mrs. Routledge crut avoir affaire à une série bien particulière de têtes sculptées dépourvues de corps. La position des autres statues de l'île, qui gisaient face contre terre, ne fit que renforcer ce malentendu, et la renommée des « têtes géantes » devait bientôt faire le tour du globe. L'exploratrice britannique publia le récit de son aventure pascuane dans un fascinant ouvrage :* The Mystery of Easter Island.

des réserves en savon de l'expédition. Peu après, la vieille prophétesse Angata se rendit chez l'administrateur anglais, accompagnée de deux hommes, et déclara que Dieu lui avait envoyé un songe. Le président de la compagnie, au Chili, « n'était plus », et l'île appartenait à nouveau aux indigènes, qui allaient s'emparer du cheptel et célébrer une fête dès le lendemain. Les Britanniques devaient y contribuer en offrant les habits de Mrs. Routledge. Une déclaration de guerre, rédigée en espagnol, fut officiellement présentée à Mr. Edmunds :

« 30 juin 1914

Maintenant je vous fais connaître, à l'instant nous vous faisons connaître, le langage que nous tenons aujourd'hui, mais nous désirons prendre tous les animaux du camp et toutes nos possessions dont vous vous êtes emparé, maintenant, car vous savez que tous les animaux et la ferme du camp nous appartiennent, c'est à nous que notre évêque Tepano [*Jaussen*] les a donnés à l'origine. Il nous en a fait don en vérité et en justice. Il y a autre chose, vous pouvez manger les quelques animaux qui sont devant vous. Il y a encore autre chose, demain nous sortirons dans le camp pour en ramener quelques animaux en vue d'un banquet. Dieu avec nous, sa vérité et sa justice [...]

Votre ami Daniel Antonio
Hangaroa. »

La remise de ce document fut immédiatement suivie d'action. Les insulaires parcoururent la campagne et capturèrent dix moutons. Bientôt monta du village la fumée de nombreux feux de cuisine. L'une des bêtes fut même offerte aux Britanniques en compensation des biens qu'on leur avait volés.

Edmunds ne put rassembler pour sa défense qu'une demi-douzaine d'indigènes plus ou moins sûrs. Et Mrs. Routledge n'avait avec elle que quatre hommes, plus un boy de l'île Juan Fernández. Face à la multitude hostile, toute résistance armée aurait été vaine. Une tentative de négociation de « S » ayant échoué, cette femme courageuse descendit au village pour parler aux Pascuans. Ne parlant ni leur langue ni l'espagnol, elle se fit accompagner de son boy, qui connaissait l'espagnol et l'anglais. Elle apportait un cadeau pour Angana, mais la vieille prophétesse refusa de rien recevoir : « La nourriture vient de Dieu », disait-elle. Et Dieu lui avait maintenant fait savoir que les Anglais pouvaient avoir une part de vingt têtes s'ils le souhaitaient. Edmunds, cependant, n'aurait rien, car il était protestant et donc sans dieu.

Mrs. Routledge retourna à Mataveri sans autre résultat. De nouvelles razzias eurent lieu, et le nombre des bêtes tuées atteignit 56 par jour. Edmunds et les visiteurs étrangers perdirent tout contrôle de la situation. Ils pouvaient seulement espérer que le navire de guerre chilien arriverait bientôt pour sa visite annuelle.

Telle était la situation quand le groupe de Mrs. Routledge décida qu'il serait plus sage de charger ce qui restait de biens sur un char à bœufs et de transporter outils et autres effets de l'autre côté de l'île. C'est ainsi qu'ils installèrent le campement de l'expédition au pied du Rano Raraku et organisèrent une garde armée.

Pendant cinq semaines, les Pascuans, seuls maîtres de l'île, laissèrent l'expédition en paix. Mais ils étaient justement en train de se rassembler pour marcher sur Mataveri le soir venu, quand le vaisseau chilien arriva dans l'après-midi. Quatre des meneurs furent mis aux fers, et l'émeute prit fin.

Un maître d'école chilien débarqua du navire avec un coûteux bâtiment scolaire, dans lequel on accueillit les visiteurs anglais pour célébrer le jour de l'Indépendance du Chili. La rentrée des classes se fit comme prévu, mais après quelques jours les enfants cessèrent de venir. L'instituteur déclara qu'il n'était pas chargé de veiller à leur assiduité et, jusqu'au départ des Routledge un an plus tard environ, il n'y

Mrs. Routledge s'était mise en devoir de cartographier le réseau des statues. A l'instar de son compatriote le capitaine Cook, elle retrouva les géants abandonnés le long du chemin et crut, là encore, pouvoir définir un type distinct : tout comme les prétendues « têtes » de Rano Raraku et contrairement aux statues des *ahu*, ces sculptures étaient en effet dépourvues d'yeux.

eut pas d'école. La dernière fois que l'on aperçut le tableau noir et le boulier, ils pourrissaient en pleine campagne, à trois kilomètres de là.

La paix étant plus ou moins revenue, l'expédition put reprendre ses fouilles dans la zone des carrières, sans être obligée de se munir d'armes. Peu de temps après, le 12 octobre 1914, toute une flotte de guerre allemande entra dans la baie de Hangaroa. L'île de Pâques, jusque-là coupée de tout contact avec le monde extérieur, apprit soudain que l'Europe était massivement entrée dans la guerre. L'amiral allemand von Spee avait habilement choisi l'île de Pâques, à l'écart de tout, pour rassembler secrètement ses navires. Il rappela du Japon les cuirassés *Scharnhorst* et *Gneisenau* pour les joindre au *Nürenberg* et au *Leipzig*, qui arrivaient du Mexique, et au *Dresden*, qui venait des côtes atlantiques de l'Amérique du Sud. Une escorte de bateaux plus petits s'ancra à côté de ces géants.

Comme le Chili était pays neutre, Edmunds put vendre aux Allemands de grandes quantités de viandes. « S » alla rendre visite à leur flotte et leur remit des lettres à acheminer vers l'Europe. L'expédition venait de commencer à fouiller dans la zone des carrières, de sorte que Mrs. Routledge ne jugea pas utile « de naviguer quelques heures pour admirer de l'extérieur les vaisseaux de guerre allemands. Ce qui nous importait surtout, c'était que [...] les officiers viendraient probablement à Raraku et, en Allemands intelligents, photographieraient nos fouilles. Aussi nous entreprîmes de recouvrir nos plus belles trouvailles ».

Les Allemands, cependant, ne mirent pas pied à terre. Les insulaires ne reçurent d'eux ni nourriture, ni vêtements, ni savon, de sorte que, selon Mrs. Routledge, ils penchaient certainement en faveur des Alliés.

Jusqu'au dernier instant, l'amiral von Spee essaya de dissimuler à tous ceux qui se trouvaient sur l'île qu'une guerre se déroulait en Europe. Le *Scharnhorst* arrivait tout juste de Tahiti, où il avait bombardé la ville de Papeete parce que les insulaires s'étaient soulevés et avaient tué quelques Allemands. Quand la nouvelle de la guerre parvint finalement à l'île de Pâques, von Spee argua, pour justifier son silence, qu'il avait voulu éviter une semblable révolte des Pascuans. La flotte alle-

Ayant dressé l'inventaire minutieux de tous les monuments de l'île, Mrs. Routledge fit la synthèse de ses observations sur la statuaire pascuane et proposa la typologie suivante :
1) sculptures « aveugles » des carrières de Rano Raraku ;
2) géants « aveugles » abandonnés le long des voies ;
3) géants « complets » des *ahu*, dotés d'yeux et de toupets.

mande resta basée sur l'île pendant une semaine puis, un soir à la brune, le vaisseau amiral, en tête, longea le rivage pour ne jamais revenir.

Après cette impressionnante visite navale de l'ennemi, les autres membres de l'expédition britannique retournèrent sur le continent pour éviter au *Mana* les risques liés à la guerre. La courageuse Mrs. Routledge resta seule sur l'île avec son cuisinier. En attendant le retour de son mari et du yacht, elle retourna vivre dans sa tente, près de la tombe d'Edmunds, qui avait été assassiné.

Le croiseur allemand *Prinz Eitel Friedrich* entra alors à son tour dans la baie, avec à son bord des marins anglais faits prisonniers. Mrs. Routledge craignait terriblement que le *Mana* ne revînt précisément à ce moment. Le croiseur repartit, mais revint bientôt avec une péniche française chargée de charbon, qu'il avait capturée et remorqua dans la baie. Les Allemands abattirent sa mâture avant de la mettre à sac, pour éviter que le bateau à fond plat, privé de lest, ne chavirât. Avant de partir, ils envoyèrent à terre 48 prisonniers français et anglais, avec des vivres trouvés dans la péniche, qu'ils envoyèrent par le fond en dehors de la baie.

Après cet épisode, Mrs. Routledge demeura seule dans sa tente, à Mataveri, pendant des mois. Elle avait toutes raisons de se soucier du sort de son époux, car le *Mana* aurait fort bien pu avoir été coulé. Le monde devait lui paraître tourner à l'envers : c'était en Europe que les gens s'enfermaient dans des tranchées, comme des troglodytes, tandis que la paix régnait sur l'île de Pâques. Pendant son bref séjour près du village, elle s'efforça sérieusement d'apprendre la langue du pays, en vue d'obtenir des anciens des informations directes. Mais elle se heurta à des difficultés linguistiques inattendues.

« Les indigènes ne parlent pas seulement leur langue, mais aussi bien celle de Tahiti, qui sert notamment pour les lectures religieuses et les offices. Il existe des affinités entre les deux, mais elles restent très différentes et, pour comprendre la conversation, il faut apprendre l'une et l'autre. »

Mrs. Routledge choisit comme principal informateur sur le terrain un jeune insulaire nommé Juan Tepano, parce que, ayant servi dans l'armée chilienne, il connaissait un peu d'anglais *pidgin*. Elle-même déplorait qu'il ne se fût jamais intéressé jusque-là aux vestiges ancestraux ; malheureusement, Juan devait être considéré par une véritable autorité par certains chercheurs ultérieurs.

Pour sa part, elle était bien consciente que ses chances d'obtenir de nouvelles informations sur le passé de l'île resteraient minces si elle n'effectuait pas de fouilles. Trente ans de fabrication commerciale de statuettes avaient considérablement affecté jusqu'aux récits traditionnels, qui avaient été enjolivés depuis l'époque où Salmon et Knoche avaient recueilli des textes brefs, que les anciens connaissaient par cœur. De nouvelles légendes fleurissaient, à l'instar des figurines de bois, tandis que les premières étaient déformées ou oubliées.

Mrs. Routledge constata avec surprise que les traditions relatives à Hotu Matua et à son arrivée par l'est qu'avaient recueillies les voyageurs antérieurs étaient inconnues de son informateur. Avec son aide, elle interrogea un vieil homme de sa famille, mais lui non plus ne savait pas d'où était venu Hotu Matua, dont Juan situait la patrie dans les îles Tuamotu.

Aucun visiteur n'avait aussi bien pénétré dans l'atmosphère de l'île de Pâques que Mrs. Routledge, aucun non plus n'était resté si longtemps à terre. Les géants de pierre étaient les seules figures humaines à l'extérieur de la clôture entourant Hangaroa. Elle campait la plupart du temps dans les carrières, près des statues inachevées, et fut étonnée de découvrir l'ampleur du travail des anciens tailleurs de pierre, dont elle partageait pour ainsi dire la vie quotidienne. Les lieux étaient encore dans l'état où ils les avaient laissés. Poussés par des motifs que les insulaires ne connaissaient plus, les sculpteurs professionnels avaient taillé dans le flanc de la montagne et modifié la forme de tout le volcan, à seule fin d'assouvir leur désir fanatique d'assurer la vie éternelle, sous la forme de colosses de pierre, aux hommes qu'ils en jugeaient dignes. Elle longea la côte et vit un paysage désolé ; seuls gisaient un peu partout les géants amenés là depuis les parois du volcan. Sur l'île de Pâques, le passé se confondait avec le présent, écrivit-elle, il était impossible d'en faire abstraction.

Les missionnaires partis, les images ancestrales cachées sous terre et les services religieux assurés par les Pascuans eux-mêmes, la superstition florissait plus que jamais. Aux nombreux *aku-aku*, ou esprits des ancêtres, s'ajoutaient désormais les *tatane* venus d'ailleurs, les « satans » chrétiens. Les insulaires ne surent pas bien expliquer à Mrs. Routledge la différence entre les uns et les autres. On lui fournit une liste de quatre-vingt-dix esprits surnaturels, avec les endroits qu'ils hantaient.

Elle recueillit beaucoup d'informations sur les *aku-aku*. Ils faisaient partie de la vie quotidienne des Pascuans. Tous n'étaient pas bienveillants. Ainsi, Mrs. Routledge vécut pendant plusieurs mois dans une petite maison de Hotu-iti, au pied du volcan Rano Raraku, et elle écrit : « On m'apprit plus tard cette agréable nouvelle, qu'un certain ''diable'' fréquentait l'emplacement de ma maison [...] et qu'il était particulièrement irrité par la présence d'intrus ; on disait qu'il aimait à les étrangler pendant la nuit. Les esprits qui habitent le cratère sont toujours si déplaisants que ma servante canaque refusait d'aller là-bas faire de la lessive, même en plein jour, si elle n'était pas assurée que nous travaillerions à portée de voix. »

Certains *aku-aku* aidaient les différentes familles à garder l'entrée de leurs cavernes sacrées. Nullement intimidée, Mrs. Routledge fit tout son possible pour repérer certaines de ces cachettes. Sa première pensée, quand elle avait aperçu l'île de Pâques du pont du *Mana*, avait été que « les grandes dimensions de cette terre étaient alarmantes, s'agissant d'y trouver des cavernes secrètes ». Elle avait appris, à son départ du Chili, que l'île était pleine de telles cavernes, contenant des sculptures cachées. Un *moai maea* authentique, découvert dans l'une d'elles, sur un des îlots voisins de l'île de Pâques, avait été apporté à Valparaiso juste avant son arrivée. C'était une reproduction en miniature, haute de 70 centimètres, d'une des statues des *ahu*. Son découvreur l'avait nommée *Titahanga-o-te-henua* et soutenait que c'était une « pierre de borne ». Cependant, elle était exactement du même type que celle que Loti avait dessinée au siècle dernier devant une entrée de maison.

Mrs. Routledge nous apprend que les insulaires s'étaient mis à rechercher avidement les entrées cachées des cavernes appartenant aux autres. Ce qu'ils y trouvaient leur évitait de travailler à fabriquer eux-mêmes des statues pour les vendre. Tout un chapitre de son livre est consacré à cette chasse au trésor. A son arrivée, l'expédition découvrit que les environs d'une caverne proche de Mataveri avaient été creusés et pillés par des habitants du village. Un vieux Pascuan revenu de Tahiti avait révélé, à la veille de mourir, que quelque chose était caché là. Cette recherche était le seul travail auquel la population semblait prendre réellement plaisir. L'île de Pâques, observa Mrs. Routledge, était tout entière percée de cavités souterraines. Et, pendant son séjour, elle en visita personnellement un grand nombre. Les entrées de certaines cavernes, parmi les plus grandes, étaient visibles de la mer, mais se révélèrent inaccessibles. Cependant, c'était plutôt les plus petites, dont les entrées pouvaient aisément être dissimulées, que l'on utilisait pour dissimuler des trésors. Les insulaires se montraient si discrets quant à leurs cachettes que souvent, lorsqu'un homme mourait, ses richesses étaient perdues. Il arrivait aussi qu'un homme, sur son lit de mort, donnât à son fils des indications sur la situation de la caverne familiale mais que le nouveau propriétaire ne retrouvât pas l'endroit. Elle cite un cas attesté, dans lequel un homme avait disparu en même temps que son entrepôt secret : après avoir négocié avec un visiteur, il était parti chercher des sculptures qu'il devait lui vendre ; soit qu'il fût tombé d'une falaise soit qu'il eût été enterré vivant, on n'avait plus jamais entendu parler de lui.

Mrs. Routledge passa deux jours avec Juan à chercher une caverne appartenant

Poursuivant son étude des « têtes » de Rano Raraku, Mrs. Routledge remarqua que certaines d'entre elles n'avaient subi qu'un simple dégrossissage à l'arrière du cou, où était encore visible un morceau de la roche mère. D'autres au contraire avaient un cou déjà soigneusement poli. Si ces diverses étapes du travail des anciens sculpteurs confirmaient en partie les récits traditionnels, Mrs. Routledge se refusa en revanche à croire que les sculptures « marchaient » toutes seules jusqu'aux *ahu* après le finissage.

Mrs. Routledge se livra à une étude détaillée du village cérémoniel d'Orongo, où elle trouva les félins relevés par Thomson déjà fort érodés. Par contre, elle distingua parmi les pétroglyphes des représentations de l'homme-oiseau, parfois superposées à celles du dieu Make-Make. L'exploratrice ne manqua pas de recueillir toutes les traditions orales concernant l'homme-oiseau et son festival. Au cours de ce dernier, rappelons-le, les Pascuans se ruaient à la nage vers les îlots du large afin d'en ramener les premiers œufs du sterne noir. En 1987, leurs descendants voulurent bien faire revivre pour nous cette cérémonie.

Dès l'arrivée du premier oiseau migrateur venu de l'est, les concurrents se précipitaient hors de leurs demeures de pierres pour franchir les falaises et gagner le large à l'aide des *pora* de roseaux traditionnelles. Sur les îlots de *Motu-Nui* et *Motu-Iti* les attendait l'oiseau du Soleil, Manutara, que nous connaissons sous le nom plus prosaïque de sterne noir. Le premier concurrent à ramener un œuf au village d'Orongo était sacré homme-oiseau. Pendant toute l'année, il jouirait de privilèges quasi royaux.

à sa famille, et dont on lui avait confié le secret, mais ils ne trouvèrent pas l'endroit et Juan en conclut qu'on lui avait menti. Mrs. Routledge, quant à elle, écrivit que les cavernes des indigènes n'étaient certes pas des « châteaux en Espagne », mais qu'il était tout aussi difficile de les voir apparaître effectivement.

Cette ardeur mise à rechercher les cavernes des autres se serait certainement vite épuisée, si les gens du village n'avaient su que d'autres, tout comme eux-mêmes, y avaient caché des objets dont ils ne voulaient pas se défaire. Et, si ces entrepôts souterrains avaient pu être aisément découverts par des non-initiés, ils n'auraient été d'aucune utilité. La difficulté était telle que ni les anciens propriétaires légitimes ni les voleurs possibles ne parvinrent à retrouver les provisions volées aux Britanniques. Mrs. Routledge ne rentra donc jamais en possession de son savon ; en revanche, elle tomba sur les entrées de quelques cavernes intéressantes.

L'une d'elles était très resserrée — quelque 60 centimètres de haut sur moins de 30 de large — et donnait sur un court passage en forte pente, par lequel elle dut se faufiler sous terre. La caverne elle-même s'avéra être un caveau circulaire de moins de 3 mètres de diamètre. Quatre squelettes gisaient côte à côte sur le sol, et un cinquième avait été poussé à la hâte par l'ouverture, la tête la première. Le plafond et les parois étaient de fabrication humaine et couverts de pigment blanc. Au mur se trouvaient trois têtes ciselées en relief et ornées de touches de peinture rouge. L'une d'elles portait un bouc prononcé.

Dans une autre caverne funéraire de type semblable, elle rencontra également ces visages de pierre inhabituels, impossibles à détacher du mur. Elle se rendit compte qu'un autre chercheur de trésor avait repéré les entrées de ces deux cavernes avant elle et en déduisit que toutes les sculptures transportables cachées dans les cavernes avaient dû être déjà volées et vendues à des voyageurs étrangers.

Ayant installé son campement au pied des carrières du Rano Raraku, Mrs. Routledge eut plus de temps et d'occasions que les visiteurs précédents pour étudier le travail des sculpteurs préhistoriques. Jusque-là, personne n'avait prêté grande attention aux statues inachevées qui restaient attachées aux parois des carrières. L'équipe d'exploration de Cook était passée non loin mais n'avait pas même reconnu qu'il y avait là des carrières, bien qu'elles couvrissent tout le flanc sud du volcan, du cratère jusqu'à la base. Aujourd'hui, comme à l'époque de Mrs. Routledge, on les aperçoit à des kilomètres. Sans doute, du temps de Cook, avant que les hordes d'animaux importés n'eussent brouté et piétiné toute végétation, ce versant escarpé était-il couvert de fougères et de broussailles. En tout cas, l'une des découvertes les plus surprenantes de Mrs. Routledge fut celle de la grande proportion de *moai* abandonnés près des carrières, par rapport à ceux qui avaient été emmenés jusqu'aux *ahu* des différentes parties de l'île.

Mrs. Routledge examina au total près de 500 statues, dont 231 étaient tombées d'une centaine d'*ahu* disséminés le long de la côte. Très peu se trouvaient à l'intérieur des terres. Toutes les autres étaient restées, soit renversées, soit debout, non loin des carrières, ou bien avaient été laissées en chemin, le long des vestiges à peine visibles de routes préhistoriques.

Mrs. Routledge observa qu'aucune des statues des carrières n'était dotée d'yeux, pas même celles qui étaient debout, ni celles qui parsemaient les routes. On eût dit qu'elles étaient aveugles. Seules celles qui avaient jadis été érigées sur les *ahu* présentaient de profondes concavités ovales marquant l'emplacement des yeux. Et elles seules avaient été surmontées de cylindres de pierre rouge, qui gisaient maintenant sur le sol à côté d'elles. Pourquoi toutes les autres statues étaient-elles aveugles et nu-tête ?

L'exploratrice fut tout d'abord confondue par la profusion de roches taillées, de visages de pierre, de corps informes, de niches vides et de murs maçonnés qui faisaient de tout ce flanc de montagne un gigantesque monument de ténacité et de ferveur humaines. Elle dénombra au total 150 statues abandonnées à différents stades d'élaboration. Le tuf du volcan, dur mais d'un grain fin, avait été taillé à l'aide de pics faits d'un basalte sombre encore plus dur et grossièrement effilés. Des milliers de tels outils, usés et émoussés, jonchaient les carrières. En général, les sculpteurs commençaient par creuser dans le pan rocheux les contours du buste, vu de face. Mais il arrivait aussi qu'ils eussent commencé leur travail en profil, taillant un escarpement vertical de telle sorte que la statue prenait forme couchée sous un gable, le visage tourné vers le haut. Une fois que le devant et les côtés étaient terminés, on faisait sauter par éclats la roche au-dessous de la statue, que l'on calait avec des pierres. Quelques *moai* achevés furent trouvés abandonnés à mi-pente.

Les statues des carrières ne différaient entre elles que par leurs dimensions et leur degré de finition ; pour le reste, elles étaient toutes conformes au même modèle : c'étaient des bustes entiers, dont le corps descendait jusqu'à l'aine, avec les mains posées sur le ventre dans une curieuse position. Un nombre impressionnant de statues étaient en cours de fabrication simultanément, quand l'activité dans les carrières avait brusquement cessé. Cependant, dans certains cas, les sculpteurs avaient déjà abandonné le travail auparavant, parce qu'ils avaient trouvé une fissure dans la roche, ou parce que des endroits durs, que les pics de basalte ne pouvaient entamer, étaient apparus sur le nez ou le menton. Plusieurs centaines d'habiles sculpteurs devaient travailler là lorsqu'ils avaient été interrompus.

Mrs. Routledge sut expliquer l'ensemble de leurs procédés. Pour donner naissance à cette foule de mégalithes anthropomorphes, il suffisait d'avoir des pics, des pierres abrasives, de la patience, du temps, une bonne organisation, des artistes compétents, et plusieurs équipes de tailleurs de pierre hautement qualifiés et d'ingénieurs expérimentés, capables d'amener les images colossales jusqu'au bas de la montagne sans une éraflure. Mais un autre problème attendait l'exploratrice devant les statues qui avaient été descendues sans dommage au pied de la colline et dressées parmi les éboulis, juste au-dessous des carrières. Pourquoi les mettre debout à cet endroit ? Il n'y avait aucun *ahu* pour les soutenir. Elles étaient posées sur le sol en ordre dispersé, les unes seules, d'autres par groupes, leurs visages tournés vers toutes les directions comme si elles n'en revenaient pas de leur propre existence, mais toutes aveugles et nu-tête. Selon la tradition, « on mettait les statues debout pour les terminer ».

Cette affirmation, toujours reprise à l'époque, ne fut pas prise au sérieux par Mrs. Routledge, qui y voyait cependant la trace d'anciens souvenirs. Pour résoudre ce problème, elle procéda elle-même à des investigations et constata que nombre des 40 statues qui étaient debout dans les éboulis des carrières avaient en effet le dos inachevé. Certaines présentaient un dos grossièrement convexe, en forme de quille de bateau, d'autres, terminées, un dos superbement modelé.

Elle crut d'abord que deux sortes différentes de statues se trouvaient au-dessous des carrières. Mais, nombre de mois plus tard, elle observa que l'une d'entre elles avait une oreille droite soigneusement sculptée, y compris l'ornement du lobe, tandis que l'autre était restée à l'état brut, au-dessus d'un cou asymétrique. En creusant derrière cette statue, elle put voir que le dos avait été abandonné en cours de finissage. D'autres statues à moitié enterrées s'avérèrent également avoir le dos à moitié terminé. Elle comprit que cette partie du travail n'était accomplie qu'une fois les statues ainsi dressées, ce qui supposait, nota-t-elle, quelque sorte d'échafaudage. Elle ne voulut cependant pas croire que les statues mises debout au-dessous des carrières attendaient, une fois terminées, d'être transportées jusqu'à de lointains *ahu*. En effet, il aurait été bien plus simple de les transporter couchées sur le dos et d'attendre, pour achever le dos, que l'image ait été érigée une fois pour toutes sur son *ahu*.

En fouillant parmi les gravats pour essayer de percer le mystère des deux sortes de dos, elle découvrit sur celui de plusieurs statues un très beau motif, consistant en un ou deux anneaux surmontant une arche en forme d'arc-en-ciel. Telles étaient les découvertes qu'elle dissimula pendant la visite de la flotte allemande, soutenant que ses fouilles ne lui avaient guère apporté que des déceptions.

Une première tentative pour dégager une des statues mise sur pied dans les carrières échoua totalement, car celle-ci se tenait dans des gravats trop consistants pour être retirés. Mais on en trouva une autre dans un éboulis plus léger et l'on réussit à la dégager ; on vit alors qu'elle ne reposait sur aucune fondation, mais se terminait par une extrémité grossière en forme de pointe. Mrs Routledge crut que toutes les statues debout au-dessous des carrières devaient être du même type et en déduisit qu'elles avaient été érigées pour rester à cet endroit, non pour être emmenées jusqu'aux *ahu*. Elle n'avait pas remarqué que la statue dont elle avait réussi à découvrir la base était la seule défectueuse, abandonnée à cause d'une fracture malencontreuse. C'est ainsi qu'elle tint toujours pour une énigme le fait que les *moai* dressés à cet endroit étaient disposés en désordre, qu'ils étaient aveugles et dépourvus de cylindres rouges sur la tête, et qu'en dehors de cette zone on n'en rencontrait aucun qui eût encore le dos arrondi.

Elle consacra beaucoup de temps et d'ingéniosité à la question cruciale de savoir comment ces monuments colossaux avaient pu être transportés sur des kilomètres de terrain accidenté. Elle devina qu'il avait dû exister des routes préhistoriques et, étant montée sur une butte par une fin d'après-midi, en décela des vestiges sous les rayons rasants du soleil. Depuis la visite de Cook, ces traces avaient été en par-

Les membres de l'expédition archéologique norvégienne de 1986 examinent un couple d'hommes-oiseaux sur une dalle peinte d'Orongo, transférée à Santiago du Chili. De gauche à droite : Pavel, Figueroa, le conservateur Guillermo Joiko, Skjölsvold et l'auteur.

Les hommes-oiseaux de l'île de Pâques sont souvent représentés par couples. Les silhouettes sont accroupies face à face, leurs mains et leurs pieds se touchant.

Omniprésent dans les traditions pascuanes, l'homme-oiseau brille par son absence dans le reste de la Polynésie. On le retrouve par contre dans l'iconographie pré-inca du Pérou, surtout chez les Mochicas, où il est associé à la navigation. La ressemblance entre ce couple d'hommes-oiseaux figurés sur une bille de céramique de l'île Puna, dans le golfe de Guayaquil, et l'exemple pascuan illustré précédemment, est trop frappante pour être purement fortuite.

tie recouvertes de pierraille par les troupeaux. Elle découvrit trois routes principales, de quelque trois mètres de large, construites tantôt en surélévation, tantôt à l'intérieur d'une tranchée, qui rayonnaient autour des carrières du Rano Raraku. Le long de l'une d'entre elles, qui traversait l'île jusqu'au Rano Kao, se trouvaient 27 statues très distantes les unes des autres, disposées comme au hasard. Elles mesuraient jusqu'à 7 et 10 mètres de long. D'un passage dans l'ourlet du cratère, une autre route partait en direction des terres de l'ouest ; 14 *moai* renversés la jonchaient jusqu'au premier embranchement. La troisième filait vers le nord et ne comportait que 4 géants ; mais le plus éloigné de ceux-ci était aussi le plus grand, atteignant 11 mètres de haut. Il était en morceaux, mais consistait à l'origine en un seul bloc, qui atteignait la hauteur d'un immeuble de quatre étages.

La conclusion immédiate de Mrs. Routledge fut que toutes ces statues éparpillées sur les routes avaient été abandonnées en cours de transport. Cependant, un examen plus serré fit surgir une question difficile. Certaines statues étaient couchées sur le dos, d'autres sur le ventre, et on en trouvait qui étaient brisées en deux ou trois morceaux, comme si elles étaient tombées de très haut. Elle fouilla autour de deux d'entre elles et au-dessous, sans trouver trace de pavage ni de plates-formes. Cette recherche ne fut pas sans résultat, car elle put observer que les marques d'érosion sur l'une d'elles révélaient que la pluie avait longtemps ruisselé de tous côtés autour du sommet de la tête : la statue était manifestement restée longtemps en position verticale avant de tomber.

Les insulaires avaient une explication toute prête : « Les *moai* marchaient, et certains sont tombés en chemin. » Il n'était guère facile pour Mrs. Routledge d'accepter ce commentaire, d'autant que son jeune informateur ajoutait quelques fantaisies aux anciennes traditions : les *moai* s'étaient vu intimer l'ordre de marcher par une vieille sorcière, qui les fit tomber un jour parce qu'elle était contrariée de ne pas avoir été invitée à partager un repas de homard. Mrs. Routledge reconnaît pourtant : « Mais nous étions alors si attachés à l'idée qu'ils étaient en cours de transport que nous nous demandâmes sérieusement s'ils n'auraient pu être déplacés en position verticale. »

Ayant décidé que c'était impossible, compte tenu de leur hauteur et de leur minceur, Mrs. Routledge fut amenée à déduire de ses observations que ces monuments avaient été érigés là où ils se trouvaient et étaient ensuite tombés. Elle en tira une description imaginaire qui faisait du Rano Raraku le point d'aboutissement d'au moins trois magnifiques avenues, le long desquelles les pèlerins étaient accueillis ici et là par des géants de pierre, gardiens de l'accès à la montagne sacrée. Elle concluait : « C'est pourquoi on n'a trouvé aucune statue dont on puisse affirmer qu'elle était en train d'être déplacée ; leur mode de transport demeure mystérieux. »

Elle soulignait que certains des colosses pesaient jusqu'à quarante ou cinquante tonnes, mais que tous étaient parvenus sur les *ahu* sans une égratignure et sans qu'aucun fût abandonné en route, quoique les carrières fussent pleines de roches taillées à tous les stades de la fabrication. Elle doutait qu'il y eût eu alors suffisamment de bois pour placer des rouleaux sous les énormes blocs de pierre ; seuls les cylindres rouges qui ornaient les têtes des *moai* auraient pu être roulés depuis les carrières jusqu'à l'autre extrémité de l'île. Ayant entendu une tradition selon laquelle un de ces cylindres avait été placé sur sa statue grâce à la construction d'un remblai provisoire, elle suggéra que les statues elles-mêmes avaient dû être mises debout par le même moyen, « halées sur une banquette de terre plus haute que les piédestals puis abaissées sur ceux-ci ».

De ses propres observations, Mrs. Routledge conclut que les statues achevées de l'île de Pâques pouvaient être classées en trois catégories : celles qui étaient debout au-dessous des carrières, avec des bases en pointe ; celles qui avaient été disposées le long de la route, avec des corps entiers ; enfin celles qui étaient installées sur les *ahu*, avec le corps entier, des concavités pour les yeux et un cylindre de pierre rouge sur la tête.

Elle supposa que ces pierres surajoutées représentaient quelque coiffure cérémonielle. Personne ne lui avait dit que le mot pascuan pour les désigner était *pukao*, qui signifie « toupet » — c'est-à-dire la coiffure des hommes lors de l'arrivée des premiers Européens. Ayant demandé à Juan ce qu'il fallait y voir, elle s'entendit répondre *hau hiterau moai*, ce qui ne signifie rien d'autre que « des chapeaux de pierre rouge pour les images ». Elle visita la carrière de scories rouges du cratère du Puna Pau et y mesura les cylindres qui y étaient restés, ainsi que d'autres rangés ensemble en dehors du cratère, prêts à être transportés. Elle en trouva d'autres encore en rase campagne, abandonnés pendant qu'on les acheminait vers quelque lointain *ahu*. Contrairement aux statues, on les transportait sous leur forme brute, qui comportait une bosse ou renflement sur le dessus et, par-dessous, un creux correspondant au sommet du *moai*.

L'expédition Routledge étudia quelque 260 *ahu* maçonnés. Pas un seul n'était dans son état d'origine, tous avaient été reconstruits. On distinguait dans les murs des fragments d'anciennes statues, et toutes celles qui étaient jadis debout étaient maintenant renversées, leurs couvre-chefs tombés à quelque distance. Juan expliqua spontanément que les seize *moai* de la baie de Hotu-iti s'étaient écroulés lorsqu'un vieux magicien avait tapé des pieds parce qu'on ne lui donnait pas de poulet à manger. Mrs. Routledge préféra se fier à la tradition, selon laquelle il y avait eu des ravages à l'époque des guerres tribales. Elle découvrit même comment les géants avaient été renversés : on avait retiré des pierres de sous leur assise, provoquant leur chute en avant.

Juan parvint plus facilement à la persuader quand il lui présenta les anciens mausolées, ceux que Geisener avait ouverts, comme des *moa*, c'est-à-dire des poulaillers. Elle fut très surprise de voir des bâtiments destinés aux poulets beaucoup plus imposants que ceux destinés aux hommes, mais on lui répondit que les poulets étaient d'une grande importance pour les insulaires et que, grâce à ces édifices, personne ne pouvait les voler, car dans l'obscurité il était impossible de déplacer silencieusement les dalles du toit.

On la persuada également que les tours colossales que les insulaires appelaient *tupa* avaient été construites à seule fin de guetter les tortues de mer, sans lui expliquer pourquoi leur étroite entrée était si basse qu'elle ne permettait d'apercevoir aucune tortue — à moins qu'il n'en vînt justement une par cette ouverture. De plus, plutôt que de rester inconfortablement assis sur les blocs de pierre du toit voûté, on aurait aussi bien guetté les tortues de n'importe quel promontoire voisin.

Mrs. Routledge découvrit certains vestiges inexplicables, qui n'avaient été remarqués par aucun visiteur antérieur et lui firent une très forte impression. Certaines traces préhistoriques désignées par les Pascuans sous le nom d'*Ara Mahiva*, c'est-à-dire « la route de Mahiva », étaient réputées faire tout le tour de l'île, et on les considérait comme une œuvre surnaturelle. Elles présentaient l'aspect d'un sillon ininterrompu et, sur les côtes nord et ouest, passaient en grande partie par le haut des falaises. Lorsqu'elles avaient été coupées par un glissement de terrain ou par l'érosion, on les retrouvait sur la falaise suivante. C'est sur le Rano Kao qu'on les discernait le mieux, sous certains éclairages, traversant l'ourlet du cratère à l'est comme à l'ouest. « Ce témoin silencieux d'un passé oublié est une des choses les plus mystérieuses et impressionnantes de l'île. »

Mrs. Routledge demeura sur l'île de Pâques jusqu'au printemps de 1915. C'est alors qu'elle put se réjouir de voir « S » revenir sain et sauf à bord du *Mana* ; trois mois plus tard, l'expédition quitta l'île.

Dans le résumé de ses propres impressions pendant six mois, Katherine Routledge évita soigneusement de se prononcer sur l'énigme de l'origine de Hotu Matua et de choisir parmi le fatras de théories opposées qui ternissait la recherche sur les îles du Pacifique. Elle rejeta cependant les spéculations de ceux qui, depuis peu, se demandaient si cette île solitaire ne pouvait être le reste d'un continent englouti. Et elle exclut également toute arrivée d'Amérique du Sud. La suggestion selon laquelle l'île de Pâques aurait été peuplée à partir du continent, expliqua-t-elle, pouvait être repoussée pour des raisons de fait, car déjà les tout premiers voyageurs avaient observé des similarités linguistiques avec les autres îles. « Arrivés à ce point, dit-elle, nous restons confrontés à un problème plus vaste, celui de la race ou des races qui peuplaient le Pacifique. »

Elle rentra en Europe pleinement convaincue que deux peuples différents s'étaient mêlés pour constituer la population qu'elle avait rencontrée à l'île de Pâques et qui, à son sens, descendait des sculpteurs de statues. Son expédition ramena à Londres une collection de crânes pascuans pour les faire examiner par le professeur Keith. On espérait qu'ils contribueraient à éclairer le problème. Keith trouva le type polynésien parfaitement représenté par certains d'entre eux, mais sa conclusion générale présentait les Pascuans comme « absolument et relativement dolichocéphales, plus proches à cet égard du type mélanésien que du type polynésien ».

Mrs. Routledge ajoute que cet examen céphalique permit aussi une autre observation remarquable : ces crânes révélaient en effet que les Pascuans possédaient les cerveaux les plus volumineux jamais découverts sur les îles ou les rivages du Pacifique, avec une contenance crânienne supérieure même à celle « des habitants de Whitechapel ». C'était là un problème de plus : en vertu de quoi les Pascuans possédaient-ils une contenance crânienne supérieure à celle des autres tribus du Pacifique ?

Par ailleurs, certains des crânes confirmaient l'analyse linguistique : il existait bien un élément polynésien sur l'île de Pâques. Mais l'autre type était si nettement dolichocéphale que Keith n'avait pu en invoquer de comparables que chez les Mélanésiens. Ceux-ci étaient toutefois un peuple négroïde : si des Mélanésiens s'étaient mêlés à des Polynésiens, leurs descendants communs auraient eu la peau plus sombre que ces derniers. Or Mrs. Routledge et tous ses prédécesseurs avaient souligné que les Pascuans avaient le teint plus clair que toutes les autres tribus du Pacifique. Le problème de Mrs. Routledge était donc d'établir l'origine de ceux des Pascuans qui avaient la peau plus claire, non seulement que les Polynésiens, mais qu'elle-même. Il était absurde de faire appel aux Mélanésiens.

Comme on avait éliminé, pour des raisons linguistiques, le continent sud-américain, personne ne prit en considération le fait que les cimetières de la côte pacifique du Pérou abondaient en crânes dolichocéphales. Les actuels Indiens du Pérou et du reste de l'Amérique du Sud sont aussi brachycéphales que la moyenne des Polynésiens, mais les souverains pré-incas de Tiahuanaco et nombre des populations apparentées sur la côte pacifique étaient extrêmement dolichocéphales. Certes, les Indiens brachycéphales s'allongeaient artificiellement le crâne, mais les momies pré-incas n'avaient pas subi de telle déformation, ni dans les hautes terres, ni sur la côte, et elles étaient fortement dolichocéphales. Il s'agissait du même peuple qui, selon une tradition historique inca bien établie, avait la peau aussi blanche que les Espagnols, et avait enseigné aux Incas l'extension des lobes d'oreilles. C'était aussi ce peuple dont Markham rapprochait les statues, érigées à Tiuahuanaco, des monuments de l'île de Pâques.

Mrs. Routledge conclut son livre en ces termes : « Voilà notre histoire racontée. Cette expédition a apporté, je l'espère, de nouveaux éléments, qui s'insèrent dans le puzzle qu'elle était allé étudier, mais il est grand besoin que tous les lecteurs, de quelque partie du monde qu'ils soient, qui ont une contribution à proposer, le fassent ; c'est seulement ainsi que pourra être résolu le Mystère de l'île de Pâques. »

Les données de la botanique

Les observations de Katherine Routledge poussèrent différents chercheurs à se rendre sur l'île de Pâques, parmi lesquels le botaniste suédois Carl Skottsberg. Le monde entier recommença à s'intéresser à cette terre isolée, dont les vestiges préhistoriques déconcertaient les scientifiques.

Skottsberg publia un livre et plusieurs articles pour rendre compte de ses recherches. Il était spécialiste des plantes sauvages des régions inhabitées, sujet qui n'attire guère le grand public. Même les anthropologues préfèrent lire des textes relatifs aux ossements humains et aux tessons de poterie. Les végétaux, même les plantes cultivées, sont trop souvent comptés pour rien dans leurs investigations. Pourtant, ils parlent un langage plus compréhensible que toutes les légendes et constituent des indices aussi peu récusables que des empreintes digitales. L'éminent phytogéographe George F. Carter disait : « N'importe quel abruti est capable de fabriquer une pointe de flèche, mais Dieu seul peut créer une patate douce. »

Skottsberg passa dix jours sur l'île de Pâques, à l'issue d'un recensement botanique qu'il était allé effectuer sur les îles Juan Fernández, au large des côtes chiliennes. Comme d'autres voyageurs avant lui, il fut frappé de constater que les Pascuans n'étaient pas avant tout des pêcheurs, mais tiraient l'essentiel de leurs ressources de l'agriculture ainsi que de certaines plantes sauvages.

Il constata avec étonnement que, parmi les très rares plantes sauvages parvenues sur l'île, figuraient deux espèces d'eau douce, qui croissaient en abondance dans les lacs de cratère du Rano Raraku et du Rano Kao. C'étaient toutes deux des plantes utiles, et les deux seules de l'île à pousser en eau douce. Comment avaient-elles pu traverser l'océan ?

La première était le roseau *totora*, qui peuplait aussi les rives du lac Titicaca, et que les Indiens des côtes sud-américaines situées en contrebas cultivaient dans de vastes champs irrigués, au milieu des vallées désertiques. Ils l'utilisaient pour la construction de leurs toits et de leurs bateaux. La seconde était connue des insulaires sous le nom de *tavari* et servait à des fins médicinales. Le *tavari* poussait également autour du lac Titicaca, et les indigènes de cette région en faisaient le même

Le botaniste suédois Carl Skottsberg s'étonna de trouver, parmi les espèces végétales de l'île de Pâques, un haut pourcentage de plantes utiles d'origine sud-américaine, notamment le roseau *totora* et une précieuse plante médicinale. Vu la distance séparant l'île de la région du lac Titicaca, berceau de ces espèces, il crut tout d'abord avoir affaire à des variantes locales. Lorsque l'expédition du *Kon-Tiki* démontra la possibilité de la navigation préhistorique entre le Pérou et la Polynésie, Skottsberg renouvela son examen des roseaux pascuans. Sa conclusion : roseau de l'île de Pâques et roseau du lac Titicaca faisaient partie d'une seule et même espèce. *A gauche* : parmi les roseaux du lac Titicaca, un bateau fait de ce matériau.
Page ci-contre : la même scène, mais cette fois sur le lac du cratère du Rano Raraku ; à l'arrière-plan, les carrières et les têtes géantes émergeant de la vase.

usage. L'une et l'autre étaient strictement américaines et inconnues dans tout le Pacifique — hormis les lacs de cratère de l'île de Pâques.

Le roseau *totora* avait été reconnu et signalé par les premiers voyageurs. Skottsberg le décrit comme la plante sauvage la plus utile de l'île de Pâques. Il servait notamment à la construction de maisons et à la fabrication de bateaux, semblables à ceux du lac Titicaca et des côtes péruviennes. Les nattes de *totora* étaient le seul élément de mobilier des habitations pascuanes, avec les oreillers de pierre. Le *totora* permettait encore d'ourdir des chapeaux et des paniers, et avec ses fibres on fabriquait des filets de pêche, des cordes torsadées et d'épais câbles tressés. Ç'eût été un incroyable coup de chance pour la population locale si des graines de *totora* avaient été apportées par le vent, qui plus est en même temps que celles d'une plante médicinale — et avec leur mode d'emploi, car les Polynésiens venus de l'ouest ignoraient tout de la fabrication de bateaux de roseaux. Les oiseaux de mer sont hors de cause, car ceux qui fréquentent l'île de Pâques viennent de l'îlot rocheux de Sala y Gómez et non d'Amérique du Sud. Par ailleurs, le *totora* se plante normalement sous forme de rhizomes, non de graines. Mais ce matériel aurait aisément pu être apporté par des voyageurs arrivés sur des bateaux de *totora*. La seule présence du *totora* (*Scirpus riparius*) et du *tavari* (*Polygonum acunimatum*) est donc un témoignage génétique qui vient à l'appui de la tradition pascuane sur une immigration par l'est. Il en va d'ailleurs de même de plantes cultivées comme la patate douce, la calebasse et le piment, elles aussi observées par les premiers visiteurs.

A l'exception d'une mousse de tourbières, rien d'autre ne poussait dans les lacs de cratère de l'île de Pâques. Sur la terre humide de leurs berges, cependant, Skottsberg trouva encore une plante strictement américaine : le *Cyperus* aux racines comestibles, également originaire du Pérou. Le seul arbuste de l'île enfin, *Lycium carolinianum*, était lui aussi d'origine américaine et fournissait des baies comestibles.

Les arbres de l'île de Pâques étaient tous très répandus à travers le Pacifique et ne posaient pas de problème botanique, à la seule exception du plus utile d'entre eux, le *toromiro*, qui poussait tout seul et dont on se servait pour sculpter les figurines religieuses et les effets de la famille royale. Les insulaires affirmèrent à Salmon et Thomson, au siècle dernier, que cette espèce avait été introduite à dessein par Hotu Matua. En tant que matériau de construction, le *toromiro* ne le cédait en importance qu'au *totora*. Skottsberg, qui avait lui-même rencontré une variété extrêmement proche de cet arbre sur les îles chiliennes Juan Fernández, tomba d'accord avec les botanistes chiliens pour considérer qu'il s'agissait d'une seule et même espèce. Or il n'existait aucun arbre semblable dans toute la Polynésie. D'ailleurs, déjà Knoche, après avoir interrogé les Pascuans, avait jugé que le *toromiro* royal était une espèce chilienne acclimatée et l'avait porté sur sa liste des plantes cultivées sur l'île de Pâques.

Skottsberg avait d'abord estimé que le *totora* pascuan était une variété locale de la plante sud-américaine. Après l'expérience du radeau *Kon-Tiki*, qui démontrait que les anciens Péruviens possédaient des embarcations capables de parcourir des milliers de milles, il réexamina cette espèce et la trouva tout à fait identique à celle du lac Titicaca. Selon ses conclusions, il était difficile de concevoir que même ses graines aient pu franchir l'océan sans une intervention humaine.

A la fin de sa vie, il devait retrouver le *toromiro*, de la manière la plus inattendue, dans son propre jardin botanique. En 1956, en effet, notre expédition archéologique norvégienne était parvenue à l'île de Pâques juste à temps pour en voir le dernier spécimen vivant, dans le cratère du Rano Kao. C'était une souche sérieusement abîmée et bien près de mourir. Le bois de *toromiro* restait si prisé des sculpteurs locaux qu'ils en amassaient tous les morceaux qu'ils pouvaient trouver et les cachaient dans leurs cavernes. L'espèce était maintenant éteinte à l'exception de cette souche, où poussait un rameau avec quelques gousses de graines que je cueillis pour les rapporter, en même temps que nos échantillons de pollen, à notre collaborateur suédois, le professeur Olof H. Selling, directeur du département de Paléobotanique au musée d'Histoire naturelle de Stockholm. Skottsberg vivait encore lorsque Selling mit en terre ces graines au jardin botanique de Gothenburg. Il obtint ainsi trois arbres, au moment même où se mourait le dernier spécimen de l'île. Par une chance extraordinaire et grâce à l'action prudente de Selling, nous avions sauvé au tout dernier moment une espèce qui, sans cela, eût disparu de la planète. Il convient de noter qu'au cours de la plus récente étape de nos fouilles, en 1988, le botaniste Björn Aldén, de Gothenburg, débarqua sur l'aéroport récemment construit avec dans ses bagages deux grands cartons contenant chacun un joli petit *toromiro*. Ces jeunes pousses furent replantées avec un soin tout professionnel dans le sol de leurs antiques ancêtres.

Sur les traces des géants de pierre

J. MacMillan Brown, globe-trotter et écrivain bien connu, avait déjà parcouru les hauts plateaux andins et les îles du Pacifique lorsqu'il décida de s'attaquer à l'énigme de l'île de Pâques. Il avait littéralement suivi les traces des géants

Ayant suivi la trace des colosses de pierre à travers toutes les Andes jusqu'à Tiahuanaco, le célèbre voyageur MacMillan Brown mit le cap sur l'île de Pâques, où il passa quatre mois à étudier les statues géantes. Il poussa ensuite jusqu'aux îles Marquises, où l'attendaient d'autres monuments. D'après les datations au carbone 14 obtenues en 1956 par l'expédition norvégienne, la statuaire des Marquises est postérieure de plusieurs siècles à celle de l'île de Pâques. Il y a lieu de croire que les *Tiki* marquisans ont été inspirés par d'autres monuments, plus anciens : ceux de San Agustín, en Colombie. Vu sa position géographique, dans le Nord des de pierre préhistoriques et connaissait fort bien les formidables murs et statues de Tiahuanaco et des régions péruviennes adjacentes. En outre, il avait beaucoup circulé en Micronésie, en Mélanésie et en Polynésie, visitant en particulier les très rares sites où avaient été érigées des statues de pierre. Il avait donc constaté que les monolithes préhistoriques de forme humaine sont distribués de façon limitée, mais continue, en bordure du Pacifique Est. En descendant du Mexique et de l'Amérique centrale vers le sud, on trouve les colosses érigés puis abandonnés par des sculpteurs inconnus tout le long de la côte pacifique de l'Amérique du Sud, en Colombie, en Équateur, au Pérou et en Bolivie, jusqu'à Tiahuanaco et au lac Titicaca. Quant aux îles polynésiennes, seules les plus orientales en possèdent, plus précisément l'île de Pâques, les Marquises et Raivavae. Les mutins du *Bounty* avaient aussi découvert et d'ailleurs jeté à la mer des statues de pierre, mais hautes comme des nains, sur l'île inhabitée de Pitcairn. On n'en rencontre aucune dans tout le reste du Pacifique, qui couvre la moitié de la planète.

MacMillan Brown passa cinq mois sur l'île de Pâques, atteignant presque le record de Mrs. Routledge. Tout comme celle-ci, cet ethnologue amateur était un fervent observateur, moins prudent qu'elle dans ses conclusions personnelles, mais possédant plus d'expérience géographique, ce qui lui permettait de procéder à des comparaisons plus larges. Son verdict fut que les grandes statues de pierre, du centre du Pérou jusqu'à Tihuanaco, présentaient des analogies frappantes avec celles de la Polynésie orientale, par leur silhouette primitive et leurs traits stylisés. Or c'étaient aussi les régions où fleurissait une technique de maçonnerie bien particulière : « Le dressage et l'ajustement de blocs cyclopéens sont exactement identiques à Cuzco et sur l'île de Pâques ; ils exigent la même habileté et l'organisation de véritables armées de travailleurs. Sur l'île de Pâques, la pierre était abondante mais, contrairement aux Andes où toutes les conditions étaient réunies, il n'y avait pas d'autre facteur permettant l'apparition d'un art mégalithique. »

Andes, San Agustín était en effet mieux placé pour exercer une influence sur les Marquises que des sites plus méridionaux tels que l'île de Pâques ou Tiahuanaco. *Page de gauche* : un *Tiki* marquisan et un monument de San Agustín. Les deux ont un air diabolique, une grande bouche, les mains sur le ventre, les jambes écourtées et un socle enfoncé dans la terre. *Ci-contre* : une statue de l'île de Pâques et un colosse de Tiahuanaco. Les monuments de l'île n'ont pas été conçus pour inspirer la peur, mais pour dominer et impressionner de par leurs dimensions colossales. Cette caractéristique les rapproche des hommes de pierre tiahuanacans à la riche parure.

On aurait peut-être prêté plus d'attention aux observations de MacMillan Brown s'il ne les avait mises au service de sa marotte : la théorie selon laquelle l'île de Pâques serait le vestige d'une masse continentale engloutie. Il entendait faire partager à ses lecteurs l'idée que les statues auraient été érigées sur les pics les plus hauts d'un pays qui sombrait dans la mer. Mrs. Routledge avait écarté une telle possibilité, et d'ailleurs, tout plaidait contre l'existence d'importantes perturbations géologiques dans cette partie du Pacifique, depuis qu'elle était habitée. Mais MacMillan Brown ne pouvait trouver que cette explication, ayant éliminé toute diffusion transocéanique dans une direction comme dans l'autre. Ainsi écrit-il d'une part : « L'île de Pâques n'enseigna pas l'art mégalithique aux Andins », et d'autre part : « Nous pouvons admettre comme un axiome que ce n'est pas du Pérou que les constructeurs et les sculpteurs de l'île de Pâques avaient tiré leur art. » Un autre axiome, celui-là généralement admis, à savoir que le Pérou primitif ne possédait pas d'embarcations capables de tenir la mer, permettait à MacMillan Brown d'introduire sa théorie d'un pont de terre englouti.

L'ethnologue argentin J. Imbelloni, qui, à l'instar de Markham et de MacMillan Brown, soutenait qu'il y avait un lien entre l'art mégalithique de l'île de Pâques et celui du Pérou, acceptait par ailleurs l'axiome relatif aux possibilités maritimes des Péruviens mais refusait de croire à ce continent disparu, concluant qu'au contraire c'étaient les Pascuans qui avaient inspiré le Pérou. Peu de spécialistes compétents pouvaient accepter cette interprétation. Il paraissait bien improbable qu'une tribu insulaire réduite et sans doute récente eût influencé l'architecture antique de tout un sous-continent. Aussi une autre explication fut-elle avancée par l'ethnologue américain E.S.C. Handy. Chercheur au Musée Bernice P. Bishop d'Hawaii, Handy avait personnellement exploré les vestiges de pierre des îles Marquises. Il proposa l'idée que des Polynésiens, dont l'activité maritime était séculaire, auraient touché les côtes américaines puis seraient retournés en Polynésie. Ils auraient ainsi pu voir les ouvrages de pierre du Mexique ou du Pérou, et même ramener avec eux quelques Indiens qualifiés en la matière.

Cette nouvelle théorie, qui mettait en jeu des pirogues polynésiennes et non des embarcations péruviennes, parut acceptable à nombre de collègues de Handy. Mais l'un d'eux, allant plus loin encore, remit en question l'axiome de départ : l'archéologue Kenneth P. Emory, également du Bishop Museum, qui avait étudié les autres vestiges de pierre polynésiens, sans rien y trouver d'analogue à la technique pascuane. Soulignant que la même technique caractérisait en revanche les constructions mégalithiques de l'ancien Pérou, il soutint qu'elle était originaire d'Amérique du Sud, écrivant par exemple : « Il est tout à fait raisonnable d'admettre une origine américaine pour un élément culturel aussi particulier, si frappant précisément dans les terres américaines les plus proches de la Polynésie et desquelles des courants mènent jusqu'à l'île de Pâques, puis aux Tuamotu. En 1929, des bidons d'essence perdus dans quelque naufrage sur les côtes sud-américaines parvinrent jusqu'aux Tuamotu, ce qui renfloua les réserves presque épuisées de notre expédition. Un des radeaux des premiers Incas, qui tenaient la mer, n'aurait-il pu être entraîné de même et porter des rescapés seulement jusqu'à l'île de Pâques, soit à 2 000 milles ? »

Aucun spécialiste moderne n'avait aussi ouvertement défié la réticence générale à l'égard des radeaux de balsa incas, prétendument incapables d'atteindre la Polynésie. Le raisonnement peu orthodoxe d'Emery lui attira d'ailleurs un tel mépris qu'il fut bientôt contraint de l'abandonner. Il s'en justifia par la suite en arguant du « fait que les embarcations de balsa de la côte occidentale de l'Amérique du Sud ne tardaient pas à prendre l'eau ». Ce dogme lui avait été imposé par un de ses collègues, l'américaniste R.B. Dixon, qui avait réussi à le convaincre que les radeaux de balsa prenaient l'eau au bout de quelques jours si on ne prenait pas soin de les mettre à sec.

Dixon n'avait jamais vu de radeau de balsa. Sa source était une étude, par ailleurs très pertinente, sur la navigation des indigènes au large des côtes pacifiques de l'Amérique du Sud, dont l'auteur était la plus importante autorité en ce domaine : S.K. Lothrop, de l'université de Harvard. Celui-ci citait lui-même un livre publié en 1850 par un voyageur anglais, G. Byam, qui avait aperçu une étrange voile à l'horizon, au large de la côte du nord du Pérou. Ayant demandé au capitaine de son bateau quelle était cette embarcation, il avait appris que c'était un radeau de balsa, bois qui absorbait tellement l'eau qu'avec ces radeaux il fallait serrer constamment la côte pour pouvoir les faire sécher au soleil de temps à autre.

La rumeur n'avait pas tardé à s'en répandre de bouche à oreille, mais aussi par écrit, et à gagner les études polynésiennes, dont elle devint un axiome peut-être même avant que sa figure de proue, Sir Peter Buck, n'écrivît dans son *Introduction to Polynesian Anthropology* : « Comme les Indiens d'Amérique du Sud n'avaient, ni les embarcations, ni la science nautique nécessaires pour traverser l'étendue océanique séparant leurs rivages des îles polynésiennes les plus proches, on peut écarter toute idée d'une telle influence. »

C'est bien ce que l'on fit, à tel point que les observations de MacMillan Brown, qui pour sa part ne faisait pourtant pas appel à une migration par mer, subirent le même sort.

L'expédition franco-belge : pétroglyphes et racines polynésiennes

Vingt ans s'étaient écoulés sans grand changement depuis l'arrivée du yacht de Mrs. Routledge, quand un aviso français débarqua pour la première fois une équipe de scientifiques professionnels venus étudier la culture passée et présente de l'île. Ils devaient être ramenés six mois plus tard par un bateau-école belge.

Le seul archéologue de l'équipe était le professeur belge Henri Lavachery, son collègue français étant décédé pendant la traversée. La France était représentée par l'ethnologue Alfred Métraux, et le Chili par un jeune docteur en médecine, Israel Drapkin, dont la mission était de vacciner la population pour éviter de nouvelles épidémies de variole et pour traiter le problème de plus en plus aigu que posait la

C'est à bord du bateau-école *Mercator* que deux éminents chercheurs, l'archéologue belge Henri Lavachery et l'ethnologue français Alfred Métraux, gagnèrent l'île de Pâques en 1934. Estimant que le sol pascuan était trop clairsemé pour receler d'anciens vestiges, ils n'entreprirent aucune fouille. Quant aux monuments mégalithiques, Mrs. Routledge en avait déjà publié une étude très complète. En revanche, les nombreux pétroglyphes gravés sur les rochers de l'île n'avaient encore fait l'objet d'aucun inventaire systématique, lacune que le professeur Lavachery s'employa à combler. Ses travaux firent la lumière sur cet aspect méconnu de l'art pascuan, et les motifs rupestres s'avérèrent tout aussi variés que les figurines de pierre.

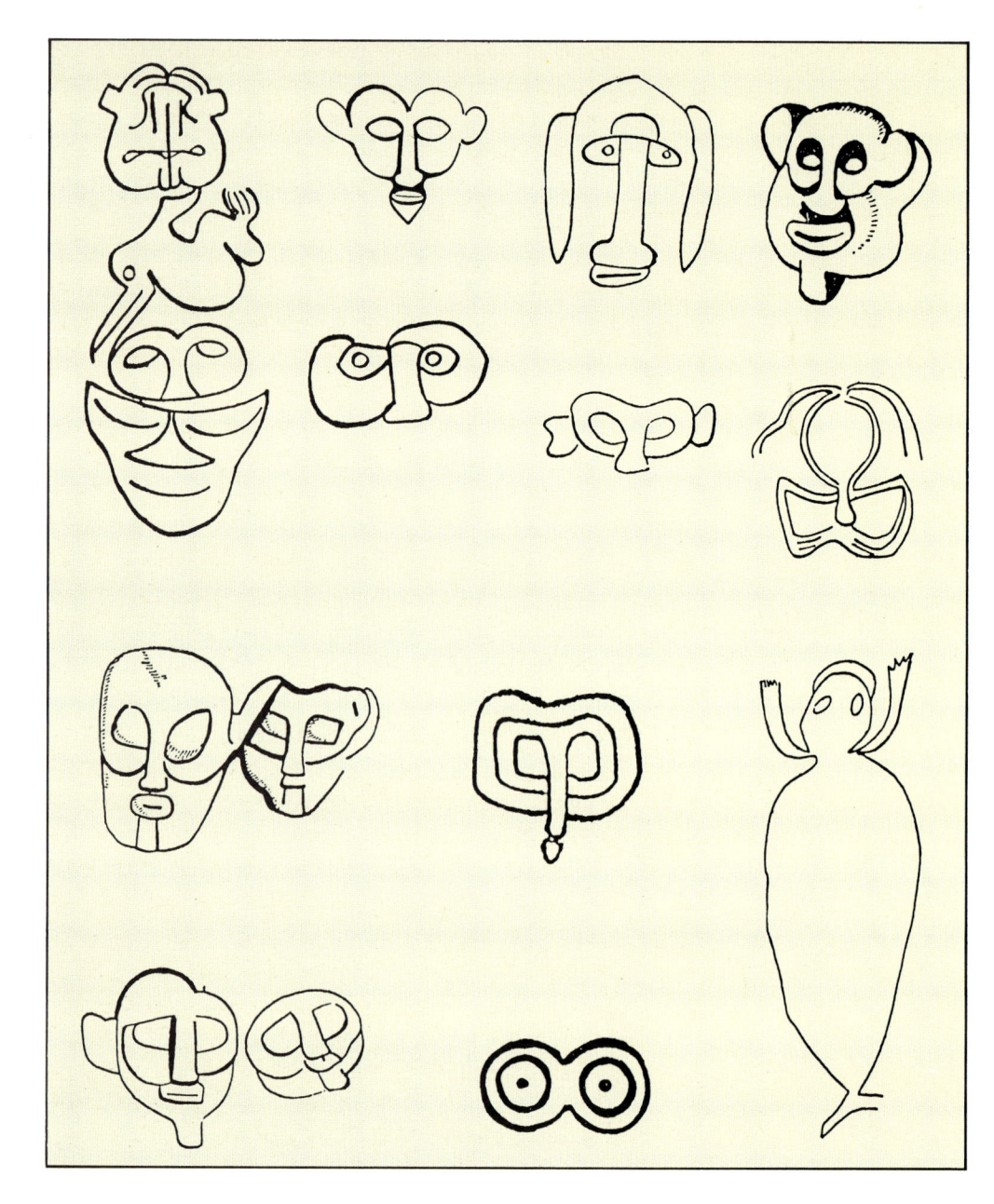

lèpre. Il recueillit, spécialement pour l'expédition, des échantillons sanguins destinés à étudier la répartition des groupes A, B et O, qui sont des caractères héréditaires, dans la population pascuane.

Les trois hommes ne purent guère travailler en commun, en raison tant de la divergence de leurs recherches que de leurs tempéraments. Lavachery et Drapkin étaient des individus extravertis, qui se lièrent étroitement à la population, tandis que Métraux rencontrait plus de problèmes de contact, bien qu'il fût là pour recueillir des données ethnographiques. Ils établirent leur base à Hangaroa, où Juan Tepano, l'interprète de Mrs. Routledge, devint leur principal informateur.

Lavachery se lança sur le terrain avec le souci que son travail ne fasse pas double emploi avec l'étude approfondie des monuments mégalithiques à laquelle avait procédé Mrs. Routledge et chercha plutôt des vestiges du passé moins impressionnants, que ses prédécesseurs avaient pu ne pas apercevoir. Il ne lui paraissait pas raisonnable de penser que des sculpteurs de pierre aussi habiles n'aient laissé derrière eux que des géants de pierre stéréotypés. Et, de fait, il découvrit des pétroglyphes à travers toute l'île. Ceux-ci présentaient une grande variété de motifs : masques humains bizarres et motifs d'yeux, oiseaux et hommes-oiseaux, tortues de mer, poissons, baleines, araignées, lézards, monstres, bateaux et symboles inclassables témoignaient d'une singulière imagination. Leur seul point commun avec les grands *moai* était d'être incisés sur des rochers trop gros pour pouvoir être transportés et cachés. Lavachery se douta qu'il devait exister des figurines de pierre transportables, avec une diversité de motifs tout aussi grande, et fouilla toutes les cavernes qu'il put repérer. Dans une seule, en examinant le sol, il trouva quelque chose : deux visages du type *moai maea*. L'un d'eux était si corrodé qu'il le brisa en le retournant.

Les contributions de Lavachery furent un rapport de deux volumes sur les pétroglyphes pascuans et un ouvrage de vulgarisation sur l'archéologie de la surface de l'île. Il répertoria et décrivit 104 groupes distincts de pétroglyphes, rencontrés dans 14 régions de l'île. Il ne tenta pas de fouilles stratigraphiques car, ayant effectué quelques sondages, il avait partout trouvé la roche volcanique sous une mince couche de terre, ce qui l'avait convaincu que, des excavations profondes étant impossibles, tous les vestiges devaient se trouver en surface ou à une faible profondeur.

Métraux, quant à lui, recueillit une grande quantité d'informations sur les coutumes et les croyances, les outils et les arts, qu'il décrit dans son ouvrage *Ethnology of Easter Island*. Il refusa de prêter foi aux traditions concernant les Longues-Oreilles et les Petites-Oreilles, soutenant que le récit de la bataille du fossé de Poike répondait seulement au désir des indigènes d'expliquer la présence d'une dépression naturelle. Juan Tepano et un autre informateur lui rapportèrent nombre de traditions, inconnues jusque-là, qui reflétaient peut-être des souvenirs tribaux car la plupart dataient de la récente période des guerres civiles.

Métraux concluait de manière dogmatique à l'unité de la culture pascuane. Lavachery se montrait plus prudent, écrivant : « Les Polynésiens trouvèrent peut-être l'île de Pâques exempte de monuments et inhabitée ; mais cette affirmation n'est pas démontrée. » Les deux hommes n'étaient pas d'accord sur l'origine des monuments, bien qu'estimant l'un et l'autre que leur style était autochtone et non polynésien. Lavachery pensait que beaucoup des statues inachevées que Mrs. Routledge avait trouvées attachées aux murs des carrières étaient destinées à rester là comme de gigantesques reliefs, et que l'idée d'ériger séparément des statues était venue après cette décoration du flanc de montagne.

Métraux ne partageait pas cette façon de voir et préférait la théorie de K.P. Emory, de Hawaii, selon qui les statues dérivaient des piliers non taillés des enclos *marae*, que l'on trouve à Tahiti ou dans les îles Tuamotu. Encouragés par l'abondance du tuf, des immigrants venus de ces îles se seraient mis à tailler leurs piliers en forme de corps humain et, voyant comme il était facile de transporter ces sculptures dans un pays non boisé, auraient fabriqué des images de leurs ancêtres de plus en plus imposantes. A l'appui de cette théorie, Métraux insistait sur quelques piliers de pierre non travaillée qu'il avait vus debout sur un *ahu* de l'île de Pâques.

L'hypothèse parut intenable à Lavachery, et il examina de près tous les piliers de pierre de l'île de Pâques. Il conclut qu'ils avaient été érigés à la fin de la période préhistorique pour imiter des *moai* qui se dressaient auparavant aux mêmes endroits : « Cette substitution est un fait de décadence et non de retour aux formes primitives, et on ne peut en aucun cas y voir la preuve d'une évolution menant des piliers aux statues. »

Son collègue l'ayant convaincu, Métraux en vint à accorder sa préférence aux îles Marquises, en tant que terre d'origine plus probable des Pascuans. Lavachery, d'abord impressionné par la photographie d'une statue de Mangareva, s'opposa cependant à Métraux et finalement abandonna cette querelle en constatant que la publication de cette photo reposait sur une erreur : il s'agissait en fait d'une pièce de bois tahitienne.

Métraux proposait une solution bien simple au vieux problème du transport des statues : son évaluation de leur poids était dix fois inférieure aux chiffres de Mrs. Routledge, ce qui lui permettait d'affirmer qu'on les avait simplement tirées mètre après mètre, couchées sur leur dos encore à l'état brut. Il comptait donc pour rien les observations de l'exploratrice, selon qui on sculptait et polissait le dos de toutes les statues avant de les transporter. Il reprenait en revanche les conclusions de Mrs. Routledge quant à l'unique statue dont elle avait dégagé la base défectueuse. Comme elle, il jugeait que cette statue représentait un type général, et il écrit : « La différence fondamentale entre les images du Rano Raraku et celles des plates-formes concerne la base. Celles du Rano Raraku étaient à l'origine destinées à être fichées en terre, car elles se terminent en pointe, alors que celles des *ahu* ont une base développée. »

De là naquit un nouveau dogme, qui se répandit à travers toute la littérature scientifique relative à la Polynésie ; la rumeur avait fait d'un cas particulier une espèce à part. Ainsi Sir Peter Buck put-il écrire : « Les images terminées en pointe n'avaient jamais été destinée à être placées sur les plates-formes de pierre des temples, mais plantées dans le sol comme des objets profanes, afin d'orner le paysage et de marquer routes et limites territoriales. Comme les images restées dans les carrières présentent toutes des bases en pointe, il semblerait que, les commandes destinées aux plates-formes ayant été exécutées, on se soit lancé dans un grand projet de décoration des routes, quand la guerre et le contrat avec des étrangers blancs mirent définitivement un terme à l'opération. »

Métraux fut le premier à observer que le terme pascuan pour désigner les cylindres de pierre rouge était *pukao*, c'est-à-dire « toupet », et qu'ils ne figuraient donc pas du tout des chapeaux rouges, mais bien des cheveux roux. Un insulaire lui affirma par ailleurs très clairement que ses ancêtres avaient posé les *pukao* sur la tête des *moai* en empilant des pierres contre le corps de la statue.

Métraux décrit l'*ahu* de Vinapu comme un joyau de la construction pascuane, avec des dalles merveilleusement polies et dont les bords s'ajustaient avec une précision mathématique, et qui comportaient de petits trous garnis de pierres parfaitement adaptées. « Un tel ajustement rappelle les célèbres murs des palais incas de Cuzco », affirme-t-il. Mais il se hâte d'ajouter que c'est pure coïncidence : « Il n'existe aucun lien géographique ou chronologique entre les deux cultures. » L'abondance de pierre et la rareté du bois, tels étaient selon lui les seuls facteurs qui avaient poussé les Pascuans à construire de tels murs. Il écrit : « Plusieurs auteurs ont tenté d'établir des parallèles entre la culture de l'île de Pâques et la civilisation des Indiens d'Amérique du Sud. Ces parallèles sont si fantaisistes ou naïfs que je ne crois pas utile de les discuter ici. »

A la vérité, il ne les discute nulle part ; son étude comparative reste totalement muette sur le continent le plus proche de l'île de Pâques, et duquel souffle le vent. Il s'attaque en revanche de front aux théories qui suggéraient un rapport entre l'île de Pâques et la Mélanésie, et ne se range pas aux idées de Mrs. Routledge et de ses inspirateurs. Ses arguments contre une parenté de sang avec les Mélanésiens reposent en partie sur l'examen des échantillons sanguins recueillis par le Dr Drapkin et ensuite analysés par l'anthropologue américain H.L. Shapiro. Métraux cite celui-ci, qui considère toute idée de relation raciale entre l'île de Pâques et la Mélanésie comme « faisant violence à des faits avérés ». Selon une récente théorie due à Dixon, les Pascuans auraient été à 55 % des proto-négroïdes, mêlés de Caspiens, de proto-australoïdes et de paléo-Alpins. Shapiro traite cette description de « monument de contention ». Il avait découvert que les groupes sanguins B et AB n'existaient pas chez les Pascuans, qui partageaient cette particularité avec tous les Polynésiens, ainsi qu'avec tous les aborigènes d'Amérique. Génétiquement, le gène B est dominant et, conformément aux lois de Mendel, ne peut jamais disparaître d'une famille où il a déjà été présent. Or ce gène trouve précisément sa fréquence maximale mondiale en Mélanésie, en Indonésie et dans l'Asie du Sud-Est. Par conséquent, les insulaires de Mélanésie ne sauraient en aucun cas intervenir dans la composition raciale des Pascuans.

Cette découverte posait un problème nouveau à Shapiro et Métraux. Une fois exclus de l'analyse, d'abord l'Amérique, puis maintenant la Mélanésie et le Sud-Est asiatique, les Pascuans ne pouvaient plus venir de nulle part, sinon de la Polynésie proprement dite. Shapiro, tout en admettant qu'ils différaient sensiblement des Polynésiens par la forme et les dimensions du crâne, suggérait que cela pouvait être dû à « une migration sélective suivie d'isolement et de consanguinité ». Métraux accepta cette théorie ; cependant, sa chronologie n'accordait pas grand temps aux Pascuans pour suivre une pareille évolution. Lavachery et lui, rappelant la grande distance qui sépare l'Asie de l'île de Pâques, considéraient que ce poste avancé, très proche de l'Amérique, ne pouvait avoir été atteint par l'homme avant le XIIe ou le XIIIe siècle ap. J.-C. Cela ne laissait que quelques siècles aux Pascuans pour changer de forme de crâne et de couleur de peau, ou même pour découvrir une nouvelle religion et devenir si habiles dans l'érection de statues de pierre et de merveilleuses maçonneries, proches des ouvrages pré-incas du Pérou.

Ainsi, dans les constants changements de théorie, on venait à peine de se voir proposer l'étonnant salmigondis de Dixon, qui impliquait deux peuples négroïdes et deux pleuples europoïdes, qu'une nouvelle proposition surgissait : les Pascuans auraient été de simples Polynésiens « d'un type un peu particulier et marqué ». A tous ceux qui prenaient au sérieux la morphologie comparative, cela dut paraître une façon bien rapide de simplifier le problème.

Métraux termine son livre par l'aveu suivant : « Le but de cet ouvrage a été de montrer que la culture pascuane est une branche locale de la culture polynésienne, qui s'est développée à partir d'une civilisation polynésienne archaïque indifférenciée [...] Sur l'île habitée la plus isolée du monde, les Pascuans ont su développer et perfectionner la culture que leurs ancêtres polynésiens avaient créée au couchant. »

En définitive, Métraux cherchait à résoudre un ancien problème ethnographique en le supprimant : l'énigme de l'île de Pâques n'existait pas, voilà tout. Les grands monuments locaux n'étaient pas si impressionnants que cela, quant aux habitants de l'île, ce n'étaient que des Polynésiens transformés par la consanguinité et l'isolement...

Personne ne pouvait douter qu'il y eût une souche polynésienne sur l'île de Pâques dès avant l'arrivée des Européens. Mais Métraux, le premier, soutint que la culture pascuane était purement polynésienne, et entreprit de le démontrer. Du moins devons-nous à son acharnement d'avoir conservé un très grand nombre de détails de la culture aborigène : aucun autre ethnologue n'a dressé un tableau aussi méticuleux de tous les traits culturels pascuans. Et personne ne pourra parvenir à de meilleurs résultats que les siens, car il n'avait négligé aucun aspect, cherchant partout des parallèles culturels entre l'île de Pâques et les îles polynésiennes.

Mais les conclusions de Métraux, nous l'avons vu, supposent de ne pas du tout considérer les terres situées dans la direction d'où souffle le vent. Pour défendre cette approche unilatérale, il se contentait d'affirmer qu'il n'existait aucun lien ni « géographique » ni « chronologique » entre la culture pascuane et les civilisations d'Amérique du Sud. Il ne tenta jamais de préciser ou d'expliciter cette affirmation.

La route maritime recommandée et suivie par Moerenhout et tous les premiers capitaines européens pour gagner l'île de Pâques partait des côtes péruviennes et chiliennes situées en contrebas du lac Titicaca. Voilà qui met un peu d'ordre dans la géographie ; car il existe bel et bien un lien géographique entre les deux régions, c'est même un véritable tapis roulant maritime. Et aujourd'hui nous savons de plus que, dans les années où règne le désastreux courant Niño, qui provoque famines et calamités tout le long des côtes désertes du Pérou et du Nord du Chili, le courant de Humboldt qui remonte du sud est écarté plus bas de la côte sud-américaine et redescend vers l'île de Pâques avec une force accrue.

La chronologie admise par Métraux suppose que l'île de Pâques aurait été peuplée au XIIe siècle ap. J.-C. Sans doute fut-il amené à proposer cette date parce que ce fut un siècle de grands troubles dans le Pacifique Est, avec un changement de lignées royales dans la plus grande partie de la Polynésie. Mais ce fut également en ce siècle-là que les Incas prirent le pouvoir au Pérou, avec tous les troubles qui s'ensuivirent, notamment l'expulsion de rois pré-incas : cette chronologie ne saurait mieux convenir à un roi qui se serait enfui vers l'île de Pâques à partir d'un pays situé à l'est.

Toute appréciation des recherches de Métraux sur les analogies entre des traits de la culture pascuane et d'autres cultures serait évidemment boiteuse si l'on ne tenait pas compte des deux rivages de l'océan. L'élément le plus frappant dans la culture préhistorique de l'île de Pâques est représenté par les centaines de statues colossales érigées sur des plates-formes mégalithiques. Tant Métraux que Lavachery convenaient qu'on ne pouvait trouver de précédent polynésien, mais ils divergeaient quant à l'explication de leur présence sur la seule île assez proche au Pérou. Si Métraux n'avait pas exclu toute l'Amérique du Sud de son étude comparative, il lui aurait fallu admettre que la fabrication de prodigieux monolithes anthropomorphes est également caractéristique du Nord-Ouest de l'Amérique du Sud à l'époque pré-inca.

Métraux reconnaissait que les murs mégalithiques pascuans ressemblaient à ceux de l'ancien Pérou, tandis qu'ils n'avaient aucun équivalent en Polynésie ; selon lui, c'était là le résultat d'une évolution locale, inspirée par l'abondance de pierre. Mais on trouve tout autant de pierre sur les autres îles volcaniques de Polynésie et sur certains rivages continentaux du Pacifique, sans que cela ait entraîné une évolution semblable. La possibilité, voire la probabilité, d'une inspiration extérieure, venue du continent le plus proche où d'énormes géants de pierre étaient dressés sur des plates-formes mégalithiques analogues, n'aurait donc pas dû être négligée.

Métraux ne put trouver à aucune des autres constructions de pierre de l'île de Pâques, religieuses ou profanes, une origine polynésienne. Il accepta l'explication de Juan Tepano, selon laquelle les édifices ouverts par Geiseler étaient des poulaillers, bien qu'aucun poulailler de cette sorte n'existât en Polynésie. Il accepta aussi de considérer les ruines des maisons circulaires comme des jardinets, bien qu'on

En explorant les maisons d'Orongo, Lavachery put en admirer les peintures murales, notamment le motif de l'« œil larmoyant ». Il nous en a laissé quelques relevés exécutés à l'aquarelle. (Reproduction de l'original de Lavachery, conservé au musée Kon-Tiki.)

D'autres variantes de l'« œil larmoyant » furent relevées par Ferdon au cours des fouilles effectuées à Orongo par l'expédition norvégienne de 1955-1956. L'archéologue en nota la ressemblance frappante avec certains motifs d'origine pré-inca.

Imitant Mrs. Routledge, l'expédition franco-belge se lança à la recherche des fameuses grottes où les Pascuans étaient censés dissimuler leurs objets précieux. Lavachery découvrit bien quelques têtes de pierre, mais elles étaient si solidement fixées aux parois qu'il fut impossible de les emporter.

ne trouvât rien de comparable en Polynésie, ni pour les cultures ni pour aucun autre usage. Grâce aux comptes rendus des premiers visiteurs européens, nous savons que son informateur avait tort. Et, si nous nous tournons une fois de plus vers le plus proche rivage à l'est, nous trouvons que les murs bas de maisons de pierre circulaires constituent, soit isolément soit par groupes comme sur l'île de Pâques, le trait archéologique le plus caractéristique de la zone désertique située entre le lac Titicaca et la côte pacifique.

Les tombes à voûte en encorbellement sont fréquentes près du lac Titicaca. Un autre type d'édifice caractéristique de la région, appelé *chullpa*, est une tour de pierre cylindrique, avec un toit voûté de blocs mégalithiques et une ouverture basse qu'il faut franchir en rampant. Les *tupa* de l'île de Pâques sont semblables aux *chullpa* jusque dans tous les détails ; de plus, le mot même de *chullpa* serait prononcé *tupa* par un Polynésien. Comme on ne trouve pas de constructions de ce genre en Polynésie, Métraux admit que c'étaient des tours de guet pour les tortues de mer, d'origine locale. Mais dans le Pérou et le Chili pré-incas existaient des mausolées semblables, destinés aux rois et aux personnages importants.

Métraux ne trouva aucun exemple polynésien qui aurait pu inspirer la construction des maisons de pierre du village cérémoniel d'Orongo, dotées de voûtes en encorbellement. Il fallait, selon lui, voir là une architecture d'origine autochtone, explicable par la nécessité de résister au vent qui soufflait au sommet du volcan. Il n'avait pas remarqué que des maisons de même type avaient aussi été construites à la base du cratère, et ne souffle mot du village perdu de maisons à voûte en encorbellement que Thomson avait vu sur la côte nord.

Ayant négligé les toutes premières observations, qui montraient que les ruines de pierre circulaires étaient les vestiges d'anciennes habitations, Métraux pouvait considérer la hutte de roseaux en forme de bateau renversé comme le seul type de maison sur l'île de Pâques. Il admit qu'il était « entièrement différent » à tous égards du type polynésien, en particulier que l'entrée en entonnoir n'avait « aucun équivalent en Polynésie ». De même ne trouva-t-il à l'intérieur même des huttes aucun élément qui lui rappelât une origine polynésienne, n'ayant pu répertorier que des nattes, des oreillers de pierre, des calebasses pour l'eau, des paniers pour les patates douces, enfin des images de bois et des tablettes accrochées au toit. Les nattes et les paniers étaient faits de roseaux de *totora* péruviens. On a retrouvé des calebasses et des patates douces, ainsi que des *totoras*, dans des tombes du IIe millénaire av. J.-C. sur les côtes désertes au-dessous du lac Titicaca. Quant aux oreillers de pierre, Métraux constate : « On n'utilisait de tels oreillers nulle part ailleurs en Polynésie. » Et quant aux figurines de bois : « Comme les statues de pierre, les *moai kavakava* et *paapaa* restent des énigmes. »

Les tablettes de bois n'étaient pas moins mystérieuses. L'absence d'écriture en Polynésie l'amena à suggérer que le *rongo-rongo* n'était pas une écriture mais simplement un système mnémonique inventé sur place. Il reconnaît toutefois qu'il n'y avait aucune raison pour que les Pascuans eussent davantage besoin d'un tel système que les autres Polynésiens, et conclut : « La principale difficulté pour résoudre le problème des tablettes réside dans l'absence de tout équivalent convaincant en Polynésie. » Il note que la terre la plus proche où aient existé des tablettes écrites avant la période historique est Panama, mais sans mentionner le Pérou préhistorique, où les Espagnols avaient brûlé les tablettes préhistoriques des historiens incas.

Métraux souligne l'importance exceptionnelle du culte rituel de l'oiseau et de l'ordre social édifié autour de la compétition annuelle de l'homme-oiseau, alors que : « Le complexe du culte de l'oiseau [...] n'a aucun équivalent dans le reste de la Polynésie. » En revanche, les motifs d'homme-oiseau, issus d'un culte préhistorique de l'oiseau, sont un trait caractéristique dans tout l'Empire inca.

Cherchant quels aspects de la religion pascuane auraient pu venir de Polynésie, Métraux écrit : « Le trait le plus frappant de la religion pascuane est le peu d'importance des grands dieux et héros des autres religions polynésiennes. » Il suggère que l'importance donnée dans la mythologie pascuane à des dieux dont les noms étaient inconnus en Polynésie pourrait signifier que les émigrants avaient mis des dieux secondaires à la place des anciens grands dieux, mais n'apporte aucun élément à l'appui de cette affirmation. Nous ne savons pas grand-chose des divinités des civilisations pré-incas disparues, hormis ce que nous en ont transmis les Incas, et ce que révèle l'art pré-inca. Ils adoraient le Soleil et leurs ancêtres royaux, qu'ils dépeignaient symboliquement sous la forme de félins, d'hommes à tête d'oiseau ou de visages présentant des coulées de larmes sous les yeux. A cet égard, ils furent imités de près par les Pascuans.

Les Incas aussi pratiquaient l'extension des lobes, conformément à une coutume socio-religieuse héritée de leurs prédécesseurs divins. A propos des Longues-Oreilles de l'île de Pâques, Métraux écrit : « La déformation du lobe de l'oreille pour y introduire des chevilles de bois ou d'os se limite, pour la Polynésie, à la seule île de Pâques. »

Les deux sortes de pectoraux de bois portées par les Pascuans de haut rang sont longuement décrites par Métraux, qui conclut : « Les croissants de bois ou *rei-miro* sont sans équivalent en Polynésie », et : « Les boules de bois, *tahonga*, sont des accessoires particuliers à l'île de Pâques. »

Les hommes influents portaient également à la main une double pagaie ; c'était un insigne cérémoniel. Les pagaies munies d'une palette à chaque extrémité sont inconnues en Polynésie. Métraux en concluait que ces insignes « n'ont aucun rap-

Les étranges tours de pierre appelées *tupa* ne manquèrent pas d'intriguer Lavachery et Métraux. Les chercheurs durent se résoudre à accepter l'explication, fournie à Mrs. Routledge par un jeune Pascuan, selon laquelle ces monuments servaient jadis à « guetter les tortues ». L'hypothèse paraît pourtant peu vraisemblable. Impossible, en effet, d'apercevoir depuis l'intérieur la moindre tortue, à moins que l'animal n'ait l'obligeance de se placer directement dans l'unique et étroite ouverture. Quant au sommet, il est moins accessible et moins confortable que les postes d'observation naturels fournis par le relief. On comprend donc fort mal la mise en œuvre de moyens architecturaux aussi complexes à seule fin d'épier les tortues.

port avec la navigation et ne sont dérivés d'aucun ustensile connu ». Or, sur les côtes sud-américaines, la double pagaie était chose courante. Dans les cimetières d'Ilo et d'Arica, en face de l'île de Pâques, on trouve de nombreuses maquettes de radeaux de balsa, toutes équipées de doubles pagaies en miniature. Sur la côte nord du Pérou, les anciens artistes mochicas représentaient leurs chefs avec une double pagaie dans la main. Exactement comme sur l'île de Pâques, la palette supérieure en forme de masque humain stylisé, avec de longues oreilles, une couronne de plumes et des marques de larmes sous les yeux : une simple coïncidence est impensable. Les spécimens péruviens sont antérieurs à tout peuplement de l'île de Pâques.

Métraux mentionne la *pora*, ce flotteur de roseaux en forme de défense d'éléphant qui jouait un rôle si important dans les concours de nage cérémoniels. Il n'en recherche pas l'origine, car ni les roseaux, ni ce genre d'embarcation, ni la coutume de concourir pour l'élection à un rang sacré n'étaient d'origine polynésienne. En revanche, des flotteurs identiques étaient utilisés sur les côtes péruviennes.

La plus grand des *pora*, selon Métraux, pouvait porter deux hommes à la fois, et avait donc la même capacité que les petites pirogues en bois, munies d'un balancier et donc sans aucun doute de type polynésien, mais si misérables que Métraux ne fit aucun effort pour en retrouver l'origine dans telle ou telle région particulière de Polynésie.

Les herminettes de pierre pour tailler le bois, avec lesquelles on fabriquait notamment ces pirogues à balancier faites de planches attachées ensemble, témoignent également d'un rapport avec la Polynésie. Métraux trouva sur l'île de Pâques deux types d'herminettes polies et dotées d'un manche pour le travail du bois. Le type 1, dit-il, était manifestement polynésien, mais d'un modèle si répandu qu'il ne pouvait être rattaché à aucune zone en particulier. Quant au type 2, Métraux estime qu'il avait été développé localement, faute d'en connaître un équivalent en Polynésie. Il conclut : « Il semblerait donc que les Pascuans s'étaient détachés de la Polynésie avant la spécialisation de l'herminette. »

Compte tenu du fait que les Pascuans travaillaient essentiellement la pierre, beaucoup moins le bois, il est naturel que l'instrument tranchant de loin le plus répandu fût le pic de maçon. C'était un outil sans manche, en basalte dur, grossièrement dégrossi de façon à donner une prise à la main et appointi à une extrémité ou aux deux. On trouve des milliers de ces *toki* dans les carrières, ainsi que sur les *ahu* et dans les zones habitées. Métraux ne put citer d'outil similaire en Polynésie, alors que de tels pics foisonnent sur le continent, et que le terme polynésien *toki*, qui désigne toute sorte de hache ou d'herminette, est également utilisé par les tribus aborigènes du Chili.

Comme le montra Métraux, la principale arme de combat sur l'île de Pâques était le *mataa* : une lame grossièrement appointie d'obsidienne noire, plus ou moins semblable à un as de pique, avec un talon bien travaillé, était attachée à une hampe de bois pour servir de javelot ou de lance. Métraux admet que nulle part en Polynésie on ne fabriquait de pointes de lances. Elles sont en revanche courantes sur les côtes du Sud-Ouest du Pérou et quelques spécimens en obsidienne noire, qu'il est tout à fait impossible de distinguer en aucune façon des *mataa* pascuans, ont été trouvés dans l'archipel du Sud du Chili.

Avec les *toki* et les *mataa*, les aiguilles en os taillées en pointe et percées, près de leur extrémité émoussée, d'un trou pour le fil, comptent parmi les ustensiles les plus répandus sur l'île de Pâques. En dehors de la Nouvelle-Zélande, la couture n'était pas une pratique polynésienne, et Métraux ne réussit à trouver aucune aiguille en os dans les groupes d'îles desquels les Pascuans auraient pu être originaires. La raison en est, montre-t-il, que la confection des vêtements sur l'île de Pâques ne se faisait pas comme en Polynésie : « L'île de Pâques est le seul endroit de Polynésie où l'on coud ensemble des bandes de tissu ; partout ailleurs, dans l'Est de la Polynésie, on les nattait, et dans l'Ouest on les collait. » Mais les aiguilles en os, parfaitement identiques à celles de l'île de Pâques, sont très courantes parmi les détritus préhistoriques d'Ilo, sur la côte ouest du Pérou.

Métraux ne trouva pas d'autres éléments assez dignes d'attention pour justifier une recherche de leurs origines, hormis les hameçons. Ceux-ci étaient d'un type vraiment remarquable et d'un dessin magistral, quoique leur utilité fût moins

Métraux dressa le premier inventaire complet de tous les éléments constituant la culture matérielle et sociale des Pascuans. Ce faisant, il s'aperçut qu'aucun de ces éléments ne semblait provenir des autres îles polynésiennes. L'architecture, les objets, les coutumes, les croyances se révélaient spécifiques à l'île de Pâques. Arguant de l'écart chronologique et des problèmes posés par la navigation, l'ethnologue préféra s'abstenir de comparer la culture pascuane aux civilisations du continent sud-américain. Il ne put cependant s'empêcher de noter la frappante similitude technologique entre les murs de Vinapu et les murs érigés dans les Andes par les Incas. Refusant d'y voir autre chose qu'une simple coïncidence, il proposa l'explication suivante : la quasi-absence d'arbres et l'abondance de la pierre auraient favorisé le développement de l'art mégalithique pascuan, dont les murs de Vinapu représentaient l'apogée.

grande qu'on n'aurait pu le penser, s'agissant d'une communauté insulaire. En raison de leur forme et de leur équilibre parfaits, divers spécialistes ont décrit ces objets, taillés d'une seule pièce dans un basalte noir, puis polis, comme la plus belle réussite de l'art lithique aborigène. Cependant, personne ne les avait vus utilisés, et ils ne sont pas d'origine polynésienne. Un vieil insulaire refusa de remettre à Palmer le spécimen qu'il possédait, car on disait que c'était un trésor de famille. Selon une tradition recueillie par Métraux, les ancêtres des Pascuans ne connaissaient d'abord que cette sorte de hameçon de pierre ; mais les poissons n'y mordaient jamais, aussi se mirent-ils à fabriquer différentes sortes de hameçons avec des ossements humains. Métraux mettait en doute cette version, estimant que si les hameçons de pierre avaient été si inutiles, les anciens

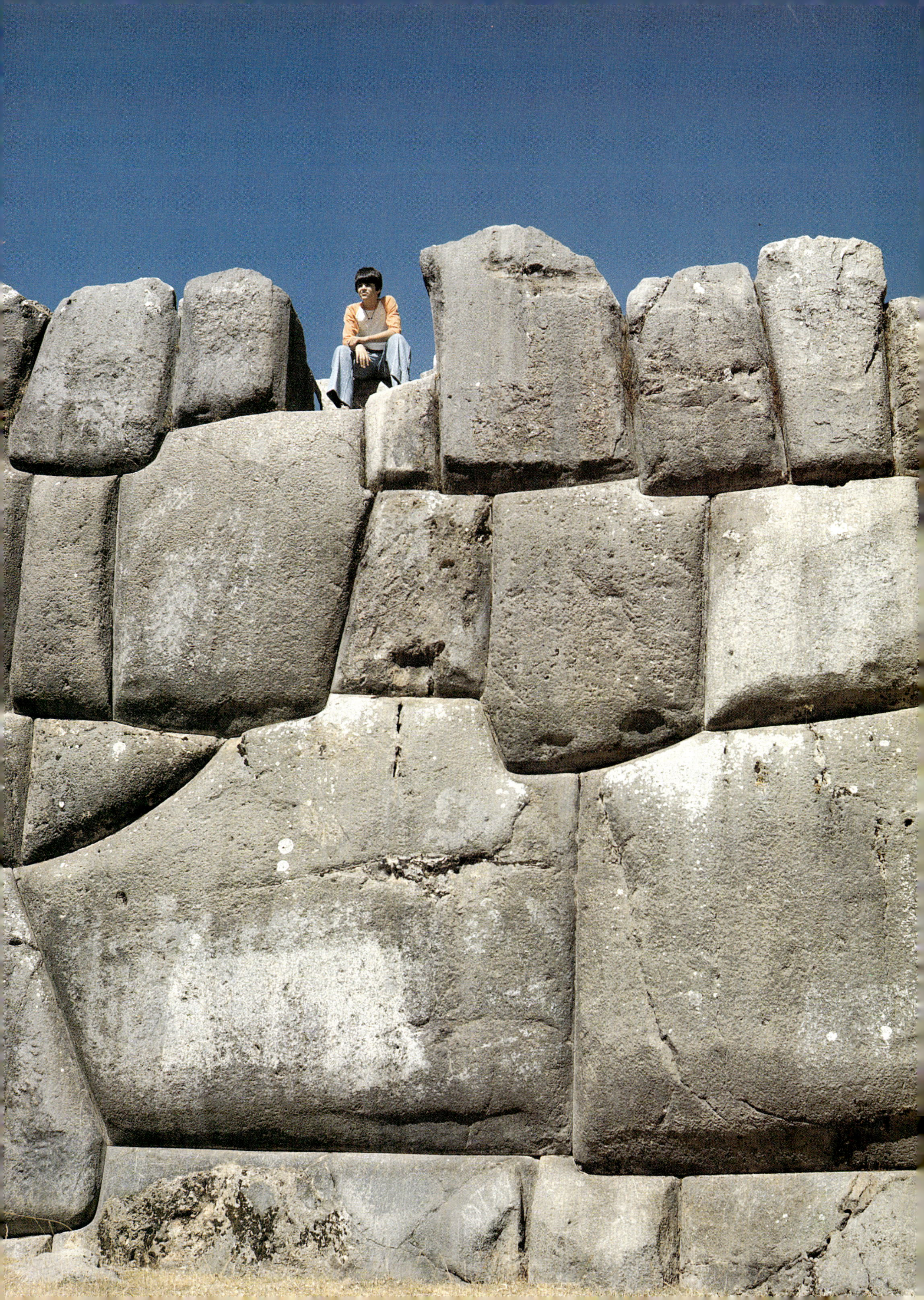

pêcheurs n'auraient pas consacré tant de travail à les confectionner. Une explication pourrait cependant être que le genre de poissons que l'on pêchait dans l'ancienne patrie n'était pas le même que sur l'île. On a signalé des hameçons en pierre sur les côtes en contrebas du lac Titicaca et, selon une tradition de la région de Tiahuanaco, les anciens Aymaras pêchaient avec des hameçons de pierre ponce. A l'extrémité nord de la zone des bateaux de roseaux, on trouve des hameçons de pierre parmi les détritus des pêcheurs préhistoriques des îles qui font face à la Californie. Ils sont si semblables à ceux de l'île de Pâques qu'en 1947, des spécimens en furent exhibés côte à côte, à l'American Museum of Natural History. Les exposants soutenaient que des Pascuans avaient dû atteindre les côtes du continent, très probablement au plus près, c'est-à-dire au-dessous du lac Titicaca ; en effet, l'exposition démontrait aussi le rapport étroit entre les deux autres types de hameçons de l'île de Pâques et ceux que les archéologues avaient découverts dans les fouilles d'Arica, dans le Nord du Chili.

Les plus simples étaient les hameçons d'os en forme de U ou de V, qui auraient pu être transmis à l'île de Pâques par la Polynésie, comme l'affirme Métraux. Toutefois, cela n'est pas nécessairement exact, car ces formes existaient aussi chez les aborigènes d'Amérique. Quant à l'Indonésie et à l'Asie du Sud-Est, on n'y connaissait aucune sorte de hameçon avant l'arrivée des Européens. Le dernier type de hameçon, plus compliqué et moins répandu, se compose d'une pointe d'os recourbée et d'une hampe droite. On en rencontre dans les premiers sites des chasseurs Moa, en Nouvelle-Zélande, mais nulle part en Polynésie. C'est en revanche un type bien connu sur le continent américain, notamment dans les fosses à détritus de l'île de Vancouver et les tombes d'Ilo et d'Arica, à l'est de l'île de Pâques. Dans cette région désertique, comme sur l'île de Pâques, se rencontrent, et les formes simples, et la forme composée. Et, ainsi que le montrait l'exposition citée, les hameçons composites fabriqués par les pêcheurs préhistoriques d'Arica étaient si incroyablement semblables à ceux de l'île de Pâques qu'ils ne peuvent guère avoir été inventés indépendamment. C'est ainsi que, dans l'une et l'autre régions, des plumes étaient insérées dans les rainures où la pointe recourbée s'attachait à la hampe. Toute théorie qui verrait là une influence de l'île de Pâques sur le continent serait démentie par la chronologie. Le texte de présentation de l'exposition le dit assez clairement : « La première apparition connue de ces deux formes de hameçons est dans le Nord du Chili, où ils étaient utilisés par les premiers habitants de la côte, sans doute avant l'an 1000 av. J.-C. »

Pour conclure, la liste dressée par Métraux des éléments culturels pascuans qui ne pourraient être que d'origine polynésienne n'est guère impressionnante : une version rudimentaire de la pirogue polynésienne à balancier et l'un des deux types locaux d'herminette. Ni l'un ni l'autre n'ont de caractéristiques suffisamment précises pour que l'on sache de quelle partie au juste de la Polynésie ils pourraient venir. Et tous les autres éléments culturels, absents en Polynésie, sont caractéristiques de l'Amérique du Sud aborigène, la plupart de la zone géographique comprise entre le lac Titicaca et la côte. De fait, bien que Métraux tînt beaucoup à rattacher l'île de Pâques à une sous-aire culturelle périphérique de la Polynésie centrale, il reconnaissait aussi : « Mais en essayant de rattacher la culture pascuane à un groupe spécifique d'îles de cette région, nous nous heurtons à une difficulté considérable : aucune région particulière de la Polynésie centrale ou limitrophe ne présente de ressemblance marquée, bien caractérisée, avec l'île de Pâques. »

Rien n'empêche de renverser la question et de demander quels sont les éléments habituellement considérés comme caractéristiques d'une culture polynésienne. Voici la réponse : le maillet de bois cannelé pour battre les tissus d'écorce *tapa*, les pilons de pierre en forme de cloche pour confectionner le *poi*, et le bol de bois pour boire du *kava* aux cérémonies. Tels sont les trois éléments généralement cités pour définir la culture matérielle polynésienne. Aucun d'eux n'est parvenu jusqu'aux aborigènes de l'île de Pâques. Et, comme nous l'avons vu, ceux-ci n'adoraient pas non plus les dieux pan-polynésiens.

Les premiers maillets de bois arrivèrent à l'île de Pâques en même temps que les compagnons polynésiens des missionnaires. Avant l'arrivée des Européens, les Pascuans battaient l'écorce avec des galets lisses, comme c'était aussi la coutume en Amérique du Sud.

Le pilon à *poi* n'était pas un instrument pascuan. Les femmes du cru ne produisaient pas de *poi*. L'arbre à pain n'atteignit l'île de Pâques que lorsque les Européens l'y introduisirent, alors que le taro y poussait. Le taro servait à faire du *poi* chez les Polynésiens, qui utilisaient cette pâte fermentée dans leurs longues traversées, en raison de sa durée de conservation. Mais les Pascuans n'avaient visiblement pas l'habitude du *poi*.

L'absorption de *kava* ne faisait pas partie des coutumes socio-religieuses des Pascuans. *Piper methysticum*, la plante polynésienne à partir de laquelle on préparait cette importante boisson fermentée avec de la salive, ne parvint pas à l'île de Pâques, dont les habitants ne pratiquaient pas de beuveries rituelles.

Quelle que soit la manière dont on aborde la composante polynésienne de la population pascuane, sa présence physique et linguistique apparaît tout à fait évidente, mais certes pas son influence culturelle. Cela confirme les traditions relatives aux nouveaux arrivants qui auraient adopté les coutumes du pays. Il se trouve que les coutumes qu'ils y trouvèrent et adoptèrent coïncidaient avec celles du Pérou pré-inca. Les Polynésiens ne renoncent pas facilement à leurs propres coutumes et croyances simplement quand ils changent d'habitat ; aussi est-il significatif de constater qu'ils vinrent à l'île de Pâques avec humilité et les mains nues, apportant seulement les poulets, les bananes et la canne à sucre, dont le peuple qui les reçut ou qui les avait amenés avait besoin.

L'ensemble des indices ethnographiques indique en effet que les Polynésiens furent emmenés à l'île de Pâques, de bon gré ou non, par des navigateurs venus d'une zone culturelle péruvienne plus développée, qui utilisèrent la force ou la ruse. Peut-être les Européens du XIXe siècle ne furent-ils pas les premiers trafiquants d'esclaves à venir du Pérou. L'histoire se répète. Les esclaves emmenés au Pérou pour travailler au profit des Européens, eux aussi, perdirent leur foi et leur culture, mais non leurs corps ni leur langue.

La première expédition norvégienne : ce que le sol avait caché

C'est à moi qu'incomba de diriger l'expédition suivante, afin de relever le défi de l'île de Pâques. Vingt ans s'étaient écoulés depuis les recherches de Lavachery et Métraux quand nous arrivâmes de Norvège à bord d'un ancien chalutier spécialement aménagé. Nos lectures nous avaient appris que le roi Hotu Matua avait choisi la baie d'Anakena pour y débarquer et y établir sa première base. C'est pourquoi nous choisîmes cet endroit pour jeter l'ancre, aussi près du rivage que nous pûmes. Nous dressâmes nos tentes près de la vaste plage blanche et laissâmes pendant six mois notre chalutier au mouillage devant le promontoire de lave noire. Jamais aucun bateau n'était resté si longtemps à l'île de Pâques.

Il n'y avait pas un arbre à Anakena en 1955, rien que l'éclat du sable blanc et les énormes pierres des murs préhistoriques. Les dos des statues géantes tombées émergeaient à peine des dunes desséchées par le soleil. Nous ne voyions d'autre ombre que les nôtres, et cette partie de l'île était occupée exclusivement par les vingt-trois membres de notre expédition. Aussi loin que le regard portait du haut des collines voisines, seuls les moutons et les chevaux vivaient dans les terres. La communauté pascuane était toujours confinée autour du village de Hangaroa, de l'autre côté de l'île, afin de limiter les vols de moutons. La population atteignait maintenant quelque 900 personnes, parmi lesquelles un gouverneur chilien, un instituteur et un prêtre catholique. Hangaroa nous fit l'impression d'avoir été annexé par le Chili et d'être entré dans les temps modernes, bien qu'on n'y vît ni magasin ni automobile, à part la Jeep que nous avions nous-mêmes débarquée.

Anakena, au contraire, était toujours le domaine de Hotu Matua et des ingénieurs de l'âge de pierre. Pourtant, l'ancien site royal ne semblait pas entièrement déserté : ayant établi notre camp entre le plus grand des colosses de pierre et l'énorme toupet roux qu'il portait jadis sur la tête, nous nous sentions comme les humbles hôtes d'un peuple de géants imaginaires momentanément absents, mais qui auraient laissé derrière eux leurs propres images, aussi imposantes que l'étaient leurs esprits. De même que tous les visiteurs ultérieurs, nous compris, ils étaient venus par la mer. Leurs traces s'arrêtaient ici et, comme beaucoup d'autres avant nous, nous étions venus les examiner. Comment des géants ne laisseraient-ils pas d'empreintes sur leur passage ? Ces empreintes étaient bel et bien là, et l'on aurait cru que les géants invisibles y étaient aussi. Nous ressentions leur présence partout, sur les coteaux, sur la plage, partout où ils avaient érigé des colosses de pierre qui semblaient enfermer leurs âmes intrépides, comme s'ils avaient réalisé le vain rêve de l'immortalité terrestre.

Le premier soir, quand nous nous assemblâmes autour de la longue table sous la tente principale, je scrutai les hommes. Il ne manquait là que le guetteur demeuré sur le bateau pour déclencher la sirène si les ancres sautaient. Le capitaine et les marins étaient visiblement excités par cette aventure et tout prêts à transpirer dans les fouilles. Les scientifiques, qui formaient le cœur de l'expédition, échangeaient

En 1955, un chalutier groenlandais quitta Oslo en direction de l'île de Pâques. A son bord se trouvait une équipe multinationale d'archéologues, menée par l'auteur. A cette époque, seul un navire de guerre chilien faisait brièvement escale, une fois l'an, à l'île de Pâques, qui était dépourvue de port aussi bien que d'aéroport. Ayant contourné les côtes escarpées de Rano Kao, puis les carrières de Rano Raraku, le chalutier finit par débarquer les membres de l'expédition sur une éminence volcanique, où une bonne part de la population pascuane s'était rassemblée pour les accueillir.

déjà des avis circonspects sur les chances de trouver des vestiges enfouis sur une île dépourvue d'arbres. Je ne connaissais jusque-là que deux des archéologues : Arne Skjölsvold de l'université d'Oslo, qui avait travaillé avec moi aux Galapagos, et Edwin Ferdon, du musée du Nouveau-Mexique, qui m'avait été d'un précieux conseil quand j'étudiais les cultures préhistoriques mésoaméricaines et d'Amérique du Sud. S'y ajoutaient deux autres archéologues américains, le professeur William Mulloy, de l'université du Wyoming, et le professeur Carlyle Smith, de l'université du Kansas, ainsi que deux étudiants en archéologie, Gonzalo Figueroa et Eduardo Sánchez, représentant officiellement le Chili. Le Dr Gutorm Gjessing, médecin norvégien, devait recueillir des échantillons sanguins auprès de la population et les ramener, à la température de 4 °C, au British Serum Laboratory de Melbourne.

Tous étaient venus avec moi sans idée préconçue sur l'identité des sculpteurs des géants de pierre. Ils n'avaient pas de théorie sur la question et n'en étaient pas gênés. Ils étaient là pour faire des fouilles où personne n'avait encore essayé, chercher une stratigraphie où personne n'en avait trouvé, et non pour démontrer que l'île de Pâques avait été peuplée à partir de la Polynésie ou de l'Amérique du Sud. Ils allaient examiner les traces venues de toutes les directions — l'est *ou* l'ouest, l'est *et* l'ouest. Moi-même, je considérais les Pascuans de notre siècle comme les descendants de Polynésiens. Cependant, j'attachais foi à ce que leurs ancêtres leur avaient dit : que leur sang polynésien était mêlé à celui d'un autre peuple arrivé plus tôt sur l'île, qui avait érigé les statues et qui, lui, venait de l'est.

Je n'entendais imposer ma théorie à aucun des hommes assis autour de cette table. Au contraire, je laissai chaque archéologue choisir son propre secteur de fouilles et rédiger son compte rendu et ses conclusions à son gré. Je ne pouvais m'empêcher de nous comparer à une équipe de détectives et me surprenais parfois à repenser aux paroles d'un éminent archéologue de l'école classique, le professeur Herbert Spinden, président de l'Explorers Club de New York et directeur du musée de Brooklyn, qui avait à son insu déclenché mon désir de connaître la vérité sur la Polynésie. « On ne peut pas résoudre un problème anthropologique comme une énigme policière », disait-il. Et moi de m'étonner : une recherche anthropologique n'était-elle pas une sorte d'enquête ?

La question de savoir quel avait été le premier peuplement de la Polynésie me faisait effectivement penser à une prodigieuse enquête policière. Le monde occidental croyait encore que, derrière l'horizon, il n'y avait qu'un gouffre, et ignorait tout de l'existence de l'Amérique et du Pacifique, quand des hommes et des femmes avaient réussi, sans que nul n'en sache rien, à pénétrer dans le plus vaste océan du monde et à prendre possession de toutes ses îles solitaires, jusqu'aux plus petites, dès lors qu'elles possédaient assez de terre cultivable et d'eau douce pour qu'on puisse y subsister. Sur les milliers de milles d'océan mugissant qu'ils avaient parcourus, ils n'avaient pas laissé la moindre trace, la moindre empreinte. Mais ils avaient apporté avec eux un savoir-faire et des coutumes qui avaient persisté à travers les générations suivantes, et leurs gènes s'étaient transmis tout comme ceux des plantes utiles qui étaient encore cultivées à l'arrivée des Européens. Les vents et les courants, eux aussi, avaient conservé leur direction. Il ne fallait donc négliger aucun indice : pour comprendre ce qui s'était passé ici, au large des côtes américaines, il fallait ajuster ensemble toutes les informations et les confronter aux témoignages d'ordre purement linguistique. N'était-ce pas là un authentique travail de détective ?

Le vieux professeur Spinden, avec ses cheveux gris et son amabilité de père Noël, m'avait affirmé que personne n'avait pu atteindre la Polynésie avant l'arrivée des Espagnols, faute de bateaux adéquats. J'avais répondu qu'en Amérique du Sud existaient des radeaux de balsa. « Essayez donc de gagner la Polynésie à partir de l'Amérique, avec un radeau de balsa ! » m'avait-il répliqué. J'y étais parvenu, à bord du *Kon Tiki*. Et je venais maintenant à l'île de Pâques procéder à des fouilles, fort de cette expérience que des novices en la matière avaient pu mener à bien, sur un trajet deux fois plus long que celui qui menait à l'île de Pâques.

C'est Alfred Métraux qui m'avait suggéré de recourir à des archéologues pour chercher d'éventuelles traces perdues de navigateurs préhistoriques. Nous venions de nous opposer à propos d'une tête en pierre récemment découverte aux Galapagos : Métraux soutenait qu'elle était de type polynésien, moi de type sud-américain. Mais nous avions tort l'un et l'autre : je me rendis sur place avec deux archéolo-

Suivant les conseils du père Sebastián, nous dressâmes notre campement près de la plage d'Anakena, où avait débarqué jadis le légendaire Hotu Matua. Le père Sebastián Englert, que nous considérâmes très vite comme un membre de notre équipe, devint notre aimable émissaire auprès des Pascuans, qui le tenaient en grand respect.

gues, et nous apprîmes que cette tête avait été sculptée par un colon allemand, qui nous montra lui-même son œuvre. Cependant, nous profitâmes de l'occasion pour procéder à la première étude archéologique de cet archipel et trouvâmes des quantités de tessons pré-incas que nous fîmes identifier au U.S. National Museum de Washington. Les Galapagos, restées inhabitables aux temps préhistoriques faute d'eau douce, n'en étaient pas moins une zone de pêche très fréquentée par les radeaux de l'Équateur et du Nord péruvien, pendant les périodes Mochica et Chimu du Pérou pré-inca. Les plus anciens tessons que nous trouvâmes étaient de type polychrome de la côte de Tiahuanaco. Des voyageurs avaient atteint les Galapagos aux temps pré-incas, depuis des vallées situés fort bas sur les côtes péruviennes, jusqu'à Casma, à deux cents milles au sud de Trujillo.

Trois ans avaient passé depuis que nous avions rapporté à Washington les trouvailles faites dans les arides Galapagos, lorsque nous installâmes nos tentes devant la baie d'Anakena. Nous savions au moins que l'île ne manquait pas de sites préhistoriques parmi lesquels choisir. Toute la question était de savoir si nous trouverions quelque chose en creusant le sol. Lavachery en avait douté, et Métraux tenait fermement que tous les vestiges se trouvaient en surface. Cela paraissait plausible, tant le paysage était morne et désolé. Derrière les dunes claires de la plage, le sol était dur, tout recouvert de graviers et de fragments de lave sombre broyée, qui laissaient à peine assez d'espace à de rares herbacées. Mais, par la poussière que les alizés infatigables amenaient dans nos tentes, nous savions aussi que l'érosion devait provoquer des amoncellements de terre.

Nous décidâmes de commencer le travail du premier jour à proximité du camp, puisque Anakena jouait un rôle central dans toutes les traditions relatives à Hotu Matua et aux premiers arrivants. Dans le sable, près de nos tentes, gisaient quelques longues pierres de fondation, superbement taillées et creusées de trous profonds : les vestiges de ce que nous considérâmes comme « la maison de Hotu Matua ». A côté se trouvait un four de pierre pentagonal : la cuisine du roi. En creusant, nous trouvâmes, juste dessous, un autre four du même type mais plus ancien. Nous continuâmes à fouiller, persuadés que nous étions en train de remonter dans la préhistoire, quand nous tombâmes sur une perle bleue de Venise, semblable à celles que Roggeveen affirmait avoir apportées en 1722. Et, pour notre plus grande déception, il n'y avait au-dessous que du sable et de la vase. Du moins était-il clair désormais que tout ne se trouvait pas en surface.

Parmi les ruines d'Anakena, celles de l'*ahu* Naunau, surplombant leur rangée de statues renversées, étaient de loin les plus impressionnantes. Elles étaient situées au milieu de la ligne de la plage. La partie visible du long mur face à la mer, entre les dunes de sable, avait manifestement été rebâtie avec des pierres empruntées à un édifice antérieur. Ce mur, assemblé de façon grossière, comportait en effet plusieurs énormes blocs de basalte merveilleusement taillé, insérés parmi de grosses pierres brutes. Certains de ces blocs équarris portaient des reliefs, disposés sens dessus dessous. Il y avait aussi une tête géante, brisée au niveau du cou et utilisée pour la reconstruction dans le sens latéral, sans aucun respect. Elle n'était pas du même type que les bustes des *moai* qui s'étaient dressés en rangée sur l'*ahu*. Ceux qui avaient décapité ce géant plus ancien pour ériger leurs propres images d'ancêtres n'avaient certainement pas la même ascendance que leurs prédécesseurs : quoique étant à coup sûr, eux aussi, des adorateurs d'ancêtres, ils n'avaient pas respecté la fonction et la dignité de cette image plus ancienne, mais avaient démantelé le mur, d'une extraordinaire beauté, du temple auquel appartenait l'ancienne image, à seule fin d'utiliser les blocs équarris de leur parement pour construire leurs pro-

Comme la plupart de nos prédécesseurs, nous n'avions qu'une envie : nous rendre au pied du Rano Raraku afin d'y admirer les mystérieuses têtes de pierre. Pourquoi ces têtes sans corps, si différentes des autres géants de l'île ?

pres murs. Pour cette raison, le mur du premier *ahu* que nous aperçûmes en débarquant me sembla pouvoir nous révéler si les partisans de Hotu Matua avaient constitué le premier et l'unique peuplement de l'île.

Naturellement, nous effectuâmes des sondages préliminaires dans cet important *ahu*. Mais les archéologues, à ne trouver que du sable, perdirent confiance. Comme, en vertu de notre accord, il appartenait à chacun de choisir ses propres lieux de fouille, tous voulurent essayer ailleurs. Je ne cachai pas ma déception. Cependant, les sites que les autres avaient choisis étaient si importants que nous étions tous clairement conscients de l'impossibilité de les ignorer.

Nous tournâmes d'abord notre attention vers quelques-unes des constructions circulaires que l'on considérait maintenant, de façon générale, comme des lopins de culture murés. Les premières fouilles de quelques-uns d'entre eux révélèrent aussitôt que c'étaient en fait les vestiges de maisons circulaires en pierre, dotées de murs maçonnés épais et peu élevés, et de caves aménagées. On y pénétrait par un toit chaumé, sans doute de forme conique, comme il était courant dans la région du lac Titicaca et sur les côtes dénudées entre Tiahuanaco et la côte Pacifique. Ces maisons formaient parfois des groupes aux murs continus, dessinant des villages bien agencés. Ed Ferdon se livra à une étude approfondie de ces maisons et conclut que cette forme d'habitation était « l'un de plusieurs traits qui distinguent nettement la culture matérielle pascuane de celle d'autres îles polynésiennes ».

Arne Skjölsvold, en fouillant un foyer à l'intérieur d'une de ces maisons circulaires, trouva dans les cendres des restes de patates douces carbonisées, qui permirent de faire remonter au XVIe siècle le dernier repas pris à cet endroit.

Arne choisit ensuite d'examiner les carrières du Rano Raraku et la multitude des

L'activité des tailleurs de pierre préhistoriques avait transformé tout un pan du volcan en un gigantesque gruyère. Nous observâmes que l'angle de taille pouvait varier selon les cas. Partout, des géants de pierre encore à l'état d'ébauche émergeaient de la roche.

têtes de pierre qui s'élevaient sur leurs pentes. C'était bien autre chose que la tête qui nous avait, lui et moi, attirés aux Galapagos !

Edwin Ferdon entendait travailler sur le site du village cérémoniel d'Orongo et en étudier tous les aspects. Quelle était donc la toile de fond des cérémonies de l'homme-oiseau ?

William Mulloy décida d'examiner les *ahu* mégalithiques de Vinapu, célèbres depuis la visite du capitaine Cook en raison d'un travail de la pierre tout à fait spectaculaire. Métraux lui-même avait reconnu leur ressemblance avec les murs de pierre andins, mais n'y voyait pas moins le dernier stade d'une évolution locale indépendante. Bill espérait trouver enfoui du matériel qu'il pourrait

Les sculpteurs avaient parfois dû dégager d'énormes quantités de roche avant de pouvoir sculpter les contours des statues.

dater au carbone 14 et connaître ainsi le degré d'ancienneté de ces magnifiques structures.

Carlyle Smith préféra d'abord travailler à proximité du camp. Mais, ayant vérifié qu'autour du grand *ahu* d'Anakena le sable était complètement stérile, il décida de fouiller certaines cavernes ouvertes près des rivages de la baie de La Pérouse. Ces fouilles mirent en évidence une ancienne occupation humaine, et Carl espérait pouvoir effectuer des datations au carbone 14. Estimant que les constructeurs des grands *ahu* ne devaient pas être des troglodytes mais avaient dû arriver en groupe organisé et constituer des sociétés villageoises, j'essayai de convaincre Carl de fouiller plus profondément encore à Anakena, autour du mur impressionnant de l'*ahu* Nau-

Il ne fut guère difficile de vérifier les déductions de Mrs. Routledge quant aux étapes du façonnage. On commençait effectivement par sculpter le devant en détail à l'exception des yeux. On s'attaquait ensuite aux côtés, puis à la base.

nau. Cependant, la compétence professionnelle passa avant la tradition de l'île, et les fouilles sur le site royal de Hotu Matua durent attendre encore un certain nombre d'années. Carl s'engagea aussi dans l'examen de nombre d'*ahu*, et dans des fouilles dans la tranchée de Poike, afin de vérifier la tradition relative au bûcher pendant la guerre entre Longues-Oreilles et Petites-Oreilles.

Le père capucin Sebastián Englert, prêtre du village de Hangaroa, devint presque un membre de notre équipe. Son rôle était si important aux yeux des insulaires qu'ils le considéraient comme un prêtre-roi des nouveaux temps. Son arrivée en 1935, peu après le départ de l'expédition franco-belge, avait marqué le premier établissement durable d'une mission chrétienne, depuis le séjour dramatique du frère

L'unique outil employé était un grossier pic de basalte, dépourvu de manche et tenu à la main. On continuait à dégager les côtés, qui convergeaient peu à peu à l'arrière en formant une sorte de quille.

Eyraud et de ses associés, quelque soixante-dix ans plus tôt. Le père Sebastián avait trouvé une génération de Pascuans encore déchirés entre deux religions. Ils croyaient à l'enseignement qu'il s'efforçait de raffermir en eux. Mais ils conservaient aussi un profond respect pour les ouvrages apparemment surhumains réalisés par leurs ancêtres avec l'aide de Make-Make et d'*aku-aku* païens. Toute la communauté restait influencée par une génération élevée par des parents païens. Le vol n'était pas seulement toléré mais, quand il réussissait, admiré. C'est pourquoi les insulaires devaient demander une autorisation spéciale, délivrée par le gouverneur, chaque fois qu'ils avaient une raison légale de sortir du secteur réservé. Écoutant l'avis du père Sebastián, nous installâmes un cordage autour de notre

Quand le dos était enfin détaché, on calait le monument avec des pierres en attendant le transport. On a parfois l'impression qu'une simple poussée aurait suffi à précipiter certaines des statues ainsi préparées le long de la pente abrupte du volcan. Certes, le transport de tels monuments depuis les carrières jusqu'au pied du volcan devait poser problème. On est tenté d'accréditer l'hypothèse du halage évoquée par la tradition orale.

La descente des géants de pierre présentait de telles difficultés qu'un accident n'était pas exclu : Mrs. Routledge, on s'en souvient, étudia la tête d'une statue brisée en cours de transport. Ceux des monuments qui atteignaient le pied du volcan sans encombre y étaient dressés afin d'y subir d'ultimes retouches.

185

L'une des priorités de notre expédition fut d'examiner soigneusement les bases des têtes situées au pied du volcan. L'archéologue norvégien Arne Skjölsvold se chargea de diriger les premières fouilles.

camp la première nuit, pour dissuader les voleurs. La nuit suivante, le cordage avait été dérobé.

Le père Sebastián, qui connaissait nombre d'histoires relatives aux cavernes secrètes, était convaincu que beaucoup d'entre elles étaient encore pleines de trésors artistiques antérieurs à la christianisation. Il avait de ses yeux vu un insulaire devenir fou de terreur après avoir déplacé de tels objets, c'est-à-dire violé un tabou toujours vivace. Vêtu de sa soutane blanche, il avait grimpé toutes les falaises de l'île à la recherche de cavernes et dressé un impressionnant inventaire des vestiges archéologiques importants. Il n'acceptait pas les conclusions de l'expédition franco-belge, selon lesquelles un seul peuple était parvenu sur l'île avant Roggeveen, et défendait avec force le point de vue des insulaires : deux peuples étaient venus là, dont l'un incontestablement « blanc ». Contrairement à Métraux, le père considérait comme certain le lien avec l'ancien Pérou, bien qu'il restât peu précis quant aux possibles itinéraires de migration. Il semblait en fait estimer, comme Macmillan Brown, qu'il avait dû exister dans le Pacifique est une masse continentale désormais engloutie. Dans le livre de vulgarisation qu'il écrivit à partir des informations recueillies auprès de ses paroissiens, il conclut qu'aucun des deux peuples qui avaient atteint l'île de Pâques n'était venu avant 1575 ap. J.-C.

Nous avions besoin de main-d'œuvre pour nous aider à fouiller. A mesure que le travail progressait, la douzaine de membres de l'équipe s'augmenta de Pascuans choisis par le père Sebastián, qui demandaient seulement de pouvoir venir sur les sites à cheval et coucher dans les cavernes locales. Nous comptâmes bientôt une centaine d'hommes travaillant en quatre lieux distincts.

Lorsque j'escaladai avec Arne et notre photographe les pans du cratère du Rano Raraku, nous ne nous sentîmes pas moins excités que l'avait été Katherine Routledge. Ce n'étaient partout que carrières foisonnant de statues inachevées. Il était possible ici de comprendre clairement tous les stades de la sculpture des *moai*, excepté celui de la réalisation des yeux : toutes ces statues étaient aveugles. Mais je ne pus m'empêcher d'observer que chacune, qu'elle fût seulement dessinée sur la roche ou déjà détachée en vue de son transport, possédait un corps complet. Toutes consistaient en bustes du même type standard, semblables à ceux qu'on voyait le long des routes préhistoriques et sur les *ahu*. Pas une seule n'était conçue avec une base en pointe, comme la littérature existante le prétendait de toutes les têtes aveugles du pied de la falaise.

Arne décida de creuser autour d'une de ces têtes et choisit une des plus grandes, toujours debout sur les pentes extérieures du volcan. A mesure que les hommes creusaient, il devenait de plus en plus clair que la tête reposait sur les épaules d'un corps pourvu de bras. Craignant d'être ensevelis sous un glissement de terrain, nous élargîmes les excavations et dégageâmes la terre grâce à des terrasses superposées. La portion souterraine de la statue était aussi importante que sa partie visible. Le gigantesque monolithe que nous exhumions était un haut buste sculpté, avec une base plate, fait pour tenir debout seul sans être soutenu par les côtés, exactement comme ceux des *ahu*. Et, comme eux, il avait des bras qui descendaient sur les flancs, les mains effilées aux ongles longs étreignant l'abdomen. Les mamelons et le nombril étaient représentés mais, au lieu des parties génitales masculines proéminentes des figurines de bois, ce géant présentait un petit relief à peu près rectangulaire qui semblait un étui pénien.

Nous creusâmes autour d'une autre tête, puis d'une autre et d'une autre encore, tant à l'extérieur qu'à l'intérieur du volcan. Une douzaine au total furent ainsi exhumées, et toutes avaient des corps entiers reposant sur une base plate. Ces découvertes amenèrent Arne à réexaminer la photographie prise par Mrs. Routledge de la statue qu'elle avait dégagée et qui possédait « une base en pointe ». Il s'aperçut alors que c'était un spécimen défectueux : une grande partie manquait, le long d'une ligne de fracture oblique qui donnait au bas du corps sa forme effilée.

Ainsi donc, c'était un seul *moai* brisé, abandonné par ses malheureux sculpteurs, qui avait été cité mille fois dans la littérature scientifique et avait permis de préten-

Nous découvrîmes à proximité des têtes quelques tertres d'aspect *a priori* naturel. Mais les sondages effectués révélèrent qu'il s'agissait de piles de débris, jadis évacués des carrières à l'aide de paniers. Les fragments de carbone mélangés à la pierraille nous permirent d'obtenir des datations.

Avant d'entamer la fouille d'une statue, il était nécessaire d'en mesurer la hauteur émergée. Le capitaine Arne Hartman se livre ici à l'escalade du monument.

Au cours des travaux, il fallut élargir la tranchée, car les éboulis menaçaient d'ensevelir les fouilleurs. Nous découvrîmes alors que nous avions affaire, non pas à une simple tête, mais bel et bien à un buste complet.

dre, non seulement que toutes les images aveugles dressées au pied du Rano Raraku avaient une base en pointe, mais encore que les sculpteurs préhistoriques s'étaient lancés dans la décoration des routes !

Les insulaires qui nous aidaient n'en furent pas surpris. Leurs ancêtres leur avaient toujours dit qu'il existait une seule sorte de *moai*. Ceux qui étaient au-dessous des carrières, nous dirent-ils, n'avaient été mis debout que pour permettre la finition de leur dos, avant qu'ils ne se mettent en marche vers les *ahu*.

Ils avaient manifestement raison. Le dos des statues que nous exhumâmes, et l'arrière des têtes et des cous de toutes les autres, le démontraient à l'évidence. Mrs. Routledge avait d'ailleurs noté les différences observables dans la finition du cou. Les statues avaient été abandonnées alors qu'on travaillait encore leur face arrière. Avant cela, on les avait descendues des carrières ventre en l'air. Et elles ne devaient gagner leur destination finale qu'une fois achevés tous les détails, à l'exception des yeux.

Entre les groupes des statues dressées au pied des carrières se trouvaient quelques monticules très apparents. On avait toujours pensé que c'étaient des forma-

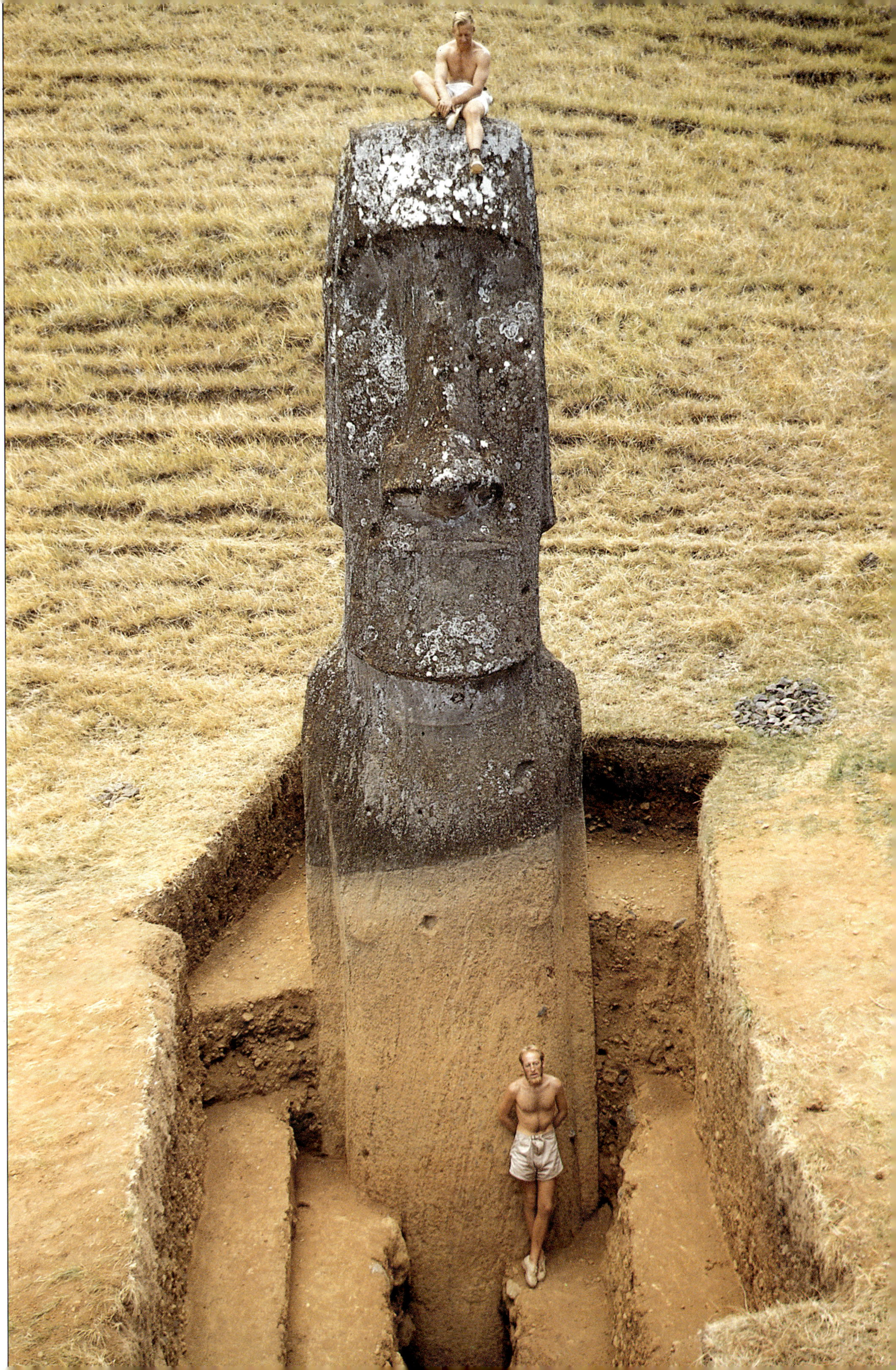

Toutes les statues dégagées par la suite étaient aussi des bustes complets, auxquels il ne manquait guère que les jambes : Mrs. Routledge avait vraiment joué de malchance en tombant sur l'unique tête dépourvue de corps. Les portions enfouies, qui avaient parfois conservé leur teinte d'origine, étaient dans certains cas plus importantes que les parties émergées.

tions naturelles, mais Arne décida de vérifier cette hypothèse. A la surprise générale, le premier se révéla être artificiel dès qu'Arne y eut creusé une profonde tranchée d'exploration. Il était formé de débris et de pics de pierre brisés, descendus des carrières dans des plateaux ou des paniers de roseaux tressés. Des échantillons de carbone trouvés à différents niveaux du monticule indiquèrent qu'il s'était constitué tout au long d'un travail poursuivi entre 1206 et 1476 ap. J.-C., avec toutefois une large marge d'erreur sur ces deux limites. Il n'était pas possible de

Certains bustes avaient subi un soigneux polissage, même dans le dos. D'autres encore étaient ornés des mêmes symboles que les statues des *ahu* : un ou deux cercles, trois bandes recourbées et un signe en forme de M. D'après nos informateurs pascuans, descendants des Longues-Oreilles, ces symboles représentaient le soleil, la lune, l'arc-en-ciel et la pluie.

dire quand les premiers travaux avaient commencé, mais la production massive de *moai* standardisés battait certainement son plein très peu de siècles avant que les Européens n'accostent en Amérique et en Océanie. Quand elle cessa, avant l'arrivée des Européens, la masse des débris qui n'avaient pas été descendus par les ouvriers fut entraînée par son propre poids. Après quelques saisons de pluie, les statues au-dessous se trouvèrent enterrées jusqu'au cou.

Au cours de ses efforts pour mettre au jour la forme entière de ces statues, Arne

191

s'aperçut que l'une d'entre elles présentait, incisé sur le devant comme un pétroglyphe, le dessin d'un grand bateau à trois mâts, avec des voiles superposées. On eût dit l'image géante d'un marin portant son vaisseau tatoué sur l'estomac et la poitrine. La coque de l'embarcation était recourbée et s'achevait en pointe à chaque extrémité, exactement comme celles des bateaux de roseaux dans l'art pré-inca du Pérou. Le pont était peuplé de personnages, figurés par de courtes entailles, et une longue ligne de pêche descendait jusqu'à une grosse tortue sculptée au-dessous sur l'estomac. Cette œuvre était manifestement ancienne, car la partie inférieure de la statue avait dû être recouverte par la vase peu de temps après que les carrières eurent été abandonnées.

Sur la plus grande des statues des *ahu*, Carl découvrit un pétroglyphe représentant le même genre d'embarcation. Ce colosse avait été renversé du bel *ahu* de Te-Pito-te-Kura, « le Nombril de la lumière ». Haut de 9,80 mètres et pesant 82 tonnes, le monolithe avait porté un toupet de 11,50 tonnes, avant de tomber sur le nez. Carl put ouvrir un passage par-dessous et trouva gravé un bateau à deux mâts, le mât de misaine traversant le large nombril rond du *moai* comme pour indiquer l'unique voile ronde d'un bateau solaire.

En fouillant le célèbre complexe d'*ahu* de Vinapu, Bill trouva deux pétroglyphes corrodés incisés dans le mur de front de l'*ahu* n° 2. L'un représentait un bateau avec trois voiles superposées. Une étude des dépôts du talus qui recouvrait ce dessin montra qu'il datait de la période de sculpteurs d'images antérieure aux guerres civiles. Une datation au carbone 14 sous le mur de la terrasse du même *ahu* fournit comme date approximative 857 ap. J.-C.

Ces anciens dessins de bateaux commencèrent à dévoiler leur importance religieuse quand Ed les trouva reproduits, parmi les motifs de doubles pagaies et de traces de larmes, à l'intérieur des maisons d'Orongo. Des bateaux de roseaux portant de un à trois mâts étaient peints en rouge aux dalles des plafonds, avec des amarres de cordages blancs. L'un d'eux, doté de trois mâts et d'un double jeu de bouts de vergue, n'avait pas de voile hormis un disque rouge peint sur le mât central. *Ra* et *Raa* sont les mots qui désignent « le soleil » et « la voile » dans toute la Polynésie. Ce disque rouge peut donc correspondre à un jeu de mots, mais cela n'exclurait pas la représentation d'un bateau solaire, motif très répandu dans diverses parties du monde chez les utilisateurs de bateaux de roseaux. Près des maisons de pierre du bord du cratère, Ed avait d'ailleurs exhumé la bordure de pierre d'un ancien observatoire solaire. Ce n'était guère surprenant, car les missionnaires avaient noté que les festivités d'Orongo étaient déterminées par la position du soleil, et déjà les découvreurs hollandais avaient vu les anciens insulaires se prosterner le matin devant le soleil levant. Associé à une étrange image, différente de tous les *moai*, Ed trouva un ensemble de quatre trous forés dans la roche. Un poteau fiché dans le plus large des trous projetait son ombre directement sur chacun des trois autres trous, respectivement aux deux équinoxes et au solstice de l'été local. Un ancien foyer était associé à l'observatoire solaire. L'étrange image était une tête rectangulaire aux angles arrondis, sans corps ni membres, en laquelle les insulaires reconnurent Make-Make. Ed en conclut que le grand dieu Make-Make, le soleil et le feu symbolique étaient sans doute étroitement liés dans la toute première période de l'île de Pâques. Il ne connaissait rien de tel en Polynésie mais, de même que pour tout le complexe de bâtiments et d'art religieux d'Orongo, il cita des équivalents directs au Pérou.

A peine avions-nous assimilé notre propre découverte, à savoir que tous les *moai* connus jusque-là de l'île de Pâques étaient des monuments du même type, achevés

Les autorités chiliennes ayant formellement interdit toute exportation d'un géant de pierre, l'auteur s'était judicieusement muni de trois tonnes de plâtre de dentiste, qui lui permirent de réaliser un moulage complet. C'est ainsi qu'un superbe fac-similé, mesurant 9,5 mètres de haut, se trouva bientôt exposé au musée Kon-Tiki à Oslo. L'illusion était si parfaite qu'un officiel de l'ambassade du Chili fut dépêché au musée pour s'assurer qu'il ne s'agissait pas d'une statue authentique.

ou non, que nous commençâmes à découvrir des images de styles tout à fait différents, jusque-là inconnus de la science. Certains étaient de simples pierres à peu près rectangulaires, avec un visage aplati sculpté en relief, comme celle que nous avions découverte dans l'observatoire solaire. Elles ne surprirent pas les insulaires, bien qu'elles n'eussent aucun rapport avec les *moai*, car elles présentaient des oreilles courtes, parfois même absentes, et des yeux immenses en saillie. Nos ouvriers y reconnurent Make-Make, le dieu céleste de leurs ancêtres. Ils le connaissaient par de nombreux pétroglyphes, qui le montraient parfois sous la simple forme de deux gros yeux aux sourcils froncés. Manifestement, il n'avait pas besoin d'un corps comme les humains, seulement de ces yeux au regard attentif.

Ce fut en revanche un choc pour les insulaires de découvrir un monstre doté de jambes. Arne avait demandé à ses ouvriers de déblayer le talus qui couvrait presque entièrement un bloc de pierre apparemment naturel, sous les pentes sud-est du Rano Raraku, qu'on considérait comme la partie la plus ancienne des carrières. Tout d'abord apparut une énorme tête avec un visage rond tourné vers le haut et des yeux en saillie. Le visage avait les oreilles courtes et une barbiche, trait déjà aperçu sur plusieurs pétroglyphes représentant Make-Make. Mais cette tête continuait par un corps entier de géant agenouillé, avec le visage levé comme pour prier. Ses mains reposaient sur ses cuisses, et les plantes de ses pieds étaient relevées vers le haut, de sorte que ses fesses arrondies reposaient sur ses talons. On n'avait jamais

Le professeur Carlyle Smith, lui aussi membre de l'expédition norvégienne, concentra ses efforts sur la statuaire des *ahu*. Son dessin à échelle réduite du géant de l'*ahu* Te-Pito-te-Kura, à quelque 8 kilomètres du Rano Raraku, nous montre la statue telle qu'elle devait se dresser du temps de sa splendeur. Dans une autre reconstitution précise, nous pouvons admirer la plus grande des statues abandonnées dans les carrières, fièrement juchée sur l'*ahu* qui aurait dû être le sien.

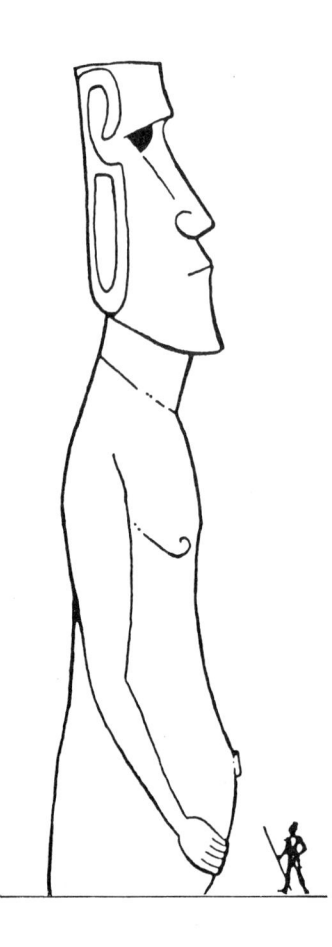

vu ou entendu parler sur l'île de Pâques d'une statue de pierre possédant des jambes. Pourtant elle était là, devant nous, en position agenouillée, les mains sur les cuisses et non sur le ventre. C'était le premier monument proprement réaliste jamais découvert sur l'île. Avec la Jeep et de nombreux hommes, nous remîmes le colosse sur ses pieds ou plutôt sur ses genoux. Cette fois, les ouvriers n'étaient pas moins stupéfaits que les scientifiques : cette image ne paraissait pas faire partie des *moai* de l'île de Pâques.

Les circonstances de cette découverte nous donnèrent à penser que ce pouvait être un type antérieur de sculpture, précédant la standardisation finale des *moai* locaux, qui étaient en position debout et sans jambes. Il fallait donc peut-être y voir une sorte de « chaînon manquant » par rapport à l'art d'autres parties du monde.

Géographiquement, l'île de Pâques pouvait alors apparaître comme étant effectivement le « Nombril du monde » des hommes de l'Age de pierre. Les rares et frustes *Tiki* de pierre de Polynésie étaient tous debout, avec les mains sur le ventre. En revanche, les géants de pierre agenouillés étaient caractéristiques du site de culte pré-inca de Tiahuanaco. Deux spécimens préhistoriques grossiers en flanquent désormais l'entrée de l'église moderne du village. Deux autres, magnifiquement sculptés et bien conservés, ont été trouvés sur une plate-forme mégalithique de Tiahuanaco et transportés jusqu'à une cour dans la ville de La Paz. Ils ont eux aussi le visage levé, avec des yeux à fleur de tête et un bouc, et sont agenouillés dans la même position, les mains sur les cuisses. Arne décrivit cette ressemblance dans son compte rendu et conclut : « Comme nous l'avons souligné, la ressemblance entre ces statues de Tiahuanaco et notre spécimen est telle qu'elle ne peut guère être expliquée par un hasard, mais doit être rapportée à une relation étroite. Cela implique qu'il existe un lien entre ces deux types de statuaire ancienne sur pierre, celui des Andes et celui de l'île de Pâques. »

Une autre surprise nous attendait, ainsi que la population, quand Bill entreprit de fouiller derrière le mur de type inca de Vinapu. Du côté des terres, il découvrit une vaste cour de temple entourée de banquettes de terre et, à l'intérieur de cette enceinte, quelque chose qui sembla d'abord le coin d'un bloc rectangulaire de scories rouges, mais se révéla être en fait une statue haute et mince en forme de pilier, de section rectangulaire, représentant un corps avec les bras sur le ventre et des jambes rabougries. Un trou profond avait été creusé dans la région du cœur ; la tête avait été brisée et manquait, mais cette statue rouge, quoique incomplète, mesurait tout de même 3,50 mètres.

Là encore, comme il n'existait en Océanie aucun vestige analogue, il était impossible de ne pas songer aux statues de Tiahuanaco. W.C. Bennett, qui faisait autorité quant à l'archéologie de Tiahuanaco, avait classé la statuaire de pierre en trois catégories : les monuments classiques, ornementés et stylisés ; les statues réalistes à genoux ; enfin ce qu'il appelait les statues du type « pilier équarri ». Cette dernière catégorie était la plus courante à Tiahuanaco même, et tout à fait caractéristique dans les régions qui avaient subi son influence. Même l'image barbue de Tiahuanaco connue sous le nom de Kon-Tiki appartient à ce type ; elle est également sculptée dans des scories rouges et placée sur un parvis de temple encaissé, à côté d'une plate-forme mégalithique surélevée et orientée d'après le soleil. Un trait caractéristique de ce type de statues andines est qu'elles ont les bras repliés et les mains posées sur l'abdomen dans une curieuse attitude, tout comme celle de l'île de Pâques.

Selon Bennett, les statues agenouillées et le type « pilier équarri » sont les deux formes les plus anciennes à Tiahuanaco, les monuments classiques ornementés et

William Mulloy, professeur à l'université du Wyoming, découvrit en fouille un monument tout à fait atypique. Il s'agissait d'un corps décapité, dont la tête demeura introuvable. Cette statue comportait des bras, un nombril et des jambes très écourtées. De coupe rectangulaire, elle évoquait nettement le style Tiahuanaco.

Un autre archéologue américain, Edwin Ferdon, du New Mexico Museum, fut chargé des fouilles d'Orongo. Parmi ses découvertes, un observatoire solaire et une image de Make-Make sous son aspect de divinité solaire. Ces nouveaux éléments furent rattachés à la période ancienne.

Plusieurs monuments d'époque ancienne avaient fait l'objet d'une destruction systématique, tantôt jetés à bas des structures, tantôt brisés en tronçons pour servir de matériau de construction à des *ahu* plus tardifs.

En fouillant l'angle sud-est du Rano Raraku, Skjölsvold dégagea un monument tout à fait extraordinaire de la période ancienne : un géant rond et dodu, agenouillé, les mains posées sur les genoux. Et ce géant portait le bouc.

stylisés représentant une innovation locale plus tardive, que Markham et Macmillan Brown avaient comparée aux *moai* courants de l'île de Pâques. Suite à ces nouvelles trouvailles, il m'apparut que les célèbres monuments classiques des deux régions, au lieu de révéler une influence directe, pouvaient avoir évolué à partir de prototypes antérieurs, à savoir les statues agenouillées et le type « pilier ». Bennett incluait aussi dans le type « pilier » un certain nombre de têtes équarries sans corps où le sculpteur, comme pour les têtes carrées de l'île de Pâques, avait insisté sur les grands yeux, le nez saillant se divisant en deux sourcils recourbés, et les joues gonflées. Les oreilles étaient absentes ou insignifiantes. Ainsi, les types jusque-là inconnus de statues en pierre de l'île de Pâques, qui apparaissaient maintenant à l'aide de la pelle et de la truelle, rappelaient, dans leur diversité même et dans leurs détails spécifiques, l'art des sculpteurs de pierre de la période pré-classique de Tiahuanaco.

Bill fit encore une autre découverte à Vinapu, devant le mur donnant sur la mer et orienté vers le soleil, à l'opposé de l'esplanade où se trouvait la statue en forme de pilier. Non loin de ce bel ouvrage maçonné, il exhuma un groupe de sépultures de pierre contenant des restes d'incinération. Nous découvrîmes par la suite des sépultures de même type devant plusieurs autres *ahu*. L'incinération, inconnue en Polynésie, était couramment pratiquée en Amérique du Sud. Les traditions de l'île avaient à nouveau raison : il avait effectivement existé deux rites funéraires différents sur l'île.

La plus importante découverte que fit Bill à Vinapu — sans doute la donnée majeure issue de notre « enquête policière » — fut celle de deux périodes culturelles distinctes sur l'île de Pâques, antérieures à l'époque finale de guerres civiles et de destruction. Nombre d'observateurs avaient remarqué que les *ahu* avaient été remaniés, mais sans trouver aucune méthode dans ce chaos apparent. Les fouilles effectuées par Bill lui permirent de constater une rupture marquée dans l'architecture religieuse, correspondant à un « entracte » entre ce qu'il appelait la *période ancienne* et la *période moyenne*, la *dernière période* étant celle des guerres civiles.

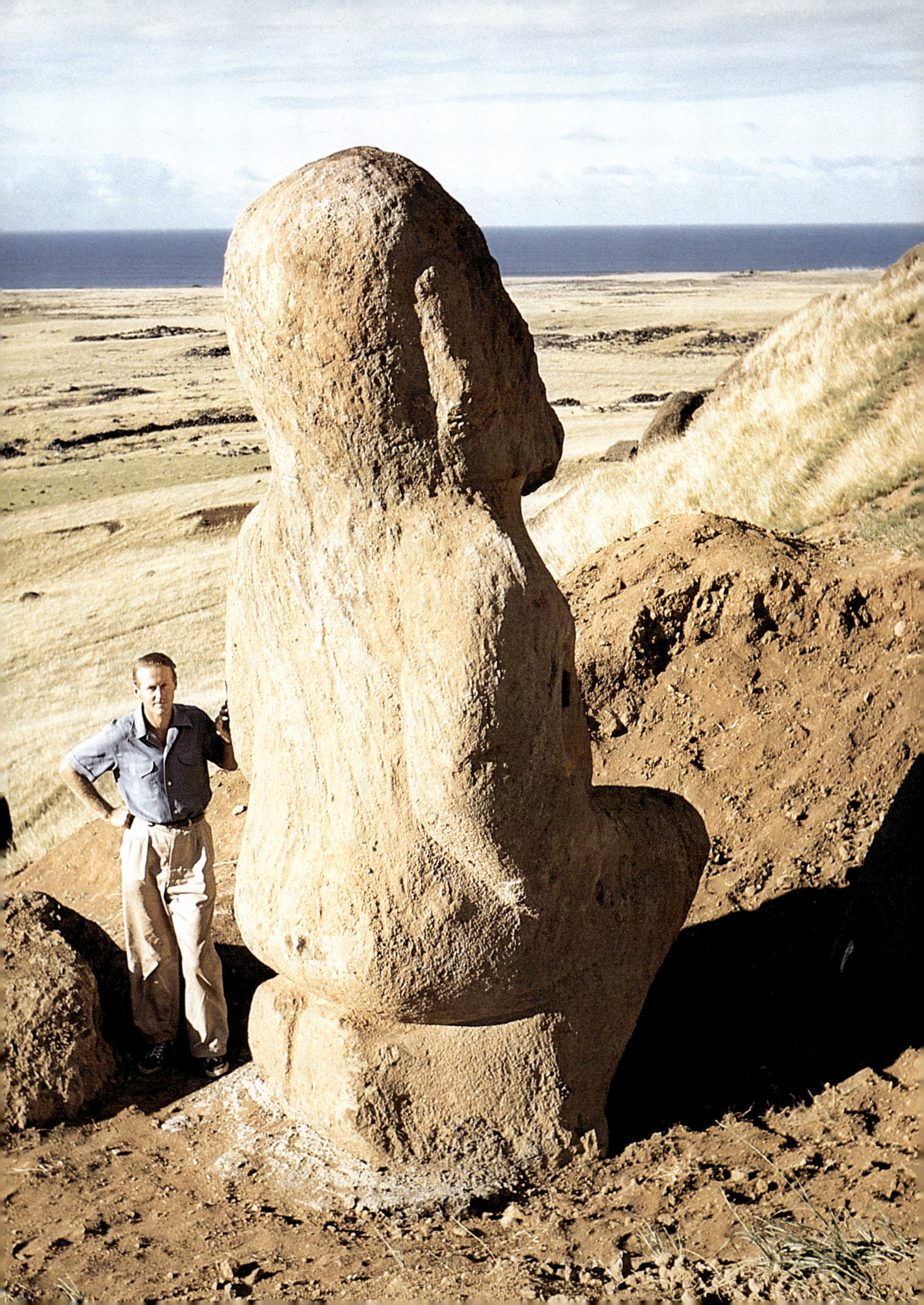

Le mur de type inca face à la mer avait été construit dans la période ancienne ; le sanctuaire semble n'avoir consisté alors qu'en une vaste plate-forme surélevée faite de rocaille et parée d'énormes dalles magnifiquement ajustées. Elle n'était pas faite pour porter de colossaux *moai* et n'aurait pu en supporter le poids. Les statues devaient alors être érigées dans la cour, ou bien présenter des dimensions plus modestes. Mais cette période ancienne prit fin bien avant le début de la période moyenne. Pendant tout un laps de temps, le sanctuaire fut abandonné. Dans son compte rendu, Bill explique en détail comment, pendant cet intervalle, l'érosion et la désagrégation avaient modifié les constructions originales. Il conclut : « Après la période ancienne, l'édifice semble avoir été délaissé pendant un long moment, cependant que les forces d'érosion opéraient des changements. »

Cette remarque rappelait les propres traditions des insulaires, selon lesquelles Hotu Matua avait trouvé l'île abandonnée par Machaa ou par d'autres, qui avaient laissé derrière eux un réseau de routes pavées. Bill affirme : « La période moyenne de reconstruction commença alors que cette structure était déjà dans un état de ruine avancé. Ceux qui menèrent à bien les réparations étaient d'habiles maçons. Ils déployèrent un travail énorme, mais leurs techniques n'étaient pas les mêmes que celles de la période ancienne. Leurs maçonneries ne présentent ni la perfection mécanique ni la qualité artistique des maçons primitifs. Elles comportent principalement des pierres de petite taille, faciles à déplacer et rarement taillées, bien que le travail sur la base des statues, les statues elles-mêmes et les toupets démontrent un savoir-faire évident et une volonté de manier des pierres au moins aussi grosses que dans la période ancienne. Les maçons n'hésitaient pas à réutiliser une pierre sans chercher à la transformer pour masquer sa fonction antérieure, et ne paraissaient pas incommodés par des juxtapositions incongrues de types différents de maçonneries. Ils ne semblaient pas chercher à reconstituer les *ahu* en tant qu'œuvres d'art, avec toute l'harmonie de détail d'une excellente maçonnerie, mais plutôt à mettre en place une base solide pour les statues, de la manière la plus rapide et la plus pratique possible. Il semble que leur attention allait plutôt aux statues qu'aux *ahu*. »

Ce point de vue fut confirmé indépendamment par les fouilles des autres archéologues. Ed trouva des traces de la période ancienne et de la période moyenne en fouillant le site cérémoniel d'Orongo, où existait aussi la marque d'un abandon momentané des édifices. Les hommes-oiseaux dataient de la période moyenne, où l'importance du soleil et des masques de Make-Make était moins perceptible. Des reliefs d'hommes-oiseaux sur les falaises d'Orongo furent même gravés par-dessus les masques de Make-Make et les motifs de félins antérieurs.

Carl fouilla et étudia sept *ahu* importants et confirma lui aussi les observations de Bill : la préhistoire de l'île de Pâques pouvait être divisée en trois périodes. Il ne fut pas tenté de fouiller l'*ahu* Naunau, près de notre camp d'Anakena, mais observa : « L'accumulation de sable a gêné les efforts pour interpréter pleinement la séquence architecturale de l'*ahu* Naunau. La présence de pierres de parement caractéristiques de la période ancienne, et l'inclusion de la tête de pierre, semblable à celle de la statue pourvue de jambes de Rano Raraku, dans un mur de la période moyenne, plaident pour l'existence d'un édifice de la période ancienne sur ce site. »

L'activité de la dernière période sur les différents *ahu* avait seulement consisté à renverser les statues et à déposer les ossements des défunts au-dessous des géants tombés ou sous une couverture de pierres brutes, disposées à la hâte sur le plan incliné de la période moyenne. Carl découvrit aussi qu'un trait de la dernière période

C'est à Tiahuanaco (*ci-dessus*) qu'il faut chercher les cousins de notre géant : mêmes yeux globuleux, même bouc, même posture agenouillée. D'aucuns ont fait remarquer que les plus beaux spécimens tiahuanacans étaient munis, contrairement à cette statue pascuane, de côtes saillantes. Mais quelques années plus tard, l'archéologue pascuan Sergio Rapu devait bel et bien exhumer, dans la baie d'Anakena, des fragments de torses dûment côtelés ainsi qu'une paire de fesses.

était l'utilisation de cavernes d'habitation. Les fouilles qu'il fit dans un certain nombre de celles-ci montrèrent que les cavernes ne servirent d'habitat que peu de temps avant l'arrivée des Européens. Les populations organisées des deux premières périodes vivaient dans des maisons et n'étaient pas troglodytes. Ce que Carl appela la sous-période *mataa*, en raison de la présence de pointes de lance en obsidienne, était un trait spécifique des cavernes et de la dernière période. Pendant la période ancienne, on taillait l'obsidienne par éclats pour en faire des outils, mais non des armes. Rien n'indiquait qu'il y eût eu des guerres pendant les deux premières périodes, ni dans l'intervalle entre les deux. Cependant, Carl trouva aussi des preuves d'abandon des *ahu* de la période ancienne, avant que ceux-ci n'aient reçu leur nouvel usage au début de la période moyenne.

En combinant ces faits avec les souvenirs traditionnels, il devenait possible d'établir une correspondance entre les « frères » Machaa et Hotu Matua, qui étaient partis successivement de la même côte sans se rencontrer, et les périodes ancienne et moyenne. La dernière période commençait avec la bataille de Poike. La population de la période ancienne avait-elle quitté l'île avant qu'un autre groupe, de culture fondamentalement semblable, vînt la remplacer pendant la période moyenne ? Ce Machaa quelque peu mythique avait-il établi un peuplement temporaire, avec des murs et des images semblables à ceux de Tiahuanaco, avant que son successeur Hotu Matua, dont l'existence historique semble mieux assurée, n'ait suivi dans son sillage, mais en ayant peut-être embarqué plus haut sur la côte américaine ? La seconde vague d'immigrants aurait pu arriver plusieurs générations après la première, guidée par des légendes sur la position de l'île, conservées dans la patrie d'origine. Il est certain que le culte de l'homme-oiseau de la période moyenne était caractéristique des navigateurs de la côte désertique du Nord du Pérou, tout comme la maçonnerie de la période ancienne et les statues agenouillées ou en pilier l'étaient de Tiahuanaco.

Quand les Polynésiens intervinrent-ils dans cette séquence ? Métraux avait à peine retrouvé leurs traces dans son examen de la culture locale. L'archéologie venait à l'appui des indices de la tradition et de l'ethnologie : ils n'avaient en rien affecté l'architecture, religieuse ou profane, ils avaient renoncé à leurs coutumes et adopté celles qu'ils avaient rencontrées, sans interrompre ou modifier le cours local des choses. Ils durent en tout cas arriver pendant la période moyenne, car ils étaient là lorsque commença la dernière période, celle des guerres civiles.

Personne n'était plus fasciné par les traditions insulaires que le père Sebastián Englert. Il croyait fermement à la bataille de Poike, qui aurait mis une fin soudaine à la fabrication des statues et aurait marqué le début de la dernière période. Il avait recueilli auprès des descendants des Longues-Oreilles une généalogie de douze noms à partir de la génération d'Ororoina, l'homme qui avait échappé au brasier. A la suggestion du père Sebastián, nous décidâmes de creuser quelques sondages dans le Ko-te-Umu-o-te-Hanau-Eepe, « le four de terre des Longues-Oreilles ». C'est Carl qui commença à examiner les vestiges de la tranchée légendaire, qui séparait la presqu'île de Poike, entourée de falaises, du reste de l'île. Bien que les visiteurs précédents l'eussent considérée comme un caractère naturel, Carl écrit : « D'un point de vue archéologique, le site présente un net contraste avec le relief naturel, et peut aisément être identifié comme l'œuvre de l'homme. »

Notre curiosité était enflammée. Les insulaires montrèrent clairement leur enthousiasme quand Carl disposa des groupes de travail pour creuser six profonds sondages le long de la légendaire ligne de défense. Elle se présentait comme une longue série de dépressions allongées, chacune d'environ 100 mètres de long sur 10 à

Pedro Atan, maire de l'île, que le père Sebastián nous avait présenté comme le dernier descendant direct d'Ororoina, devint bientôt notre informateur privilégié. Monsieur le maire laissa entendre qu'il n'ignorait rien des secrets techniques de ses ancêtres les Longues-Oreilles, sur lesquels, par pure fierté, il avait jusqu'ici préféré conserver le silence.

Plusieurs enfants du maire ont hérité des chevelures rousses de leurs lointains ancêtres, notamment Juan, deuxième depuis la gauche. Près de lui, son père s'appuie sur un torse féminin décapité dont il ignore encore l'importance.

15 mètres de large, se succédant à d'étroits intervalles d'à peu près 5 mètres, en travers de l'isthme. Et, sur la partie supérieure de chaque dépression, se trouvait un monticule formé de terre retirée de la tranchée. L'érosion avait tout nivelé et réduit certaines dépressions à des creux à peine perceptibles, tandis que d'autres atteignaient encore 2 à 3 mètres de profondeur. Selon tous les insulaires, c'était là le poste de défense des Longues-Oreilles, avec des douves et des remparts de terre.

Nous regardâmes impatiemment les insulaires travailler à un rythme redoublé avec des pics et des pelles, jusqu'à disparaître de la vue au plus profond des sondages, où l'on ne trouvait plus que de la terre sableuse brune. Mais tout d'un coup, l'un après l'autre, ils montrèrent des visages surexcités par-dessus le rebord de leurs tranchées et nous crièrent de venir voir. Nous tenions la preuve de la réalité du brasier ! Les pics et les pelles firent place aux truelles des archéologues ; nous découvrîmes des morceaux de charbon et des cendres de branches et de broussailles. Le père Sebastián, dans sa soutane blanche, courait le long de la tranchée, aussi triomphant et ravi que les insulaires, pendant que nous agrandissions notre excavation de la structure préhistorique. Dans chaque sondage, les quatre parois étaient striées de dépôts noirs et rouges composés de charbon et de terre brûlée.

La couche de bois brûlé fut atteinte bien avant le fond de cet ancien fossé artificiel. Nous dûmes creuser encore 1,70 mètre avant d'atteindre la roche mère. La tranchée était donc plus qu'à moitié remplie par du sable et des éboulis charriés par le vent à l'époque où le brasier fut préparé. La génération qui alluma celui-ci ne pouvait donc être celle qui avait creusé la douve d'origine. On trouvait, ici encore, un indice d'une longue période d'abandon entre l'excavation initiale du fossé et son utilisation dans une période ultérieure. Par un coup de chance, Carl put établir la date des deux périodes. Sous l'un des remparts de terre, il trouva les restes d'un petit feu de camp. Les morceaux de bois carbonisés avaient dû être recouverts de débris et de terre au moment précis où avait commencé le travail d'origine, sans quoi ils auraient été entraînés vers le bas de la pente à la première pluie. Une datation au carbone 14 de ces morceaux de bois donna 386 ap. J.-C. ± 100 ans, reculant d'un millénaire le peuplement supposé de l'île de Pâques. Il n'y avait aucun signe de foyer dans la tranchée elle-même, avant l'épaisse couche de cendres et de bois brûlé qui se trouvait à 1,70 mètre au-dessus du fond et qui datait de l'époque où la profonde tranchée était à moitié remplie par les éboulis. Une datation au carbone 14 de cet unique brasier donna 1676 ap. J.-C., avec la même marge d'erreur. C'était, à une décennie près, ce qu'avait prédit le père Sebastián en se fondant sur les douze générations écoulées depuis Ororoina.

Des ossements humains n'auraient pu se conserver dans ce type de sol. On trouva cependant trois pierres de fronde dans la couche brûlée. Pas de *mataa*. Cela confirmait que le javelot à pointe d'obsidienne était une innovation de la dernière période. La fronde, inconnue dans le Pacifique ouest mais employée en Polynésie, était la principale arme de combat de l'ancien Pérou. Carl suggéra que, sur l'île de Pâques, son utilisation datait de la période moyenne.

La tradition avait triomphé de la théorie. Le père Sebastián s'en réjouissait avec les insulaires. La tranchée de Poike était un ouvrage humain. Elle ne datait pas des Longues-Oreilles de la période moyenne qui s'en étaient servis par la suite, mais de leurs prédécesseurs, qui l'avaient creusée puis abandonnée.

Les Pascuans n'avaient jamais perdu le souvenir du dramatique brasier de Poike. Nos recherches permirent de démontrer qu'ils avaient raison. Et c'est à moi, chef de l'expédition, qui connaissais en outre quelques mots de polynésien grâce à l'année que j'avais passée aux Marquises, que fut attribué le mérite des découvertes des archéologues. Le père Sebastián nous rapporta que les insulaires étaient venus lui affirmer avec conviction que j'étais une réincarnation de Hotu Matua. Comment, sans cela, aurais-je pu me rendre directement à Anakena et installer notre camp exactement sur le site du premier roi ? Comment, sans cela, aurais-je pu les saluer du mot *kahoa*, que leurs ancêtres utilisaient jadis, avant que les missionnaires n'arrivent et ne leur apprennent le salut tahitien, *ia-ora-na* ? Ils ne savaient pas que j'avais

Une nuit, tous les membres de l'expédition s'éveillèrent en sursaut en entendant un chœur étrange : le maire et sa famille étaient venus leur chanter un ancien hymne des Longues-Oreilles, destiné à leur porter chance dans leurs travaux archéologiques. Un enfant dansa même avec un masque de papier représentant l'homme-oiseau.

Le lendemain matin, le maire et sa petite équipe se munirent de quelques *toki*, ces pics de basalte abandonnés dans les carrières par les anciens sculpteurs. De tels outils étaient aussi utilisés jadis en Amérique du Sud. D'ailleurs, les tribus chiliennes des Andes, au sud de Tiahuanaco, emploient encore le mot *toki* pour désigner les haches de pierre.

Au bout de trois jours de travail, on pouvait déjà distinguer une ébauche sur les parois du Rano Raraku. Les descendants des Longues-Oreilles avaient pour seuls outils les *toki* traditionnels, ainsi que des gourdes pour arroser la roche au cours de la taille.

203

Pedro Atan affirmait que les géants de pierre avaient été érigés sans le moindre outillage moderne. L'auteur décida de vérifier cette hypothèse et choisit une statue d'Anakena qui gisait près de son *ahu*. Équipés de pierres et de bûches, les Pascuans commencèrent à soulever imperceptiblement la statue, en utilisant des cales de pierre de plus en plus grosses.

204

Soutenu par des assises de pierres successives, le géant fut redressé graduellement, jusqu'à ce que sa base soit en contact avec le sol.

Quand le géant fut enfin debout, le tas de pierres lui arrivait au menton.

Lorsque l'on retira les pierres, il ne resta pas la moindre trace de l'ingénieuse technique employée pour remettre la statue sur pied.

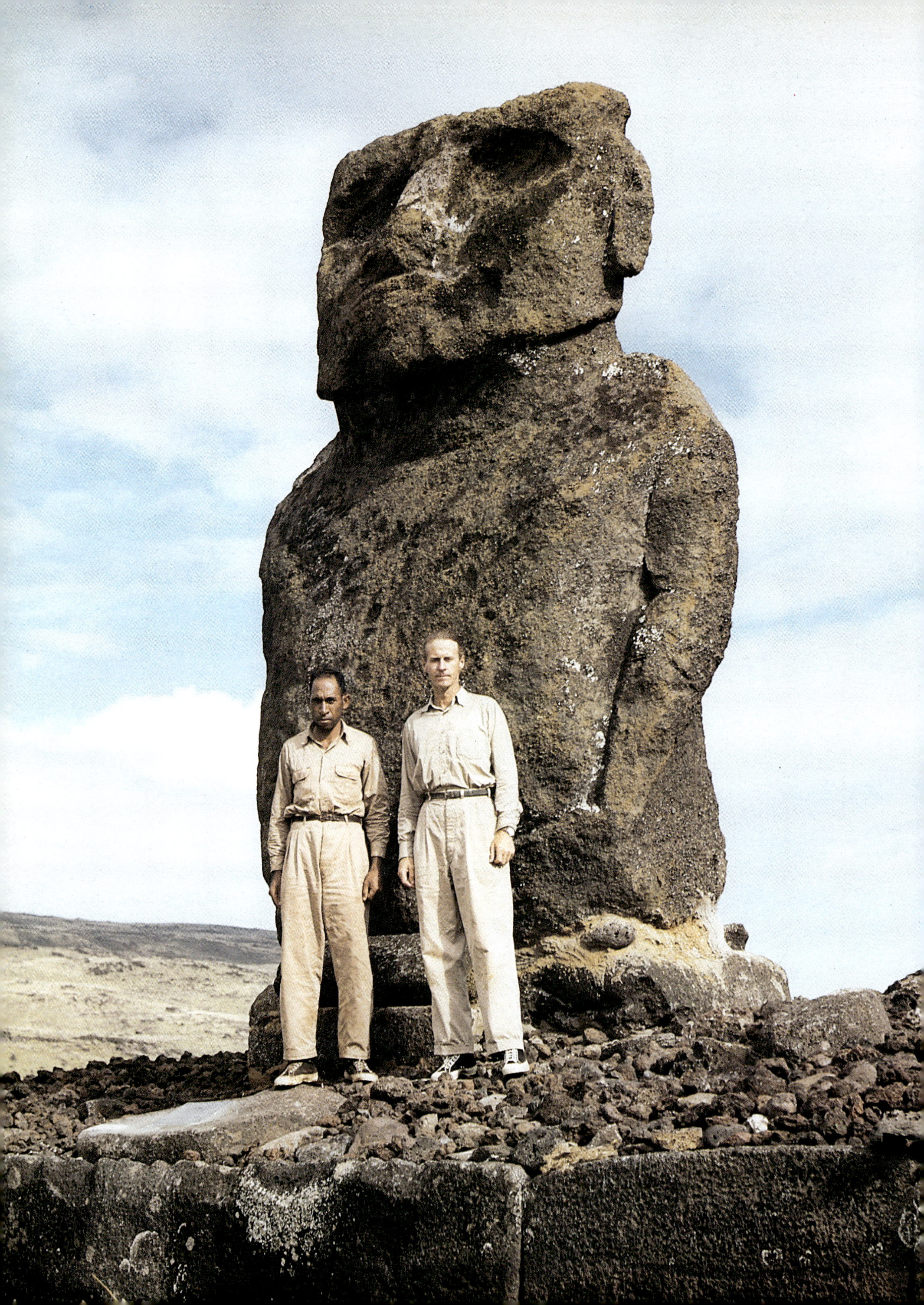

Le géant d'Anakena, enfin restitué à sa position d'origine, dominait l'homme moderne de toute sa hauteur, le contemplant du fond de ses sombres orbites. Les diverses fouilles menées sur l'île avaient permis de définir clairement les différentes étapes de la genèse de ces colosses, à qui on « ouvrait » les yeux en fin de parcours pour qu'ils puissent jeter leur regard sur la foule du haut de leur socle. Ce que l'on ignorait, c'est pourquoi leurs yeux étaient représentés en creux. Les profondes orbites devaient-elles évoquer quelque crâne humain ?

appris à saluer par *kahoa* aux îles Marquises, et que c'était probablement là le berceau de leurs ancêtres avant qu'ils ne vinssent travailler avec les Longues-Oreilles. Mais la superstition se donna libre cours quand nous commençâmes à exhumer la statue agenouillée et d'autres vestiges ensevelis, que personne sur l'île ne connaissait. Il ne faisait aucun doute que j'étais venu, avec ma petite troupe, pour exhumer ce que nous savions se trouver là !

L'un de ceux qui paraissaient le plus impressionnés était le maire indigène, Pedro Atan. Il ressemblait davantage à un Palestinien qu'à aucun Polynésien. Le père Sebastián nous l'avait désigné comme l'un des rares descendants directs des Longues-Oreilles. C'était le petit-fils de Tuputahi, qui, au siècle dernier, avait pris le nom de famille Atan, calqué sur Adam, lorsque le christianisme avait été introduit. Les noms de tous ses ancêtres étaient conservés jusqu'à Ororoina, le Longues-Oreilles rescapé du brasier douze générations auparavant.

Le maire était assis par terre, en train de tailler une figure d'homme-oiseau, lorsque je pénétrai dans sa modeste maison villageoise. Il était réputé comme de loin le meilleur sculpteur de l'île. Il rayonnait de fierté, et ses lèvres minces tremblèrent quand je lui dis que je venais le voir parce que je savais qu'il était le plus ancien des Longues-Oreilles. C'était un personnage stupéfiant. Son esprit était aussi fin que son visage, et il était toujours prêt à proposer une solution à n'importe quel problème.

Savait-il comment ses ancêtres taillaient et élevaient les grands *moai* ? Bien sûr. En ce cas, accepterait-il de me le montrer ? Oui, de quelle taille devrait être le *moai* ? S'il était grand, il lui faudrait l'aide de quelques hommes qui n'étaient des Longues-Oreilles que par les femmes, car seuls ses trois frères étaient de purs Longues-Oreilles comme lui-même. Quand je lui demandai pourquoi, s'il savait tout cela, il n'avait pas révélé son secret à tous ceux qui avaient posé la même question avant moi, il répondit calmement : « Personne ne *me* l'a demandé. »

Dans mes rapports ultérieurs avec les Pascuans, je devais me rendre compte que cette réponse était symptomatique du tempérament local. Ils ne livrent aucune information précieuse si vous ne la leur demandez pas. Et le savoir caché, tout ce qui est secret et inconnu des autres, constitue un trésor, aussi précieux à leurs yeux qu'un compte en banque à ceux des étrangers. Je devais aussi apprendre que les esprits ancestraux faisaient autant partie de la société locale qu'au temps de Métraux et même de Routledge. Pour Pedro Atan et ses comparses, les *aku-aku* étaient aussi réels que la faune et la flore de leur île.

Pedro Atan ne se rendit pas directement aux carrières avec ses hommes quand il fut disposé à nous montrer comment tailler un *moai*. Ils préparèrent leur travail par des rituels qui étaient plus sérieux que nous ne l'avions d'abord pensé. Une nuit, Pedro vint à notre camp avec tous ses parents, jeunes et vieux, hommes et femmes. Nous étions tous couchés, à moitié endormis, et nous rampâmes hors de nos tentes avec des lampes à pétrole, pour voir et entendre un étrange spectacle. Jamais nous n'avions entendu un pareil chant. Il venait vraiment du passé. Beau, rythmé, d'une magie envoûtante. Les Pascuans étaient assis dans l'obscurité près de nos tentes et, tandis qu'ils battaient la mesure, leurs voix de soprani s'élevaient à l'unisson. Le groupe de chanteurs était flanqué de deux personnages de petite taille avec des masques de papier en saillie évoquant des hommes-oiseaux à long bec, qui dodelinaient de la tête et se balançaient au rythme de la musique, cependant qu'une superbe jeune fille dansait lentement devant l'assemblée. Ils chantaient le chant rituel des tailleurs de pierre, pour la première fois hors du cercle familial. Par la suite, nous devions l'entendre à de nombreuses reprises.

En bon Pascuan, le maire croyait fermement que les géants de pierre avaient parcouru sans aide les nombreux kilomètres séparant les carrières des ahu. *L'auteur, quant à lui, préféra mettre à l'épreuve l'hypothèse plus scientifique du halage, et 180 Pascuans s'attelèrent dûment au géant, qu'ils réussirent effectivement à déplacer. Le succès de cette expérience fit plaisir à tout le monde sauf au maire qui, têtu, répéta que tel n'était pas l'ancien usage : les statues avaient vraiment « marché ».*

Ils nous assurèrent que ce chant n'était pas destiné à un *aku-aku*, mais à la divinité suprême.

Tôt le lendemain, nous retrouvâmes le maire et ses hommes dans les carrières, en train de ramasser les vieux pics de pierre qui gisaient un peu partout. Ils aiguisaient les pointes et en faisaient sauter des éclats. Après avoir célébré un rite secret en s'isolant derrière un rocher, six hommes se mirent au travail comme s'ils n'avaient jamais rien fait d'autre que de tailler des *moai*. Le maire dessina le profil d'une statue de quelque 5 mètres de haut sur le mur vertical d'une niche vide, et la taille de la pierre commença. Chacun des hommes, un pic de basalte appointi fermement serré dans la main, frappait la dure surface volcanique avec cet outil d'une pierre encore plus dure, faisant tournoyer de la poussière tout autour et tomber au sol de petits morceaux de tuf. Ils commencèrent par creuser des lignes verticales parallèles pour pouvoir ensuite faire sauter plus facilement les bandes intermédiaires. Par intervalles, on jetait de l'eau à l'aide de calebasses pour amollir la roche. Le tuf volcanique était très facile à travailler en surface, là où la pluie avait causé de l'érosion, mais au-dessous il semblait dur comme du silex ; les Espagnols n'avaient-ils d'ailleurs pas constaté que les *moai* jetaient des étincelles quand on les frappait avec un pic de fer ?

Le troisième jour, nous commençâmes à voir tout le contour du *moai*. Nous n'avions pas le temps de leur laisser terminer le travail, mais nous calculâmes qu'il leur aurait fallu une année pour un *moai* de taille moyenne. Il fallait ménager un espace suffisant entre les sculpteurs qui se tenaient côte à côte, de sorte que le nombre d'hommes travaillant en même temps sur une statue était très limité.

Quand nous demandâmes ensuite aux Longues-Oreilles de nous montrer comment leurs ancêtres mettaient debout les statues géantes, ils furent à nouveau d'accord. Le maire nous proposa de remettre sur pied le colosse solitaire qui gisait, le nez par terre, au bas d'un *ahu* juste à côté de notre tente. Il était dans une position incommode, la tête en aval de la rampe. Cette fois encore, les Pascuans vinrent de nuit et célébrèrent une cérémonie non moins passionnante, mais toute différente. Ils creusèrent un trou profond dans le sol et le frère du maire, debout à l'intérieur, se mit à tambouriner des pieds, produisant ainsi un rythme sourd, tout à fait surnaturel. Une vieille femme, à nouveau, mena le chœur de sa voix aiguë, tandis que la jeune beauté dansait, telle une nymphe. Nous comprîmes le refrain : on allait ériger un *moai* sur l'*ahu* d'Anakena sur l'ordre de Kon-Tiki — tel était le surnom que j'avais reçu dès notre arrivée.

Et le *moai* fut en effet érigé. Douze hommes travaillèrent durement pendant dix-huit jours pour remettre le géant debout sur l'*ahu* où il s'était dressé jadis. Ils n'utilisèrent rien d'autre que la force de leurs muscles, des perches et une grande quantité de pierres. En soulevant un côté puis l'autre par des saccades, qui ne provoquaient que d'imperceptibles mouvements du géant, ils disposaient au-dessous des pierres de plus en plus nombreuses et grandes, jusqu'à ce que le colosse se trouvât au-dessus de leurs têtes, sur un énorme tas de pierres. Alors ils concentrèrent toute leur activité sur la tête de la statue, ajoutant encore des pierres sous le visage et les épaules, jusqu'à ce que le *moai* bascule par l'effet de son propre poids et se retrouve debout, scrutant notre camp de ses profondes orbites creuses.

Quand je demandai ensuite au maire, si avisé, comment les statues avaient été amenées des lointaines carrières, il me répondit d'un ton d'évidence : « Les *moai* marchaient. »

C'était la même réponse que ces gens avaient toujours apportée à cette question, depuis que les premiers missionnaires la leur avaient posée. Bien entendu, je ne

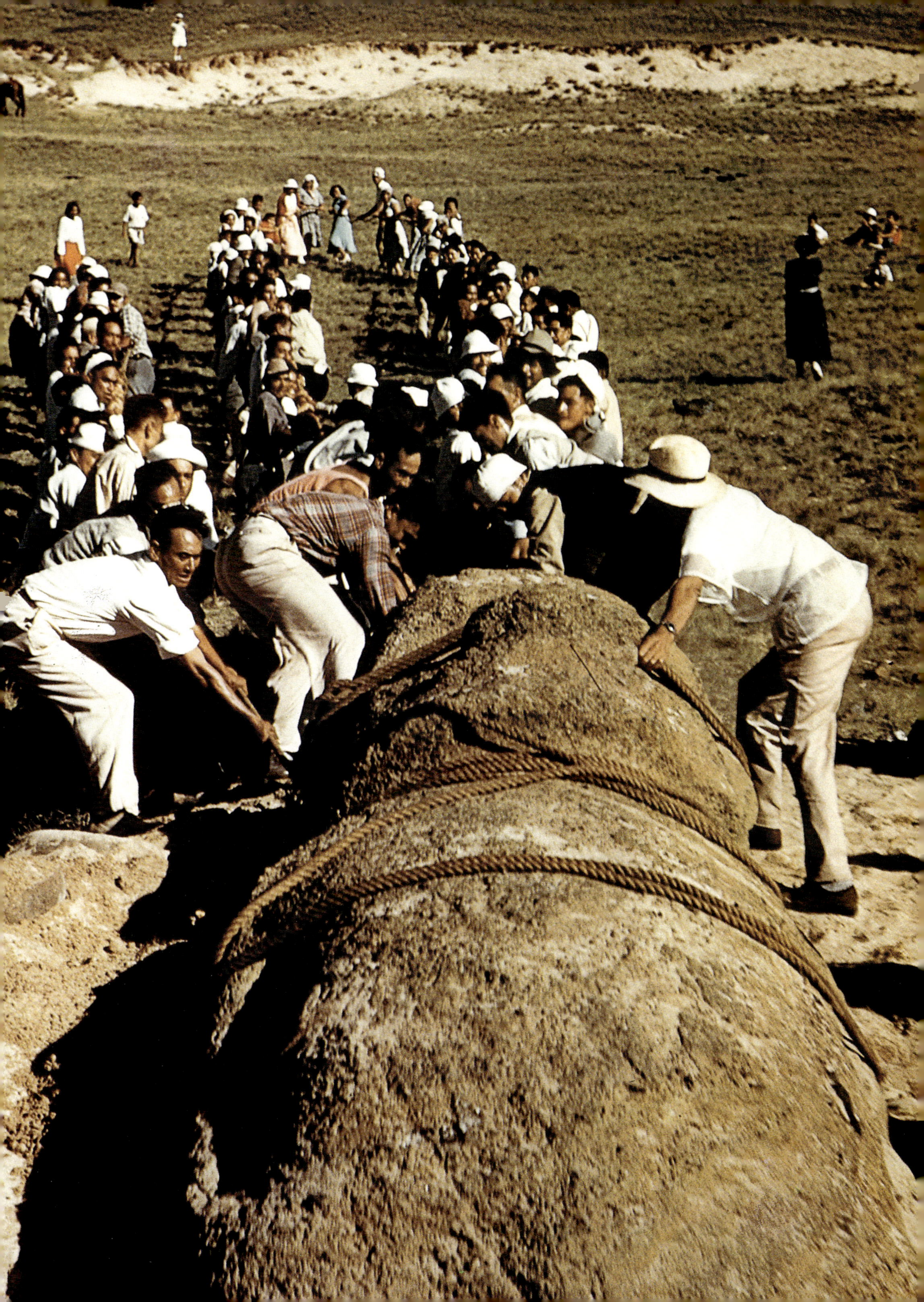

la pris pas au sérieux, et lui demandai si ses ancêtres n'avaient pas aussi un moyen plus conventionnel de déplacer les lourdes pierres. Oui, bien sûr, pour des pierres plus petites ils utilisaient un *miromanga-rua*. Et Pedro Atan confectionna une sorte de traîneau en forme de Y à partir d'un arbre fourchu. Mais il dit alors qu'il avait besoin de tous les villageois pour venir l'aider à tirer. Avec l'autorisation du gouverneur, nous invitâmes tous ceux qui savaient monter à cheval à venir manger deux bœufs et une charretée de patates douces, que les Longues-Oreilles firent cuire dans un four de pierre proche de notre camp. C'était ce que Pedro nous avait conseillé pour obtenir toute la main-d'œuvre nécessaire. Nous constatâmes qu'il nous fallait 180 insulaires pour tirer sur le sable un *moai* de taille inférieure à la moyenne.

« Ce n'est pas comme cela que l'on faisait », dirent les insulaires.

Leonardo était l'un de ceux qui soutenaient que les statues marchaient debout. Cela semblait si invraisemblable que j'aurais depuis longtemps oublié cet épisode si, à l'époque, je ne l'avais moi-même rapporté dans mon livre consacré à cette expédition. « Mais, Leonardo, dis-je, comment pouvaient-ils marcher, puisqu'ils avaient une tête et un corps, mais pas de jambes ? — Ils se dandinaient comme ceci », dit Leonardo, faisant une démonstration en avançant lui-même le long du rocher, les pieds joints et les genoux tendus.

Les Longues-Oreilles eurent toutes raisons de triompher quand ils nous eurent montré, ainsi qu'à toute la population de l'île, qu'ils savaient comment leurs ancêtres avaient érigé les colosses de pierre. Il suffisait de deux tronçons de bois pour lever une statue de 20 tonnes. Mais cela ravivait une vieille polémique : les anciens Pascuans disposaient-ils de bois ? Le point de vue de Métraux était que les statues géantes et les murs maçonnés étaient le résultat du manque de bois sur l'île. Mais l'île avait-elle toujours été aussi aride que de nos jours ? Les insulaires que nous avions devant nous affirmaient avec conviction que leurs ancêtres parlaient de grandes forêts disparues, et leurs grands-parents avaient dit la même chose aux missionnaires. Fallait-il voir là un fait ou une fiction ?

Grâce à toutes ces expériences partagées, l'auteur ne tarda pas à devenir l'intime de Pedro Atan et des siens. Il recueillit bientôt leurs confidences au sujet des fameuses grottes où les familles pascuanes dissimulaient leurs objets de valeur depuis l'époque des missionnaires. Le propre frère du maire, Adán Atan, lui fit visiter sa grotte sacrée.

Les Pascuans, mis en confiance, dévoilèrent leurs secrets à l'auteur et lui montrèrent une ahurissante collection de sculptures de pierre, aussi étranges que variées. Ils furent cependant bien en peine d'en expliquer la signification, à une exception près : celle d'un crâne muni d'une cavité. Ce crâne de pierre était, semblait-il, le gardien d'une grotte, et sa cavité aurait jadis contenu de la poudre d'ossements humains aux vertus magiques. On espère retrouver un jour la femme au poisson, sculpture unique en son genre, que des voleurs ont dérobée au musée Kon-Tiki. Autre objet issu des grottes, cette sculpture en forme de bateau de roseaux, dont les extrémités sont ornées respectivement d'une grande tête de baleine et d'un petit crâne. La baleine porte d'ailleurs deux éléments traditionnels, une hutte en pirogue renversée, et un four pentagonal. On ignore le rôle des trois sphères situées sur la base.

C'était l'une des plus importantes questions auxquelles nous espérions pouvoir répondre, en apportant sur l'île le premier équipement moderne de sondage du pollen. Le professeur Olof H. Selling, directeur du département de Paléobotanique du musée suédois d'Histoire naturelle, à Stockholm, m'avait enseigné la technique pour forer, à la recherche d'échantillons de pollen, jusqu'à 8 mètres de profondeur dans les marais autour des lacs de cratère. Selling examina ensuite au microscope les dépôts stratifiés recueillis sur le Rano Raraku et le Rano Kao. Il put déterminer que la végétation trouvée par les premiers humains qui atteignirent l'île de Pâques était différente de la végétation actuelle. L'île de Pâques avait jadis été couverte par une flore forestière, comportant notamment des arbres qui devaient disparaître par la suite. Parmi les découvertes surprenantes figurait du pollen d'espèces dont on ignorait qu'elles eussent jamais poussé sur aucune île du Pacifique. L'une d'elles était un palmier non identifiable, une autre un *Ephedra*, conifère bien implanté en Amérique du Sud. Le palmier inconnu avait été si courant que son pollen remplissait chaque millimètre cube des couches inférieures des marais du cratère du Rano Raraku.

Le Dr Selling put démontrer que la forêt originelle avait disparu après l'arrivée de l'homme. Des particules de suie venues de feux de végétation commencèrent à apparaître dans les dépôts des marais à l'époque où la végétation forestière disparut graduellement. Ces feux étaient probablement causés par l'homme, qui avait besoin de clairières pour l'agriculture, les habitations et l'accès aux roches nues des carrières. La destruction devint ensuite si efficace que les palmiers et les essences forestières s'éteignirent, et que seul le pollen de l'herbe et les spores de fougères se déposèrent désormais dans les lacs de cratère. La science avait ainsi pu confirmer ce dont la plupart des étrangers avait douté, bien que les indigènes n'eussent cessé de le leur répéter : il existait des forêts sur l'île de Pâques au temps de leurs ancêtres.

Pendant que nous forions dans les marais des cratères pour recueillir des échantillons de sol avec du pollen de l'ancienne végétation de l'île de Pâques, le médecin de notre expédition, Emil Gjessing, recueillait des échantillons sanguins de tous les insulaires qui, selon le père Sebastián, étaient de lignée pure. Grâce au système de réfrigération du bateau, nous pûmes faire parvenir du sang frais, à la température de 4 °C, au Commonwealth Serum Laboratory de Melbourne. Cela devait permettre l'identification de gènes qui n'avaient jamais été étudiés dans le Pacifique Est. Jusque-là, l'absence d'échantillons réfrigérés avait interdit l'identification d'autres groupes que A, B et O. Nous pûmes ainsi obtenir des échantillons sanguins réfrigérés dans plusieurs îles de la bordure orientale de la Polynésie. Lorsque R.T. Simmons et ses collègues de Melbourne reçurent notre matériel, ils purent étudier les groupes A_1-A_2-B-O aussi bien que les groupes M-N-S, Rh, Le[a], Fy[a] et K, et les comparer aux groupes sanguins des populations vivant juste de l'autre côté du Pacifique. Les résultats qu'ils publièrent enterrèrent plusieurs théories fantasques sur les courants de migration dans le Pacifique. Ils conclurent qu'il y avait « une proche parenté génétique entre les Indiens d'Amérique et les Polynésiens » et qu'« aucune relation semblable n'est évidente quand on compare les Polynésiens aux Mélanésiens, aux Micronésiens et aux Indonésiens, sauf essentiellement pour des zones adjacentes en contact direct ».

La découverte génétique que la Polynésie se rattachait à l'Amérique et le reste de l'Océanie à l'Asie, entraînait des conséquences si impressionnantes que de nouveaux échantillons sanguins furent analysés indépendamment par un groupe de travail international composé d'E. et A. Thorsby, J. Colombani, J. Dausset et J. Figueroa. Ceux-ci aboutirent exactement aux mêmes conclusions.

Pendant que nous poursuivions nos forages pour trouver du pollen sur les rives couvertes de *totora* des lacs de cratère, quelques insulaires vinrent, avec l'autorisation du gouverneur, récolter des roseaux pour leurs nattes de sol. L'un d'eux était Leonardo Pakarati, dont les quatre frères plus âgés étaient pêcheurs. Le père Sebastián affirma que je devrais parler avec eux si je voulais apprendre des choses sur les bateaux et la pêche de jadis. Je demandai aux frères Pakarati de me faire une *pora*, un de ces flotteurs pour un seul homme utilisés pour visiter les îlots. Ils furent très contents de le faire. Ils coupèrent des roseaux de *totora* dans le lac et fabriquèrent d'excellents cordages avec du *hau-hau*, c'est-à-dire de la fibre d'hibiscus. Quelques jours plus tard, quand les roseaux furent secs, chacun fabriqua une embarcation en forme de défense d'éléphant, semblable à celles du Pérou, et, s'accrochant à l'extrémité la plus large tout en battant l'eau de leurs pieds, ils se mirent à nager de-ci de-là. D'abord dans le lac, puis dans les vagues de l'océan.

Le père Sebastián avait appris de vieilles personnes que, dans les temps anciens, ils fabriquaient de grandes barques de roseaux à fond plat. Leur principe était le même que celui de la *pora* mais certaines étaient aussi grandes que l'embarcation de Hotu Matua, qui pouvait porter jusqu'à deux cents personnes. C'étaient les *vaca poepoe*, ou bateaux-radeaux, sensiblement plus grands que les *vaca ama*, ou pirogues. Le père Roussel, au siècle dernier, avait entendu parler de grands *vaca poepoe* qui pouvaient transporter quatre cents personnes. Ils étaient incurvés, avec une haute proue dressée comme le cou d'un cygne, cependant que la poupe, tout aussi haute, était fendue en deux parties. C'était exactement l'allure qu'avaient les énormes bateaux de roseaux que l'on trouvait représentés, en même temps que des hommes-oiseaux, sur des poteries du Pérou pré-inca. Et les roseaux étaient les mêmes.

Les frères Pakarati étaient certains que les bateaux représentés sur les *moai* et sur les plafonds d'Orongo étaient des *vaca poepoe*. Et, à la grande joie de tous, ils nous en construisirent un petit, avec la proue et la poupe surélevées, qui ressem-

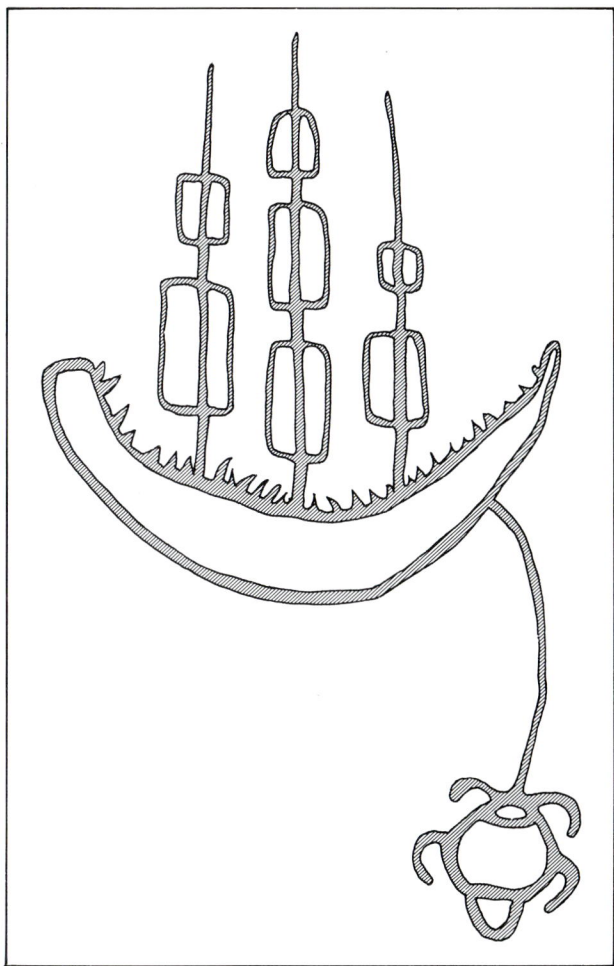

En fouillant autour des statues situées au pied du Rano Raraku, Skjölsvold en dégagea une qui représentait peut-être un marin : sur le ventre était gravé un bateau à trois mâts, d'ailleurs relié par une « corde » à une tortue de grande dimension figurée près du nombril. Ce pétroglyphe faisait manifestement partie de l'ornementation d'origine et n'avait pas été rajouté postérieurement.

Un autre bateau à trois mâts fut découvert par Ferdon sur un plafond peint d'Orongo. Détail curieux, le mât central semblait comporter une voile circulaire. On retrouve fréquemment des représentations de vaisseaux solaires mythologiques munis de ce symbole dans l'iconographie de diverses cultures. De son côté, Smith vit sur un géant de l'*ahu* Te-Pito-te-Kura un autre pétroglyphe du même genre. Le mât passait au travers du cercle figurant le nombril de la statue, évoquant une fois de plus la voile circulaire.

blait à ceux qui voguent aujourd'hui sur le lac Titicaca. Les quatre frères montèrent à son bord et pagayèrent jusqu'au large de la baie d'Anakena. Le petit *vaca poepoe* prenait la houle de l'océan avec aisance et traversait chaque vague comme un cygne. « Nos grands-parents nous ont parlé de bateaux comme celui-ci », dit le maire avec des larmes dans les yeux, ajoutant en se frappant la poitrine : « Je le ressens ici. »

Il y avait bien des raisons pour ce qui se passa ensuite. Eyraud, Mrs. Routledge, Lavachery, le père Sebastián, tous avaient l'un après l'autre entendu parler de cavernes secrètes pleines d'anciennes images. Mais aucun n'en avait jamais vu. Nous fûmes plus chanceux. Le père Sebastián représentait l'Église, qui jadis avait exigé la destruction de l'héritage païen des Pascuans. Ils ne pouvaient en aucune façon lui montrer ces objets réprouvés. L'expédition franco-belge, comme le rapporta plus tard Lavachery, était trop pauvre pour échanger des objets et ne jouissait guère d'un prestige surnaturel. Elle découvrit trop tard que les insulaires lui dissimulaient des secrets, dont ses guides ignoraient tout. Avant elle, Mrs. Routledge avait été handicapée par les barrières linguistiques et par son isolement dans sa hutte près des carrières. Quand nous arrivâmes, nous ne souffrîmes guère de difficultés de communication avec les Pascuans, car nous partagions le même vocabulaire espagnol simplifié.

Les Longues-Oreilles rompirent le secret. Mais pas Pedro Atan : il était si superstitieux qu'il se rétractait de peur chaque fois qu'il m'avait promis de m'emmener à sa caverne familiale, dont il disait que c'était la plus importante de l'île. Mais il encouragea son jeune frère Adán Atan et son bras droit Lazaro Hotu, métis de

Les Pascuans, qui n'ignoraient rien de ces étranges vaisseaux construits par leurs ancêtres, nous proposèrent d'en fabriquer une modeste réplique avec les roseaux du Rano Raraku. Le fruit de leurs efforts nous rappela beaucoup les bateaux de roseaux du lac Titicaca. Les frères Pakarati n'hésitèrent pas à gagner le large à bord du vaillant petit navire, qui tenait fort bien la mer.

Contrairement aux autres Polynésiens, les anciens Pascuans se servaient de doubles pagaies, appelées *ao* (*en haut à droite*). A l'époque historique, ces pagaies survécurent en tant qu'ornements cérémoniels. L'une des palettes comportait toujours un masque stylisé, coiffé de plumes et doté de longues oreilles.

Depuis les débuts de la civilisation, des bateaux de roseaux de toutes tailles furent employés le long de la côte Pacifique de l'Amérique du Sud. Dans l'art pré-inca, les céramiques représentant des pêcheurs gagnant la haute mer dans ces embarcations sont fort courantes (*en bas à gauche*).

Les Mochicas, eux aussi, connaissaient la double pagaie, qu'ils employaient pour la navigation, et que leurs chefs portaient fièrement au cours des cérémonies. Tout comme les pagaies pascuanes, les pagaies mochicas étaient ornées d'un masque aux longues oreilles et à la coiffure de plumes. Une telle analogie est trop frappante pour être fortuite (*en bas à droite*).

Longues-Oreilles, à me dévoiler leurs secrets. Et d'autres suivirent. Il serait difficile d'oublier toutes les nuits où je me faufilai furtivement dans le noir, seul ou accompagné d'un membre de l'expédition, à cheval ou sur les talons d'un Pascuan nu-pieds qui devait nous conduire à sa caverne. Il y avait des cavernes partout. Certaines se trouvaient juste sous nos pieds, au milieu d'un champ couvert de pierres. Il suffisait de balayer un peu de sable ou de retirer quelques rochers, et une dalle apparaissait qui dissimulait l'entrée d'une salle souterraine. Horribles étaient les moments où je devais me laisser descendre le long des noires falaises et m'acharner, des doigts et des orteils, pour suivre un agile insulaire sur d'étroites corniches, en entendant le mugissement du ressac loin au-dessous. Rien ne peut approcher la sensation de ramper avec une torche électrique dans des tunnels si étroits qu'il faut tourner sa tête de côté, et que l'on a l'impression que des milliers de tonnes de rocher vous pressent le dos et la poitrine à mesure que l'on se force un passage. Puis de s'asseoir dans une salle voûtée peuplée de sculptures barbares, bizarres, grotesques, de démons, de bêtes, de crânes, de monstres, de mains, de pieds et même de modèles de bateaux sculptés dans la lave, répandus sur le sol ou soigneusement disposés sur des étagères de planches recouverts de nattes de *totora*. Certains objets étaient extrêmement érodés et montraient des signes de grande ancienneté, parfois ils étaient même enveloppés dans des nattes de *totora* rendues si cassantes par l'âge qu'elles tombaient en poussière dès qu'on les touchait. D'autres étaient couverts d'un fin tapis de poussière. Dans certaines cavernes se trouvaient les crânes ou les squelettes entiers de proches enterrés là. Plus d'une grotte était bien rangée et montrait tous les signes d'un culte vivace.

Nous avons décrit ailleurs nos aventures dans les cavernes : un ouvrage sur tous les objets d'art étonnants ramenés de l'île de Pâques depuis l'époque du capitaine Cook jusqu'à celle de notre expédition parut dès que j'eus été en mesure de visiter les 63 musées et collections à travers le monde où ces œuvres ont été dispersées.

Quand les gens du village se rendirent compte que les secrets des cavernes familiales émergeaient peu à peu, certains gagnèrent furtivement notre camp à la nuit tombée et me présentèrent des *moai maea* de leurs propres cachettes. Certaines pierres vraiment étonnantes apparurent, souvent ornées de motifs qui dépassaient l'imagination tant du vendeur que de l'acheteur. Des jeunes gens découvrirent bientôt ce qui se passait et, comme pour les figurines de bois, les symboles *rongo-rongo* et les souvenirs convoités sur Hotu Matua, le marché se renouvela à mesure que les objets anciens s'épuisaient : ils commencèrent à en sculpter eux-mêmes. Cependant, la fraîcheur des surfaces et surtout la pauvreté des motifs comme de l'exécution étaient immédiatement décelables, et ce commerce ne dura pas longtemps. Nous le regrettâmes ensuite, car un examen ultérieur montra qu'une part au moins de ces faux étaient des copies ou des variations de motifs de *moai maea* effectivement anciens.

Lavachery vint personnellement à Oslo étudier la collection de *moai maea* que nous avions rapportés des cavernes. Il ne se montra pas surpris. Lui-même avait connu une aventure inattendue sur l'île de Pâques, quand il avait découvert des centaines de pétroglyphes complètement différents de l'art stéréotypé connu jusque-là. Le reste de la communauté scientifique fut plus désorienté, parfois même franchement sceptique. Comme pouvait-il régner une imagination si débridée dans cette île et elle seule, alors que, dans le reste de la Polynésie, l'art était stéréotypé et limité par des conventions très étroites ? Lavachery, pour sa part, revint sur son ancien point de vue et, dans son introduction à notre ouvrage *The Art of Easter Island*, conclut en ces termes : « Sans aucun doute, comme pour bon nombre des problèmes de cette île, nous devrions diriger notre attention vers l'Amérique du Sud, comme Thor Heyerdahl nous a appris à le faire. N'avons-nous rien à apprendre quant à l'imagination, à la diversité des motifs, au réalisme et au conventionnalisme, de l'incomparable universalité que présente la poterie peinte ou modelée de l'art primitif des Mochicas du Pérou ? »

Retour à l'île de Pâques : le puzzle se met en place

Trente ans s'écoulèrent avant que je ne retourne à l'île de Pâques pour y reprendre mes recherches. J'y fus poussé par la remarquable découverte d'un des nombreux jeunes archéologues qui, à notre suite, avaient essayé d'arracher de nouvelles informations aux antiques ruines.

Je n'avais jamais cessé de m'intéresser à l'île, bien qu'indirectement, par le biais des archéologues qui m'avaient accompagné lors de la première expédition. A peu près tous y étaient retournés depuis : Arne pour effectuer d'autres datations au carbone 14 ; Carl, à maintes reprises, pour donner des conférences à des visiteurs en croisière ; Bill et Gonzalo, pour leur part, s'étaient pratiquement établis là-bas à demeure pour poursuivre les fouilles et reconstituer les *ahu* et les *moai*.

De mon côté, l'intérêt que je portais aux îles du Pacifique s'inscrivait désormais dans une problématique plus générale. Les bateaux de roseaux, dont nous avions appris l'existence par l'art ancien de l'île de Pâques et par le témoignage des insulaires, m'avaient amené à étudier ce type d'embarcations dans d'autres océans. En effet, elles n'étaient pas caractéristiques du seul Pacifique est, mais également des trois grandes civilisations préhistoriques de l'Ancien Monde : l'Égypte, la Mésopotamie et la vallée de l'Indus. Entre elles et celles de l'Amérique et de l'île de Pâques se trouvaient les trois plus vastes océans de la planète. Telle était du moins l'impression que donnait la contemplation d'un planisphère. Mais je ne voyais plus du tout les choses de cette façon : je considérais au contraire que ces civilisations étaient bien davantage reliées que séparées par les océans, depuis qu'elles connaissaient les bateaux de roseaux. Les véritables barrières qui se dressaient entre elles étaient plutôt le désert d'Arabie, les montagnes de la Perse, la jungle indienne, les étendues glacées du détroit de Behring. L'homme primitif avait traversé à pied, croulant sous ses fardeaux, tous ces obstacles géographiques. Au nom de quoi le jugions-nous incapable de tout courage, de tout désir de conquête et d'exploration, dès l'instant que, devenu civilisé, il avait trouvé le moyen de se déplacer également sur l'eau ? Il suffisait d'un peu de science nautique pour considérer les voyages d'une tout autre façon, dès lors qu'il était possible de s'installer à bord d'un bateau, avec sa cargaison, et de laisser les vents et la gouverne faire le reste.

Lorsque je décidai de retourner à l'île de Pâques, l'expérience m'avait appris qu'il est plus difficile de construire correctement un bateau de roseaux que de lui faire traverser n'importe quel océan. On peut assembler des bottes de roseaux de bien des façons, tant qu'il s'agit de naviguer sur une rivière ou un lac. Mais il n'y a qu'une seule et unique manière, qui exige un haut degré de spécialisation, d'obtenir des formes capables de résister aux vagues de l'océan. Cette ingénieuse technique était connue des fondateurs de civilisations extrêmement distantes et a persisté jusqu'aux temps historiques, au Moyen-Orient comme sur le long des côtes incas. Aujourd'hui, elle aurait disparu de la planète en même temps que ceux qui en détenaient le secret, si elle n'avait été conservée, avec une indéfectible application, par les Indiens du lac Titicaca. Sur ce tempétueux lac de montagne, aujourd'hui partagé entre la Bolivie et le Pérou, à quatre mille mètres au-dessus du niveau de la mer, les Indiens Aymara, Uru et Quechua ont conservé leurs traditions de construction navale depuis l'époque de Tiahuanaco. Les mémoires locales rapportent que Kon-Tiki Viracocha apparut d'abord à la tête d'une flottille de tels radeaux de *totora*, lorsque, avec ses compagnons, il quitta l'île du soleil pour fonder Tiahuanaco.

La première fois que je tentai de traverser l'Atlantique sur un bateau de roseaux, je ne recourus pas aux services des Indiens du lac Titicaca. Comme tout le monde, j'estimais alors que le problème était celui de l'absorption d'eau par les roseaux, non de la manière dont ils étaient liés ensemble. Nous comprîmes bientôt à nos dépens ce qu'il en était. Notre *Ra* de papyrus, superbement construit par des membres de la tribu Buduma riverains du lac Tchad, en Afrique centrale, sans doute ne prit pas l'eau, mais l'assemblage des bottes de roseaux se défit. La haute proue, dessinée à la ressemblance des antiques bateaux de roseaux, perdit sa courbe hardie, laissant les lames déferler sur le pont et réduisant notre vaisseau à l'état d'épave flottante ; nous l'abandonnâmes après deux mois de navigation, quand nous étions presque en vue de la Barbade. Un an seulement après le lancement du *Ra* au Maroc, nous mîmes à la voile à bord du *Ra II*, à partir du même port et avec le même équipage ; mais cette fois, notre bateau de papyrus avait été construit par des Indiens Aymara du lac Titicaca. Cette embarcation de 12 mètres, avec 8 hommes à bord, traversa l'Atlantique en 57 jours et arriva tout imbibée d'eau, mais sans avoir perdu un seul roseau.

En 1977, les mêmes Indiens Aymara construisirent en Irak le *Tigris*, cette fois en roseaux asiatiques *berdi*, utilisés par les populations de la Mésopotamie et de la vallée de l'Indus. Nous avions appris des Arabes des marais que pour limiter l'absorption d'eau, il convenait de cueillir nos roseaux au mois d'août. Pour la première fois, nous tentâmes de gouverner un bateau de roseaux au lieu de le laisser seulement dériver. Avec un équipage de onze personnes, le *Tigris* parvint à naviguer, tirant même des bordées, pendant cinq mois, entre les ports d'Arabie et d'Asie occidentale. Notre dernière étape nous fit traverser l'océan Indien du Pakistan à Djibouti, à l'entrée de la mer Rouge. Le mât de bois se brisa lors d'une tempête, mais le bateau n'en conserva pas moins sa forme et sa flottabilité ; nous ne perdîmes pas un seul roseau.

Pour des navigateurs disposant de bateaux de roseaux convenablement construits, les traversées intercontinentales n'exigeaient donc pas des années ou des siècles, mais seulement quelques semaines. Je retournai à l'île de Pâques avec le sentiment que cet endroit n'était pas si isolé qu'on l'avait cru jusqu'alors : c'était une partie comme une autre de la planète, et elle avait vu venir des constructeurs de bateaux de roseaux. Malgré le peu d'expérience de mes compagnons de tous pays, nous avions réussi à conduire des bateaux de roseaux de la Mésopotamie jusqu'à la vallée de l'Indus, puis de l'Asie à l'Afrique, puis de l'Afrique à l'Amérique, et un radeau de balsa de type inca des côtes américaines à deux fois la distance de l'île de Pâques. Aussi n'étais-je plus si facilement prêt à rejeter catégoriquement les théories qui proposaient une filiation entre les civilisations de l'Ancien Monde et les premiers habitants de l'île de Pâques. J'avais soutenu Métraux, Lavachery, Buck et tous ceux qui avaient tourné en ridicule la théorie du chercheur belge G. de Hevesy, selon qui le *rongo-rongo* pascuan était originaire de la vallée de l'Indus, c'est-à-dire aux

De retour à l'île de Pâques en 1986 au cours d'une nouvelle expédition, l'auteur observa certains bouleversements parmi les vestiges. La grande série de géants de l'*ahu* Tongarika, dans la baie d'Hotu-Iti, avait disparu. En effet, en 1965, un énorme raz de marée s'était engouffré dans la baie, projetant statues, toupets et blocs de pierre très loin vers l'intérieur des terres.

Les flots tumultueux jetèrent, telles de simples poupées, les colosses vers leur lieu d'origine, Rano Raraku. Certaines statues se brisèrent, d'autres échouèrent sur le dos, condamnées désormais à contempler le ciel de leurs yeux vides. Après le cataclysme, d'autres statues, plus petites, émergèrent des décombres.

antipodes. Hevesy avait observé des similitudes entre certains signes des deux systèmes d'écriture, l'un et l'autre indéchiffrables. Plusieurs auteurs « diffusionnistes » en avaient été assez impressionnés pour proposer d'hypothétiques voyages d'ouest en est, qui auraient franchi tous les obstacles sur la moitié de la planète, jusqu'à apporter à l'île de Pâques la culture de la vallée de l'Indus. Personne n'avait imaginé un voyage dans l'autre sens, celui que j'avais emprunté moi-même en me laissant mener par les vents et les courants : un voyage d'est en ouest, suivant la course du soleil et les tendances des éléments, aurait pu amener un bateau de roseaux depuis l'océan Indien, par l'extrémité inférieure de l'Afrique, jusqu'aux alizés et aux courants de l'Atlantique sud, qui rejoignent les courants de l'Atlantique nord dans le golfe du Mexique. L'isthme de Panama aurait alors été la seule barrière pour passer dans le Pacifique : telle était peut-être la véritable porte à franchir pour gagner le Pérou et l'île de Pâques à partir de l'Ancien Monde.

Les analogies relevées par Hevesy entre certains signes non déchiffrés des écritures de la vallée de l'Indus et de l'île de Pâques ne m'impressionnaient guère, mais sa théorie ne me semblait plus si absurde. En effet, j'avais trouvé des pierres de gué qui auraient sensiblement raccourci le voyage de la vallée de l'Indus à Panama : les Maldives. Cet archipel de l'océan Indien est si éloigné de tout continent qu'aucun archéologue n'y est allé chercher des vestiges préhistoriques. Mais, après avoir tra-

D'autres changements, plus heureux, étaient survenus. Mulloy et Figueroa, membres de l'expédition de 1955, étaient revenus sur les lieux. En collaboration avec les Pascuans et les autorités chiliennes, ils avaient remis sur pied des rangées entières de colosses, notamment sur l'*ahu* Akivi.

Dans la baie d'Anakena, de part et d'autre de l'imposant *ahu* Naunau, l'archéologue pascuan Sergio Rapu avait fait des fouilles. Il avait même reconstruit la partie supérieure de la plate-forme et redressé les géants de pierre.

versé cet océan à bord du *Tigris*, je fus invité par le président de cette petite république insulaire à me rendre là-bas pour fouiller certaines collines mystérieuses. Celles-ci s'avérèrent être en fait des édifices pyramidaux en escalier, orientés selon le soleil, reconstruits à différentes époques, et comportant des images et des fragments de statues de cultures préhistoriques entièrement différentes. L'histoire écrite des Maldives commença dès 1153 ap. J.-C., lorsque les habitants de ses quelque 1 200 petites îles eurent été convertis à l'islam et toutes les sculptures anthropomorphes rigoureusement interdites. Mais, en fouillant ces collines, nous nous aperçûmes que c'étaient des ruines de *stupas* avec des statues de Bouddha. Nous découvrîmes également des *lingams* et des dieux hindous en pierre et en bronze, laissés là par une autre civilisation encore plus ancienne. Ces gigantesques tertres avaient été à l'origine construits par d'inconnus adorateurs du soleil, qui étaient de prodigieux maçons et assemblaient leurs dalles mégalithiques avec une technique et une précision comparables aux plus beaux ouvrages du Pérou et de l'île de Pâques. Ces colons des mers avaient même laissé leurs autoportraits, sous la forme d'hommes moustachus avec d'énormes blocs dans leurs lobes étirés. C'étaient des Longues-Oreilles.

L'extension des lobes faisait partie de l'ancienne civilisation de la vallée de l'Indus, mais ne concernait que les familles royales et les représentations des dieux ancestraux. Bouddha n'avait de longues oreilles que parce qu'il avait été élevé comme un prince hindou. Et, grâce à ses missionnaires itinérants, la coutume s'était ensuite diffusée en Asie à travers les images de Bouddha. Les têtes et les statues de pierre abondaient dans toutes les premières civilisations qui se répandirent à partir de l'Égypte, de la Mésopotamie et de la vallée de l'Indus, mais seules celles d'Asie et des Maldives avaient de longues oreilles.

Et c'étaient les statues de pierre des navigateurs Longues-Oreilles dans l'Asie occidentale et au Moyen-Orient qui me firent décider de retourner à l'île de Pâques. La raison d'être des orbites creuses des statues restait un mystère. Les petites figurines de bois avaient presque toujours des yeux incrustés, mais jamais les grandes statues.

Les yeux incrustés étaient cependant un trait commun à de nombreuses et très anciennes images du Moyen-Orient, depuis l'Égypte jusqu'à la vallée de l'Indus. Les navigateurs hittites de Méditerranée mettaient des yeux incrustés à la plupart de leurs sculptures, quelle que fût leur taille. Ils avaient appris cet art de leurs prédécesseurs et maîtres, les Sumériens du golfe Persique. C'est un jour que je contemplais les colosses de pierre hittites d'Alep que j'eus soudain l'impression que les *moai* me toisaient de haut, avec leurs yeux creux. Nulle part ailleurs que sur l'île de Pâques, des sculpteurs habiles n'avaient creusé dans des têtes deux trous profonds pour représenter les yeux, comme si c'était des têtes de mort, alors que le nez, les lèvres et les oreilles étaient sculptés de façon réaliste. Je remarquai alors une autre tête de pierre hittite qui avait un œil incrusté et l'autre vide : il avait évidemment été perdu.

A partir de cet instant, je n'eus plus aucun doute : les *moai* de l'île de Pâques avaient tous eu des yeux incrustés, depuis le moment où ils avaient été érigés sur les *ahu* jusqu'à celui où ils avaient été jetés à bas. Ils avaient perdu leurs yeux en tombant sur le visage. J'examinai ensuite les statues de pierre de l'Amérique préhistorique, au musée de Mexico. Plusieurs présentaient des yeux incrustés, exactement comme celles du Moyen-Orient et comme les figurines de bois de l'île de Pâques. J'étais maintenant si convaincu que, lorsque je publiai mon ouvrage, *The Art of Easter Island*, en 1976, je soutins que les *moai* achevés de l'île devaient aussi avoir eu des yeux incrustés. J'insérai des reproductions montrant les yeux incrustés d'images du Mexique et du Pérou, pour montrer que cette coutume avait pu atteindre l'île de Pâques, grâce à des voyageurs venus de l'est. Cette proposition rencontra l'opposition vigoureuse de ceux qui soulignaient que les yeux incrustés sur des sculptures de pierre n'étaient pas une coutume polynésienne.

Deux ans plus tard, la presse mondiale annonça une nouvelle découverte faite sur l'île de Pâques. Un archéologue du nom de Sergio Rapu déclara au monde scientifique ébahi que les *moai* géants avaient jadis eu des yeux incrustés. Il avait trouvé un grand œil entier, qui correspondait parfaitement au creux où il se trouvait jadis. Je notai que, pour s'appeler Rapu, il fallait être d'origine pascuane.

Je ne tardai pas à apprendre que Sergio était le brillant jeune garçon présent à nos côtés quand quelques membres de sa famille creusaient avec notre équipe, de longues années auparavant. Il avait été emmené au Wyoming par Bill Mulloy pour suivre des études supérieures et était sorti de l'université avec le titre d'archéologue. De retour sur son île natale, il en était à présent le gouverneur, le premier indigène à être nommé à ce poste par le gouvernement chilien.

Un désir irrépressible de voir un *moai* doté du regard me ramena sur l'île des géants de pierre. Bien des choses s'étaient passées sur l'île de Pâques dans les années intermédiaires. Le Chili avait ouvert une ligne aérienne qui reliait le « Nombril du monde » à sa mère sud-américaine. Un rare miracle s'était produit : pour une fois, une minuscule communauté insulaire avait réussi à franchir toute la distance qui la séparait de l'ère des supersoniques sans rien perdre de sa force ni de sa dignité. Vêtus de façon moderne et correctement éduqués, les Pascuans avaient survécu et s'étaient même

L'auteur inspecta les travaux de Sergio Rapu dans la baie d'Anakena à l'occasion du premier congrès scientifique de l'île de Pâques, organisé par l'Université du Chili. Du temps de la première expédition, Rapu n'était qu'un jeune garçon, au demeurant plein de promesses. Il avait suivi le professeur Mulloy aux États-Unis, d'où il était revenu muni d'un titre universitaire d'archéologue professionnel. Récemment nommé gouverneur de l'île par les autorités chiliennes, il avait du mal à concilier ses activités archéologiques avec ses fonctions officielles. Il n'en proposa pas moins à l'auteur sa collaboration au nouveau projet mené conjointement par la Norvège et le Chili.

surpassés dans un monde complètement nouveau. Ils avaient appris à profiter du récent courant touristique en témoignant de l'intérêt et de la fierté à l'égard de l'art et des coutumes de leurs ancêtres. Dans le village de Hangaroa s'étaient élevés quelques petits hôtels, et presque toutes les familles avaient ouvert une modeste pension ou un petit magasin. On trouvait, éparpillés entre les petites maisons, une école neuve, un hôpital, un bureau de poste, une station d'essence, un grand ensemble sportif et même deux rustiques discothèques qui se disputaient la faveur des insulaires. C'était pourtant la petite église villageoise qui attirait le plus de monde ; elle était toujours au cœur de la vie sociale de l'île. Les maisons étaient à un seul étage, et tout le village était presque caché dans un jardin tropical de palmiers et d'arbres à feuilles persistantes.

En dehors du village de Hangaroa, l'île n'avait pratiquement pas changé. Les grandes prairies étaient coupées ici et là par de petits groupes d'eucalyptus et de cocotiers récemment plantés. Des cars de touristes sillonnaient maintenant les routes poussiéreuses que nous avions inaugurées avec notre Jeep solitaire. Il y avait à présent quelque 600 véhicules immatriculés sur l'île. Les touristes pouvaient admirer les 27 *moai* redressés par Mulloy et Figueroa en divers endroits de l'île. Les deux archéologues avaient également reconstitué plusieurs *ahu*, restauré le village d'Orongo et ouvert la voie au service du Parc national, institué par le Chili pour protéger les principaux sites face au flot de touristes qui avait déferlé après l'ouverture de l'aéroport. Un siècle d'élevage de moutons s'était terminé, de sorte que de hautes herbes et broussailles poussaient partout et que des feux de brousse ravageaient fréquemment le paysage.

Quittant l'île de Pâques à l'issue de la première expédition, l'auteur médita longtemps la raison des orbites creuses des images pascuanes.

Lors d'un voyage au Moyen-Orient, il fut surpris de découvrir une tête aux yeux creux, de style hittite. Les Hittites enseignèrent jadis aux Phéniciens l'art des grands vaisseaux, faits d'abord de roseaux, puis de bois de cèdre.

La clef de l'énigme se trouvait au musée d'Alep, en Syrie, dont les statues monumentales avaient perdu leurs yeux incrustés et présentaient le même regard vide. Les yeux en question étaient d'ailleurs exposés dans une vitrine séparée.

Nombre de jeunes archéologues avaient été attirés par l'île de Pâques depuis notre visite et étaient venus mesurer et cartographier les monuments et les sites, et même exhumer certains *ahu* ou découvrir de nouvelles variétés de pétroglyphes. On avait signalé de nouveaux vestiges d'observatoires solaires et astronomiques. Et les statistiques confirmaient notre intuition : les *moai* géants de la période moyenne étaient devenus de plus en plus hauts avec le temps. Les plus élevés étaient ceux qui avaient les derniers quitté les carrières. Un projet extrêmement ambitieux de cartographie générale des milliers de vestiges préhistoriques était en bonne voie, mené par les archéologues chiliens Claudio Cristino et Patricia Vargas. A leur initiative, l'université du Chili avait construit un modeste institut d'anthropologie dans une partie du village, tandis que l'administration de l'île avait édifié un petit musée d'archéologie, dirigé par le gouverneur Sergio Rapu, aux abords du village. Malgré les dimensions restreintes du village, ces deux unités scientifiques étaient très éloignées l'une de l'autre, dans tous les sens du terme. Personnellement, je dois à l'une et à l'autre de m'avoir incité à retourner sur l'île et à reprendre mon travail.

Claudio Cristino m'invita, en tant qu'hôte de l'Institut et de l'université du Chili, à assister au premier Congrès scientifique international, qui se tint à Hangaroa en 1984. C'est à cette occasion que Sergio Rapu me montra l'énorme œil qui s'ajustait si bien à l'orbite d'une tête de *moai* de son musée. Et il m'emmena à Anakena pour me montrer l'endroit où il l'avait découvert. Il avait fouillé dans le sable autour de l'*ahu* Naunau, tout près de notre ancien camp. Et, après avoir trouvé cet œil, son équipe avait creusé encore 4 mètres plus profond, sans atteindre la base du mur de l'*ahu*. Il avait arrêté les fouilles, craignant que le colossal édifice ne s'écroule. Ses blocs de pierre énormes s'élevaient maintenant bien haut au-dessus de nos têtes, et sept statues de la période moyenne étaient juchées sur son sommet.

C'était comme un rêve réalisé, après toutes ces années, que de revenir dans un endroit que je connaissais si bien et de faire face à ce mur immense, jadis dissimulé à nos regards. Des milliers de mètres cubes de sable avaient été déblayés par l'équipe de Sergio, creusant une énorme dépression devant la façade de l'*ahu* tournée vers la mer. Tout au fond, là où Sergio avait arrêté les travaux, se trouvaient des têtes et des torses de la période ancienne, encore à moitié enterrés. Ils étaient plus petits, avec une tête plus ronde qui n'avait pas été conçue pour porter des pierres

Mais les Hittites n'avaient guère pu exercer d'influence sur l'art pascuan. L'auteur se rendit donc au Mexique, où il vit des yeux incrustés, faits d'os, de coquillage et d'obsidienne.

Les collections d'art pré-inca du Pérou recélaient, elles aussi, bien des images aux yeux incrustés. En 1976, l'auteur se décida à publier la thèse selon laquelle les statues pascuanes, tout comme leurs homologues précolombiennes ou hittites, avaient jadis possédé des yeux incrustés.

Deux ans plus tard, Sergio Rapu fit sur l'île de Pâques une découverte sensationnelle : un œil complet, qui s'ajustait parfaitement à l'orbite d'un des géants d'Anakena.

représentant des toupets. Et aucune tête ne comportait de longues oreilles. Toutes, en revanche, avaient de profondes orbites, qui semblaient avoir jadis contenu des yeux incrustés.

Le travail de Sergio ne pouvait s'interrompre là. Il semblait avoir atteint une sorte de sol ou de croûte de sable très tassé. Peut-être était-ce le niveau correspondant à la transition entre la période ancienne et la période moyenne. Il y avait sûrement d'autres choses à trouver dessous.

Ses fonctions de gouverneur ne lui avaient jamais laissé le temps nécessaire pour publier ses découvertes. Mais ceux d'entre nous qui participèrent au Congrès purent entendre un compte rendu illustré par les pièces de son musée. Il y avait l'œil : un large disque de pierre sombre représentant la pupille, ingénieusement inséré dans un globe oculaire encore plus grand, en forme d'amande et fait de corail blanc. A côté se trouvait un fragment de torse provenant d'une grande statue aux côtes saillantes. Et le bas d'une statue agenouillée tout à fait semblable à celle que nous avions trouvée, ses grosses fesses rondes reposant sur les talons, les plantes des pieds tournées vers l'arrière. Claudio put nous apprendre qu'une autre statue agenouillée, entière mais très gravement érodée, avait été retrouvée à l'intérieur du cratère du Rano Raraku. Elle se trouvait dans la partie la plus ancienne des carrières, juste de l'autre côté de l'ourlet par rapport à la nôtre. Les fragments de statues mutilées de Sergio étaient, sans contestation possible, des vestiges de la période ancienne de l'île. Ses fouilles à Anakena avaient montré, sans l'ombre d'un doute, que les sculptures de géants de pierre agenouillés, que l'on ne trouvait nulle part ailleurs sinon à Tiahuanaco, avaient existé sur l'île de Pâques dès l'arrivée des premiers habitants. Et le fait que notre spécimen fût dépourvu de côtes saillantes n'avait plus d'importance. Ici, Sergio avait découvert que même ce trait inattendu avait été un élément ancien dans les sculptures monumentales de l'île de Pâques.

Plus d'un conférencier de ce Congrès était en mesure de parler d'une découverte importante, directement liée aux routes maritimes menant à l'île. Un paléobotaniste britannique, John Flenley, avait mené une nouvelle série de forages dans les marécages des cratères pour recueillir du pollen, et confirmé notre découverte antérieure : l'île avait jadis été boisée. Tout comme Selling, il avait trouvé le pollen d'un palmier disparu abondamment représenté dans ses échantillons de terre. Or

L'œil découvert par Sergio Rapu était un véritable chef-d'œuvre, dont l'amande était soigneusement incrustée d'une pupille de pierre noire. Il devenait désormais difficile aux détracteurs de la thèse de maintenir leur point de vue sceptique.

Deux océans séparent les statues hittites des statues pascuanes, sans parler du continent américain. Si les distances sont énormes, elles ne sont pas infranchissables, et l'auteur en a fait l'expérience personnelle. Les recherches futures nous apprendront peut-être si l'idée d'incruster les yeux des statues naquit indépendamment en plusieurs points du globe, ou si d'antiques voyageurs mirent à la voile afin de la diffuser par-delà les océans.

le palmier en question, qui poussait jadis abondamment sur l'île de Pâques, pouvait maintenant être identifié comme le *Jubaea chilensis*, le gigantesque palmier du Chili, que l'on n'avait encore rencontré dans aucun autre pays. C'était un arbre extrêmement utile, avec des noix comestibles et un tronc colossal de bois dur et fibreux, idéal pour les travaux de construction. Ce palmier, qui poussait tout seul au Chili, n'avait même pas gagné le Pérou par le courant côtier. Comment avait-il pu atteindre l'île de Pâques ?

Ceux qui, jusque-là, niaient catégoriquement qu'aucun courant océanique ait pu entraîner des voyageurs de l'Amérique du Sud jusqu'à l'île de Pâques se trouvaient maintenant confrontés à un dilemme. D'une part, si ce palmier n'avait pu arriver seul sur l'île de Pâques, il fallait que des hommes en aient apporté des noix par bateau. D'autre part, si cette espèce avait fait ce trajet simplement grâce aux courants, bien avant toute navigation humaine, pourquoi un bateau, avec un équipage, n'aurait-il pu faire de même par la suite ?

Deux ans après ce Congrès, je retournai à l'île de Pâques pour la troisième fois. Je dirigeais cette fois une expédition conjointe de Norvégiens et de Chiliens, financée par le musée Kon-Tiki. La nouvelle était à peine parue dans la presse que je reçus une lettre d'un Tchèque inconnu. Pavel Pavel, un jeune ingénieur, avait lu mon livre sur notre première expédition à l'île de Pâques, où je racontais comment les Longues-Oreilles m'avaient montré la manière de sculpter et d'ériger une statue de pierre. J'avais cru tout ce qu'ils m'avaient dit à propos de la fabrication des statues, m'écrivait-il, pourquoi ne les avais-je pas crus quand ils m'avaient affirmé que leurs ancêtres faisaient marcher les statues ? Pavel, lui, y croyait, et il avait fabriqué une réplique en ciment d'une statue pascuane, qui pesait 20 tonnes. Avec quinze amis, il l'avait fait marcher à l'aide de cordages.

Je répondis immédiatement. Ayant su faire marcher un *moai* de ciment, il pouvait se joindre à notre expédition, s'il estimait pouvoir faire de même avec une véritable statue pascuane. Il me confirma immédiatement qu'il était d'accord, à condition que je puisse le faire sortir de Tchécoslovaquie et entrer à l'île de Pâques, territoire chilien. Les deux pays se montrèrent très coopératifs, en dépit des obstacles politiques, et c'est avec bonheur que Pavel Pavel débarqua avec Arne Skjösvold, Gonzalo Figueroa et moi-même à l'aéroport de Hongaroa, en 1986.

Le Consejo de Monumentos Nacionales de Santiago nous avait accordé l'autorisation nécessaire pour faire « marcher » une statue. Nous quittâmes donc le continent avec une ample provision de cordages. Mais, avant de prendre le risque de voir une statue authentique culbuter et se briser, nous parcourûmes le terrain pour examiner les bases de toutes les statues abandonnées dans les carrières et le long des routes préhistoriques. Dans les carrières, ces bases étaient parfaitement planes ; sur les routes, il nous apparut clairement que les bases étaient d'autant mieux préservées que les statues étaient proches de leur point de départ, et devenaient de plus en plus convexes au fur et à mesure qu'elles s'en éloignaient. On ne voyait aucun signe de dégradation sur les autres parties des statues. Ce que nous vîmes confirmait donc la conviction de Pavel : les statues avaient été transportées debout. Certaines, situées à plusieurs kilomètres des carrières, avaient une base si arrondie par l'usure qu'il fallait les caler avec des pierres pour les mettre en équilibre sur un *ahu*. Dans un cas, la base avait même été si érodée qu'en arrivant à l'*ahu* il avait fallu lui sculpter une nouvelle paire de mains sur le ventre, les mains d'origine se terminant trop près de la base. Du coup, cette statue présentait quatre mains.

Sous un éclairage favorable, on pouvait encore distinguer les traces des routes découvertes par Mrs. Routledge. Tout comme elle, nous fûmes tentés de creuser devant et derrière certaines des images tombées le long de la route et de voir ce que nous pourrions y trouver. A notre surprise, il apparut que la surface de lave pulvérisée et compactée s'étendait partout, mais sur une profondeur de quelques centimètres seulement. Au-dessous se trouvait une terre riche, un humus profond et sombre qui, dans certains cas, contenait les creux des racines d'arbres disparus, si gros qu'on pouvait y enfoncer le bras. Cet humus fertile avait été produit par l'antique forêt. Et la couche de pierres et de blocs de lave écrasés qui nous avait induits en erreur, ainsi que d'autres avant nous, n'était pas le résultat d'une éruption volcanique. Il s'agissait là des vestiges de toutes sortes de murs et de cairns, démantelés par les hommes et les animaux à travers les siècles, et piétinés consciencieusement par des dizaines de milliers de moutons, de chevaux et de bovins.

Au cours d'un sondage, nous trouvâmes un grand nombre de pics de pierre gisant en cercle juste à l'endroit où l'un de ces géants isolés le long de la route s'était tenu debout avant d'être renversé. De toute évidence, il avait été calé temporairement

Grâce à la collaboration entre le musée Kon-Tiki et le tout récent musée archéologique de l'île de Pâques, nous reprîmes les fouilles d'Anakena sous la direction du professeur Skjölsvold. Partant du niveau déjà atteint par Sergio Rapu, nous creusâmes jusqu'à une profondeur de 4 mètres avant de toucher la roche mère. Ce faisant, nous dégageâmes toute une stratigraphie de vestiges de plus en plus anciens. L'épaisseur de ces couches d'occupation successives était telle que nous fûmes amenés à réviser nos conceptions de la géographie locale.

avec ces pics par les ouvriers qui le transportaient, pour éviter que l'image ne se renverse pendant qu'ils interrompaient leur travail. Cela confirmait l'affirmation traditionnelle selon laquelle les *moai* franchissaient une certaine distance chaque jour, puis marquaient une pause. En creusant des tranchées transversales devant et derrière ces statues isolées, nous trouvâmes des traces de routes compactées mais non pavées. L'humus noir était tassé sur une largeur légèrement supérieure à la base de la statue, comme si un rouleau compresseur avait préparé le terrain. Manifestement, sur certains passages, les ouvriers qui assuraient le transport n'avaient pas eu besoin de pavage artificiel. Les *moai* avaient tracé leur propre chemin et, partout où c'était possible, chaque géant avait avancé dans le sillage de ses prédécesseurs.

Ce fut un grand jour, accompagné d'une évidente nervosité parmi la population de l'île, que celui où tout fut prêt pour que Pavel Pavel nous montre comment un *moai* pouvait marcher. Aucun des anciens ne doutait que leurs ancêtres y étaient jadis parvenus. Mais ces ancêtres possédaient un *mana* et étaient assistés par Make-Make lui-même, qui à nos yeux restait un démon et ne pouvait donc nous assister. Le vieux Leonardo ne doutait pas plus que trente ans auparavant que ces bustes de pierre dépourvus de jambes avaient marché en se dandinant d'un côté et de l'autre. Et il nous montra à nouveau en quoi consistait ce mouvement, les plantes des pieds jointes, avant même que quiconque l'avertisse de l'expérience que nous allions tenter.

Nous avions choisi à cette fin une statue de dimensions moyennes, qui avait déjà été remise debout entre le Rano Raraku et la baie de Hotu-iti. C'est là que le terrible raz de marée de 1960 avait balayé la rangée des quinze statues colossales de l'*ahu* Tongariki, dont il ne restait rien. Les énormes blocs de construction et les

Sonia Haoa, l'assistante de Rapu, mit au jour de nombreux fragments d'yeux, dont l'un s'ajusta parfaitement à l'orbite profonde d'une étrange tête de basalte dégagée au pied de l'*ahu*. Alfred Métraux estima qu'elle pouvait appartenir au buste féminin vendu par le maire en 1956 (voir illustration p. 248).

fragments des statues gisaient éparpillés dans les terres, dans un champ parsemé de roches marines. Avant de nous laisser commencer notre expérience, nos ouvriers indigènes insistèrent pour apaiser les *aku-aku* invisibles de cette zone hantée. Une fois que l'appétissant fumet de porc et de patates douces enveloppés dans des feuilles de bananier et cuits dans un four de terre eut chatouillé nos narines et satisfait les invisibles hôtes d'honneur, nous pûmes nous mettre au travail. Leonardo était assis à côté de sa vieille sœur Elodia, la fidèle gouvernante de feu le père Sebastián, et ils allaient invoquer un secours surnaturel par une chanson au rythme monotone, qu'ils connaissaient tous deux par cœur.

Pavel Pavel fit attacher deux cordages à la tête de la statue et deux autres à la base. Les premiers furent tirés latéralement et les seconds vers l'avant. Quinze hommes furent divisés en deux groupes, et il fallut quelque temps avant que nous comprenions toute l'importance de la coordination précise de leurs efforts. Pavel ne parlait aucune langue connue de nous, mais il s'arrangeait fort bien pour se faire comprendre par des mouvements des bras et des pieds. A l'instant même où le groupe tenant les cordages supérieurs faisait pencher la statue vers la droite, la faisant reposer sur une arête, celui qui tenait les cordages inférieurs devait rapidement tirer en avant le côté opposé, avant que le géant ne retombe sur le plat de la base. Pour faire faire le pas suivant à la statue, les deux équipes devaient changer de côté : on faisait pencher la statue vers la gauche pour faire avancer le côté droit. Une fois que les hommes eurent pris un bon rythme, ce système se révéla d'une extrême simplicité. Il n'a d'ailleurs rien d'extraordinaire : n'importe qui s'en sert pour déplacer un gros réfrigérateur. Nous craignîmes au début que les hommes qui tiraient les cordages supérieurs ne tirent trop fort et ne renversent la statue. Mais Pavel nous rassura : la conception des *moai* était si ingénieuse que le colosse aurait dû être incliné à 60° pour basculer. En effet, la minceur de la partie supérieure était telle, en comparaison avec le bas massif, que le centre de gravité n'était guère au-dessus du nombril. Nous eûmes tous un frisson en voyant le spectacle, qui avait dû être si familier aux anciens ancêtres des insulaires qui nous entouraient : un colosse de pierre de quelque 10 tonnes « marchait » comme un chien en laisse derrière un groupe de Lilliputiens, commandés par un petit homme qui lançait ses poings en l'air de droite et de gauche chaque fois que ce Goliath devait avancer d'un pas. Nous vînmes tous embrasser Pavel Pavel, tout radieux, après cette réussite, et Leonardo et Elodia acceptèrent volontiers de partager cet hommage. Nous pouvions lire sur le

Le grand *ahu* Naunau d'Anakena subit un remaniement complet au XIIe siècle, pendant la période moyenne. Ici, l'archéologue suédois Paul Wallén nettoie au pinceau une petite tête de pierre trouvée dans sa tranchée. Au-dessus, un fragment de relief recyclé, représentant un couple d'oiseaux-frégates.

Helene, l'épouse de Paul, elle aussi archéologue, observa qu'on ne trouvait des os de poulet que dans les strates supérieures des dépôts de détritus, preuve de l'introduction tardive du poulet sur l'île de Pâques. On comprend mieux pourquoi les œufs des oiseaux de mer avaient une telle importance pour les premiers habitants de l'île.

visage de Leonardo qu'il savait tout cela depuis le début : c'était la chanson qu'il avait chantée avec Elodia qui avait fait marcher le *moai*.

Car c'était bien là marcher, je ne pus trouver de meilleur terme dans aucune langue européenne. J'eus cependant un doute. Le verbe pascuan signifiant « marcher » est *haere*, mais quand le *moai* commença à avancer, les vieux insulaires utilisèrent le mot *neke-neke*. Je cherchai dans le dictionnaire pascuan de J. Fuentes et trouvai cette définition : « *neke-neke* : avancer lentement en se tortillant, à cause de jambes invalides ou amputées ». Est-il une autre langue au monde qui possède un mot particulier pour dire « marcher sans jambes » ?

Nous retournâmes à l'île de Pâques l'année suivante. Beaucoup de ce que nous y vîmes nous paraissait désormais bien plus compréhensible. Même les grands trous cylindriques au sommet du Rano Raraku : les insulaires affirmaient toujours qu'ils avaient servi à enfoncer des poteaux pour des funiculaires destinés à descendre les *moai* des terrasses supérieures des carrières jusqu'à la plaine dessous. Pour que les trous soient aussi larges, les poteaux devaient avoir été des troncs d'arbres si épais qu'il aurait fallu deux hommes pour les enserrer. Mais nous étions maintenant décidés à croire aussi en cette tradition car, s'ils n'avaient été freinés de façon ou d'autre, les géants auraient dévalé le flanc escarpé de la montagne sans que l'on puisse contrôler leur chute. Nous avions maintenant le *Jubaea chilensis*, dont il y avait un exemplaire dans le jardin de Gonzalo, près de Santiago. Ce palmier était si énorme qu'en comparaison, n'importe quel cocotier paraissait un nain. Même deux hommes n'auraient pu l'entourer de leurs bras.

Nous vîmes en imagination les colosses aveugles guidés sur leur dos grossièrement arrondis le long des niches vides du mur du cratère, puis mis debout pour qu'on leur termine le dos avant qu'ils n'entreprennent leur longue marche. Il était vertigineux de se représenter plusieurs géants entièrement sculptés clopinant sur les

Fort peu d'arêtes de poisson ou d'hameçons se trouvaient parmi les détritus. Ici, un rare spécimen d'hameçon en os. L'étude des dépôts de détritus confirme bien que les anciens Pascuans étaient des agriculteurs plutôt que des pêcheurs. En revanche, plusieurs sépultures furent dégagées. Leurs ossements vinrent s'ajouter à ceux que Rapu avait déjà exhumés : au total, une centaine d'individus. George Gill, spécialiste d'anthropologie physique, se chargea de les étudier et releva une grande quantité de crânes à la mâchoire arrondie. Ces mâchoires, atypiques en Polynésie, sont courantes dans des sépultures sud-américaines.

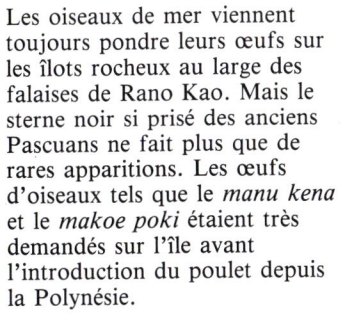

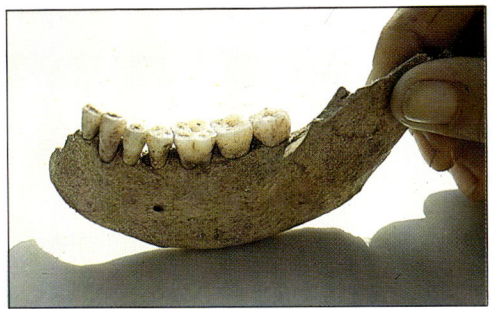

Les oiseaux de mer viennent toujours pondre leurs œufs sur les îlots rocheux au large des falaises de Rano Kao. Mais le sterne noir si prisé des anciens Pascuans ne fait plus que de rares apparitions. Les œufs d'oiseaux tels que le *manu kena* et le *makoe poki* étaient très demandés sur l'île avant l'introduction du poulet depuis la Polynésie.

routes, dans différentes directions, comme des robots venus d'une autre planète, dans un paysage verdoyant avec des palmiers et des champs cultivés.

L'île aurait pu assurer la subsistance de bien plus que les 3 000 à 5 000 habitants estimés jusque-là. Quand nous traversions les plaines dénudées, nos chevaux continuaient à faire rouler et à écraser les fragiles pierres de lave, mais nous savions qu'au-dessous se trouvaient de vastes champs de terre fertile.

Cette fois, nous voulions concentrer tous nos efforts sur l'*ahu* central d'Anakena, l'*ahu* Naunau. L'année précédente, notre recherche sur le mode de transport des statues ne nous avait laissé le temps de creuser que quelques sondages sur le côté cour de ce grand *ahu*. Sergio avait découvert un dallage de blocs adroitement ajustés, à 2 mètres de profondeur. Il s'était alors arrêté et avait rebouché sa tranchée, pour des raisons de sécurité. En descendant encore un mètre plus bas, nous avions atteint une couche de terre brun foncé pleine de détritus d'origine humaine. Au-dessus, rien d'autre que de la vase rouge stérile et du sable jaune comme celui de la plage, par couches alternées. Arne avait obtenu une datation au carbone 14 de 850 ap. J.-C. environ.

Nous revenions maintenant avec des effectifs renforcés. A notre équipe étaient venus s'ajouter un ami archéologue qui avait participé aux fouilles dans les Maldives, Öystein Johansen, devenu directeur de l'Académie des Sciences norvégienne, et quelques autres jeunes archéologues suédois et chiliens. Nous ouvrîmes d'impor-

229

tantes tranchées de part et d'autre de l'*ahu* du roi Hotu Matua, cette fois aussi du côté de la mer, là où Sergio s'était arrêté en atteignant la couche de sable durci.

Nos ouvriers pascuans, maintenant expérimentés, grattaient silencieusement au fond des profondes tranchées, et nous voyions apparaître des morceaux de charbon, des ossements humains, des dents, des pics de pierre, des éclats d'obsidienne, des restes de repas composés de tortue, de baleine, de poisson, d'oiseaux, de crabes et de coquillages. Tout était soigneusement nettoyé et empaqueté par les archéologues dans des sacs en plastique numérotés. C'est alors que Sonia sortit en rampant de sa tranchée en apportant dans sa main quelque chose de blanc. Sonia était une jeune beauté pascuane, qui avait étudié l'archéologie au Chili et aux États-Unis ; nous l'avions pour ainsi dire héritée de l'ancienne équipe de Sergio. Son nom de famille était Haoa, presque le même que celui du compagnon légendaire de Make-Make, Haua.

Ce qu'elle tenait dans la main était un fragment partiellement ouvragé de corail blanc. Quoi que ce fût, la plus grande partie de l'objet manquait. Elle affirma que c'était un morceau d'œil de statue. En voyant notre scepticisme, un des ouvriers s'empressa de nous dire que Sonia savait de quoi elle parlait, car c'était celle qui avait exhumé l'œil trouvé par l'équipe de Sergio. Elle ignorait alors ce que c'était, jusqu'à ce que Sergio l'insère dans l'une des orbites de la statue voisine, et que tout le monde constate que c'était bien un œil. Maintenant elle nous montra que le fragment qu'elle avait dans la main avait une partie dessinée comme le coin d'un œil et comportait aussi le creux destiné à la pupille. Je regardai le mur mégalithique au-dessus de nos têtes, où se trouvait l'énorme tête ronde insérée de côté, utilisée sans plus d'égard comme bloc de construction. Nous la connaissions depuis la première fois que nous avions débarqué à Anakena, trente ans auparavant. Elle avait de profondes orbites. La pièce que tenait Sonia semblait plus épaisse et autrement proportionnée que l'œil de *moai* trouvé par Sergio. Je ne sais quelle intuition me fit soupçonner que ce fragment-ci appartenait à cet antique géant, et nous grimpâmes jusqu'à une corniche du mur, de laquelle nous pouvions atteindre la tête. Sonia inséra le morceau de corail dans l'une des orbites, mais il ne s'y adaptait pas ; par contre, il épousait si parfaitement les formes d'un coin de l'autre orbite, en profondeur comme en surface, qu'il ne tombait même pas.

Or c'était là une tête de la période ancienne. Nous avions donc pour la première fois la preuve que les yeux incrustés n'étaient pas une invention locale de la période moyenne, mais une coutume déjà propre aux plus anciens habitants d'Anakena. Nous trouvâmes d'autres fragments d'yeux de la période ancienne parmi ces mêmes détritus, du côté de la mer. Pendant la période moyenne, le culte se déroulait sur le parvis des temples, vers l'intérieur, c'est pourquoi on ne trouvait pas de détritus de ce côté du mur.

Je fus surpris que les traditions de l'île ne mentionnent jamais ce fait remarquable, que les statues avaient des yeux. Mais c'est alors que j'appris quelle avait été la réaction de Leonardo lorsque Sergio lui avait montré son œil complet pour savoir ce qu'il en pensait. « C'est un œil, avait calmement constaté Leonardo. Car les *moai* avaient des yeux quand on les dressait sur les *ahu*. » Trente ans plus tôt Leonardo m'avait affirmé que les statues marchaient ; pourquoi n'avait-il rien dit de leurs yeux ? Tout simplement parce que je lui avais seulement demandé comment on les déplaçait, sans poser de question sur leurs yeux. Pour poser les bonnes questions à un Pascuan d'un certain âge, il faudrait presque connaître déjà les réponses…

Les nouvelles tranchées que nous creusâmes du côté de la cour du même *ahu* révélèrent un mur encore inconnu et vraiment magnifique, fait de dalles colossales parfaitement découpées et ajustées. Elles n'étaient pas du tout visibles avant que Sergio n'ait retiré un épais dépôt de sable de plage. Et avant que nous ne commencions à fouiller, on ne voyait guère que la surface de quelques-unes émerger du sol. Mais, peu à peu, il s'avéra que c'étaient d'énormes blocs travaillés, du même type que ceux du célèbre mur de Vinapu. Ils étaient situés bien en dessous de la rampe de la cour de la période moyenne. C'était là le type de mur que tout le monde avait comparé aux ouvrages mégalithiques de l'ancien Pérou. Métraux estimait que c'était le dernier stade d'une évolution purement locale, dans laquelle les Polynésiens, faute de bois, s'étaient mis à tailler la pierre. Or ce n'était certainement pas le dernier stade de la sculpture de pierre pascuane, mais, sans aucun doute possible, un produit de la période ancienne, entièrement enterré dans la vase avant l'érection de l'*ahu* de la période moyenne. Un examen plus attentif montra que ces superbes dalles avaient fait partie d'un édifice encore plus ancien, situé ailleurs, qui avait été démantelé par l'homme ou détruit par la nature. Elles avaient été apportées ici à partir de cet autre site et, quoiqu'elles eussent été parfaitement polies et ajustées dans le mur d'origine, on les avait retravaillées pour les disposer selon un autre plan. Nous trouvâmes en effet dans la vase des pics de pierre, ainsi que des éclats et des débris de pierre pulvérulents, témoignant du travail accompli. Nous avions ainsi la preuve que les anciens architectes qui s'étaient installés dans la baie d'Anakena maîtrisaient entièrement la technique de construction de murs de pierre de type péruvien.

Pendant que nous travaillions encore à Anakena, nous reçûmes la visite inattendue d'un grand connaisseur des maçonneries de Tiahuanaco aussi bien que de type inca, le professeur Camila Laureani, de l'Institut d'esthétique de la Pontificia Universidad Católica du Chili. Elle venait de Santiago pour réexaminer la maçonnerie des murs des *ahu*. Il lui semblait en effet que le seul désir de construire une plateforme surélevée pour y ériger de lourdes statues n'était pas une motivation suffisante pour dresser des murs aussi esthétiques et spécialisés que celui de Vinapu. Dans une publication spécialement consacrée aux *ahu* de l'île de Pâques, elle avait souligné que le maître d'œuvre de Vinapu n'avait pas affronté le problème de construction avec la mentalité d'un maçon, mais avec tout le goût et l'expérience d'un architecte. Si nous avions trouvé ce mur en territoire inca, écrivait-elle, rien de son apparence ni de sa réalisation ne nous aurait paru étrange. Personne n'aurait songé que ç'aurait pu être l'œuvre d'une autre culture. Son verdict était clair : « L'*ahu* Vinapu est une construction architectonique qui combine les caractéristiques essentielles de l'Altiplano péruvien et bolivien de façon si évidente qu'on ne peut douter qu'un contingent originaire de cette région soit arrivé jusqu'à l'île. »

Elle voyait maintenant la découverte de statues du type de celles de Tiahuanaco, c'est-à-dire les statues-piliers, les géants agenouillés et le fragment de torse à côtes apparentes. Elle s'assit avec nous à la terrasse de Sergio et nous montra le dernier paragraphe de son nouveau manuscrit sur les *moai* de l'île de Pâques. Se référant aux similitudes frappantes entre les monuments de la période ancienne et leurs équivalents sud-américains, elle écrivait : « Parler de coïncidence ou d'accident, quand le fait se répète sous un grand nombre d'aspects fondamentaux, est au moins aussi téméraire que d'essayer de résoudre le problème en faisant intervenir des visiteurs extraterrestres. »

Peu de temps après, nous découvrîmes une statue de basalte si complètement différente de tout ce qu'on avait jamais trouvé dans le Pacifique qu'elle aurait en effet pu sembler être tombée du ciel. Mais, entre-temps, nous avions atteint le rocher dans nos fouilles d'Anakena, et un nouveau mystère surgit.

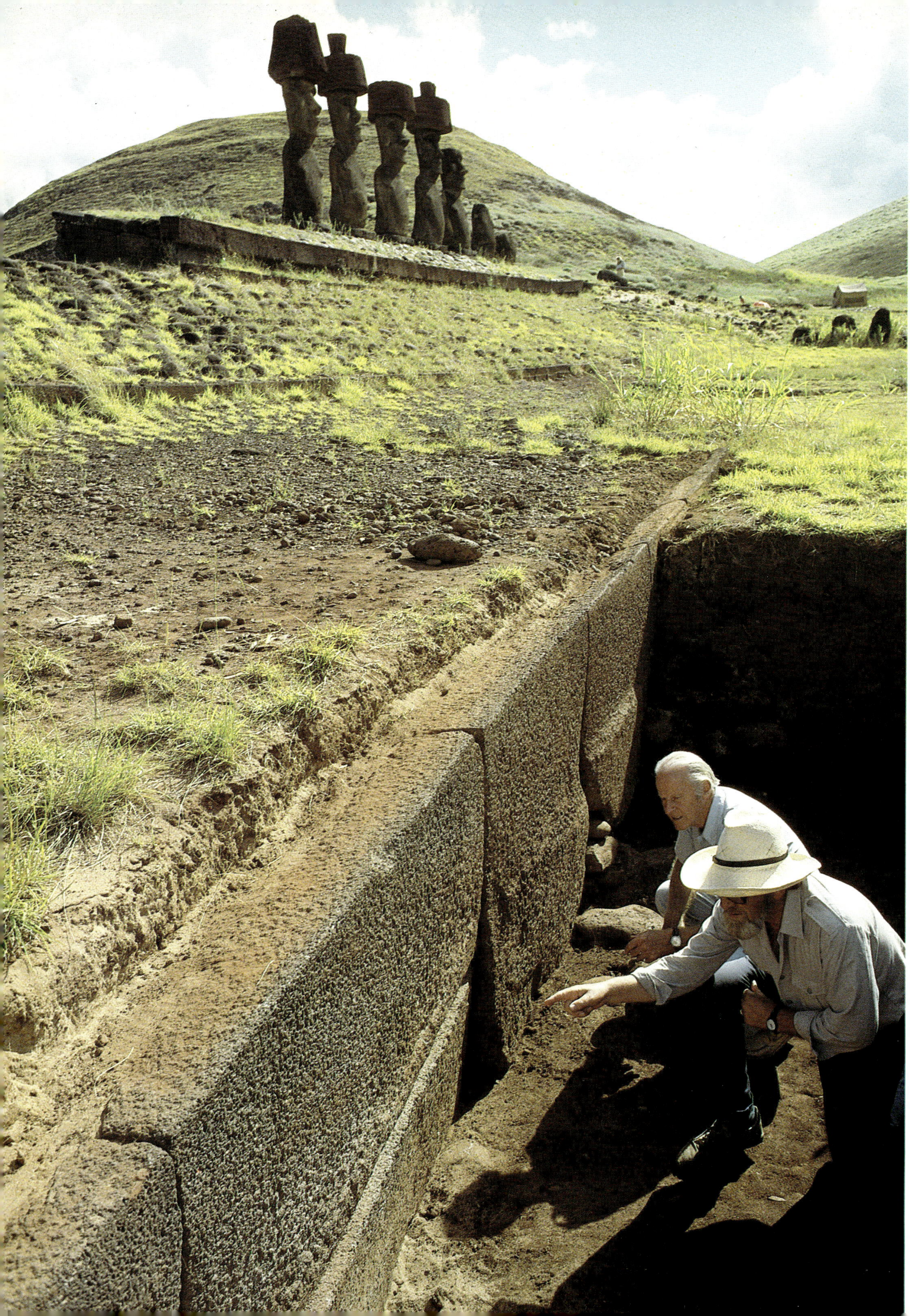

Un superbe mur aux blocs étroitement ajustés émergea des fouilles de l'*ahu* Naunau en 1987. Situé en dessous du niveau de l'*ahu*, il datait manifestement de la période ancienne. On a souvent cherché à justifier un développement purement autonome de l'art mégalithique pascuan en arguant de l'absence de bois sur l'île. La découverte de cet ancien monument ne vient guère étayer une telle hypothèse : elle montre au contraire que les tout premiers arrivants étaient déjà des experts de l'art de la pierre. L'importation paraît alors plus plausible qu'une évolution locale, et on songe inévitablement aux murs mégalithiques du Pérou.

Dans le mur de Vinapu, certains blocs de forme irrégulière s'emboîtent les uns dans les autres à la manière d'un puzzle.

Au Pérou, on attribue communément une telle virtuosité technique aux Incas, dont la civilisation fut pourtant tardive. Ayant constaté l'existence d'exemples anciens de cet art sur l'île de Pâques, l'auteur se rendit à Tiahuanaco, où les archéologues boliviens venaient tout juste de dégager la pyramide d'Akapana. D'après leurs récentes découvertes, les fondateurs aux longues oreilles de la culture tiahuanacane étaient passés maîtres dans l'art d'ajuster les pierres bien avant que les Incas n'héritassent enfin de cette technique.

233

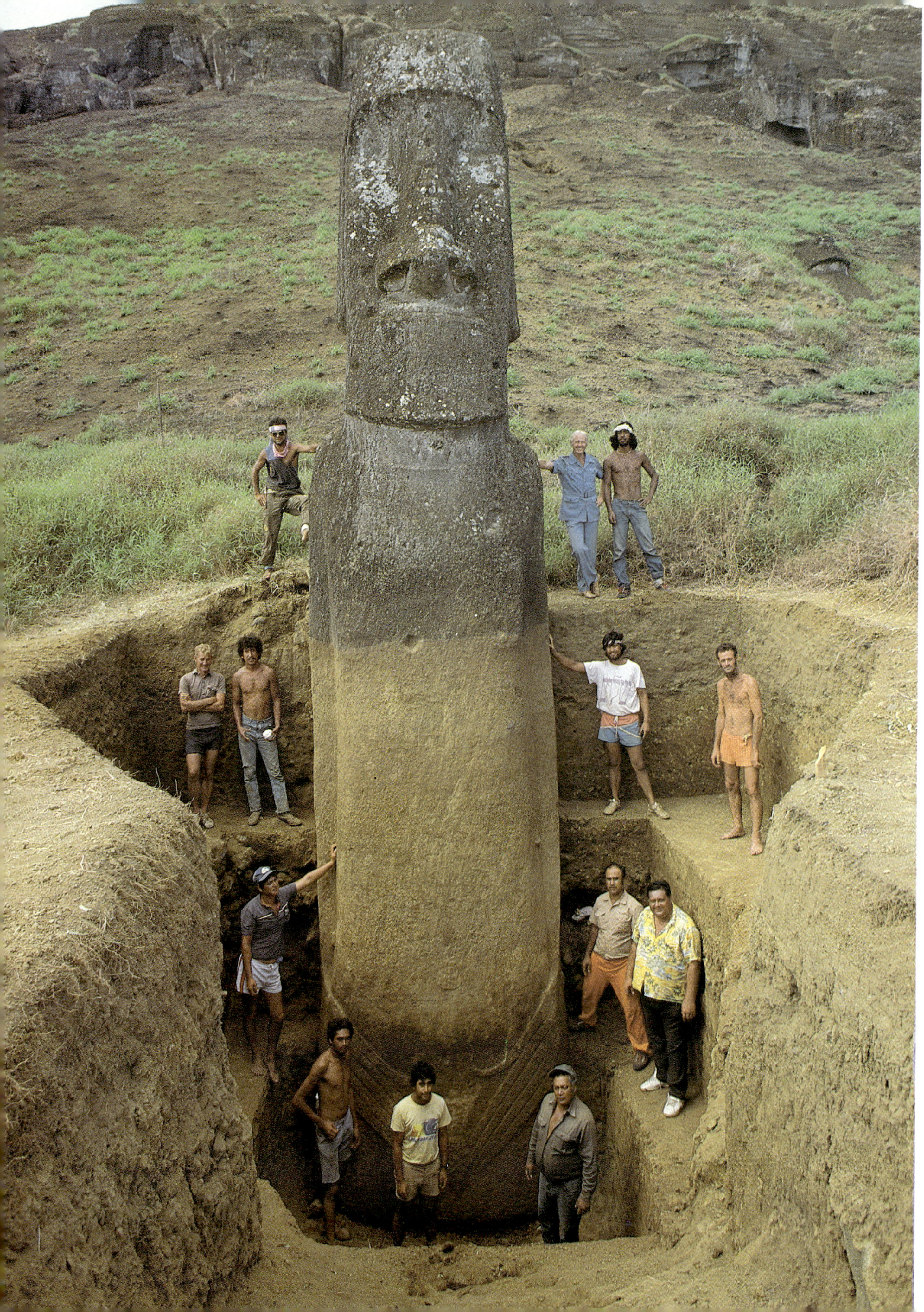

La fouille d'une statue partiellement étudiée en 1956 fut complétée en 1987. La tranchée fut maintenue ouverte pendant toute une journée, pendant laquelle le géant de pierre fut exposé dans sa totalité à l'objectif du photographe. Toute l'assistance fut frappée, une fois de plus, par la grandeur du génie préhistorique de l'île de Pâques. Puis il fallut reboucher la tranchée, afin de prévenir tout accident. Désormais, les visiteurs ne verraient plus que la tête aveugle émergeant du sol.

Atteindre enfin la base du géant n'allait pas sans risque, car les parois de la tranchée consistaient essentiellement en anciens débris des carrières.

L'auteur se sentit bien petit quand, descendant au fond de la tranchée, il s'aperçut qu'il avait la taille du doigt effilé du souverain inconnu.

Nous avions creusé au-delà de la strate étudiée l'année précédente, qui avait été datée de 850 ap. J.-C., et encore trouvé des détritus d'origine humaine, qui devaient par conséquent être plus anciens, quand nous atteignîmes la roche mère. Ainsi, un mélange de vase et de détritus se trouvait directement sur la roche nue, comme si les premiers arrivants avaient vécu sur des falaises nues, sans terre ni végétation. Est-ce qu'un de ces terribles raz de marée du Pacifique, les *tsunamis*, avait frappé cette baie ouverte et balayé tout l'humus ? Les profonds dépôts à travers lesquels nous avions fouillé, avec d'épaisses couches alternées de sable stérile et de vase également stérile, témoignaient d'une succession de tels phénomènes. La catastrophe qui, depuis notre visite, avait totalement transformé la baie de Hotu-iti, avec ses *ahu* colossaux, n'était certainement pas la première du genre.

Un jeune ingénieur tchèque du nom de Pavel Pavel intrigua l'auteur et les autres membres de l'expédition de 1986 en affirmant être en mesure de démontrer que les géants de pierre avaient bien « marché » depuis les carrières jusqu'aux *ahu*. Il avait raison. Près des carrières, les angles de la base d'une statue étaient intacts. Mais plus la statue se trouvait près d'un *ahu*, plus les angles étaient érodés, au point de devenir arrondis quand le monument avait enfin atteint sa destination.

Une chose était certaine. Nous avions creusé de profonds sondages pour chercher des détritus d'origine humaine à peu près partout à Anakena, et nous savons que cet endroit avait été habité depuis plus de mille ans. En admettant, à l'appui de notre thèse, que mille personnes aient vécu autour du campement royal pendant mille ans, cela donnait le chiffre d'un million d'années de production humaine. Qu'est-ce que tous ces gens avaient laissé derrière eux, hormis les ouvrages mégalithiques ? Parmi les restes de nourriture, nous n'avions trouvé qu'un très joli petit hameçon en os humain et le fragment de la hampe d'un autre, aussi petit, en pierre. Où avaient disparu toutes les autres traces de travail humain ?

Certes, du côté maritime de l'immense mur, nos fouilles avaient permis de trouver des fragments de statues de la période ancienne et quelques têtes de pierre de la taille d'une orange, ainsi que plusieurs morceaux d'yeux de la même période, de diverses dimensions. Mais cela témoignait seulement d'une destruction délibérée due aux habitants de la période moyenne, par mépris ou par crainte du mauvais œil des anciens habitants : ils avaient mutilé les anciennes statues et brisé leurs yeux, avant de les jeter dans les dunes pour ne pas souiller la cour du temple, où eux-mêmes, du côté des terres, célébraient leurs cérémonies.

Littéralement coincée dans ce tableau de mépris religieux et de reconstruction architecturale, figurait la pièce insérée dans le mur de l'*ahu* royal d'Anakena. Depuis que j'avais examiné avec Sergio les murs récemment dégagés, à l'occasion du Congrès, j'étais irrésistiblement attiré par une certaine partie du mur occidental. On voyait là un morceau de basalte d'un gris sombre, plutôt informe, au-dessous de l'amas de pierres non travaillées qui formaient le flanc maintenant découvert de l'*ahu*. Cette pierre, ou du moins sa partie visible, ne montrait *a priori* aucun signe d'avoir été travaillée. Mais le type de roche était inhabituel et me faisait penser à celui d'un buste de femme sans tête, unique, que les Longues-Oreilles m'avaient apporté trente ans plus tôt, et qui était exposé au musée Kon-Tiki d'Oslo. Ils l'avaient trouvé tout simplement en fouillant le sable du côté cour du même *ahu*. J'avais acheté cette beauté décapitée au maire de l'île. A cette époque, n'importe qui pouvait acheter ce que les insulaires proposaient, tandis que ce que nous mettions nous-mêmes au jour restait propriété du Chili. Ce torse féminin était sculpté dans une pierre si incroyablement dure et lourde que nous ne comprenions pas comment on avait pu exécuter ce travail. Je ne pouvais me défaire de l'idée folle que ce que je voyais là, dans le mur, était le cou brisé de la même statue. Tous nos efforts pour la dégager restèrent vains, même en retirant le sable et les petites pierres qui l'entouraient. Au désespoir de mes compagnons, qui ne voyaient aucun signe de travail humain dans cette pierre plutôt laide, je m'en tins obstinément à mon intuition, jusqu'au moment où Sergio me permit de mettre à bas tout le mur, à la condition qu'il soit rebâti le soir même si exactement que personne ne puisse remarquer de différence.

Nous numérotâmes toutes les pierres du mur et prîmes une photo Polaroïd avant de commencer. Avec l'aide de notre excellent contremaître Juan Haoa et une équipe de ses hommes les plus robustes, nous enlevâmes toutes les pierres numérotées mais ne parvînmes toujours pas à remuer ce satané bloc de basalte. Il entrait si profondément dans le remblai de la maçonnerie que ce ne pouvait guère être une tête. Mais en nous introduisant plus loin, nous découvrîmes le torse brisé, pourvu de bras, d'une statue de pierre rouge de la période ancienne. Dès que nous eûmes dégagé cette sculpture, il fut également possible de déloger et de retirer le morceau de basalte sombre, extrêmement long et mince. En le retournant, nous vîmes le plus étrange visage, d'autant plus étonnant qu'il semblait venir de nulle part, sur cette île où nous étions tous habitués aux têtes stéréotypées de pierre du Rano Raraku. Le long nez et une oreille avaient été brutalement cassés par les vandales, qui avaient dû travailler dur pour décapiter cette image de basalte. Les orbites étaient extrêmement profondes et avaient manifestement contenu des yeux incrustés. Mais le trait le plus étrange était la coiffure qui courait d'une seule pièce au-dessus du front, comme un diadème vertical ou une couronne de plumes en éventail, laissant nus le sommet et l'arrière de la tête. La tête, avec sa coiffure, ne mesurait pas même un mètre de haut, mais elle était si lourde que deux hommes robustes pouvaient à peine la soulever. Sous les yeux d'une foule d'insulaires stupéfaits, elle fut immédiatement mise en sûreté dans le musée de Sergio et, avant le coucher du soleil, le mur avait été remonté.

Aussi vite que me le permit le tout récent réseau téléphonique de l'île, j'appelai le musée Kon-Tiki à Oslo. Le directeur, Knut Haugland, devait nous rejoindre sur l'île dans quelques jours. Espérant qu'il m'entendait, bien que, moi-même, j'eusse du mal à percevoir ses paroles, je lui criai à plusieurs reprises qu'il fallait qu'il prenne l'empreinte ou le relevé du cou brisé de notre buste féminin et l'apporte avec lui.

Quand nous l'accueillîmes à l'aéroport, quelques jours plus tard, il descendit de l'avion en agitant un morceau de carton sur lequel figurait un dessin étrangement contourné. Arrivés au musée du village, nous retournâmes ce dessin dans tous les sens sur le cou brisé de la tête que nous venions de découvrir, jusqu'au moment où, soudain, les contours coïncidèrent exactement. On entendit un suffoquement de surprise général. Les insulaires restèrent d'abord cois, et bien entendu nous n'étions pas moins sidérés qu'eux : la tête que nous venions de trouver dans le mur royal et le corps que nous avions rapporté en Europe une bonne trentaine d'années auparavant composaient une statue complète.

« C'était la tête d'une femme » furent les seuls mots qui me vinrent à l'esprit. « *La reina*, la reine », répondit immédiatement un ancien, et tous les autres insulaires acquiescèrent spontanément. Pour eux, c'était Avareipua, l'épouse du roi Hotu Matua. L'unique reine dont ils eussent le souvenir, car on la retrouvait dans des chansons qu'ils connaissaient encore, relatives au premier accostage à Anakena, où elle avait donné le jour au fils de Hotu Matua.

Les vieilles personnes pleuraient d'émotion, et je décidai immédiatement de rapporter sur l'île le corps que j'avais acheté trente ans plus tôt, pour que les deux fragments puissent à nouveau se trouver réunis. Knut et Arne m'appuyèrent entièrement. Nous pouvions prendre la décision sur-le-champ, puisque, à nous trois,

La veille du jour prévu pour l'expérience, Pavel et l'auteur détaillèrent le processus. Ils se trouvaient devant un géant, remis sur pied dans les plaines d'Hotu-Iti après le fameux raz de marée.

Leonardo Pakarati répéta ce qu'il avait affirmé 30 ans plus tôt : les statues avaient « marché », en pivotant avec raideur d'un angle à l'autre.

Elodia, sœur de Leonardo, accompagnait les mouvements saccadés de son frère d'un chant magique un peu monotone. Le jour même de l'expérience, elle reprit son chant tandis que sa fille tressait un ouvrage en ficelle.

Les Pascuans refusèrent d'assister Pavel dans son expérimentation avant d'avoir dûment apaisé les *aku-aku* invisibles qui veillaient sur l'image. A cet effet, ils préparèrent du porc et des patates douces dans un four souterrain traditionnel appelé *umu*. Un délicieux fumet s'en échappa bientôt.

nous formions le Conseil du musée Kon-Tiki. Notre seule condition était d'avoir par ailleurs un moulage de cette reine, exceptionnelle à tous égards, pour prendre dans notre musée la place de son buste décapité.

Quelques jours plus tard, Sonia dégagea, à une grande profondeur, un autre frament d'œil, qui appartenait manifestement à une image plus petite que toutes les statues habituelles de la période ancienne. Il semblait trop beau pour être vrai que ce fragment pût appartenir à notre petite reine, qui ne serait guère plus grande qu'une personne de taille moyenne quand on l'aurait reconstituée. A tout hasard, je lui dis d'apporter cette pièce au musée, pour voir si l'œil correspondait aux orbites de la reine. Peu après, notre travail fut interrompu par un messager spécialement venu en Jeep : Sonia avait bel et bien découvert une partie de l'œil gauche de la reine. Tout comme les géants de tuf qui avaient occupé la place d'honneur sur les *ahu* de la période moyenne, la petite reine en basalte dur comme du silex prenait une apparence intimidante quand on l'imaginait avec ses yeux incrustés complets. Elle était si totalement différente de tout ce qu'on avait vu jusque-là sur l'île de Pâques ou n'importe où dans le monde des îles du Pacifique, que toutes nos pensées allèrent aux grandes civilisations américaines, voire directement aux Phéniciens ou aux Hittites, dont deux océans nous séparaient. Personne ne pensait plus à l'Océanie. « Cette statue semble tombée du ciel », dit Sergio, et tout le monde l'approuva. Je repensai au paragraphe de Camila Laureani : hormis l'Amérique du Sud, il n'y avait qu'une autre possibilité, l'espace extraterrestre. Car la statue de la reine avait été présente sur l'île avant que les sculpteurs de la période moyenne n'aient reconstruit l'*ahu* d'Anakena.

La veille de notre départ, j'étais assis avec mes excellents amis Knut Haugland et Arne Skjölsvold sur la terrasse de la villa de Sergio. Nous bavardions autour d'un verre de *pisco sour*, et nous avions devant nous le panorama maintenant familier de la baie de Cook, où tant d'explorateurs avaient mis à l'ancre. A l'extrémité de la baie se dressait l'*ahu* reconstruit de Tahai, sur lequel Bill et Gonzalo avaient redressé une rangée de *moai*. Certains étaient brisés, comme aux jours des guerres civiles. Compte tenu de ses dimensions modestes, cette île avait vraiment une étonnante histoire.

Knut n'était jamais venu à l'île de Pâques auparavant, mais il avait dirigé le musée Kon-Tiki depuis l'époque où nous avions effectué à bord de ce radeau de balsa la traversée du Pérou à la Polynésie. Arne m'avait accompagné dans toutes mes expéditions archéologiques depuis la première, dans les Galapagos. Maintenant, il s'occupait du département de recherche du musée. Nous étions là, littéralement, au milieu du champ de bataille préhistorique, dans une réunion du Conseil pour décider des opérations à venir.

Knut voulait savoir si le musée continuerait à faire des recherches sur cette île en particulier. La question était de savoir si l'on pouvait apprendre encore d'autres choses en continuant à fouiller. Arne et moi-même n'avions aucun doute à cet égard. Il y aurait toujours plus de découvertes à faire sous la surface désolée de cette île. Nous et les autres visiteurs, comme les insulaires eux-mêmes, étions bien au-delà des gens qui avaient jadis cru pouvoir répondre à toutes les énigmes posées par l'île de Pâques. La surface actuelle des plaines sablonneuses d'Anakena se trouvait à quatre mètres au-dessus du terrain qu'avaient foulé les premiers habitants. Et nous avions creusé jusqu'à six mètres parmi les débris du Rano Raraku avant de trouver le sol sur lequel les géants aveugles avaient été mis debout. Cela représente la hauteur d'une maison de deux étages. Personne ne pouvait dire quelles sortes de monuments et de données un manteau de terre aussi épais pouvait encore recéler.

Il était vrai que les problèmes techniques posés par les géants de pierre étaient résolus. Les mystères qui avaient confondu tant les visiteurs que les érudits depuis l'époque de Roggeveen et du capitaine Cook n'en étaient plus. La genèse des géants aveugles peuplant les pentes du volcan était connue, et l'on savait aussi comment ils avaient marché jusqu'aux *ahu* avant de recevoir des yeux. La manière dont tous ces incroyables exploits avaient été réalisés sans machines, et sans aide extraterrestre, n'était plus une énigme, car nous avions trouvé toutes les solutions.

Une seule question majeure subsistait. Pourquoi personne, hormis les insulaires eux-mêmes, n'avait-il pris au sérieux leurs traditions ancestrales ? Celles-ci contenaient toutes les réponses. La valeur de l'histoire orale locale était, en un sens, une des plus étranges découvertes que nous avions faites, confessai-je à mes deux amis. Il y a un siècle, les Pascuans avaient répondu à toutes les questions qu'on avait posées aux anciens, et nous avions conservé leurs réponses comme des contes de fées de primitifs.

Il y eut un jour des Longues-Oreilles et des Petites-Oreilles. Les Longues-Oreilles

Pavel avait bien compris que les anciens Pascuans avaient déplacé les géants de pierre un peu comme nous déplaçons un meuble lourd ou un gros réfrigérateur : en faisant pivoter l'objet, tantôt sur un côté, tantôt sur l'autre. Tout le poids de l'objet repose sur le sol à chaque manœuvre. Nous nous contentons d'exercer une pression ou une traction sur le côté levé avant de faire basculer l'objet dans l'autre sens, et ainsi de suite. Deux équipes purent ainsi déplacer le géant de pierre à l'aide d'un jeu de cordes. La manœuvre était délicate, mais efficace : d'après nos estimations, une équipe bien entraînée de 15 hommes pouvait faire « marcher » un géant de 20 tonnes sur une distance d'au moins 100 mètres par jour.

étaient venus les premiers, de l'est, et les Petites-Oreilles ensuite, de l'ouest. Les premiers étaient laborieux et construisirent des monuments et de grands ouvrages. Les Petites-Oreilles travaillèrent patiemment pendant deux siècles à construire les monuments en l'honneur des Longues-Oreilles, puis conspirèrent et se révoltèrent. Ils poussèrent les Longues-Oreilles dans le brasier que ceux-ci avaient eux-mêmes allumé. Mais, à cette époque, les Petites-Oreilles avaient depuis longtemps oublié le nom de leurs propres dieux et vivaient avec les croyances et les coutumes de ceux qu'ils avaient vaincus.

Il y avait encore autre chose dans cette tradition. Avant même que le premier roi connu de l'île n'ait accosté avec son épouse et fondé une longue dynastie, un autre roi de même origine avait fui vers l'ouest, tout comme lui, de son grand pays désertique. L'un et l'autre savaient, de leur ancêtre commun, qu'il existait une île qui était un refuge sûr, à deux mois de navigation dans la direction du soleil couchant. On ignorait ce qu'il était advenu du premier roi et de son groupe. Mais il avait atteint l'île, construit des routes et laissé son mausolée sur la plage d'Anakena, où sa tombe fut découverte par la seconde vague de réfugiés.

Les Longues-Oreilles adoraient Make-Make, dieu suprême entouré d'hommes-oiseaux. Leurs statues n'étaient pas des dieux, mais des monuments à la mémoire de leurs chefs défunts. Ils étaient tous du même type, mais certains étaient restés inachevés. Quand on détachait ceux-ci des carrières, on les mettait debout au pied des pentes pour sculpter leurs dos encore grossiers, avant qu'ils ne rejoignent, *nekeneke*, tous les *ahu* de l'île. Ils avançaient un peu chaque jour, puis se reposaient. Et, quand ils arrivaient aux *ahu*, on leur ouvrait les yeux et on leur mettait des toupets sur la tête. Lorsque les Petites-Oreilles l'emportèrent sur les Longues-Oreilles, toutes les statues de ceux-ci furent renversées de leurs piédestaux, et ceux qui étaient encore le long des routes subirent le même sort.

Ce furent les ancêtres royaux venus de l'est qui apportèrent des plantes cultivées aussi importantes que la patate douce, leur principal aliment, et que le roseau *totora*, leur indispensable matériau de construction. Mais pas les poules, qui étaient venues avec les immigrants ultérieurs.

Tout cela était simplement l'histoire locale que les Pascuans avaient essayé de nous inculquer lorsque nous les avions interrogés sur leur passé. Maintenant, nous autres, venus de l'extérieur, pouvions leur restituer l'extraordinaire histoire que leurs ancêtres nous avaient racontée, écrite dans nos caractères et avec l'estampille de la communauté scientifique.

« C'est étrange, dit Arne, ils avaient expliqué à tout le monde que les statues marchaient ; pourquoi n'avaient-ils pas dit aussi qu'elles avaient des yeux ? »

Je connaissais la réponse : on ne le leur avait pas demandé.

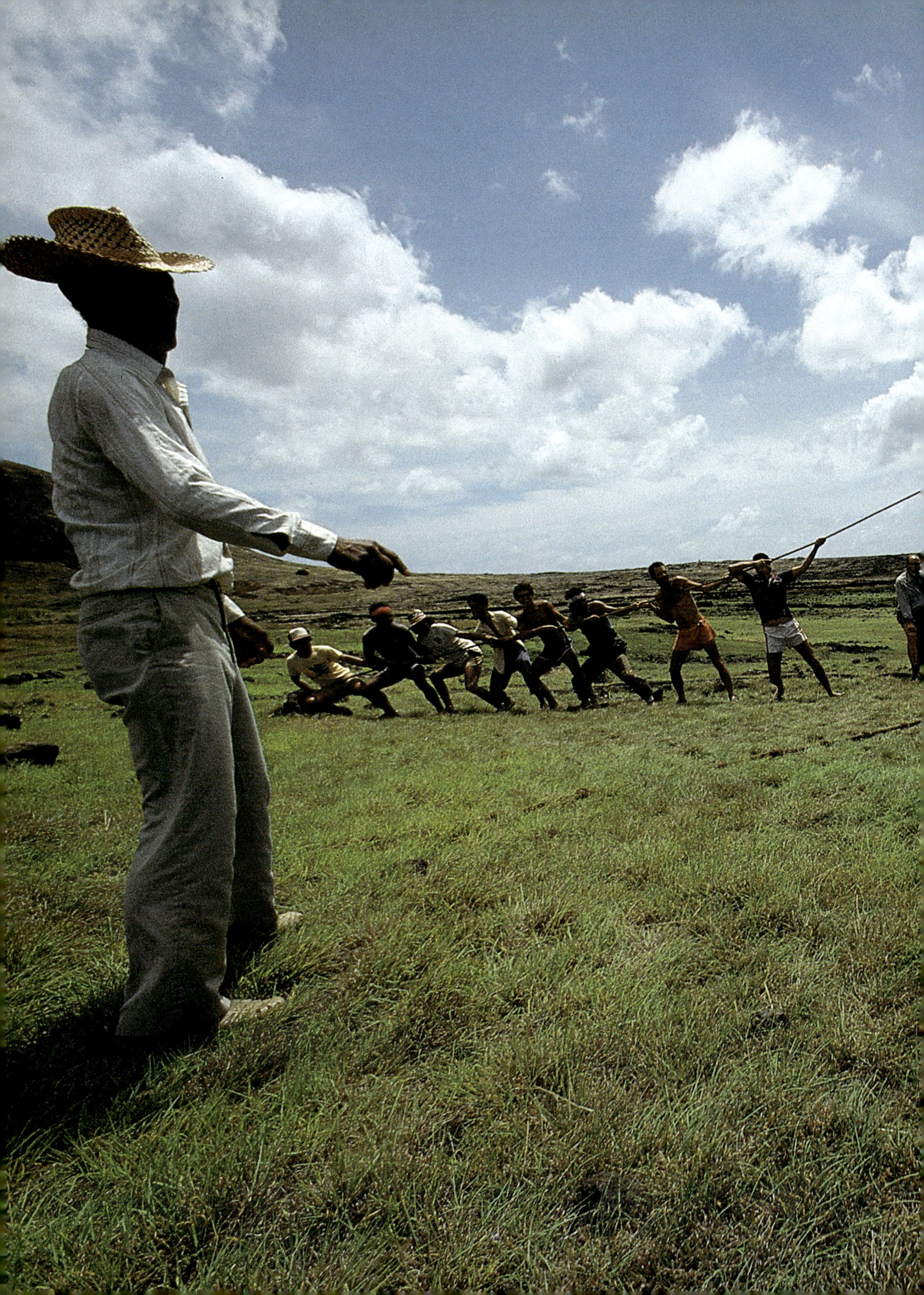

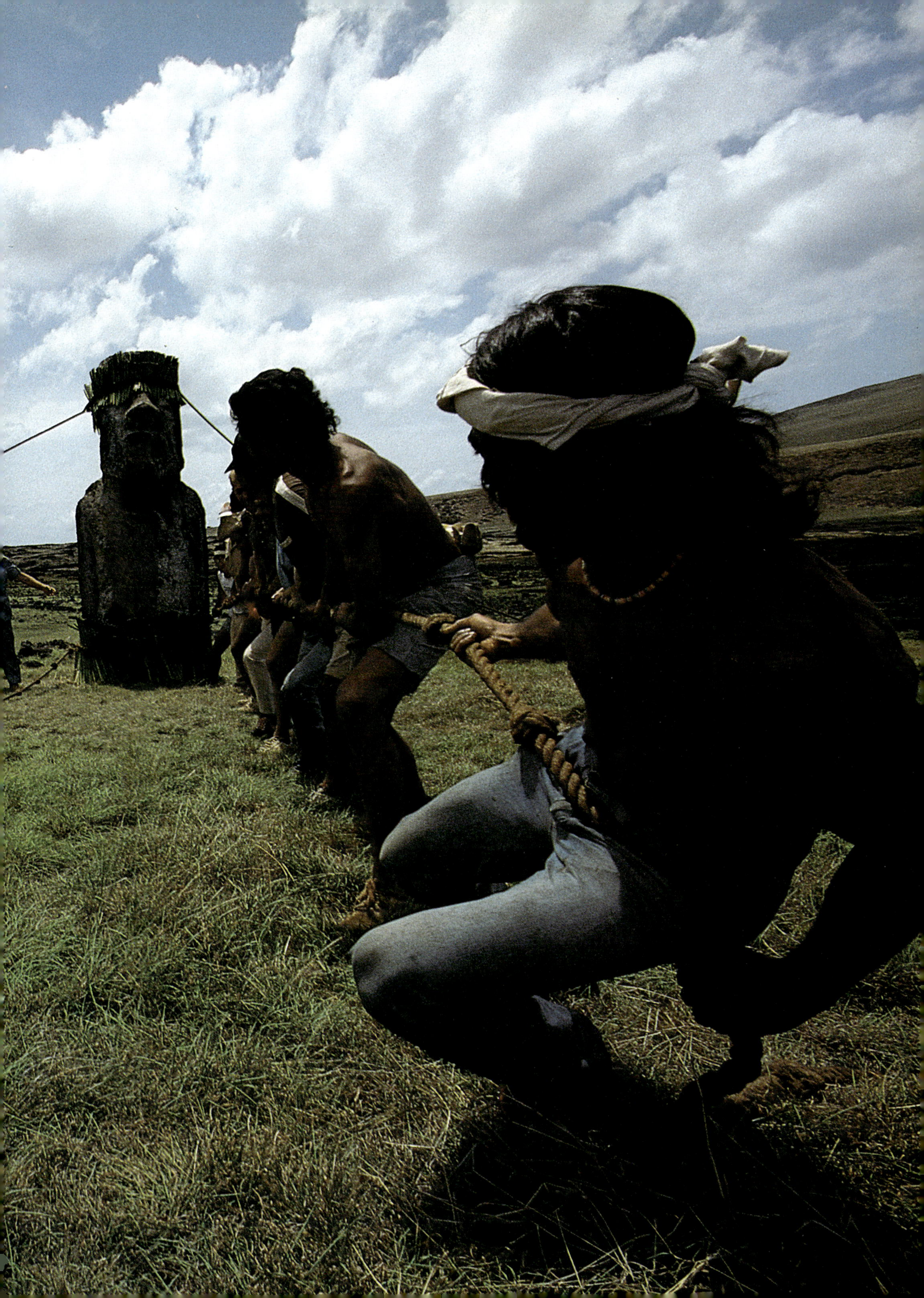

Navires de roseau

Céramiques pré-incas de la côte Pacifique du Pérou figurant des navires de roseaux dans la mythologie. On trouve l'association d'hommes à tête d'oiseau et de navires de roseaux représentée sur toute la côte Pacifique de l'Amérique du Sud ainsi que sur l'île de Pâques, mais elle est totalement inconnue dans le reste de la Polynésie. Le Soleil Roi est souvent représenté sur un navire de roseaux dont la forme évoque un monstre marin, et dont les matelots sont des hommes à tête d'oiseau.

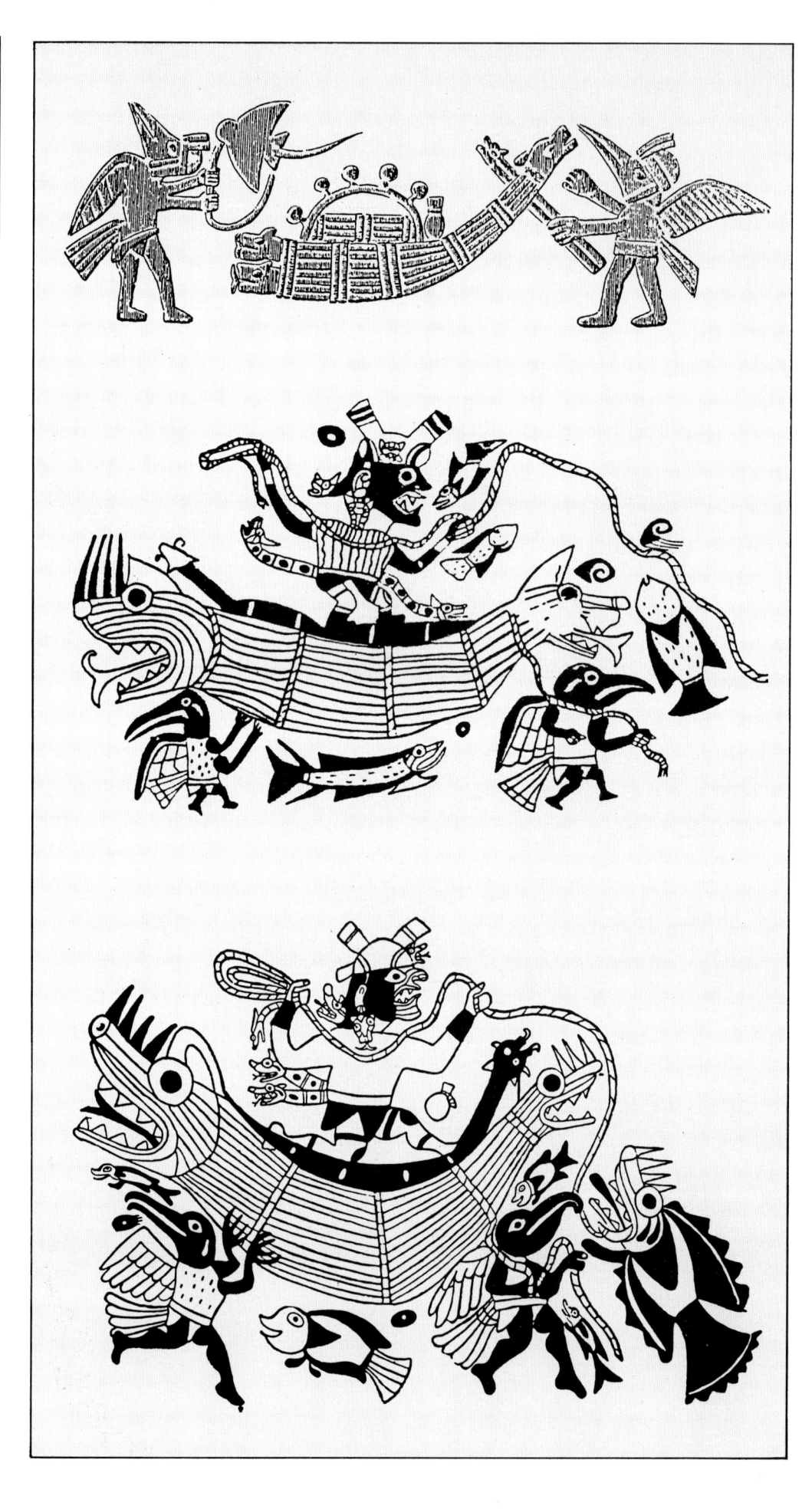

Un ornement d'oreille en argent plaqué or, issu d'une tombe royale mochica, où sont figurés des hommes-oiseaux sur des bateaux de roseaux. Ces éléments, ainsi que l'extension des lobes, étaient typiques du Pérou pré-inca. Ils distinguaient aussi l'île de Pâques du reste de la Polynésie.

Le toromiro

En fouillant les vestiges de voies préhistoriques, en 1986, nous découvrîmes sous la couche de pierraille un épais dépôt d'humus forestier particulièrement fertile. Sonia en montre ici un échantillon à Figueroa. Le passage des géants de pierre avait eu sur cette couche d'humus l'effet d'un rouleau compresseur : sur une largeur de quatre à cinq mètres, elle était entièrement compactée.

Nos échantillons de pollen de l'île de Pâques furent recueillis et analysés par le professeur Olof Selling, directeur du département de paléobotanique au musée d'Histoire naturelle de Stockholm. Grâce à ses travaux, nous apprîmes que l'île avait jadis été abondamment boisée. Mais l'homme préhistorique, avide de champs de cultures et de carrières mégalithiques, avait peu à peu défriché la végétation.

Pendant près d'un siècle, les moutons sévirent sur l'île de Pâques. Dans les années soixante, le gouvernement chilien mit un terme à leurs ravages et entreprit de reboiser l'île. On planta des cocotiers à Anakena, et l'eucalyptus gagna bientôt du terrain à Poike, à Rano Kao et dans le centre.

De *Sophora toromiro*, jadis florissant sur l'île, il ne restait plus, en 1956, qu'un seul spécimen, d'ailleurs mourant. Mais quelques graines furent confiées par l'auteur au professeur Selling, qui les planta dans le jardin botanique de Gothenburg. Ainsi germèrent trois arbrisseaux, alors que le dernier *toromiro* pascuan s'éteignait.

Le *toromiro* est revenu à l'île de Pâques. En effet, en février 1988, le botaniste suédois Björn Aldén a ramené en terre pascuane deux des arbrisseaux de Gothenburg, afin d'inaugurer dignement le nouveau jardin botanique où seront bientôt représentées toutes les espèces originelles connues de l'île. L'arbre royal d'Hotu Matua, rappelons-le, fut longtemps prisé des sculpteurs pascuans.

Le retour de la statue

Le torse décapité d'une reine pascuane sculptée dans le basalte fut découvert jadis par le maire Pedro Atan dans les sables de la baie d'Anakena. L'ayant acheté en 1956, puis installé au musée Kon-Tiki, l'auteur eut la surprise d'en retrouver la tête quelque trente ans plus tard près de l'*ahu* Naunau. Le torse fut dûment restitué à l'île de Pâques en février 1988 afin de réunir les deux parties, et la reine trône à présent dans le nouveau Musée archéologique. Il s'agirait d'Avareipua, sœur du roi Hotu Matua et débarquée sur l'île à ses côtés lors du premier peuplement.

Le dernier descendant

Le petit Venito Hernán Atan, installé sur un toupet de pierre ancestral, est l'héritier des Longues-Oreilles et le descendant du légendaire Ororoina. Bien que sa mère soit d'origine continentale, il arbore fièrement la chevelure rousse de ses premiers ancêtres. Le génie de l'antique civilisation pascuane ne fait d'ailleurs que suivre la loi de Mendel et se perpétue dans les jeunes générations du Nombril du monde.

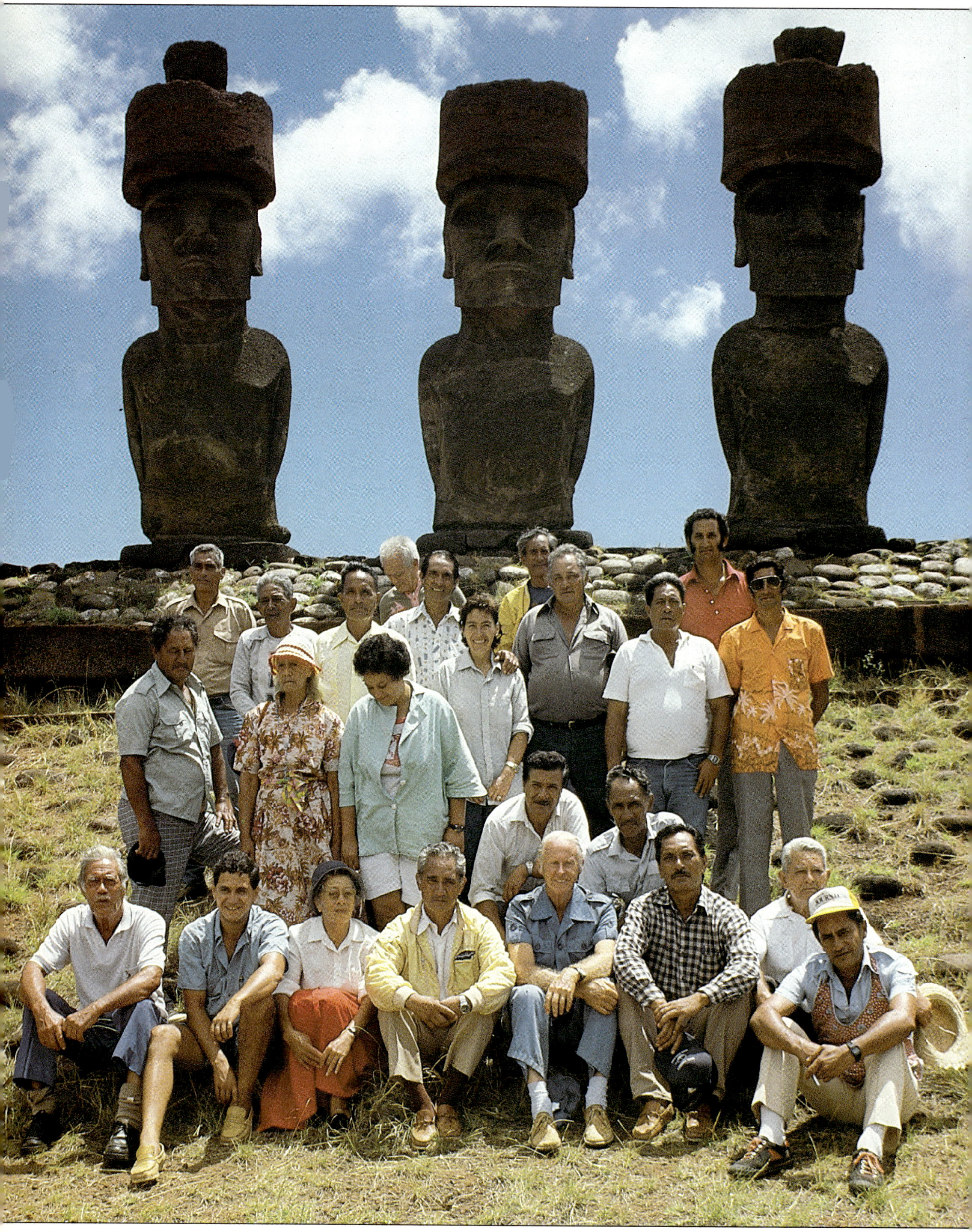

Remerciements

Le gouverneur Sergio Rapu et Lucia Tuki Make, actuellement maire de l'île de Pâques, accordèrent à l'auteur la citoyenneté honoraire en 1987. A cette occasion, une pagaie traditionnelle, appelée *ao*, lui fut présentée. Elle ressemblait aux anciens emblèmes de chefferie portés par les personnages de haut rang.

La même année, le Consejo de Korohua, ou conseil des anciens, composé des chefs de l'île, accorda de son côté le statut de chef honoraire à l'auteur. Les membres du conseil posèrent ensuite au grand complet sur la plage d'Anakena pour une photo commémorative.

En 1987, le comité du musée Kon-Tiki se réunit exceptionnellement sur l'île de Pâques, afin d'organiser et de financer d'autres travaux. De droite à gauche, Skjölsvold, l'auteur et Knut Haugland, jadis membre de l'expédition du *Kon-Tiki* et actuellement directeur du musée.

251

LISTA DE PRECIOS
FILETE
LOMO
POSTA
AZUELA
COSTILLAR
POLLOS
LONGANIZA
VIENEZA
AZUCAR
ARROZ

KON - TIKI

L'île de Pâques aujourd'hui

De 1955 à 1988, la population de l'île de Pâques est passée de 900 à environ 2 000 habitants, dont la moitié est constituée d'immigrants récents venus du Chili. La construction d'un aéroport pouvant accueillir les plus grands avions modernes a permis d'ouvrir cette île, jadis isolée, au tourisme international. Au cours d'une seule génération, la communauté pascuane a effectué avec succès la difficile transition entre un mode de vie des plus primitifs et une société moderne dotée d'une véritable économie. Des hôpitaux, des écoles, des magasins, un palais des sports, une banque et même une discothèque ont surgi, sans pour autant dominer le paysage. Quelques hôtels à un étage se dressent également, à moitié dissimulés par la végétation tropicale, à présent luxuriante, des jardins de Hangoroa, ainsi que de nombreuses petites pensions de famille tenues par les Pascuans dans leurs propres domiciles. La petite église catholique, dont le porche est flanqué des tombes du frère Eyraud et du père Sébastián, demeure le lieu de rencontre principal ; tout un chacun s'y rend le dimanche afin de participer à une forme locale très intéressante de chant choral. Le tourisme est et demeurera la seule source de revenu de l'île de Pâques. Mais contrairement à bien des sociétés primitives, où le choc brutal avec le monde moderne a entraîné une décadence culturelle et morale, les gens de l'île de Pâques ont retrouvé avec enthousiasme une bonne partie de leur héritage culturel. Ils s'enorgueillissent à juste titre des réalisations de leurs ancêtres, et les jeunes ne demandent qu'à acquérir auprès de leurs aînés le savoir-faire technique et artistique traditionnel. La Semaine de Rapanui, célébrée chaque année à Hangoroa, s'adresse plus à la population locale qu'aux touristes ; ces derniers sont d'ailleurs surpris de l'enthousiasme et du zèle manifestés par les concurrents dans les compétitions. Nulle par ailleurs que sur l'île de Pâques existe une population comportant une telle proportion de sculpteurs, de peintres, de danseurs, de chanteurs, de musiciens et d'athlètes de talent. En faisant la connaissance des Pascuans d'aujourd'hui, on ne peut qu'être frappé de leur esprit d'invention, de leur énergie et de leur créativité.

Bibliographie

ALAZARD, I. : *Introduction to Roussel*, 1908, pp. 1-9.

BEECHEY, F.W. : *Narrative of a Voyage to the Pacific and Bering's Strait in the Years 1825, 1826, 1827, 1828.* 2 vol., Londres, 1831.

BEHRENS, C.F. : « Der Wohlversüchte Süd-Länder, das ist : ausführliche Reise-Beschreibung um die Welt », 1722. Traduction anglaise dans *Hakluyt Society*, 2e série, n° 13, Cambridge, 1908.

BENNETT, W.C. : « Excavations at Tiahuanaco », *Anthropological Papers of the American Museum of Natural History*, vol. 34, 3e partie, New York, 1934.

BETANZOS, E. de : *Suma y narración de los Incas*, 1551. Réédition Madrid, 1880.

BUCK, P.H. : — *Vikings of the Sunrise*, New York, 1938.
— « Ethnology of Mangareva », *Bernice P. Bishop Museum Bulletin* n° 157, Honolulu, 1938.

BYAM, G. : *Wanderings in some of the Western Republics of America*, Londres, 1850.

CHORIS, L. : *Voyage pittoresque autour du monde, avec des portraits des sauvages*, Paris, 1822.

CHRISTIAN, F.W. : — « Vocabulary of the Mangarevan Language », *Bernice P. Bishop Museum Bulletin* n° 11, Honolulu, 1924.
— « Early Maori Migrations as Evidenced by Physical Geography and Language », *Report of the Sixteenth Meeting of the Australasian Association of Advanced Science*, Wellington (Nouvelle-Zélande), 1924.

CLARK, B.F. : « Reporting calling at Sala-y-Gómez and Easter Island », lettre au commandant en chef, écrite au large de l'île de Pâques le 20 juin 1882. *Proceedings of the Royal Geographical Society of Australasia*, vol. 3, pp. 143-146.

COOK, J. : *Second Voyage Towards the South Pole and Round the World, Performed in the* Resolution *and* Adventure, *1772-1775.* 2 vol., Londres, 1777.

COOKE, G.H. : « Te Pito Te Henua, Known as Rapa Nui, Commonly Called Easter Island, South Pacific Ocean », *Annual Report of the Smithsonian Institute*, pp. 691-723. Washington, 1899.

CROFT, T. : « Letter of April 30, 1874, from Thomas Croft, Papeete, Tahiti, to the President of the California Academy of Sciences », *California Academy of Sciences Proceedings*, vol. 5, pp. 317-323. San Francisco, 1875.

DELANO, A. : *A Narrative of Voyages and Travels in the Northern and Southern Hemispheres*, Boston, 1817.

DU PETIT-THOUARS, A. : *Voyage autour du monde sur la frégate* La Vénus *pendant les années 1836-1839*, vol. 2 et Atlas pittoresque. Paris, 1841.

EKHOLM, C.F. : « Is American Indian Culture Asiatic ? », *Natural History*, vol. 59, n° 8. New York, 1950.

EMORY, K.P. : — « Oceanian Influence on American Indian Culture : Nordenskiöld's View », *Journal of the Polynesian Society*, vol. 51, 1942.
— « Stone Remains in the Society Islands », *Bernice P. Bishop Museum Bulletin* n° 116, Honolulu, 1933.

ENGLERT, P.S. : *La Tierra de Hotu Matua. Historia, Etnología y Lengua de la Isla de Pascua.* San Francisco Padre Las Casas éditeur, Chili, 1948.

EYRAUD, E. : « Lettre au T.R.P. Supérieur général de la Congrégation des Sacrés-Cœurs de Jésus et de Marie, Valparaiso, décembre 1864 », *Annales de l'Association pour la Propagation de la Foi*, vol. 38, pp. 52-71 et 124-138. Lyon, 1866.

FERDON Jr, E.N. : — « The Ceremonial Site of Orongo ». « Sites E-4 and E-5 ». « Stone Houses in the Terraces of Site E-21 ». « Easter Island House Types ». « Site E-6, an Easter Island Hare Moa ». « A Summary of the Excavated Record of Easter Island Prehistory ». 6 articles publiés dans *Heyerdahl & Ferdon*, pp. 221-255, 305-311, 313-321, 329-338, 381-383, et 527-535, 1961.
— « Surface Architecture of the Site of Paeke, Taipi Valley, Nukuhiva », *Heyerdahl & Ferdon*, rapport n° 9, 1965.

FORSTER, G. : *A Voyage Round the World in His Majesty's Sloop* Resolution, *Commanded by Captain James Cook, During the Years 1772, 1773, 1774 and 1775*, 2 vol., Londres, 1777.
— *Observations Made During a Voyage Round the World of Physical Geography, Natural History, and Ethnic Philosophy*, Londres, 1778.

FRANK, V.S. : « A Trip to Easter Island », *Journal of the Franklin Institute Devoted to Science and the Mechanical Arts*, vol. 162, n° 3. Philadelphie, 1906.

FUENTES, J. : *Diccionario y gramática de la lengua de la Isla de Pascua*, Santiago du Chili, 1960.

GEISELER, K. : *Die Oster-Insel. Eine Stätte prähistorischer Kultur in der Südsee*, Berlin, 1883.

GONZALEZ, F. : « The Voyage of Captain Don Felipe González in the Ship of the *San Lorenzo*, with the Frigate *Santa Rosala* in Company, to Easter Island in 1770-1771 », *Hakluyt Society*, 2e série, vol. 13, Cambridge, 1908.

GRAYDON, J.J., et al. : « Blood Groups and the Polynesians », *Mankind*, vol. 4, n° 8, pp. 329-339. Sydney, 1952.

GUSINDE, M. : « Bibliografía de la Isla de Pascua », *Publicaciones del Museo de Etnología de Chile*, vol. 11, n° 2, pp. 201-260 ; n° 3, pp. 261-383. Santiago du Chili, 1920.

HANDY, E.S.C. : « Polynesian Religion », *Bernice P. Bishop Museum Bulletin* n° 34, Honolulu, 1927.

HARLEZ, D. de : « Les signes graphiques de l'île de Pâques », *Le Muséon*, vol. 14, n° 5, pp. 415-425 ; vol. 15, n° 1, pp. 68-76, n° 2, pp. 209-212. Louvain, 1895-1896.

HEVESY, G. de : « The Easter Island and the Indus Valley Scripts », *Anthropos*, vol. 23, 1938.

HEYERDAHL, T. : *American Indians in the Pacific. The Theory behind the Kon-Tiki Expedition.* Chicago, Londres et Stockholm, 1952 ; trad. fr., *L'Expédition du Kon-Tiki*, Albin Michel, 1951.
— *Aku-Aku. The Secret of Easter Island.* Oslo, 1957, et Chicago, 1958 ; trad. fr., *Aku-Aku, le secret de l'île de Pâques*, Albin Michel, 1958.
— *Art of Easter Island*, New York, 1975.
— *Early Man and the Ocean*, Londres, 1980.
— *The Maldive Mystery*, Londres, 1986 ; trad. fr., *Le Mystère des Maldives*, Albin Michel, 1987.

HEYERDAHL, T. et SKJÖLSVOLD, A. : « Archaeological Evidence of Pre-Spanish Visits to the Galapagos Islands », *Memoirs of the Society of American Archaeology* n° 12, Salt Lake City, 1956.

IMBELLONI, J. : « Einige konkrete Beweise für die ausserkontinentalen Beziehungen der Indianer Amerikas », *Anthrop. Ge. Wien*, vol. 58, Vienne, 1926.

KNOCHE, W. : *Die Osterinsel. Eine Zusammenfassung der chilenischen Osterinsel-expedition des Jahres 1911*, Concepción (Chili), 1925.

KOTZEBUE, O.E. : *Putechestvie v iusnyi okean i v beringov proliv dlia otyskania severo-vostotchnovo morskovo prochoda predpiniatoie v 1815, 1817 i 1818 godah*, vol. 1-3, Saint-Pétersbourg, 1821 (traduction anglaise vol. 1-2, Londres, 1821).

LA PÉROUSE, J.F.G. de : *Voyage de La Pérouse autour du monde*, Paris, 1797.

LAUREANI, C.E. : « Los *ahu* de Isla de Pascua », *Aisthesis* n° 14, Université catholique du Chili, 1982.
— « Los *moai* de Isla de Pascua », *Aisthesis* n° 18, Université catholique du Chili, 1985.

LAVACHERY, H. : « La Mission franco-belge dans l'île de Pâques », *Bulletin de la Société Royale de Géographie d'Anvers*, vol. 55, pp. 313-361. Anvers, 1935.
— « Easter Island, Polynesia », *Annual Report of the Board of Regents of the Smithsonian Institute*, pp. 391-396. Washington, 1936.
— *Les Pétroglyphes de l'Ile de Pâques*, 2 vol. Anvers, 1939.
— « Thor Heyerdahl et le Pacifique », *Journal de la Société des Océanistes*, vol. 21, n° 21, pp. 151-159. Paris, 1965.

LISJANSKY, U.F. : *Putechestvie vokrug svieta 1803-1806*, Saint-Pétersbourg, 1812 (traduction anglaise Londres, 1814).

LOTHROP, S.K. : « Aboriginal navigation off the west coast of South America », *Journal of the Royal Anthropological Institute*, vol. 62, pp. 229-256. Londres, juillet-décembre 1932.

LOTI, P. : « La Isla de Pascua », 1872. *Biblioteca Geográfica e Histórica Chilena*, éditeur L.I. Silva, Santiago du Chili, 1903.
— « « A l'Ile de Pâques », 1872. *Cahiers Pierre Loti* n° 29, Paris, mars 1960.
— « Expedition der Fregatte *La Flore* nach der Osterinsel 1872 », *Globus*, vol. 23, n° 5. Brunswick, 1873.

MACMILLAN BROWN, J. : *The Riddle of the Pacific*, Londres, 1924.

MARKHAM, C.R. : « Notes and Introduction to Garcilasso : Royal Commentaries of the Yncas », *Hakluyt Society*, vol. 41 et 45, Londres, 1869.

MÉTRAUX, A. : « Ethnology of Easter Island », *Bernice P. Bishop Museum Bulletin* n° 160, Honolulu, 1940.
— *Easter Island, A stone age civilization of the Pacific*, Londres, 1957.

MOERENHOUT, A. : *Voyages aux Iles du Grand Océan*, 2 vol. Paris, 1957.

MORGAN, A.E. : *Nowhere was Somewhere*, New York, 1946.

MULLOY, W. : « The Ceremonial Center at Vinapu ». « The *Tupa* of Hiramoko ». 2 articles dans *Heyerdahl & Ferdon*, pp. 93-180 et 323-328. 1961.

PALMER, J.L. : « Observations on the Inhabitants and the Antiquities of Easter Island », *Ethnological Society of London Journal*, vol. 1, pp. 371-377. Londres, 1868.
— « A Visit to Easter Island, or Rapa Nui », *Royal Geographical Society Proceedings*, vol. 14, pp. 108-119. Londres, 1870.
— « A Visit to Easter Island, or Rapa Nui, in 1868 », *Royal Geographical Society Journal*, vol. 40, pp. 167-181. Londres, 1870.
— « Davis or Easter Island », *Literature and Philosophy Society of Liverpool Proceedings*, n° 29, pp. 275-297. Londres, 1875.

PINART, A. : « Voyage de l'Ile de Pâques », *Le Tour du Monde*, vol. 36, pp. 225-240, Paris, 1878.
— « Exploration de l'Ile de Pâques », *Bulletin de la Société de Géographie*, 6e série, vol. 16, pp. 193-213. Paris, 1878.

RIVET, P. : « Relations commerciales précolombiennes entre l'Océanie et l'Amérique », *Festschrift P.W. Schmidt*, Vienne, 1928.
— *Les Origines de l'homme américain*, Montréal, 1934.

ROGGEVEEN, M.J. : « Extract from the Official Log of Mynheer Jacob Roggeveen, in the Ships *Den Arend*, *Thienhove* and *De Afrikannische Galey* in 1721-1722, in so far as it relates to the Discovery of Easter Island », *Hakluyt Society*, 2e série, n° 13, Cambridge, 1908.

ROUSSEL, H. : « Ile de Pâques ». Notice du R.P. Hippolyte Roussel, envoyée à Valparaiso en 1869. *Annales des Sacrés-Cœurs*, n° 305, pp. 335-360 ; n° 307, pp. 423-430 ; n° 308, pp. 462-466 ; n° 309, pp. 495-499. Paris, 1926.

ROUTLEDGE, K. : *The Mystery of Easter Island. The Story of an Expedition*. Londres, 1919.

SIMMONS, R.T., GRAYDON, J.J., SEMPLE, N.M., et FRY, E.O. : « A blood group genetical survey in Cook Islanders, Polynesia, and comparison with American Indians », *American Journal of Anthropology*, nouvelle série, vol. 13, n° 4. Philadelphie, décembre 1955.

SKJÖLSVOLD, A. : « Dwellings of Hotu Matua ». « House Foundations (*Hare Paenga*) in Rano Raraku ». « Site E-2, a Circular Stone Dwelling, Anakena ». « The Stone Statues and Quarries of Rano Raraku ». 4 articles dans *Heyerdahl & Ferdon*, pp. 273-286, 291-293, 295-303 et 339-379. 1961.

SKOTTSBERG, C. : « The Phanerogams of Easter Island ». *The Natural History of Juan Fernández and Easter Island*, vol. 2, pp. 62-84. Upsal, 1921.
— « Le peuplement des îles pacifiques du Chili. Contribution à l'étude du peuplement zoologique et botanique des îles du Pacifique ». *Société de Biogéographie*, vol. 4, Paris, 1934.
— « Derivation of the Flora and Fauna of Juan Fernández and Easter Island ». *The Natural History of Juan Fernández and Easter Island*, vol. 1, pp. 193-438. Upsal, 1920-1956.

SMITH, C.C. : « A Temporal Sequence Derived from Certain *Ahu* ». « Two Habitation Caves ». « The Maunga Ahuepa House Site ». « Tuu-ko-Ihu Village ». « The Poike Ditch ». « Radio Carbon Dates from Easter Island ». 6 articles dans *Heyerdahl & Ferdon*, pp. 181-219, 257-271, 277-286, 287-289, 385-391 et 393-396. 1961.

STEPHEN-CHAUVET : *La Isla de Pascua y sus Misterios*, Santiago du Chili, 1946 (édition originale Paris, 1934).

THOMSON, W.J. : « Te Pito te Henua, or Easter Island », *Report of the U.S. National Museum for the year ending June 30, 1889*. Washington, 1889.

THORSBY, E., COLOMBANI, J., DAUSSETT, J., FIGUEROA, J. & THORSBY, A. : « HL-A, Blood Group and Serum Type Polymorphism of Natives on Easter Island », *Histocompatibility Testing 1972*. Copenhague, 1973.

ZARATE, A. de : *A History of the Discovery and Conquest of Peru*, 1555, livres 1 à 4 traduits de l'espagnol par Thomas Nicholas en 1581. Londres, 1933.

ZUMBOHM, G. : « Lettres du R.P. Gaspard Zumbohm au directeur des Annales sur la mission de l'île de Pâques », *Annales de la Congrégation des Sacrés-Cœurs de Jésus et de Marie*, vol. 5, octobre 1879, n° 46, pp. 660-667 ; vol. 6, février-juin 1880, n° 50, pp. 117-131, n° 52, pp. 231-242, n° 54, pp. 377-385. Paris, 1879-1880.

Crédits photographiques

Attenborough, David, 45.
Jardin Botanique de Gothenburg, 247.
Éditions Bra Böcker, 114. 130:1; 193:2.
British Museum, 44, 47:1-3, 70:2, 71:1-2, 81, 88:2-3.
Christchurch, 71:3.
Galindo, César (*Sebrafilm*), 12, 13, 18, 20, 26, 30:2, 40:2, 61, 64-65, 82, 83, 97:1, 102:2-3, 116:1, 148, 168, 170:2, 171, 199;3, 218:2, 219, 221, 224:1, 236, 238, 246:2-3, 251:1, 252:4, page de garde (fin).
García, Henri, 2-3, 166, 229:3-4. 253:5.
Guillard, Mario, Universidad de Chile, 116:2, 117:1, 118:1.
Hamburgisches Museum für Völkerkunde, 71:3.
Jonsson, Bengt (*Sebrafilm*), 247:2.
Larrain, Sergio, 200:1.
Leonardi, Walter (*Sebrafilm*), 16-17, 19, 29, 40:1, 42:1, 43:2, 59, 68, 69, 88:1, 102:1, 108, 130:2, 132-133, 138, 141, 143, 144:1+3, 145:1-3, 154, 157, 181:2, 199:1-2, 226, 227, 228:1, 229:1, 233:2, 234, 235, 240:1, 242-243, 245, 250, 251:2, 252:1+8, 253:4+6.
Lidman, Lars, dessin de la page de garde (début).
Museo Nacional de Arqueología, Lima, 89.
Museum für Völkerkunde, Berlin, 23/27 21:4, 47:4-6.
Olsen, Kristine, 248:2.
Olsen, Petter, 140, 252:3, 253:2.
Peabody Museum Harvard University, 33, 34, 98:3, 119.
Photo Gecioni, 105:2.
Reinhard Friedrich, Völkerkunde Museum, 223:2.
Schmidt, Werner, 4, 8, 25:1, 38, 41, 130:3, 170:1+3, 203:2, 228:2, 229:2, 232, 233:1, 249, 252:5+7, 253:1+3+7.
Scott, Tom, Edimbourg, 23.
Sebrafilm, 240:2-4, 241:1-3.
Sepenoski, Margarete, 224:3.
Skjölsvold, Arne, 30:1.
Smithsonian Institute Museum of Natural History, 105:1.
Snare, Knut, 248:1, 252:2+6.
Übersee Museum, Brême, 101.
Ulloa, R., 116:3, 117:2, 118:2.
Willems, Helge, 149:1.

Les autres photographies proviennent des archives de l'auteur.